高职院校大学生
人文素质测试读本

主 编 王 春 张 克
副主编 李春耘 裴 蓓

WUHAN UNIVERSITY PRESS
武汉大学出版社

图书在版编目(CIP)数据

高职院校大学生人文素质测试读本/王春,张克主编.—武汉:武汉大学出版社,2013.7
ISBN 978-7-307-10763-2

Ⅰ.高… Ⅱ.①王… ②张… Ⅲ.人文素质教育—高等职业教育—教材 Ⅳ.G40-012

中国版本图书馆 CIP 数据核字(2013)第 100386 号

责任编辑:高 璐 责任校对:王 建 版式设计:马 佳

出版发行:**武汉大学出版社** (430072 武昌 珞珈山)
(电子邮件:cbs22@whu.edu.cn 网址:www.wdp.com.cn)
印刷:武汉中远印务有限公司
开本:720×1000 1/16 印张:35.5 字数:509 千字 插页:1
版次:2013 年 7 月第 1 版 2013 年 7 月第 1 次印刷
ISBN 978-7-307-10763-2 定价:65.00 元

在一本书的"门"前

（代序言）

卡夫卡写过一篇无与伦比的小说——《在法的门前》，说的是一个乡下人和一个守门人的奇特故事。大意是：通往法的大门始终敞开着，乡下人想进，先是请示，后是请求，继而细细揣摩守门人的心思，奉上礼物极力讨好，进而认定守门人才是自己不能进门的唯一障碍，乃至咒骂起自己的不幸遭遇，最后竟请求守门人皮领子上的跳蚤帮他说些通融的好话，他分明是精神恍惚了。

乡下人就这样即将走完这焦虑的人生，最后时刻全部的生命体验汇聚起来怂恿着他问了守门人一个从未启齿的问题："所有的人都在努力到达法的跟前。"乡下人说，"可是，为什么这许多年来，除了我以外没有人要求进去呢？"此时守门人看出，这乡下人快要死了，为了让他那渐渐消失的听觉还能听清楚，便在他耳边大声吼道："这道门没有其他人能进得去，因为它是专为你而开的。我现在要去把它关上了。"

关上了！

余味难穷，也疑窦丛生：这诡异的小说到底什么意思？这该死的卡夫卡的故弄玄虚究竟为何？

更诡异的是，倘若我们如此发问，那么，在小说的"门"前，卡夫卡已悄然变身成了那"守门人"，我们呢？揣摩、质问、诅咒，不知不觉间竟开始重复起那不幸的"乡下人"的命运了！

同样，在一本书的"门"前，或辑或著者似乎就是那可憎的"守门人"，他守护着书简典籍的家法，拒不透露精神成人的捷径，他执着于一个目的，却作种种纷繁的变化，他引笔行墨，杂然前陈，却难以敬奉属于自己的切身思致。诸君莫怪，"守门人"只能

1

如此，岂有他哉！

唯一可以希冀的，只能是在各种"门"前踌躇的"乡下人"，前提是他得有登堂入室的勇气和意志。

推开那扇"门"吧，"它是专为你而开的"！如若世间真有什么读书为人的奥妙，大概就是这份素朴的自觉吧。

是为序！

目　　录

艺术

音乐

文学

我读书奉行九个字，就是"读书好，好读书，读好书"。

——冰心

中国文学基础知识

（一）春秋时期

《诗经》

我国第一部诗歌总集，原称《诗》或《诗三百》，收集了西周至春秋中期各地方民歌及朝庙乐章共305首。《诗经》形式多样，包括史诗、讽刺诗、叙事诗、恋歌、战歌、颂歌、节令歌以及劳动歌谣等。它就像一面镜子，真实地反映了周

史诗的起点：《诗经》

代社会生活的方方面面，如劳动与爱情、战争与徭役、压迫与反抗、风俗与婚姻、祭祖与宴会等。春秋中叶以前，《诗经》既是周王朝观风俗、考察自己政事得失的重要参考书，又是其推行礼乐制度的工具书，同时也是其规定的教科书。在孔子的努力下，《诗经》的影响越来越大，地位越来越高，在战国时代已被尊为儒家经典，居于儒家经典之首。《诗经》的传授，自汉代以后，一方面主要用于经学，作为"经学教科书"。另一方面，《诗经》的文学本质和文学成就使其成为了历代文人创作学习的楷模。它是先秦时期中国文学的辉煌结晶，享有崇高的地位。

《诗经》的手法有"风、雅、颂"之说。一般来说，古人把《诗经》中直接陈述的手法称为"赋"，把比喻手法称为"比"，

把借景起情、借物发端的手法称为"兴"，按照朱熹的说法，就是"赋者，铺陈其物而直言之也。比者，以彼物比此物也。兴者，先言他物以引起所咏之词也"。

基本篇目：《伐檀》《硕鼠》《关雎》《蒹葭》

《左传》

我国第一部叙事比较详细的编年史，记载了春秋各国的政治、军事、外交等方面的大事，相传是左丘明所作。《左传》处理头绪纷乱、变幻多端的历史事件有条不紊、繁而有序、引人入胜。其中关于战争的描写，尤为后人称道。写得最为出色的，便是春秋时代著名的战役。作者善于在大国争霸的背景下叙述每一场战争，交代战争的远因近因、各国关系的组合变化、战前策划、交锋过程、战争影响等简洁明了、文采斐然。这种叙事能力，无论对后来的历史著作还是文学著作，都具有重要意义。《左传》的总体观念接近儒家，强调等级秩序和宗法伦理，重视长幼尊卑之别，同时也表现出"民本"思想。

基本篇目：《曹刿论战》

《论语》

见本书"中国文化"部分。

（二）战国时期

《老子》、《庄子》参见本书"中国文化"部分。

《孟子》

记录孟子言行的书，为孟子及其弟子所著。孟子（约前372—前289）名轲，字子舆，儒家学派代表人物之一，唐代以后地位日高，仅次于孔子，被尊为"亚圣"。孟子思想的精华是民本思想，即著名的"民为贵，社稷次之，君为轻"。孟子主张"仁政"，其哲学基础是"性善论"和"良知论"。

《孟子》的文体以对话和语录为主,篇幅较长,即使对话中也每有长篇大论,有向成熟的说理文过渡的趋势。《孟子》有着战国中期典型的"好辩"文风,论战性强,言辞机敏,锋芒毕露,气势雄健。其论辩术对后世产生了极为深远的影响。

孟子画像

基本篇目:《齐桓晋文之事》《鱼我所欲也》《庄暴见孟子》

《荀子》

作者荀况(约前313—前238),战国时代的思想家、教育家。《荀子》已经从《论语》、《墨子》、《孟子》等诸子散文的语录体形式发展成为完整的专题议论文。这些专题论文篇幅宏大,无论立论、驳论都能曲尽其妙。总体上,《荀子》散文具有论点明确、层次清楚、句法规整、词汇丰富的特点。

基本篇目:《劝学》

《韩非子》

韩非子画像

韩非(约前280—前233)和后人所作,法家的代表作品。《韩非子》中的说理文在先秦诸子散文中别树一帜,逻辑严密,文字峭刻,有很强的说服力。在阐述重要观点时,经常使用归纳的方法,先举出论据,再做论证,最后得出合乎逻辑的结论。在论辩时,不轻易否定对方的立论,相反《韩非子》经常用"或曰"客观地列举出各家的不同意见,引导读者面对不同的论点,然后再进行冷静分析。在论辩过程中,《韩非子》还善于运用逻辑上的矛盾律,"以子之矛,攻子之盾",使对方进退失据。《韩非子》散文因其结构严谨,锋芒锐利,尤其说理深刻,对后世议论文产生了深远的影响。

基本篇目:《扁鹊见蔡桓公》《智子疑邻》《五蠹》

《墨子》

墨子画像

先秦墨家学派思想的汇编。墨家学派的创始人墨翟（约前489—前400），鲁国人，年轻时做过木匠，后自立门派，学习大禹的精神，生活艰苦简朴。墨家主张"兼爱"、"非攻"，反对非正义的战争。墨家从节约社会财富出发，反对儒家的厚葬以及其他繁琐的礼乐制度。《墨子》还阐述了墨家的认识论和逻辑思想，包含许多自然科学的内容，在逻辑学上有着突出的贡献。墨家与儒家在战国中期势均力敌，并称"显学"，秦汉以后墨家逐渐衰落，沦为"游侠"，只能在游侠的刀光剑影中闪烁一二了。

《墨子》的文章，"意显而语质"，语言朴素。但文章说理明确，结构完整，章法严谨，比较注意在论说中运用逻辑的力量，尤其擅长归纳推理。

基本篇目：《兼爱》《非攻》《公输》《墨子救宋》

《战国策》

战国时代的国别体史料集，记载战国时代各国游说之士的策略和游说活动，作者不可考，由西汉刘向整理而成，按照东周、西周、秦、齐、楚、赵、魏、韩、燕、宋、卫、中山十二国的次序，编订了共33篇国别史。

《战国策》的文学价值历来为人所称道。无论在对人物的刻画、故事的生动叙述上，还是在记录策士的说辞方面，以及大量使用比喻、寓言等方面，都显得文思开阔、语势酣畅、气势磅礴。《战国策》"铺张扬厉"的艺术风格为后世文学树立了典范，汉赋的风格直接来源于此，其后历朝历代的文学家莫不受到它的影响。

基本篇目：《苏秦约纵》《唐雎不辱使命》《邹忌讽齐王纳谏》《冯谖客孟尝君》《荆轲刺秦王》

《楚辞》

西汉刘向收集屈原、宋玉等人的作品汇集而成,共17篇,是战国时代楚文化高度成就之一。楚辞是公元前四世纪产生于楚国的一种新诗体,它比《诗经》更富有个性,充满着激情和想像力,句式更为灵活,语言更为华丽。楚文化有着不同于中原地区的文化特点。特别是楚国还未全部接受宗法制度,在宗教信仰方面更是"信巫鬼",所以后世有"巫楚文化"的说法。楚国的宗教,不同于周人的重视宗庙、祭祀祖先,它表现出"民神杂糅"、"民神同位"的特点。神多是日月星辰、山川大泽的拟人化,而人神之间并无特别的距离,甚至人也可以具有神性,可以和神谈情说爱。楚国的巫风孕育了许多想象丰富而奇特的神话,这些构成了《楚辞》那种独特的浪漫主义文学的特征。在句式、语调上,楚辞最显著的标志就是大量使用语气词"兮",它既起着表情的作用,又有调整文章节奏的功能。这是因为楚辞的句式一般是两句一小节,构成上下对称性的长句,需要在上下句之间稍加停顿,以增强诗歌的节奏感。

屈原（约前340—前278）

战国时期的楚国诗人、政治家,"楚辞"的创立者。屈原吸收楚国原始神话、巫鬼文化的特点来创作自己的作品,"寓意鬼神"、"寄情草木",表达自己高洁的理想与追求,倾诉自己心灵的创伤和骚动。

悲愤投江的屈原

《离骚》是屈原的代表作,是卓绝古今的一篇宏伟壮丽的政治抒情诗。它讲述的是屈原早年急于报国的心情和被楚王疏远后心灵的苦闷。屈原为了振兴楚国,竭忠尽智,却遭谗被疏,救国无门。《离骚》既是屈原倾诉满腔爱国的赤子之情之作,又饱含着他的怨愤、绝望和创伤,全诗感情回环激荡,撼人心魄。

《九歌》是屈原流放江南时在楚地民间祭歌的基础上加工整理而成的一组祭歌。《九歌》共有 11 篇诗歌，分别祭祀 11 种神灵，即《东皇太一》祭祝最尊贵的人神；《云中君》祭的是云神；《东君》祭祀日神；《河伯》祭祀黄河之神；《山鬼》祭的是山中女神；《礼魂》是《九歌》的送神曲，即祭祀完成。《九章》一共 9 篇，即《惜诵》、《涉江》、《哀郢》、《抽思》、《怀沙》、《思美人》、《惜往日》、《桔诵》、《悲回风》。《九章》组诗中《哀郢》最深刻地表达了屈原对故国的眷念之情和爱国主义思想。《离骚》是屈原平生综合性的自我叙述，而《九章》则是不同时期生活片段的记录和心情的展现，它是研究屈原生平和思想最有价值的材料。《天问》共 374 句，1553 个字，是屈原作品中的第二首长诗，在我国文学史上风格鲜明、独树一帜。它以一个"日"字领起，一口气对天、地、神、人等各方面提出了 170 多个问题，鲜明地表现了作者孜孜不倦的探索事物本源的韧劲和不屈不挠的战斗精神。《招魂》记录的是我国古代的一种巫术活动。楚怀王客死秦国后，屈原运用民间盛行的巫术风俗和艺术形式，写成了这篇颇有艺术特色的诗篇。他在诗中对天上地下、四面八方都作了惊心动魄、凄惨恐怖的描写，叫楚怀王的魂魄哪儿都不要去，赶快回到自己的祖国。屈原借招怀王的魂，来招楚国的魂，他是把怀王和楚国的命运紧紧联结在一起的。

（三）汉朝

贾谊（前 200—前 168）

西汉政治家、文学家。贾谊的政论文有着很高的成就。他的政论文有战国纵横家的雄辩风格，善于铺张渲染，气势充沛，富有感染力。他还常运用历史事实的对比来分析利害，例如《过秦论》。此文旨在总结秦速亡的历史经验，以作为汉王朝建立制度、巩固统治的借鉴。全文议论纵横，笔触深刻而又晓畅，是政论文中的杰作。

基本篇目:《过秦论》

《淮南子》

又名《淮南鸿烈》,为杂家著作。西汉初年淮南王刘安（前179—前121,汉高祖刘邦之孙厉王刘长之子）及门客李尚、苏飞、伍被等共同编著。《淮南子》以道家思想为主,吸收儒、法、阴阳等家的思想,融会贯通而成,是战国至汉初黄老之学的代表作。《淮南子》在阐明哲理时,旁涉奇物异类、鬼怪神灵,保存了一部分神话材料,像"女娲补天"、"后羿射日"、"共工怒触不周山"等古代神话,主要靠这本书得以流传。

基本篇目:《塞翁失马》

《史记》

《史记》是中国历史上一部伟大的史学著作,同时也是一部伟大的传记文学巨著。《史记》成书于西汉时期,记载了从中国上古开始到西汉,长达3000年的政治、经济、文化、历史等各方面的情况,对中国后世的史学和文学影响深远。《史记》也是中国第一部以写人物为中心的纪传体通史。作者司马迁是西汉杰出的史学家、文学家、思想家,继承父业任太史令,编著史书。后虽惨遭"宫刑",他却忍辱发愤,潜心修史,终于完成了《史记》这部"千古之绝唱,无韵之离骚"。

《史记》向来因"实录"而备受赞誉。司马迁不同于历朝史官,他并不把修史看做是对君皇朝臣丰功伟绩的记述和对当朝辉煌成就的颂扬。《史记》的记录范围远较其他封建社会的"正史"宽泛,司马迁的笔触超越了政治,伸向了社会生活的各个层面,他将政治、经济、军事、文化,以及天文、地理、风俗等

司马迁奋笔疾书著《史记》

密切联系起来,建构了一个丰富多彩的历史世界。因为个人命运遭遇的不公,司马迁尤其关心个体生命价值的实现,把目光投注到了

一些个人生命力爆发的人物身上，大力赞扬。因此，《史记》区别于以往的封建王朝的"正史"，有着鲜明的爱憎。

《史记》的叙事简明生动，清晰流畅，场景描写极具戏剧性，富有吸引力。《史记》的语言朴素精练、通俗易懂，既舒缓从容、庄谐有致，又富于变化，历来被奉为中国"古文"的最高成就。

基本篇目：《廉颇蔺相如列传》《鸿门宴》《屈原列传》《信陵君窃符救赵》《报任安书》

《汉书》

纪传体史书，东汉史学家班固受诏编写，未完，死于狱中，后由班昭、班彪等完成。从传记文学来看，《汉书》虽逊于《史记》，但仍写出了不少出色的人物传记。一般说来，班固的笔下不像司马迁那样时时渗透情感，只是具体地描写事实、人物的言行，却也常常能够显示出人物的精神面貌。最为人传诵的是《李广苏建传》中李陵和苏武的传记。这两篇感情色彩较浓，其感人之深，可与《史记》的名篇媲美。

汉代乐府

乐府原是汉武帝时开设的掌管音乐的机构。它负责收集和整理民间歌谣并配上乐曲，在朝廷祭祀或宴会的时候演奏。后人便将入乐的民歌俗曲和歌辞称为"乐府"。到了六朝时代，人们把这些"乐府"和只作歌咏的"古诗"并称。宋、元以后，"乐府"被借用为词、曲的雅称。

汉乐府大多"感于哀乐，缘事而发"，继承了《诗经》反映现实、感情真挚的传统。乐府诗中有大量描写婚姻与爱情的篇章，《上邪》和《孔雀东南飞》就是其中杰出的代表。乐府诗多用五言，也有七言和杂言，形式灵活多变，句式参差不齐，但又能长短皆宜。由于乐府诗浓厚的民间气息和长于叙述的特点，后世文人多喜以乐府旧题或仿照旧题另创新题来反映民生疾苦，如白居易的《新乐府》和杜甫的《三吏》、《三别》等。

基本篇目：《上邪》《孔雀东南飞》《陌上桑》

《古诗十九首》

汉代文人创作的一组五言诗,是我国早期五言诗中最优秀的作品,享有崇高的地位。梁代萧统的《文选》收录了这组诗并题名为《古诗十九首》。《古诗十九首》内容上最多的是相思离愁,特别是思妇的闺怨和游子的乡愁,另外就是写仕途失意的苦闷以及人生无常的感慨。在艺术上多采用比兴的手法来表达真挚的感情,如"胡马依北风,越鸟巢南枝"两句就把思归之情委婉含蓄地表达了出来,耐人寻味。

基本篇目:《行行重行行》《涉江采芙蓉》

汉赋

赋是汉代最为流行的文体。赋的形式接近散文,它吸收了《楚辞》的华丽辞藻和夸张手法,着力于铺陈渲染。由于汉赋与《楚辞》的密切的关系,辞赋在汉代是并称的。汉赋在内容上多局限在宫廷、狩猎、都邑的铺陈,偶尔夹杂一些对君王的讽喻。汉赋为了铺陈,在创造辞藻、锤炼语句、描景状物方面都取得了不小的成就,呈现出炫耀繁美的艺术风格。但另一方面,由于过分追求铺陈,也难免有堆砌辞藻、形式板滞、华而不实的缺陷。

汉赋作家中最著名的是西汉的司马相如(前179—前118),其代表作《子虚赋》和《上林赋》极力铺陈天子、诸侯的苑囿之乐,以此来彰显皇朝的强盛和汉天子的权威。篇末还保持着汉赋"劝百讽一"的传统,劝谏君王不要纵情享乐。

(四) 魏晋南北朝

曹操 (155—220)

字孟德,汉魏之际著名的政治家、军事家和诗人。在文学上,曹操以四言诗见长,悲凉慷慨,气势宏伟;散文多是政令军策,意到笔随,简洁明快。曹操还借政治地位倡导文学,奖励作家,尊重创作个性，开展文学评论，是当时的文坛领袖。

基本篇目：《短歌行》《观沧海》《龟虽寿》

曹植（192—232）

字子建，诗人，曹操的第三子。曹植自幼颖慧，年 10 岁余，便诵读诗、文、辞赋数十万言，出言为论，下笔成章，深得曹操宠信。然而曹植行为放任，屡犯法禁，引起曹操的震怒，待其兄长曹丕即位后郁郁不得志。曹植的文学成就很高，他文才富艳、擅长修辞、"骨气奇高、词采华茂"。他的《洛神赋》是千古名篇，语言精练，感情淳厚，描绘了洛神绝世出尘、纯洁无瑕的美好形象。

基本篇目：《七步诗》

建安七子

河南许昌建安七子群雕

建安时期（196—220）七位文学家的合称。此称号最早在曹丕的《典论·论文》里出现，是指孔融、陈琳、王粲、徐干、阮瑀、应玚、刘桢七人。此七人生活在汉末的乱世中，颠沛流离生活中的创作深刻地反映了社会的动荡。其后他们加入到曹操的政权中，创作了不少展现自己渴望建功立业抱负的作品。"建安七子"在诗歌上多写五言诗，变化多致，情采俱佳。在散文、辞赋方面，有逐渐骈文化的倾向，注重对偶、喜用典故。"七子"中成就最高的是王粲，其代表作《七哀诗》是汉末战乱动荡的真实写照。

基本篇目：王粲《七哀诗·西京无乱象》

竹林七贤

三国魏末七位名士的合称，包括嵇康、阮籍、山涛、向秀、刘伶、阮咸、王戎。由于他们曾在山阴（今河南修武）的竹林聚集，纵发豪饮，所以世人称其为"竹林七贤"。其中阮籍的五言诗、嵇康的散文在文学史上有着重要的地位。

当代著名画家范增《竹林七贤图》

阮籍（210—263），字嗣宗，陈留尉氏（今河南开封）人，曾任步兵校尉，世称阮步兵。阮籍崇尚老庄之学，政治上采取谨慎避祸的态度。作品以《咏怀》八十二首最为著名。阮籍透过不同的写作技巧如比兴、象征、寄托，借古讽今、寄寓情怀，形成了一种"悲愤哀怨、隐晦曲折"的诗风，影响深远。

嵇康（224—263），三国时谯国铚县（今安徽宿州西南）人，字叔夜，官至中散大夫，故又称嵇中散。嵇康好老庄之说，崇尚自然、养生之道，著有《养生论》，倡"越名教而任自然"。与阮籍相比，嵇康更为耿介，名篇散文《与山巨源绝交书》即是一例。山巨源就是"竹林七贤"之一的山涛。他想出世为官并且也推荐了嵇康，嵇康觉得受到了莫大的侮辱，遂写了《与山巨源绝交书》。全文嬉笑怒骂、锋利洒脱，充满着对司马氏政权的蔑视，大胆对抗朝廷礼教和法制，显示出与山涛决绝的态度，足见他峻急刚烈的性格。

基本篇目：嵇康《与山巨源绝交书》

《世说新语》

南朝宋刘义庆（403—444）编撰。全书分德行、语言、政事、文学、方正、雅量、识鉴、赏誉、品藻、规箴等三十六门，内容主要是记载东汉后期到晋、宋间一些名士的言行以及轶事。《世说新语》记录的言行轶事虽多零星，但言简意赅，生动地展现了各色人物的神采风貌，不少内容成为后世文学作品中常用的典故。在语言上，《世说新语》质朴无华，却有着意味隽永的神韵。

《搜神记》

笔记体志怪小说，东晋干宝所编撰。此书是古代民间传说的总汇，书中所收的多是灵异神怪，这些传说有许多至今仍流传于民间，有的经过许多变化，成为了后来民间传说的根源。

基本篇目：《干将莫邪》

陶渊明 （365—427）

"性本爱丘山"
的陶渊明

东晋诗人，字元亮（一说字潜，字渊明），别号五柳先生，晚年更名潜，东晋浔阳柴桑人（今江西九江市）人。存留120多首诗，其中20多首田园诗，开辟五言诗的新境界。陶渊明少有大志，后来厌倦了俯仰由人的宦途生活，辞官归田隐居，过着"躬耕自资"的生活。

陶渊明是汉魏南北朝800年间最杰出的诗人。陶诗今存125首，多为五言诗。从内容上可分为饮酒诗、咏怀诗和田园诗三大类，其中以田园诗数量为最多，成就最高。这类诗描述了诗人对田园生活的热爱以及对理想世界的追求和向往，充分表现了诗人鄙夷功名利禄、"不能为五斗米折腰"的高远志趣和高尚节操，也反映了诗人对黑暗官场的极端憎恶和彻底决裂。在门阀制度和观念森严的社会里，这样的思想感情和内容出现在了文人士大夫的诗作中，是前所未有的，尤为可贵。名篇《桃花源记》描绘了一个乌托邦式的理想社会，表达了诗人对所处现世社会的彻底否定以及对理想家园的无限向往之情。陶渊明作为田园诗的开创者，以淳朴自然的语言、高远脱俗的意境，为中国诗坛开辟了新天地，并直接影响到唐代田园诗派。

基本篇目：《桃花源记》《归去来兮辞》《归园田居·少五适俗韵》

《木兰诗》

民间叙事诗，北朝乐府民歌中最杰出的作品。《木兰诗》记述了木兰女扮男装、代父从军，建功受封后辞官还家的故事，充满了传奇色彩。这首诗塑造了木兰这一不朽的人物形象，木兰勤劳善良又聪明果断，热爱亲人又坚毅勇敢，不慕高官厚禄而回归和平生活。她是驰骋沙场、建功立业的巾帼英雄，也是娇憨可爱、质朴活泼的平民少女。1000 多

木兰从军图

年来，木兰代父从军的故事在我国家喻户晓，木兰的形象一直深受人们喜爱。这首诗以"木兰是女郎"来构思木兰的传奇故事，富于浪漫主义色彩。虽然写的是战争题材，但全诗安排繁简有序，对木兰的从军生涯着墨不多，着重表现的是生活场景和儿女情态。诗中用人物问答的方式来刻画人物心理，别开生面；用大量的铺陈排比来描述行为神态，跃然纸上；用形象的比喻来结束全诗，风趣有味，使作品充满了强烈的艺术感染力。

《文心雕龙》

我国文学批评史上第一部集大成的作品，南朝梁刘勰所著。全书共 50 篇，包括文体论 25 篇和文学原理 25 篇。文体论部分记录

了各种文体的特点、区别、渊源及流变，文学原理部分包括了创作论、风格论、修辞论、一般文学史论和作家论。在文学的内容与形式、文学批评的原则等方面，《文心雕龙》都有详尽的论述，对后世产生了深刻的影响。

《文选》

我国现存最早的诗文总集，南朝梁萧统编订而成。《文选》共20卷，收录了120家的作品。《文选》大致将这些作品分为诗、赋、杂文3类，又再细分为38个小类，其中以诗、赋作品为最多。总体上看，《文选》更注重作品的辞藻、声律、对偶、用典等艺术形式上的特点，客观上反映了各种文体发展的情况，对研究文学艺术形式的发展变化提供了重要的参考。

（五）唐朝

古体诗与近体诗

古体诗与近体诗是一个相对的概念。古体诗是指近体诗形成前，除楚辞体外的各种诗歌体裁，又称古风、古诗。它的格律比较自由，不讲究对仗、平仄，篇幅也不限长短，句子更是灵活多变，有四言、五言、六言、七言，长短句也可杂用、随意变化。古体诗中以五言和七言较多，又称"五古"、"七古"。

近体诗是在唐代形成的格律诗体。它的字数、格律、平仄、押韵和对仗都有着严格的规定。近体诗又分律句和绝句，每种又有五言、六言、七言的分别，以五、七言最为常见。绝句每句四句，律诗每首八句，十句以上的律诗称为"长律"或"排律"。

唐初文坛四杰

是指王勃、杨炯、卢照邻、骆宾王四人。四人较能突破当时文坛的宫体诗束缚，是初唐文坛上新旧过渡时期的人物。

基本篇目：王勃《滕王阁序》《送杜少府之任蜀川》

孟浩然 （689—740）

襄州襄阳（今湖北襄樊）人，世称孟襄阳。因他未曾入仕，又称为孟山人。擅长山水田园诗，与王维并称"王孟"。孟浩然的田园诗不事雕琢，有浑然天成之感，更有清新自然之趣。他善于在诗中捕捉大自然以及生活细节中的美，充满了徜徉于山水田园的怡然自得的轻松感。

基本篇目：《春晓》《过故人庄》《夜归鹿门歌》

李白 （701—762）

字太白，号青莲居士，祖籍陇西成纪（今甘肃静宁西南），隋末其先人流寓碎叶（今吉尔吉斯坦北部托克马克附近）。幼时随父迁居绵州昌隆县（今四川江油）青莲乡。李白被认为是继屈原之后的第二座浪漫主义高峰，有"谪仙人"之称。

"诗仙"李白

李白的诗歌现存990多首，其中大量的政治抒情诗充分表现了诗人抱负远大、激情奔放、气概豪迈，也集中代表了盛唐诗歌昂扬奋发的典型音调。但其桀骜不驯的性格决定了他不能够为权贵所容，当高昂的政治热情与冷酷的现实重压相互碰撞时，便转化为怀才不遇的悲愤狂歌，这种忧愤在李白的饮酒诗中表现得淋漓尽致。

李白的诗想象丰富，感情奔放，形象雄奇，语言瑰丽活泼、变化无端，结构纵横跳跃，句式长短错落，形成了雄奇飘逸的风格。李白擅长古体诗，包括古风和乐府诗，但他在近体诗体裁如律诗、绝句中往往也有绝唱留存。李白善于运用夸张的手法、生动的比喻、丰富的想象、无拘无束的句子来表现自由奔放的情感。他的语言是"清水出芙蓉，天然去雕饰"，明朗自然、畅达和谐、浑然天成。

基本篇目：《夜静思》《送友人》《秋登宣城谢朓北楼》《望天

门山》《秋浦歌》《行路难》《梦游天姥吟留别》《将进酒》

杜甫 （712—770）

"诗圣"杜甫

字子美，杰出的现实主义诗人。曾任工部员外郎，后世也称"杜工部"，有"诗圣"之美誉。杜甫深受儒家思想的影响，一生忠君爱国，胸怀经世之志。他身处唐王朝由盛转衰的动乱年代，历经战乱，深刻体会到人民的悲苦。更难能可贵的是，即使自己仕途坎坷，穷困潦倒，杜甫依然深切地忧国忧民。他的诗反映了丰富的社会现实，富有强烈的时代色彩和鲜明的政治倾向，真实地刻画了安史之乱前后这段特殊时期的政治时事和社会生活，因而被称为一代"诗史"。

杜甫的诗吸收前人的成就，融合各家所长，形成了独特的沉郁顿挫的风格。其诗思想深刻、感情真挚、语言精准。同时，他兼善众体，除五古、七古、五律、七律外，还写了不少排律、拗体，艺术手法也多种多样，是唐诗思想艺术的集大成者。杜甫还继承了汉魏乐府"感于哀乐，缘事而发"的精神，借旧题创新题，创作了不少"即事名篇，无复依傍"的新题乐府，如著名的"三吏"、"三别"等。

基本篇目：《闻官军收河南河北》《江畔独步寻花》《江南逢李龟年》《石壕吏》《春夜喜雨》《茅屋为秋风所破歌》《兵车行》

王维 （701—761）

字摩诘，盛唐时期的著名诗人，官至尚书右丞，故世人称"王右丞"。其诗有诗、画、音乐合一的特色。王维也曾经积极入世，他的边塞诗以及军旅诗《从军行》、《陇西行》都展现了宏伟的抱负。后来身历变乱，日渐消沉，寄情佛教、山水之间，寻找自己的精神寄托。王维的山水田园诗描摹精细、清新淡雅，融合了绘画的技法，取景、着色极有画意。另外，王维的赠别小诗以及描写日常生活的抒情小诗大多感情真挚、淳朴深厚，如《送元二使安西》、《相思》更是被谱成乐曲，广为传唱。

基本篇目：《观猎》《鸟鸣涧》《送元二使安西》《相思》《九月九日忆山东兄弟》

唐代边塞诗

边塞诗是以边疆地区自然风光和边地军民生活为题材的诗。唐代是我国边塞诗创作最繁荣的时代，如今一些脍炙人口的名篇佳作大多产生于这一时期。盛唐是边塞诗创作的鼎盛时期，创作过边塞诗的盛唐作家人数之广、作品数量之多，都是前无古人、后无来者的。大诗人李白、杜甫都写过一些精妙绝伦的边塞诗，如李白的《关山月》、《战城南》、《北风行》、《幽州胡马客歌》、《塞下曲》六首等，杜甫的《兵车行》、《前出塞九首》、《后出塞五首》、《高都护骢马行》等。盛唐边塞诗的代表作家为王维、高适、岑参、王昌龄以及李颀。边塞的壮丽景观、边疆的地域风情、少数民族的音乐舞蹈等均在他们的诗中得到了充分的反映。王昌龄、李颀虽无从军边塞的生活经历，却以乐府旧题写出新意，在边塞诗中展示了强悍的盛唐气象。这些诗作千载之下仍充满虎虎生气、激荡人心，集中体现了中华民族的爱国主义和民族精神。

唐朝古文运动

以韩愈、柳宗元为代表，主要内容是复兴儒学、反对骈文、提倡古文。所谓古文，是指与骈文相对，不讲究对偶和声律的散文体。魏晋以后，骈文盛行，文章大都讲究对偶，主张句法整齐、文辞华丽。唐朝古文运动主张学习先秦和汉代散文，创作内容充实、篇幅长短不拘、文字质朴畅达的散文，这其实是一种新散文。韩愈、柳宗元创作出了许多优秀的古文作品。

"文章巨公"韩愈

韩愈（768—824）

字退之，唐代文学家、哲学家，河南河阳（今河南省孟州市）人。因官拜吏部侍郎，又称韩吏部。谥号"文"，尊称韩文公。在文学成就上，同柳宗元齐名，称为"韩柳"。韩愈积极提倡古文运动，恢复古文传统，创作了大量文情并茂的文章。他一生以弘扬儒家的"道"为己任，要求"文"、"道"合一。他的散文题材广泛，举凡政论、哲学、文论、叙事、祭文都有涉猎。在艺术风格上，韩愈崇尚"奇"。他的古文，无论从立意、构思还是用词，都力求创出新意。与此相类，韩愈的诗歌也有"奇"的特点，追求别树一帜、奇特险怪的特征。

基本篇目：《马说》《师说》《原毁》

柳宗元（773—819）

字子厚，河东解州人。柳宗元积极提倡古文运动，创作了大量优秀散文、游记、寓言、诗歌作品，其中以《永州八记》为代表的山水游记历来最为人称道。《永州八记》是他在被贬谪到永州后所写的一组作品。这组游记不仅展现了永州一带的山水胜景，还寄寓了作者的不平之感以及追求精神解脱的心路历程。

基本篇目：《小石潭记》《童区寄传》《捕蛇者说》

新乐府运动

中唐时期白居易、元稹所倡导的以创作新题乐府为中心的诗歌革新运动。"新乐府"是一种用新题写时事的乐府式诗歌，它不借用古题，自创新题，关注时事、民生，不讲究是否入乐。新乐府运动着力于反映民生疾苦和社会生活的种种弊端，强调"文章合为时而著，歌诗合为事而作"。白居易、元稹、张籍等人的新乐府诗歌大多平易通俗、明畅直切，反映了下层民众所遭受的剥削和压迫，充满了强烈的现实主义精神，对后世诗歌的发展产生了深远的影响。

白居易（772—846）

字乐天，号香山居士，晚唐现实主义诗人。白居易的诗深刻反映了现实生活中民众的困顿苦厄，感情丰富、通晓明畅、雅俗共赏。他的讽喻诗以《新乐府》50首和《秦中吟》10首为代表，详细描绘了中唐时期的社会生活。他的感伤诗则以长篇叙事名作《长恨歌》和《琵琶行》为代表。前者写唐玄宗与杨贵妃的爱情悲剧，哀婉幽深；后者则将心比心，把琵琶女的不幸与自身宦海遭贬的痛心互为参照，发出了"同是天涯沦落人，相逢何必曾相识"的凄苦心声。另外，白居易的抒情小诗歌，例如《赋得古原草送别》、《钱塘湖春行》均意境优美、格调清新、耐人寻味。

基本篇目：《卖炭翁》《新丰折臂翁》《琵琶行（并序）》《长恨歌》

河南洛阳市郊白居易故居

李商隐（813—858）

字义山，号玉谿生。其流传下来的600首诗歌中数量最多的是政治诗，这和他陷入当朝"牛李党争"的旋涡，政治上屡遭排挤、终生潦倒的宦海经历有关。李商隐的政治诗，不仅有对朝政、党争等议题的抨击，更重要的是其中蕴涵了深切的士人失意的痛苦，给人以深刻的感染力。他还善于借史讽今，以《汉宫》、《华清池》为代表的咏史诗大多以小见大、词微意深。其诗歌中最别具一格的是"无题诗"，这些诗看似写男女的爱情，情思婉转，但又意境幽深、隐晦难辨。

基本篇目：《登乐游原》《无题·相见时难别亦难》

（六）宋朝

范仲淹（989—1052）

字希文，北宋政治家、文学家，著有《范文正公集》。范仲淹是北宋诗文革新运动的中坚分子，提倡文学关注民生。他擅长古文，代表作《岳阳楼记》写景壮丽、构思巧妙，抒发了强烈的忧国忧民的情怀。

基本篇目：《岳阳楼记》

欧阳修（1007—1072）

字永叔，自号醉翁、六一居士，谥号文忠，北宋政治家、文学家。欧阳修作为北宋诗文革新运动的领袖，在散文、诗歌、史传编写、诗文评论等方面均卓有成就。他的古文文思通达、从容委婉；他的诗歌有散文化的倾向，其中以诗话的形式论诗的《六一诗话》开创了诗话论诗的风气；他的词更是北宋婉约派的翘首，诸如《踏莎行·侯馆梅残》、《蝶恋花·庭院深深深几许》等作品多笔调婉转、情真意切、韵味悠长。

基本篇目：《醉翁亭记》《伶官传序》《朋党论》《秋声赋》

苏轼（1037—1101）

字子瞻，号东坡居士。北宋政治家、文学家，北宋文坛领袖，诗、词、散文都有着极高的成就，著有《东坡全集》、《东坡志林》等。苏轼的诗多抒发仕途坎坷、宦海沉浮的感慨，也有反映现实黑暗和描述民生疾苦的诗作，风格豪迈清新、内容丰富、长于比喻、以理趣见长。他的词题材广泛，有记游、怀古、赠答、送别、说理等，突破了严格的音律束缚，促进了词的发展。他的散文中议论文汪洋恣肆，记叙文结构谨严、明白畅达，如《石钟山记》、《放鹤亭记》等，与《赤壁赋》、《后赤壁赋》同为传诵名篇。

苏轼雕像

基本篇目：《浣溪沙》《念奴娇·赤壁怀古》《题西林壁》《教战守策》

柳永（987—1053）

原名柳三变，后改名为柳永，北宋词人。精通音律，开创了创作慢词的风气。柳永的词有描绘北宋都城风光和繁荣景象的，也有描写青楼女子情感寄托的，更有抒发羁旅行役者心声的。他的词善于层层铺叙，不避俗言俚语，却又能以浅白词语写出隽永的味道。柳永的词流传广远，人称"凡有井水饮处，即能歌柳词"，给后世文学的发展带来了深远的影响。

基本篇目：《雨霖铃·寒蝉凄切》《望海潮·东南形胜》《定风波·自春来》

司马光（1019—1086）

字君实，北宋政治家、史学家。司马光花了 19 年时间主持编写了《资治通鉴》。《资治通鉴》是一部规模宏大的编年体通史，具有极高的文学价值。它记录了上起战国初，下迄五代末共 1300 多年的史事，贯通古今，总约 300 万言。它的文学价值在于，能把丰富而分散的史料用重大事件统摄起来，力避平均用墨，做到详略得当，并能注意到前因后果的联系，行文重点突出、脉络清晰，显示了高度的提炼和组织材料能力。

基本篇目：《赤壁之战》

李清照（1084—1154）

号易安居士，北宋女词人。李清照的词多委婉曲折之作，后人视为婉约派的正宗。她早期生活富足、衣食无忧，与丈夫赵明诚共同致力于书画金石的搜集整理。金兵入侵中原后，流寓南方，丈夫病死，境遇孤苦。前期词多写青年贵族妇女的优裕生活，后期词多融入家国之恨和身世之感，情调感伤。李清照的词对南宋词有着很深刻的影响，被后人称为"易安体"。

基本篇目：《声声慢·寻寻觅觅》《如梦令·昨夜雨疏风骤》《永遇乐·落日熔金》

陆游（1152—1210）

字务观，号放翁，南宋著名爱国诗人，也是我国创作诗歌数量最多的一位诗人，存诗9300多首。陆游的诗一方面具有"一闻战鼓意气生，犹能为国平燕赵"的英雄气概和牺牲精神，另一方面也有不少像"山重水复疑无路，柳暗花明又一村"（《游山西村》）和"小楼一夜听春雨，深巷明朝卖杏花"（《临安春雨初霁》）等充满美好生活气息的诗作。

基本篇目：《十一月四日风雨大作》《诉衷情》《过小孤山大孤山》

辛弃疾（1140—1207）

文武双全的辛弃疾

字幼安，号稼轩，南宋著名爱国词人，存词600多首。辛弃疾早年参加农民起义军抗击金国入侵，后率众归宋，多次上疏，力陈北伐大计，因与主和派意见不合而遭到罢免，最终忧愤成疾而终。辛弃疾的词题材广泛、内容丰富，尤以爱国词和田园词为最突出。其爱国词多抒发驱逐胡虏、恢复河山的报国壮志，揭露投降派的软弱可耻，表达自己故国难复、壮志难酬的悲愤，气势雄伟、风格豪放。其田园词赞美祖国风景如画，轻灵细巧、清新俊逸，也流露出寓情于景、流连诗酒、排遣苦闷的精神倾向。辛弃疾继承了苏轼的豪放词风和南宋前期爱国词人的传统，拓宽了词的表现范围，意境阔大、手法多样，融诗歌、散文、辞赋、经史百家成语入词，语言精练，被认为是豪放词的集大成者。

基本篇目：《水龙吟·登建康赏心亭》《永遇乐·京口北固亭怀古》

文天祥（1236—1283）

字宋瑞、履善，自号文山，北宋政治家、诗人，著有《指南录》等。面对蒙元的强势入侵，文天祥率众奋起反抗，兵败被俘、坚贞不屈、从容赴死、壮烈殉国。他写了许多爱国主义的诗文，风格沉郁悲壮、充满浩然正气，名句"人生自古谁无死，留取丹心照汗青"便出自他的笔下。

基本篇目：《过零丁洋》《〈指南录〉后序》

（七）元、明

杂剧

见本书"戏剧"部分。

关汉卿（1230—1300）

号已斋叟，元代杂剧作家，写了60多种杂剧，现存18种。关汉卿是元代剧坛最杰出的作家之一。他的作品广泛反映了元代社会底层人民被压迫、被侮辱的黑暗现实；对受迫害者的遭遇寄予了莫大的同情；热情讴歌和颂扬了弱小者抗击罪恶、见义勇为的意识和行动。他的剧作如《琼筵醉客》，汪洋恣肆、酣畅淋漓、震撼人心。

基本篇目：《窦娥冤》

窦娥冤舞台照

《西厢记》

元代王实甫所作。它取材于唐代元稹的传奇《莺莺传》，写唐代贞元年间书生张生与少女崔莺莺的恋爱故事。《西厢记》提出了"愿天下有情人都成眷属"的主张，反抗封建礼教和婚姻制度，歌颂真正的爱情，自从问世后便广泛流传并得到了人们的高度评价。

《西厢记》的主要人物都有着鲜明的性格特征。张生忠厚诚挚、一往情深却又柔弱有余而阳刚不足；崔莺莺身受传统礼教的束缚，情感波澜多有曲折，虽也一往情深但更显深沉内向；崔莺莺的婢女红娘则是坦率而热心地支持着二人的爱情。红娘伶俐机敏，一方面为憨厚的张生出谋划策，另一方面又细致入微地揣摩小姐莺莺的心思，还得与小姐的母亲——威严的老夫人周旋，显示了有勇有谋、富有智慧的性格特征。

《水浒传》

元末明初的小说家施耐庵所作。施耐庵根据民间流传的宋江起义的故事，创作了《水浒传》。小说主要反映了北宋末年奸臣当道、社会黑暗、民不聊生以致官逼民反，描写了宋江起义和失败的经过，讲述了众多英雄好汉逼上梁山的传奇故事，塑造了大批栩栩如生的人物，如武松、李逵、鲁智深、林冲、宋江等。其中武松打虎、智取生辰纲等故事，更是引人入胜。《水浒传》和《红楼梦》、《西游记》、《三国演义》并称中国四大名著。

武松打虎图

基本篇目：《鲁提辖拳打镇关西》《林教头风雪山神庙》

《三国演义》

我国历史演义小说的开山之作，元末明初罗贯中所著。小说讲述了从东汉末年到西晋初这一时期，魏、蜀、吴三国间的政治、军事斗争。罗贯中综合民间传说、戏曲，根据陈寿《三国志》提供的历史线索，并结合自己参加元末农民起义军的生活经历，发挥了超凡的个人艺术才能，纵横捭阖、巧妙驾驭、游刃有余，形象生动地描述了百年间惊心动魄、波澜壮阔的三国历史。

三国演义插画

《三国演义》的艺术成就很高，尤其擅长刻画各色英雄人物。全书一共描写了400多个人物，无论是群雄之首曹操、刘备、孙权等，还是巨谋勇将、忠臣奸臣诸葛亮、关羽、张飞、赵子龙、黄

27

忠、鲁肃、周瑜、黄盖、郭嘉、许攸、张辽、陆逊以及王允、董卓、吕布等，都展示出鲜明生动的个性特点。罗贯中还擅长描绘战争，他生动、详细、完整地描述了惊心动魄的战争画面和瞬息万变的战斗形势，显示了战争的多样性和复杂性。他高超的写作技巧和对历史宏观、微观的准确把握，使《三国演义》成为人类文学宝库中的珍贵财富。如今，《三国演义》不仅在国内家喻户晓、妇孺皆知，还被翻译成多国文字，在世界范围内流传，受到各国人民的喜爱。

基本篇目：《杨修之死》《群英会蒋干中计》

《西游记》

长篇神话小说，明代吴承恩所作。《西游记》取材于唐代高僧玄奘法师西上天竺求取佛经的故事。吴承恩在前人的基础上进行了新的创造，写成了这部我国古代神魔小说中成就最高的作品。全书共 100 回，共 3 个部分组成。前 7 回写孙悟空出世和大闹天宫。第 8 回至第 12 回叙写唐僧的身世以及取经的缘由。后 88 回写孙悟空皈依佛门，和猪八戒、沙和尚一起保护唐僧远去西天取经的艰难过程，最终历经"九九八十一难"，终成正果。

《西游记》打破了传统的以唐僧为主的取经故事的格局，它以孙悟空为主人公来进行构思。孙悟空作为一个无所畏惧的叛逆者，蔑视天庭、酷爱自由，同时又富有高度的斗争智慧。在他身上，寄寓了人民反抗专制压迫、征服邪恶势力的渴望和勇气。《西游记》的人物塑造巧妙地将神、魔、自然的特点融合在一块，极富想像力，既诙谐幽默富有喜剧色彩，又不失对现实生活的讽刺力度，历来为人们津津乐道。

基本篇目：《美猴王》

《金瓶梅》

明代长篇小说，署名兰陵笑笑生，真实姓名不详。《金瓶梅》的书名是书中三位女性名字中的一字连缀而成，她们分别是潘金莲、李瓶儿、春梅。

藏于美国纳尔逊-艾金斯艺术博物馆的清代金瓶梅插画

　　《金瓶梅》共 100 回，借助《水浒传》中"武松杀嫂"的故事作引子，生动描写了集官僚、富商、恶霸为一身的邪恶人物西门庆由发迹到暴亡的历程。西门庆原是开设生药铺的破落地主，靠着巴结权贵、巧取豪夺发迹。他为人荒淫好色、无恶不作，但由于巴结上了当朝宰相蔡京为义父，不仅不受处罚，反而步步高升，成了"山东提刑所理刑千户"。《金瓶梅》成功刻画了西门庆的淫恶和狠毒，同时对西门庆一妻四妾的钩心斗角、尔虞我诈、迎奸卖俏做了细致的描摹。同时还描绘了一大批形形色色的市井人物，举凡泼皮无赖、帮闲小人、娼妓优伶、和尚道士、三姑六婆，大多或趋炎附势、或翻脸无情、或残忍卑鄙，竭尽丑态之能事。《金瓶梅》对这些丑恶的描写真实、生动、细腻，传达出了那个道德失范时代的精神特质，但也应该看到，书中对西门庆糜烂生活，特别是大量露骨的色情描写的处理，已经偏离了道德和审美的底线，为人所不取。

三言二拍

"三言"是指明末冯梦龙编纂的白话短篇小说集,包括《喻世名言》、《警世通言》、《醒世恒言》。这些短篇小说大多结构完整、情节生动,不少作品反映了市民生活和他们的思想情感。"二拍"是明末凌濛初所作,在形式上效仿"三言",包括《初刻拍案惊奇》和《二刻拍案惊奇》。"二拍"部分作品反映了明代市民的行商、婚姻等生活,也对官僚、地主、富商的贪婪、淫秽等做了淋漓尽致的描写。

基本篇目:《杜十娘怒沉百宝箱》《卖油郎独占花魁》

《牡丹亭》

明代汤显祖所作。该剧描述了杜丽娘与柳梦梅的爱情故事。贫寒书生柳梦梅梦见花园的梅树下站着一个佳人,说与他有姻缘之分,自此以后柳梦梅念念不忘。太守女儿杜丽娘因读《诗经·关雎》而伤春,从花园寻春回来后梦见一书生前来求爱,二人在牡丹亭幽会。杜丽娘从此一病不起,弥留之际要求家人把自己葬在花园的梅树下,嘱咐丫环把自己的画像藏在花园的太湖石底。杜太守为女儿修了"梅花庵观"。三年后,柳梦梅进京赶考,借宿在"梅花庵观",在太湖石下发现了杜丽娘的画像,发现正是自己的梦中佳人。于是,杜丽娘魂返花园与柳梦梅再度幽会。最后柳梦梅掘墓开棺,杜丽娘起死回生,两人终成眷属。《牡丹亭》的文词以典雅著称,问世后即盛行一时,直至今日仍然是戏剧舞台上的经典剧目。

晚明小品

明朝的小品文在嘉靖年间出现,至万历、崇祯年间大盛。这些小品文以"情"、"趣"为主,着墨于作者个人的情性,张扬自己不拘的个性和别样的追求。它一反正统文章的说教和微言大义,率性而为,不讲究文章的规范和技法,也不刻意起承转合。晚明小品文的范围很广,举凡游记、序跋、尺牍、杂记、传记、论说等都有所涉猎。晚明小品的杰出代表是袁宏道和张岱。

基本篇目：袁宏道《虎丘记》 张岱《西湖七月半》

（八）清朝

《桃花扇》

明清传奇戏剧中的压卷之作，清孔尚任所作。孔尚任（1648—1718），字聘之，又字季重，号东塘、岸堂，别署云亭山人。山东曲阜人，孔子后裔。《桃花扇》以明末"复社"文人侯方域与秦淮名妓李香君二人的悲欢离合为线索，探讨了明朝灭亡的原因。《桃花扇》取自真人真事，发扬了历史剧忠实于客观历史的信史传统，有着强烈的现实性。

昆曲《桃花扇》舞台造型

《桃花扇》讲述了明末"复社"文人侯方域在南京避难时与秦淮名妓李香君相识相爱、订下婚约。曾经作为宦官魏忠贤爪牙的阮大铖为洗脱罪名，企图拉拢侯方域，为侯、李二人婚事献上重礼。李香君的严加拒绝使阮大铖怀恨在心，便诬陷侯方域作乱。侯方域为避祸投靠到史可法那里。后来李自成攻占京城，崇祯帝自缢而死，阮大铖又伙同奸臣马士英迎福王在南京登位，建立了南明王朝。阮大铖把持朝政，无恶不作，他逼迫李香君嫁给田仰，李香君誓死不从，以头撞地，鲜血溅落在侯方域赠给她的定情扇上。侯方域的好友杨龙友就把扇子上的血迹绘成了桃花。后来侯方域回到南京，和"复社"文人一起被捕入狱，此时李香君也被征选入宫。不久清兵南下，南京沦陷，侯方域趁乱逃狱，李香君也逃出了宫，二人在栖霞山的白云庵相遇，面对国破家亡，二人斩断情丝，双双出家。

《桃花扇》在人物塑造方面有着很高的造诣，人物性格鲜明，李香君的崇尚气节、机警敏锐，侯方域的风流倜傥、软弱妥协，杨龙友的圆滑世故、两面讨好等都给人留下了深刻的印象。在语言上，《桃花扇》富有文采，并且具有浓烈的抒情气息，感人至深。

《聊斋志异》

文言短篇志怪小说集，清代蒲松龄所作。蒲松龄（1640—1715），字留仙、剑臣，号柳泉，山东淄川（今淄博）人。蒲松龄一生热衷功名，但科场失意使得他悲愤一生。蒲松龄在时世的艰难中深切地体会到出身卑贱的下层读书人的痛苦。他将这种种的感慨和辛酸都寄托在了《聊斋志异》中。所以，《聊斋志异》不仅仅揭露了科举的黑暗、人情的淡薄、社会生活的艰辛，更寄托了作者的愤怒和不平，是一部"孤愤之书"。

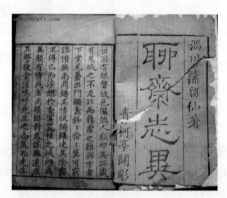

《聊斋志异》最早的木刻本（清乾隆31年刊印，也称青柯亭本）

《聊斋志异》在内容上大体上分为三类：一类是揭露酷吏豪强横行、鱼肉百姓的社会黑暗现实；一类是抨击八股文取士的科举制度的种种弊端以及科场的营私舞弊、丑态百出；第三类是讲述花妖鬼魅与人的恋爱故事，这类故事是《聊斋志异》中数量最多、描写最精彩的部分。它歌颂了冲破封建礼教的爱情，显示出至情至性的人性之光。

基本篇目：《促织》《阿宝》

桐城派

清代散文流派,"桐城派"创始人是方苞,后继者最为著名者是刘大櫆和姚鼐。因为此三人均为安徽桐城人,所以这一散文流派被称为"桐城派"。

桐城派要求文章要有"义法",即既要"言之有物",有要"言之有序",做到文章的内容与形式的统一。文章要尽量雅洁,反对俚俗、芜杂的文风。桐城派的文章,选材简明、语言平易,不用诗词、骈句,力求清真雅正。更重要的是,在思想追求上多"阐道翼教",充满了正统意味,所以从康熙时代开始桐城派的影响日渐扩大,影响至深。

基本篇目:方苞《狱中杂记》《左忠毅公逸事》

《儒林外史》

我国第一部优秀长篇讽刺小说,作者吴敬梓。《儒林外史》以封建制度下儒林士子的生活为中心,把批判的锋芒射向社会,客观地写出了形形色色的秀才举人、翰院名士、市井细民。《儒林外史》着重描写了科举制度造就的大批失去道德操守、利欲熏心、不学无术却又附庸风雅的文人的丑陋嘴脸,塑造了像周进、范进、马二先生、匡超人、严监生等一系列典型人物。《儒林外史》还对吏治的腐败、礼教

《儒林外史》插画

的虚伪和世态的炎凉作出了辛辣的讽刺,也寄寓了作者希冀以古代纯正的儒家道德操守来扭转当时颓败的社会风气的理想。

《儒林外史》在结构安排上历来为人称道。全书没有主要人物和线索,小说开端以一"楔子"标举一位不慕名利、不随流俗的高洁人物王冕,接着便以剪影的方式触及到社会生活的方方面面。小说基本由众多分散的人物和日常的生活琐事组成,富有强烈的现实主义精神。《儒林外史》更是一部讽刺性极强的作品。作者融悲喜于一体,在不偏离客观社会生活的描写中将封建制度束缚下各个

被扭曲的灵魂深刻地描摹出来。《儒林外史》的艺术手法对晚清的谴责小说有着十分重要的影响，它和稍晚出现的《红楼梦》标志着我国长篇小说已臻成熟的境地。

基本篇目：《范进中举》

《红楼梦》

又名《石头记》，全书共 120 回。由曹雪芹（名霑，字梦阮，号雪芹）"披阅十载，增删五次"完成前 80 回，后 40 回为高鹗续作。《红楼梦》以贾宝玉、林黛玉、薛宝钗的爱情纠葛为主线，描写了贾家由盛到衰的过程，广泛而深刻地触及到封建末世时代的政治、经济、文化等各个方面，真切而形象地描摹了复杂的时代特征和丰富的社会内容。更重要的是，小说寄寓了曹雪芹对社会制度、礼教、人情、传统文化、生命意义的深刻认识，是一部集大成的作品，成为我国古典小说的最高峰。

现藏于国家博物馆清人所绘《大观园图》

《红楼梦》规模宏大，故事情节千头万绪、人物千姿百态，却能在作者高超的艺术笔触下浑然一体，几如生活本身一样。《红楼梦》更是一部百科全书式的作品，书中对琴棋书画、诗词歌赋、灯谜联额、制艺尺牍、医卜参禅、园林建筑、婚丧嫁娶、烹调饮食、服饰摆设甚至民间俚语等的描写都可谓细致逼真、栩栩如生。

《红楼梦》自问世以来就受到人们的喜爱。对《红楼梦》的欣赏和研究已经成为一门学问——红学。最早研究《红楼梦》的是脂砚斋，即所谓的"评点派"。20世纪初出现了以蔡元培等人为代表的"索引派"，努力挖掘《红楼梦》中的人物、情节影射的现实社会中的真人真事。五四运动后，以胡适、俞平伯为代表的"新红学派"反对"索引派"的牵强附会，努力考证曹雪芹的生平、家世和版本流传情况，贡献甚大。

基本篇目：《葫芦僧判断葫芦案》《林黛玉进贾府》

龚自珍（1792—1841）

清中叶思想家、散文家，浙江杭州人。其诗歌、散文都有着强烈的忧患意识和批判精神，着眼于政治、社会情势，尽情议论，反映出当时的社会矛盾和时代氛围，具有深刻的历史与现实意义。以《己亥杂诗》、《秋心三首》为代表的抒情诗忧郁深沉，既有奋发的自强，又有无尽的感慨与孤独，真挚感人。他的散文则说古喻今，对清王朝腐朽的政治与社会进行了犀利的批判。另外以《病梅馆记》为代表的一些寓言小品，隽永生动，充满了讽刺的意味。

基本篇目：《病梅馆记》

梁启超（1873—1929）

字卓如，号任公，又号饮冰室主人，广东新会人。中国近代改良主义的思想家、宣传家。梁启超致力于中国文学的改革，他提出了一系列的文学革命理论，主要有：第一，"诗界革命"。他尝试把诗歌的形式与语言通俗化，引入新的具有时代色彩的词语，使诗歌能更多地接纳时代；第二，"小说界革命"。他极力强调小说与改良社会的关系，在

启蒙思想代表梁启超

其名作《论小说与群治之关系》中，他论说了旧小说对中国社会以及民族性的深刻影响，提出改良小说是改良社会的关键；第三，

"文界革命"。他积极介绍西方文学文化思想，提倡通俗文学，鼓励更多的人使用白话文创作。

基本篇目：《少年中国说》《新民说》

晚清谴责小说

1902 年后，随着"戊戌变法"被清政府镇压，整个中国内政、外交更加困顿。在文学创作上应对这种情势出现了一些抨击清廷、揭露时弊、提出各种挽救措施的小说，这些小说被称为"谴责小说"。其中以李伯元的《官场现形记》、吴趼人的《二十年目睹之怪现状》、刘鹗的《老残游记》和曾朴的《孽海花》最为著名，合称晚清四大谴责小说。

《老残游记》小说封面

李伯元（1867—1906）的《官场现形记》在报刊上连载，取得了社会轰动效应，开近代小说批判现实风气之先。小说主要描述了封建社会末期官场的种种丑态。在写作方式上继承并发展了《儒林外史》的手法，充分运用漫画式的夸张、讽刺手法，寥寥几笔，人物的音容体态跃然于纸上；又善写细节，具有很强的艺术感染力。

吴趼人（1866—1910）的《二十年目睹之怪现状》是一部带有自传色彩的长篇小说。它通过一个叫"九死一生"的人从奔父丧开始，至其经商失败为止所耳闻目睹的社会现实，共约 200 个小故事，描绘了中法战争后至 20 世纪初的 20 多年间晚清社会的种种怪现状，反映了广阔的社会生活，揭露了逐渐殖民地化的中国封建末世社会的政治状况、道德面貌、社会风尚及世态人情等。小说采用第一人称叙事，读来亲切、自然，在中国小说史上开了先河。

《老残游记》的作者刘鹗（1857—1909），本是一位企业家、学问家。这部小说是他晚年所写的带有自传性质的未竟作品。小说通过主人公江湖医生老残（铁英）在中国北方游历期间的见闻，暴露了清政府的腐朽黑暗、官吏的昏庸残暴、百姓的贫困交迫。小说着重抨击了那些名为"清官"实为酷吏的虐民行为，表达了作者关注国家、民族的现实精神和忧患意识。小说描写技巧高超，举凡状物、写景、叙事，都能历历如绘，使人有身临其境之感。其心理描写和心理分析也精彩绝伦，常用准确、精到的语言，描摹出人物的内心世界。

曾朴（1872—1935）的《孽海花》讲述了状元金雯青和苏州名妓傅彩云（赛金花）的故事。金沟（字雯青）中状元后在苏州纳名妓傅彩云为妾，后奉命出使欧洲各国，带傅彩云同往。回国后，金雯青病死北京，傅彩云离开金家，赴上海重操旧业，改名曹梦兰。后又到天津为妓，人称赛金花。《孽海花》反映了从同治至光绪30多年间中国社会的变迁和文化的更替，揭露了统治阶级的腐朽没落，批判了封建科举制度的黑暗落后，讽刺了达官名士的麻木苟安；同时也热情地歌颂了冯子材、刘永福等爱国将领的英勇抗击和孙中山等民主革命党人的革命活动，表达了作者反封建，鼓吹民主革命，爱国救亡的思想。

（九）现代文学

五四新文学运动

1919 年 5 月 4 日，北京爆发了中国人民反对帝国主义、封建主义的爱国运动，史称"五四运动"。"五四新文学运动"是指"五四"时期提倡白话文、反对文言文，提倡新文学、反对旧文学的文学改革运动。以陈独秀、胡适、钱玄同、周作人、鲁迅等为代表的文学革命者在《新青年》等杂志上大力提倡民主和科学的思想，主张打破文言文和旧的文学形式的束缚，创造出新的文学来。由"五四新文学运动"起，中国文学从形式到内容开始了一场从古典到现代的深刻变革。

鲁迅（1881—1936）

原名周树人，浙江绍兴人，伟大的文学家、思想家、革命家，

"民族魂" 鲁迅

中国现代文学的奠基人。鲁迅小说集有《呐喊》、《彷徨》，历史小说《故事新编》，散文《朝花夕拾》，散文诗《野草》，杂文集有《热风》、《坟》、《华盖集》等数种。鲁迅致力探索中国的国民性改造问题，对传统文化对中国人的心灵毒害做出了深刻的批判，振聋发聩。他塑造的一系列人物，他所提出的一些论断都已成为中国现代文化的重要组成部分，持续发挥着重要的影响。

基本篇目：小说《狂人日记》《孔乙己》《故乡》《祝福》《药》《阿Q正传》；散文《从百草园到三味书屋》《藤野先生》《记念刘和珍君》《为了忘却的记念》《拿来主义》《中国人失掉自信力了吗》

茅盾（1896—1981）

原名沈德鸿，字雁冰，浙江桐乡县人，1920年代开始文学创作。创作小说有《子夜》、《腐蚀》、《霜叶红于二月花》、《林家铺子》、《春蚕》等。茅盾的小说对当时错综复杂的社会矛盾做出了清晰的透视，他总能在时代风云的变迁下关注典型人物的命运。茅盾同时倡导现实主义的创作方法，翻译介绍外国文艺，为中国现代文学的发展做出了突出贡献。

晚年的茅盾

基本篇目：《子夜》《林家铺子》

老舍（1899—1966）

原名舒庆春，字舍予，北京人，现代著名作家、戏剧家。老舍以长篇小说和剧作著称于世，小说有《骆驼祥子》、《四世同堂》等，戏剧有《茶馆》、《龙须沟》等。他的作品主要描写了市民生活，开拓了中国现代文学的题材领域。他笔下的自然风光、人情世故、社会风俗等都呈现出浓郁的"京味"。优秀长篇小说《骆驼祥子》、《四世同堂》就是描写北京市民生活的代表作。他的短篇小说题材广泛、结构精巧，代表作有《上任》、《断魂枪》等，意味深长、耐人咀嚼。老舍的作品语言幽默风趣，富于生活气息，具有雅俗共赏的特点和浓郁的民族风格，现已被译成多国文字，受到世界人民的广泛喜爱。

《骆驼祥子》小说封面

基本篇目：《骆驼祥子》《茶馆》

冰心（1900—1999）

原名谢婉莹，福建福州人，现代著名女作家、儿童文学家，诗集有《繁星》、《春水》等，小说集有《南归》、《往事》等，散文集有《同情》、《冰心游记》等。冰心的作品主要以"母爱"与"童心"为主题，语言风格典雅清丽、婉约流畅，具有高度的艺术表现力。冰心的作品对当时的青少年读者产生了广泛的影响，被时人称为"冰心体"。代表作品有《寄小读者》、《小桔灯》等。

巴金（1904—2005）

晚年巴金

原名李芾甘，四川人，主要作品有《爱情三部曲》（《雾》、《雨》、《电》）、《激流三部曲》（《家》、《春》、《秋》）、《随想录》等。巴金的代表作中最有影响的是《家》、《春》、《秋》。这部系列小说通过描写一个封建大家庭高家的没落和分化，揭示了封建宗法制度崩溃的必然性，赞美了新一代青年冲破桎梏、追求自由的抗争，展示出革命浪潮的巨大力量。小说的题材部分来源于巴金的亲身经历，真实可感，具有巨大的震撼力。在那个风起云涌、动荡巨变的时代，《家》、《春》、《秋》三部曲激励了青年人挺身反抗封建束缚，推动民族与国家的前进与发展。晚年巴金的散文集《随想录》旨在对文化大革命进行深刻反思，体现了知识分子自我拷问的反省精神。

基本篇目：《家》

曹禺（1910—1996）

原名万家宝，祖籍湖北，著名戏剧家，作品有《雷雨》、《日出》、《原野》、《北京人》等。《雷雨》是曹禺的处女作，描述了资本家周朴园一家一天之内发生的悲剧，叩问了大自然命运安排的神秘莫测，暴露了具有浓厚封建性的资产阶级家庭的腐朽和罪恶。其结构安排之严谨、语言表达之凝练、感染力量之巨大，震动了当时的戏剧界。《雷雨》的出现标志着中国话剧艺术开始走向成熟，也证明了曹禺是我国最富有天才创造力的剧作家之一。

基本篇目：《雷雨》《日出》

张爱玲（1920—1995）

一代才女张爱玲

现代女作家，代表作有《传奇》、《流言》等。她的创作大多取材于上海、香港的封建大家庭和中上层阶级，显示出"人生是一袭华美的袍，爬满了蚤子"的独特理解。她的作品，既吸收了中国古典小说的精髓，如《红楼梦》、《海上花列传》等，又借鉴了西方现代派心理描写技巧，形成颇具特色的个人风格。张爱玲的语言风格苍凉、奇喻、绚烂、冷刻，富有极强的艺术感染力。

基本篇目：《倾城之恋》《金锁记》

钱钟书（1910—1998）

字默存，号槐聚，江苏无锡人，现代著名学者、作家。20世纪40年代是他文学创作活动的主要时期，写出了长篇小说《围城》和短篇小说集《人·兽·鬼》。《围城》中妙喻连篇，人物刻画生动，对抗战时期的知识分子众生相的奚落和讽刺显示了作者横溢的才华。《围城》已有英、法、德、俄、日、西语译本。钱钟书的散文大多收入《写在人生边上》一书。

基本篇目：《围城》

西方文学基础知识

古希腊文学

作为整个西方文学的源头，古希腊文学诞生于欧洲从氏族社会向奴隶制社会过渡的时代，渗透着古代世界的人们对战争与和平、生命与死亡、宇宙与自然等有关人的生存的重大事件的思考。古希腊文学作品深刻地体现了那个显赫时代的英雄行为和社会历史的重大变迁，为整个西方文学的发展奠定了基调。

古希腊位于欧洲南部，地中海的东北部，包括今巴尔干半岛南部、小亚细亚半岛西岸和爱琴海中的许多小岛。由于与海的亲密地缘关系，古希腊人在海上求生存，或者经商，或者做海盗，或者到海外开辟殖民地。这种生活方式造就了古希腊人尊重原始欲望、崇尚智慧力量、自由奔放、天马行空的民族性格，也培育了古希腊人追求现世生命价值、重视个人地位和实现个人尊严的价值观念。这种民族气质和文化观念使古希腊文学呈现出丰富活泼、气势恢弘的特点，显示了人类社会童年时代天真烂漫的特征。

古希腊文学中的神和人不是截然分开的两个群体，他们同情同性，都狂放不羁、乐观进取、享受人生，面对困难勇敢坚定、百折不挠。同时，命运的神秘莫测、死亡和灾难的凄惨可怖既使古希腊人感到困惑与恐惧，又培养了他们顽强的抗争精神和自我意识，他们在与命运的斗争中激发了充沛的生命力。古希腊文学浓墨重彩地描写了人对自我价值的认知和实现、人对命运的反抗和斗争，展示了人性的达观、活泼、自由和奔放。古希腊文学的基本精神是生命意识、人本意识和自由观念，这也是以后西方文学与文化的基本内核。

古希腊神话

大约产生于公元前 8 世纪以前，是原始氏族社会的精神产物，后来在荷马、赫西俄德等人的作品中得到充分传播。古希腊神话系统浩大广阔、支脉派系庞杂、传说故事众多，大致可以分为神的故事和英雄传说两大部分。

希腊神话中的神祇并不高高在上，他们跟人一样，有七情六欲、有善恶正邪、有计谋暗算，是人格化的神。居住在奥林

古希腊神话雕像

匹斯山上的众神是古希腊神话崇拜的诸神中的主要神祇，地位最为显赫。这些神祇以宙斯为中心，主要有：宙斯（罗马名字为朱庇特）：天界掌管者，第三任神王，贪花好色；赫拉（罗马名字为朱诺）：宙斯的姐姐和妻子，神后，婚姻的保护神，性好嫉妒；波塞冬（罗马名字为涅普顿）：宙斯的兄弟，海王，暴躁、贪婪；迪墨忒（罗马名字为赛尔斯）：宙斯的姐姐，农业女神；阿瑞斯（罗马名字为玛尔斯）：宙斯与赫拉之子，战争之神，粗暴、嗜血；雅典娜（罗马名字为密涅瓦或米诺娃）：宙斯与美狄丝之子，智慧女神、女战神，代表智慧、纯洁；阿波罗（罗马名字为福玻斯·阿波罗）：宙斯和勒托之子，太阳神；阿佛洛狄忒（罗马名字为维纳斯）：爱与美之神；赫耳墨斯（罗马名字为墨丘利）：宙斯和迈亚之子，商业之神，黄泉的引导者；弥斯（罗马名字为狄安娜）：宙斯和勒托之女，女猎神和月神，青年人的保护神；赫淮斯托斯（罗马名字为乌尔肯）：宙斯与赫拉之子，神中唯一丑陋者，妻子是阿佛洛狄忒，火和锻造之神，铁匠和织布工的保护神；狄奥尼索斯（罗马名字为巴克斯）：宙斯与凡间女子塞墨勒之子，酒神，葡萄种植业与酿酒业的保护神。

英雄传说中的英雄是半神半人，由神和人所生，聪明坚毅、勇猛过人。英雄传说主要讲述了各个家族的故事，包括赫拉克利特的传说、忒修斯的传说、伊阿宋的传说等。希腊神话中对神和英雄的

性格描写、故事叙述等为后世提供了丰富的借鉴，几乎所有的西方作家都曾从其中汲取过营养。

普罗米修斯神话

人类诞生之后，由于没有知识，生活很困苦。普罗米修斯教会了人观察星辰、计算数目、驯服动物等技能，给人类的生活带来了希望。但宙斯不满普罗米修斯偏袒人类，拒绝给人类完成人类文明的最后一物——火。普罗米修斯却设法偷走了天火，交给了人类。宙斯大为震怒，派火神赫淮斯托斯创造了少女潘多拉，携带装着灾难、祸害和瘟疫的魔盒来到人间，潘多拉打开魔盒之后，人类就陷入到灾难、祸害和瘟疫的水深火热中。然后，宙斯又派强力和暴力两个仆人用链子将普罗米修斯吊在高加索的山岩上，每天派一只恶鹰啄食他的肝脏，白天啄晚上长，使普罗米修斯遭受无休止的残酷折磨。然而，普罗米修斯决不屈服，坚决不透露宙斯想知道的关于自己命运的预言。许多世纪后，大力士赫拉克勒斯路过此地，把恶鹰射落，普罗米修斯才得到释放。普罗米修斯为了人类的幸福，面对痛苦折磨英勇不屈，其感人肺腑的牺牲精神将永远激励着人类。

古希腊悲剧

是古希腊"民主时代"的最高文学成就。所谓"民主时代"，是指公元前 6 世纪到公元前 4 世纪这一段古希腊世界的全盛时期。古希腊戏剧起源于酒神狄奥尼索斯的祭祀庆典活动。这种祭祀活动在漫长的历史演进过程中，逐渐发展成一种依靠幕布、背景、面具等塑造环境，有演员表演，有合唱歌队伴奏的艺术样式，这就是西方戏剧的雏形。古希腊戏剧多取材于题材严肃的神话、英雄传说和史诗。古希腊悲剧主要不是写悲哀悲伤，而是表现崇高壮烈的英雄主义思想。古希腊成就最高的三大悲剧作家是埃斯库罗斯、索福克勒斯和欧里庇得斯，他们分别代表了古希腊悲剧艺术"兴起——繁荣——衰落"各个时期的最高成就。

埃斯库罗斯（约前 525—前 456）是古希腊最伟大的悲剧作家。他的最大贡献是在戏剧表演中引入了第二个演员，改变了传统模式只有一个演员和歌队共同演出的局面,为戏剧情节的跌宕起伏和台词对白的丰富多彩提供了便利条件。埃斯库罗斯创作戏剧共80部,只有7部传世,有《俄瑞斯忒亚》三联剧(《阿伽门农》、《奠酒人》和《复仇女神》)、《乞援人》、《波斯人》、《七将攻忒拜》和《普罗米修斯》。《普罗米修斯》讲述了"盗火者"普罗米修斯不惧宙斯惩罚,从天界盗取天火到人间,为人类带来光明与温暖的故事。埃斯库罗斯对西方戏剧艺术的发展产生了深远的影响,被称为"悲剧之父"。

索福克勒斯(约前496—前406)是雅典民主全盛时期的悲剧作家,一生共写了100余部戏剧,却只有7部传世,成就最高的是《安提戈涅》和《俄狄浦斯王》,其中《俄底浦斯王》被认为是古希腊悲剧的典范。索福克勒斯的悲剧着眼于表现个人意志行为与命运之间的矛盾冲突,被称为"命运悲剧"。

欧里庇得斯(约前480—前406)是雅典奴隶制民主国家危机时代的悲剧作家。他醉心于哲学思考,喜欢在自己的作品中提出问题,包括战争与和平、神性与人性、民主、妇女问题等。他一生写了80余部悲剧,有18部传世,最优秀的是《美狄亚》、《特洛伊妇女》等。欧里庇得斯所处的时代是雅典由繁盛走向衰败的时代,社会矛盾丛生,信仰危机和道德沦丧频现。欧里庇得斯在戏剧中表达了对希腊政治现实的怀疑态度。《美狄亚》是古希腊最动人的悲剧之一,它写了取回金羊毛的英雄伊阿宋的妻子美狄亚为了报复丈夫,不惜杀害自己的孩子复仇的悲剧故事,这是西方文学中第一次把妇女作为主要角色来塑造的作品。欧里庇得斯的戏剧注重描绘角色的心理,对后世欧洲文学有很大影响,被称为"心理戏剧的鼻祖"。

《俄狄浦斯王》

古希腊三大悲剧家之一索福克勒斯的作品,讲述了俄狄浦斯王的悲剧命运。忒拜王伊奥斯预知到自己的儿子将会杀父娶母,为了阻止厄运,他将刚出生的儿子抛弃到荒山野岭待死。好心的牧羊人收养了这个孩子,并转送给无子的科林斯王收养,取名俄狄浦斯。

俄狄浦斯王长大后从阿波罗的神示里得知自己将犯杀父娶母之罪，由于他并不知道自己的真实身份，把养父母当成了亲生父母，于是决定远走他乡。在一个三岔路口，他失手打死了不肯让路的一个老人，而这个老人正是他的生父忒拜王伊奥斯。此时正逢人面女妖斯芬克斯在忒拜城头肆虐，凡是猜不中她的谜语的人就要被吃掉。代理国王克瑞翁张榜告谕天下，谁能制服女妖就能做国王并娶王后为妻。俄狄浦斯猜破了谜语，使女妖斯芬克斯羞愧之下跳崖自尽，他也因此被拥戴为王，并娶了王后——自己的生母，在无意中犯下杀父娶母之罪。16年后，可怕的瘟疫席卷了忒拜城，俄狄浦斯从阿波罗的神示里知道瘟疫的肆虐是因为杀死老国王的凶手至今逍遥法外，只有将凶手放逐才能免除灾难。在俄狄浦斯的追问下，预言者说出了实情。经多方对证，真相大白，俄狄浦斯才明白凶手原来确是自己，羞愧难当之下，自刺双眼，自我放逐。《俄狄浦斯王》情节跌宕起伏、矛盾集中凝练、结构严谨完整，其对个人命运的残酷无情、不可逃脱的描绘给人极大的心灵震撼，被公认为是希腊悲剧的典范。

《荷马史诗》

陈列于大英博物馆的荷马雕像

据传荷马是《荷马史诗》的作者，至于是否真有荷马其人，早在公元前3世纪就有人提出怀疑，至今仍无定论。古代希腊时期，在希腊本土，有许多行吟诗人往来于各城邦之间，为人们演唱古代英雄事迹的诗歌。久而久之，这些口口相传的故事逐渐形成了《荷马史诗》的基本情节，到公元前8世纪左右，经过文字加工成为长篇史诗。《荷马史诗》讲述了希腊民族的光荣历史，赞美勤劳、勇敢、善良、正义等美好品质，讴歌克服困难、积极进取的乐观精神，肯定人的个体价值。史诗对战争作了很详细的描述，但对战争本身很少作正义与否的价值判断，超越了狭隘的民族主义。《荷马史诗》的语言修辞技巧圆畅成熟，善用比喻来描写人物及刻画宏阔的社会、历史场面，叙事结构严谨合理。

《荷马史诗》包括《伊利亚特》和《奥德修纪》两部分。《伊利亚特》写的是希腊人围攻特洛伊的故事。战争源于天神之间"不和的金苹果"，希腊英雄阿喀琉斯的父母结婚时请众神参加宴会，漏掉了不和女神厄里斯。她非常生气，于是在婚筵上扔下了一个上面写着"送给最美丽的女神"的金苹果。赫拉、雅典娜和阿佛洛狄忒都认为金苹果应属于自己，大家争执不下，宙斯让她们找特洛伊王子帕里斯做裁决。三位女神为了获得金苹果纷纷向王子许愿：赫拉许他成为最伟大的君王，雅典娜许他成为最勇敢和最机智的战士，阿佛洛狄忒则许他拥有世界上最美丽的女人。帕里斯王子便将金苹果判给了阿佛洛狄忒。不久，帕里斯王子到希腊的斯巴达做客时，在阿佛洛狄忒的帮助下，诱拐了国王墨涅拉俄斯的妻子——绝代美人海伦。墨涅拉俄斯的哥哥阿伽门农为了一雪耻辱，联合希腊各部组成十万大军围攻特洛亚城，战争进行了十年。《伊利亚特》集中笔墨，围绕着"阿喀琉斯的愤怒"，描写了战争第十年发生的故事。希腊联军统帅阿伽门农抢走阿喀琉斯的女俘，阿喀琉斯愤怒不已，拒绝参战，希腊联军迅即转胜为败。后来阿喀琉斯的好友帕忒洛克斯穿上他的铠甲出战，被特洛伊英雄赫克托耳杀死。阿喀琉斯感到无比的愤怒，他重返战场猛攻特洛亚，杀死了赫克托耳，为友报仇，取得了决定性的胜利。

《奥德修纪》写的是特洛伊战争中"木马计"的策划者奥德修斯从特洛伊归家，在海上漂流期间发生的故事。奥德修斯及其同伴到过长有吃了之后使人忘记过往种种的"无忧果"的岛屿，到过独眼巨人的洞窟，一路受尽磨难。后来他们到了风神岛，风神送给他们一个口袋，里面装着所有的逆风，这样他们就可以一帆风顺回家了。快到达家乡的时候，好奇的同伴打开了口袋，放出了里面的逆风，逆风又把他们吹回了风神岛。以后他们还到过吃人的巨人岛，到过把人变成猪的女巫瑟西的岛屿，还遇到过歌声能迷死人的女妖塞壬，每天吞吐海水的海怪。在日神岛上，仅剩的几个同伴因偷吃神牛而遭受惩罚，只有奥德修斯孤身逃脱。当他来到仙女卡吕普索的岛上时，又被扣留了 7 年，直到宙斯干预，才重新踏上回家的旅途。奥德修斯最后到了斯克里亚岛，受到当地国王的热情款待，他的离奇经历使国王深受感动，于是派船送他回国。奥德修斯在海上漂流之际，家里的妻子被一些贵族纠缠不休，奥德修斯回到家乡后，先化装成乞丐试探了妻子、儿子和家仆的忠诚，然后和儿子、仆人一起设计报复了求婚的贵族们，最后全家大团圆。

《圣经》

《圣经》由《旧约》与《新约》组成，是基督教、天主教、东正教、犹太教等教派的宗教经典。《旧约》记载的是耶稣降生前的事迹，《新约》记载的是耶稣降生后的事迹。《新约》中讲述耶稣生平的四卷书被称为"福音"，即"喜讯"，意为耶稣的降生给人类带来了天主赐福的好消息。

《圣经》在经年累月的宗教生活中不断反省，不断掘进，记载了先知、圣贤、使徒、民族英雄等与天主在一起的经历和体验。这些人在走过了人生伟大的旅程之后，有的以口述方式，有的以文字方式，记录下生命中酸、甜、苦、辣的遭遇，以及对人生深刻的观察和认识，这便形成今日内容深沉、历史久远的《圣经》。

《圣经》共 73 卷，包括《旧约》46 卷，《新约》27 卷，历经 1600 年才完成，作者无数，执笔者 40 余人。《圣经》各卷的文学类型包括传记、历史、礼仪、律法、戏剧、诗歌、寓言及神话等。

《约伯记》

出自《旧约》，主要探讨"义人为何要遭受苦难"的重大神学命题。《约伯记》讲述了约伯的故事。约伯家庭富足、儿女成群、美满幸福，他有七个儿子三个女儿，七千只羊，三千头骆驼，五百对牛，五百只母驴及许多仆婢。他虔诚地信仰着上帝，上帝对魔鬼撒旦说："约伯是我最满意的人。"撒旦却认为约伯虔敬上帝不过是因为上帝给予了他过多的幸福，于是上帝准许撒旦考验约伯的虔诚。撒旦杀死了约伯的七子三女，杀死了他所有的牛羊骆驼母驴，还吹倒了他的房子，最后还使约伯患上一种浑身奇痒的皮肤病。约伯每天受着折磨，却绝不改变虔诚之心，一直保持着对上帝的信心，直到魔鬼撒旦承认失败。于是，上帝加倍赐福于约伯，又给了他更聪明漂亮的七个儿子三个女儿，给了他更多的家畜，他的皮肤病也痊愈了。《约伯记》主张基督徒对上帝虔敬的信心绝不能有丝毫动摇，无论在多么黑暗多么绝望的境地也要保持信心，相信一切都会好转，上帝自有最好的安排。《约伯记》的这些思想对西方文学的精神脉络产生了深刻的影响。

《约伯记》插图

《约伯记》共四十二章，内容浩瀚丰富，文体华丽，体裁多种多样，包括小说、戏剧、散文、诗词等，字里行间展示了许多可贵的道理。

文艺复兴时期文学

文艺复兴发源于 14 世纪的意大利，后扩展到西欧各国，16 世纪达到鼎盛。它提倡复兴古希腊、古罗马帝国文化艺术，揭开了欧洲近代史的序幕。文艺复兴时期的文学作品强调人文主义思想，主张个性解放，反对禁欲主义；肯定人权，反对神权；提倡科学主义，反对蒙昧主义；拥护中央集权，反对封建割据，代表作品包括但丁的《神曲》、薄伽丘的《十日谈》、马基雅维利的《君主论》、拉伯雷的《巨人传》等。

文艺复兴前期，意大利出现了"文坛三杰"——但丁、彼特拉克、薄伽丘。但丁创作了许多学术著作和诗歌，其中最著名的是

《新生》和《神曲》。彼特拉克是人文主义的鼻祖，被誉为"人文主义之父"。他第一个发出复兴古典文化的号召，提出以"人学"反对"神学"。代表作是抒情十四行诗诗集《歌集》。薄伽丘是意大利民族文学的奠基者，代表作是短篇小说集《十日谈》。

在法国，文艺复兴运动分成两派，一派是以"七星诗社"为代表的贵族派，另一派是以拉伯雷为代表的民主派。"七星诗社"着重于语言和诗歌理论方面的研究，他们最早提出统一民族语言的主张，促进了法国民族语言和民族文学的发展。不过其主张排斥民间文学，主张文学为贵族服务。拉伯雷是继薄伽丘之后杰出的人文主义作家，他花了 20 年时间创作的《巨人传》是一部现实与幻想交织的现实主义作品，在欧洲文学史和教育史上占有重要地位。

在英国，文艺复兴的代表人物有托马斯·莫尔和莎士比亚。托马斯·莫尔是著名的人文主义思想家，也是空想社会主义的奠基人，他的《乌托邦》是空想社会主义的第一部作品。莎士比亚是天才的戏剧家和诗人，他的作品生动曲折、语言精练，代表了欧洲文艺复兴文学的最高成就。

在西班牙，文艺复兴最杰出的代表人物是塞万提斯和维加。塞万提斯是现实主义作家、戏剧家和诗人，代表作是长篇讽刺小说《堂·吉诃德》，对欧洲文学的发展产生了重大影响。维加是戏剧家、小说家和诗人，西班牙民族戏剧的奠基人，被誉为"西班牙戏剧之父"。他一生共创作了两千多个剧本，留传至今的有 600 多个，最杰出的代表作是《羊泉村》。

《神曲》

意大利诗人但丁（1265—1321）所作。《神曲》分为《地狱》、《炼狱》、《天堂》三个部分，表达了但丁对智慧和理想的追求。《神曲》中的地狱反映了现实世界的情形，天堂是人类的理想和希望，炼狱则是人类从现实到理想过程中所必须经历的苦难。但丁希望人们抛弃罪恶，悔过自新，理解真理，达到最高的理想境界，显示了新的文化思潮的萌芽。

《神曲》的艺术手法十分独特，有力地烘托了作品要表达的思想。全诗分三部，每部33篇，加上序诗一篇，一共100篇，三部诗都用群星作结束，正如人类在群星的指引下，通过诗句的阶梯，从地狱走向天堂，由低贱攀登到高尚。

《神曲》封面

《十日谈》

意大利作家薄伽丘（1313—1375）的代表作。《十日谈》讲述了1348年意大利的佛罗伦萨发生了一场可怕的瘟疫，7个美丽而富有教养的小姐在教堂遇到了3个英俊的男青年，他们决心离开佛罗伦萨躲避瘟疫的威胁。两天后，他们来到了郊外的一座小山上的别墅里，为了使生活丰富有趣，他们商定每人每天讲一个故事，共讲了10天100个故事，这些故事合成集子就叫《十日谈》。

《十日谈》通过讲述生动有趣的故事，赞美了纯洁美丽的爱情，歌颂了自由爱情的可贵，认为爱情是才智、高尚的源泉，反对中世纪鼓吹的禁欲主义；讴歌了现世生活的美好幸福，肯定了人们的聪明才智。同时，《十日谈》抨击了男女不平等，主张妇女应该跟男人一样享有平等的地位；还揭示了封建特权和基督教会的罪恶。薄伽丘毫不留情地揭开教会神圣的面纱，暴露了僧侣们骄奢淫逸、敲诈敛财、买卖圣职、镇压异端的黑暗勾当，揭露了他们道貌岸然却男盗女娼的伪君子嘴脸。薄伽丘的这些批判表达了当时的城市平民阶级对神权的不满。

《十日谈》以生动的笔墨塑造了国王、贵族、骑士、僧侣、商人、学者、艺术家、农民、手工业者等不同阶层的形象，抒发了人文主义的自由思想。意大利评论界把薄伽丘的《十日谈》和但丁的《神曲》相媲美，称为《人曲》。《十日谈》为意大利艺术散文的发展奠定了基础，并开创了欧洲短篇小说的艺术形式。

《堂·吉诃德》

西班牙小说家塞万提斯的代表作。小说讲述了西班牙一个小镇上年逾五旬的穷乡绅阿隆索·吉哈达，因醉心于骑士小说而决心模仿古代骑士行侠仗义的故事。他改名堂·吉诃德，穿上祖传的已经锈迹斑斑的盔甲，提起长矛，骑上瘦马，并说服了农民桑丘·潘沙做他的侍从，一起周游天下，干出了许多荒唐的事情。小说以二人游侠经历为基本线索展开故事情节，共描写了700多个人物，揭露了封建王权、天主教会的黑暗腐朽和底层人民备受剥削的困苦，反映了西班牙王国日趋衰落的本质。

堂·吉诃德性格复杂而矛盾，喜欢脱离实际的幻想，冲动鲁莽，经常干出令人啼笑皆非的事情，却表现出为维护真理而奋不顾身的牺牲精神。他的这种牺牲精神来自于疾恶如仇、捍卫正义的崇高理想，他的身上寄寓了小说家塞万提斯的人文主义思想。

莎士比亚四大悲剧

莎士比亚
被尊称为"莎翁"

莎士比亚（1564—1616）是16世纪后半叶到17世纪初英国最著名的作家，也是欧洲文艺复兴时期人文主义文学的集大成者。莎士比亚的最高成就在于戏剧，他被称为"英国戏剧之父"，他的戏剧广泛而深刻地反映了16至17世纪英国社会的广阔画面。莎士比亚的戏剧内容丰富，情节曲折，构思严谨，人物性格复杂鲜明，语言清新隽永，集哲理与诗意为一体。莎士比亚戏剧的代表作为四大悲剧《哈姆雷特》、《奥赛罗》、《李尔王》、《麦克白》。

《奥赛罗》讲述了摩尔人贵族奥赛罗由于听信手下旗官伊阿古的谗言，被妒火冲昏头脑，掐死了无辜的妻子苔丝狄蒙娜，随后自己也悔恨自杀。奥赛罗是个坦坦荡荡、英勇豪爽的战士，苔丝德蒙娜天真痴情，爱上了奥赛罗，义无反顾地无视家庭的反对和社会的歧视，同奥赛罗结了婚。然而狡诈恶毒的伊阿古由于升不上副将，就对奥赛罗怀恨在心，用谎言设计害死了奥赛罗夫妇，最后自己也没有得到好下场。莎士比亚在此剧中深刻地揭露和批判了原始积累时期新兴资产阶级中的极端利己主义。

《李尔王》描写了专制独裁的昏君李尔王，由于刚愎自用遭受悲惨结局的故事。莎士比亚同样揭露了原始积累时期的利己主义，批判了对于权势、财富的无限贪欲。

《麦克白》写的是麦克白将军立功凯旋，却由于野心的驱使和妻子的怂恿，趁国王邓肯到自己家中做客，弑君自立。最后，他自己又被邓肯的儿子和贵族麦克德夫打败死去，他的妻子也精神分裂而死。莎士比亚生动地地述了各色人等的心理状态，深刻地揭示出野心对于个人的腐蚀作用。

《哈姆雷特》也叫《王子复仇记》，是莎士比亚戏剧创作的最高成就，写的是王子哈姆雷特为父复仇的故事。丹麦王子哈姆雷特在德国威登堡大学接受人文主义教育，由于父王突然离世，心情悲痛地回到祖国。不久，他的母后又同新王——他的叔父结婚，使他备感难堪。这时他父王的鬼魂现身，诉说新王杀害自己的事实，并嘱咐哈姆雷特为父复仇。哈姆雷特考虑问题周详，却又优柔寡断，所以心烦意乱、郁郁寡欢，只好装疯卖傻。同时，新王也怀疑哈姆雷特知道事情真相，派人处处监视。哈姆雷特改编了一出阴谋杀兄的旧戏文《贡札古之死》试探叔父，发现叔父做贼心虚，半途退席，更印证了自己的怀疑。新王觉出不妙，派大臣波洛涅斯偷听皇后和王子的谈话，王子误以为偷听者是新王，便一剑把他刺死。然后，新王使出借刀杀人法，派哈姆雷特去英国，让监视他的两个密使带去一封密信，信中要求英王在王子上岸时杀掉他。幸好哈姆雷特发觉并掉换了密信，反让英王杀掉了两个密使，他自己则跳上海盗船脱险归国。回国后哈姆雷特才知道情人奥菲莉娅因父亲被杀、爱人远离而发疯落水溺死。波洛涅斯的儿子雷欧提斯欲杀哈姆雷特为父复仇，新王利用这个机会密谋在比剑中用毒剑、毒酒来置哈姆雷特于死地。结果，哈姆雷特、雷欧提斯二人都中了毒剑，王后饮了毒酒，新王也被刺死。

古典主义文学

17 世纪流行在西欧（特别是法国）的一种以古希腊、罗马文学为典范的文学思潮。古典主义文学崇尚古希腊、古罗马的作家与作品，认为文学的任务在于道德说教和劝人向善，所以非常强调"理性"至上，并不注重抒写个人的思想感情。古典主义文学体裁界限的划分十分严格，例如悲剧与喜剧不可混同（反对写悲喜剧），悲剧必须遵守"三一律"等。古典主义文学还要求简明、凝练、精确的文风，反对模糊、细节、晦涩。

法国的古典主义文学中出现了三大戏剧家，包括悲剧作家高乃依（1606—1684）和拉辛（1639—1699）、喜剧作家莫里哀（1622—1673）。高乃依共写了三十多个剧本，大部分是悲剧，也有少量的喜剧。其代表作是《熙德》，讲述了个人情感与理性的冲突，保卫国家的职责与家庭义务的矛盾，最后理性战胜情感，家庭义务服从于更崇高的保卫祖国的职责，主角罗德里克率兵御敌，获"熙德"（即将军之意，有头等首领的含义）的称号。该剧奠定了古典主义悲剧的规范。拉辛的代表作是《昂朵马格》，取材于古希腊悲剧家欧里庇得斯的两部悲剧《安德洛玛克》和《特洛亚妇女》，体现了师法古希腊、古罗马文学典范的原则，严格遵守"三一律"，被称为最标准的古典主义悲剧。莫里哀的代表作品有《伪君子》、《悭吝人》等。

启蒙主义文学

法国大革命思想先驱卢梭

18世纪欧洲文学的主流。启蒙主义文学家崇尚理性，理性裁决一切，认为人类的活动必须在理性的法庭上接受审判。他们强调人道主义，高张个人权利，宣传自由、平等、博爱和"天赋人权"，猛烈抨击封建教会和王权统治的丑恶腐朽。启蒙主义文学作品喜好通过文学的方式讨论哲理，富有鲜明的哲理性和政论性。另外，与古典主义文学多写王公贵族等上层人物不同，启蒙主义文学多以下层人物或普通人作为正面人物，描写他们的日常生活状态。

启蒙主义文学的发展主要集中在英、法、德三国。法国的启蒙文学开始于 17 世纪 80 年代，孟德斯鸠（1689—1775）的书信体小说《波斯人信札》被认为是第一部真正意义上的启蒙小说。小说的主人公乌斯彼克和里卡两个人在法国游历，他们与朋友和家人的通信暴露了法国社会的黑暗现实，作者猛烈抨击了法国现行制度。

法国启蒙主义文学中成就最高的是卢梭（1712—1778）。他的教育小说《爱弥儿》是启蒙主义文学的经典作品。其书信体小说《新爱洛伊丝》，由 63 封书信组成，主要记述了贵族姑娘朱莉和她的家庭教师普乐之间凄美动人的爱情故事。这部小说赞美了自由美丽的爱情，批判了世俗、等级的偏见，对美好人性被扼杀深感痛恨。这部小说具有浓郁的浪漫主义色彩，被称做是浪漫主义小说的先导。卢梭的《忏悔录》以极大的勇气，真诚坦白地披露了自己的生活状态、思想感情，并揭露了自己的各种丑行，是一部真正自我剖白的坦诚之作。卢梭通过大胆的"忏悔"，控诉了丑恶现实对自己自然人性的戕害。

英国启蒙主义文学的代表作家首先是笛福（1661—1731），他创作的《鲁宾逊漂流记》通过记叙商人鲁宾逊的海上冒险和荒岛余生的经历，体现了积极进取、奋发图强、有所作为的精神。与笛福同时期的另一位小说家是斯威夫特（1667—1745），其代表作《格列佛游记》通过记述主人公格列佛在小人国、大人国、飞岛国和智子国等几个想象中的国家的遭遇，大胆讽刺了英国黑暗腐朽的社会现实。还有一位代表作家是亨利·菲尔丁（1707—1754），代表作是《汤姆·琼斯》。小说的主人公汤姆·琼斯是乡绅的养子，他与邻家之女索菲娅产生了爱情，美丽的爱情却遭到了恶意破坏，不得已之下，汤姆和索菲娅前后离家出走。小说通过叙述他们流浪在外的种种遭遇和所见所闻，全面展现了 18 世纪英国的广阔社会图景。

德国的启蒙主义文学情况比较特殊。18 世纪的德国处于国家四分五裂的状态，其启蒙主义文学便具有浓厚的反对国家分裂和渴望民族统一的特点。德国启蒙主义文学的第一位代表是莱辛（1729—1781），他的主要作品有美学著作《拉奥孔》，戏剧论文集《剧评》，剧作《萨拉·萨姆逊小姐》和《爱米丽亚·迦沙蒂》。

其中《爱米丽亚·迦沙蒂》猛烈地抨击了小邦国君主的残暴，反映了作者对德国分裂现状的忧虑和不满。德国启蒙主义文学的中坚力量是歌德和席勒。18世纪70—80年代的德国出现了"狂飙突进运动"，这是德国文学史上第一次全国规模的文学运动，参与者多为出身底层的青年作家，他们深爱祖国，强烈反对分裂，主张统一。狂飙突进运动促进了德国民族意识的觉醒，使德国启蒙文学得到了迅猛发展。歌德和席勒积极参与了狂飙突进运动，并以杰出的创作实绩成为这场运动的中坚力量。歌德这一时期的代表作是《少年维特之烦恼》。

德国启蒙文学代表之一席勒

席勒（1759—1805）这一时期的创作主要是四部戏剧作品，即《强盗》、《斐哀斯柯》、《阴谋与爱情》和《唐·卡洛斯》。其中《阴谋与爱情》是德国市民剧的代表作，剧作通过演绎费迪南与露易丝的爱情悲剧，控诉了封建贵族的专横残暴和下流无耻。公爵为了政治目的与人联姻，在背叛婚姻之后制造骗局掩盖自己与情人之间的丑行，宰相为了个人利益不惜牺牲儿子的爱情和幸福。他们的自私自利和阴谋诡计最终使费迪南和露易丝双双走上了不归路。

浪漫主义文学

18世纪90年代到19世纪30年代，法国资产阶级大革命时期是浪漫主义文学的鼎盛时代。1798年法国资产阶级推翻了封建专制统治，建立了资产阶级政权。这一伟大历史事件震撼了整个世界，欧洲的资产阶级民主革命运动和民族解放运动从此风起云涌、此起彼伏。与此相配，崇尚英雄、追求理想、充满激情的浪漫主义文学成为这个时代的文学主流。

浪漫主义文学强调自由抒发个人情绪，主观性强烈，感情充沛，认为古典主义宣扬的理性束缚了感情，着眼于深入挖掘人物的内心世界。在创作对象上，浪漫主义文学更多地取材于远离现实生活的神话传说、奇异故事等，充满幻想的创造出虚构的艺术世界。为了充分凸现情感倾向，表现理想和激情，浪漫主义文学还常采用强烈的对比反差手段。例如雨果的《巴黎圣母院》，就是以美丑对比、外表与内心的巨大反差，表现了作家的价值取向和情感偏好。

浪漫主义文学构思奇特、幻想大胆、手法夸张，在艺术表现上不求"形似"，而求"神似"，根据表现理想的需要，充分发挥想象、夸张、变形、象征等艺术手段，语言华美，把历史传说、神话故事等融合起来，打造理想的艺术世界，呈现出雄伟瑰丽的浪漫气势。

拜伦（1788—1824）

著名的英国浪漫主义诗人。出生于伦敦破落的贵族家庭，10岁继承男爵爵位。他在哈罗中学和剑桥大学读书期间，受到了启蒙主义的深刻影响。他最著名的代表作是巨著《唐璜》，另外他还写了一系列长篇叙事诗，其诗歌在世界范围都有很大的影响。

雨果（1802—1885）

19世纪前期浪漫主义文学运动的领袖。他在作品中提倡"爱"和人道主义，反对"恶"和暴力。他一生中创作了26卷诗歌、20卷小说、12卷剧本、21卷哲理论著，合计79卷之多，为人类文学史增添了浓墨重彩的一笔。他的代表作是《巴黎圣母院》、《悲惨世界》等长篇小说。《巴黎圣母院》写于1831年，是雨果第一部大型浪漫主义小说，它以"美"

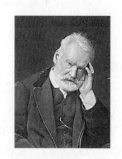

"法兰西的莎士比亚"雨果

与"丑"、内在和外在的强烈对比手法讲述了一个发生在15世纪法国的故事。巴黎圣母院副主教克罗德道貌岸然、虚伪恶毒，为了满足自己无耻的肉欲，强迫吉卜赛女郎爱斯梅拉达就范，被其拒绝，于是产生了疯狂的报复之心，要置爱斯梅拉达于死地。面目奇丑但心地善良的敲钟人卡西莫多则为了救爱斯梅拉达而不顾牺牲自己的性命。小说鞭笞了宗教的虚伪和禁欲主义的不人道，歌颂了底层劳动人民的勤劳、善良、正直。《悲惨世界》则展示了资本主义社会奴役劳动人民、逼良为娼的罪恶现实。《巴黎圣母院》和《悲惨世界》多次被拍成电影，在世界上广为流传，成为经典之作。

普希金（1799—1837）

"俄国文学之父"普希金

俄国浪漫主义文学的杰出代表，俄国现实主义文学的奠基人，现代标准俄语的创始人。他的作品反映了俄国民族意识的高涨以及贵族革命运动的开展。

普希金的抒情诗内容非常广泛，政治抒情诗有《致恰达耶夫》、《自由颂》、《致西伯利亚的囚徒》等，爱情诗和田园诗有《我记得那美妙的一瞬》和《我又重新造访》等。他一生中创作了 12 部叙事长诗，其中最重要的是《鲁斯兰和柳德米拉》、《高加索的俘虏》、《青铜骑士》等。普希金的剧作有历史剧《鲍里斯·戈都诺夫》。此外，他还创作了诗体小说《叶甫盖尼·奥涅金》、散文体小说《别尔金小说集》和描写普加乔夫白山起义的长篇小说《上尉的女儿》。普希金的作品和时代紧密联系，探讨了社会专制制度的问题、贵族的生活道路问题以及农民问题等，还塑造了"多余的人"、"金钱骑士"、"小人物"、农民运动领袖等典型形象。普希金的作品讲究内容与形式的高度统一，他的抒情诗内容丰富、感情真挚、结构精巧、韵律优美，他的散文及小说构思严谨、情节集中、描写生动。普希金的创作对俄罗斯文学和世界文学都产生了重要影响，被高尔基称为"一切开端的开端"。

《浮士德》

德国大文学家歌德花费 58 年时间完成的诗剧，是堪与荷马的史诗、莎士比亚的戏剧媲美的伟大诗篇。

《浮士德》讲述了魔鬼靡非斯特认为人类无法满足的追求终将

导致其自身的堕落，上帝却认为尽管人类在追求的过程中难免犯错误，但最终能够找到真理。于是魔鬼与上帝打赌，挑选了人间的浮士德进行诱惑。浮士德是一位年过半百的老学者，正陷入苦苦追寻真理而不得的苦闷中。魔鬼靡非斯特化为书生与浮士德订立契约，他带浮士德开始新的人生追求，条件是一旦浮士德感到满足，灵魂便归魔鬼所有。其后，在靡非斯特的帮助下，浮士德经历了爱情生活、政治生活、追求古典美和建功立业等人生阶段。最后，年迈的浮士德在双目

德国民族文学
最杰出的代表歌德

失明的情况下，满怀憧憬，督促工人填海造田，开辟更多的疆土。他听到了铁铲挖土的声音，这是魔鬼正在给他掘墓，他却误以为是工人在开挖沟渠，忍不住内心的喜悦，喊出了"逗留一下吧，你是那样美！"随即倒地而死。魔鬼正要按照契约取走他的灵魂时，天使从天而降，驱走魔鬼，把浮士德的灵魂接走。

《浮士德》再现了德国乃至欧洲资产阶级从文艺复兴到19世纪初期几百年间不断探索的精神历程。浮士德走出书斋，走向广阔的人生，体现了从文艺复兴开始，直到"狂飙突进"运动，资产阶级思想觉醒，反封建、反宗教神学的批判精神。浮士德的爱情悲剧是对享乐主义的利己哲学的反思和否定。浮士德的从政失败揭示了启蒙主义者渴望开明君主的政治理想的虚幻性。浮士德最后在发动大众改造自然、创建人间天堂的宏伟事业中找到了人生的真谛，表现了18世纪启蒙主义者的精神追求。

歌德深刻、辩证地揭示了浮士德人格中"肯定"和"善"的因素同"否定"和"恶"的因素之间的矛盾和冲突，赞美了浮士德永不满足、追求真理，不断克服障碍、超越自我、奋勇前进的"浮士德精神"。

19世纪批判现实主义文学

19世纪在欧洲形成的一种文艺思潮和创作方法。司汤达的小

说《红与黑》为批判现实主义文艺思潮奠定了基础，巴尔扎克的《人间喜剧》是批判现实主义的最高成就。批判现实主义的作家还有福楼拜、梅里美、左拉、莫泊桑、都德、小仲马以及罗曼·罗兰等人，他们的创作巨著丛生，汇聚成了波澜壮阔的艺术洪流，蔚为壮观。英国的狄更斯和萨克雷代表了当时中小资产阶级的利益，揭露和批判了资本主义现实社会的黑暗与腐败。狄更斯的小说有《大卫·科波菲尔》、《艰难时世》和《双城记》等，萨克雷的代表作是《名利场》。此外，还有夏洛蒂·勃朗特和盖斯凯尔夫人等优秀的批判现实主义作家。19世纪60年代后，西欧的批判现实主义开始走下坡路，批判现实主义的中心由英国和法国转移到俄国。俄国的列夫·托尔斯泰、契诃夫等登上世界文坛，代表了批判现实主义文学的新高度。

批判现实主义作品强调"真实地再现典型环境中的典型人物"，从人与环境的关系中描写人，再现典型环境中的典型性格，再现社会生活的真实，尖锐地揭露和批判现实。批判现实主义作品注重环境描写和细节描写的真实性，通过具体可感的形象感染人、打动人。批判现实主义作品还注意描写的客观性，并不直接表达或借人物之口说明作者的思想倾向和爱憎感情，而是通过对现实生活的客观描写体现出来。19世纪批判现实主义文学是欧洲资产阶级文学艺术发展的又一高峰。

《人间喜剧》

法国"社会百科全书"
巴尔扎克

19世纪法国伟大的批判现实主义文学的杰出代表——巴尔扎克（1799—1850）的代表作。《人间喜剧》分"风俗研究"、"哲理研究"和"分析研究"三大类，原定书名为《社会研究》。1842年，巴尔扎克受但丁《神曲》所谓"神的喜剧"的启发，改为此名，即把资产阶级的生活比成一部丑态百出的"人间喜剧"。《人间喜剧》被称为"社会百科全书"，它真实深刻地反映了社会现实，揭露了资产阶级贪婪、掠夺的本性和"金钱至上"的社会关系。巴尔扎克擅长精细描摹环境和细节，通过人物的言行揭示人物的灵魂。全书著名的篇章有：《高老头》、《欧也妮·葛朗台》、《舒昂党人》、《高利贷者》、《古物陈列室》、《纽泌根银行》、《幻灭》、《农民》等。

《红与黑》

作者司汤达（1783—1842），出身律师家庭，从小深受启蒙主义思想的熏陶。他一生阅历丰富，崇拜拿破仑，曾随拿破仑转战各地，这些在《红与黑》中有所反映。

《红与黑》是一部通过爱情故事描写社会政治的小说。它描写了1815—1830年法国波旁王朝复辟时期，一个下层平民个人奋斗的经历，具有极其深刻

批判现实主义作家司汤达

的社会意义和思想内涵。通常人们认为书名中的"红"是象征拿破仑时代的军服，"黑"是象征王政复古年代的僧侣黑衣；也有人认为，红是德瑞那夫人的鲜血，黑是玛特尔的丧服。

小说主人公于连出身平民家庭，他聪明、能干、骄傲，受到启蒙思想和拿破仑的影响，形成了反叛性格，梦想着有一天能出人头地。但在当时僧侣贵族当政、门阀制度森严的现实下，他只能因平民背景而备受歧视。为了获取认同，于连以惊人的背诵能力把拉丁文的《新约全书》背得滚瓜烂熟，并因此当上了维立叶尔市长家的家庭教师。为了反抗和报复贵族阶级对他的凌辱，他与市长夫人德瑞那夫人发生了暧昧关系。同时，上流社会的纸醉金迷、利欲熏心也逐渐腐蚀了于连。后来，于连进入神学院，在钩心斗角、尔虞我诈的政治斗争中，他的性格慢慢扭曲，向上爬的野心日益膨胀。在当上木尔侯爵的私人秘书后，于连又征服了玛特尔小姐，成为复辟王朝的忠实走卒。正当于连即将飞黄腾达之际，德瑞那夫人揭穿了他的老底，于连枪击德瑞那夫人，被送上了断头台，彻底断送了

前程。

司汤达特别擅长刻画人物心理，小说主要人物于连、德瑞那夫人的内心独白和自我剖析充满了惊人魅力，历来为人称道。司汤达运用了独白和自由联想等方式挖掘出主人公于连的深层意识，以细腻、生动的笔调充分展示了他的心路历程。《红与黑》为西方现代文学中的心理小说、意识流小说奠定了基础。

《安娜·卡列尼娜》

正在创作的托尔斯泰

19世纪批判现实主义文学的杰出代表——列夫·托尔斯泰（1828—1910）的代表作之一。主人公安娜·卡列尼娜是世界文学史上最优美、最著名的女性形象之一。

小说描写了安娜的悲剧故事。彼得堡的贵夫人安娜是皇室后裔，大官僚卡列宁的妻子。她的哥哥奥勃朗斯基在莫斯科过着放荡的生活，他与家庭女教师发生暧昧关系，妻子道丽发觉后非常痛苦。安娜为了调解哥嫂纠纷来到莫斯科，在火车站与近卫军军官渥伦斯基邂逅，安娜的迷人风姿令渥伦斯基为之倾倒。此时，庄园贵族列文也来到莫斯科，他渐感建立家庭的需要，于是向他青年时代就喜爱的吉提求婚，而当时吉提正迷恋着渥伦斯基，拒绝了列文，但渥伦斯基见到安娜后就不再与吉提交往。安娜的到来使道丽和丈夫言归于好，却使道丽的妹妹吉提陷入不幸。列文回到乡下埋头农业改革，借此排解个人生活上的失意。安娜在回彼得堡途中发现渥伦斯基也同车而行，既兴奋，又不安。回到彼得堡后，他们经常在社交场合相遇，在一次宴会上渥伦斯基向安娜表白了爱情。由于两人单独在一起时间过长引起人们的议论，回家后卡列宁警告安娜遵守妇道。这种枯燥、空洞的说教反而激起了安娜的反叛精神，她陷入情网而不能自拔。安娜与渥伦斯基的关系在赛马会上终于暴露，回家途中安娜向丈夫承认了她是渥伦斯基的情人，但卡列宁却要求安娜一切维持现状，只是不许在家里接待渥伦斯基。

吉提大病一场，在国外疗养后回来，列文再次向她求婚，两人终于结合。他们婚后住在庄园里，但是列文并没有得到真正的幸福。他在农业上的各种设想常常失败，他幻想建立一种股东联营方式，使农民和地主都获得利益，达到"以利害的调和和一致来代替互相仇视"，但却得不到农民的信任。他苦恼得几乎自杀，最后从一个老农那儿得到了启示："人活着不是为了填饱肚子，而是为了灵魂，为了上帝。"

安娜的处境越来越糟，她怀孕了，分娩时又患产褥热，几乎死去，病危时她向丈夫请求宽恕，并希望他与渥伦斯基和好，卡列宁出于基督徒的感情答应了她的要求。可是安娜病愈后又无法继续与丈夫生活下去，终于不等丈夫同意离婚，就与渥伦斯基一起到国外去了。在欧洲旅行三个月回来，安娜非常思念儿子，在儿子生日时不顾一切闯进自己曾经的家。母子俩紧紧拥抱，难分难舍，直到卡列宁的到来使安娜不得不离开。另一方面，由于得不到离婚许可，安娜与渥伦斯基被认为是非法结合，处处遭受上流社会的冷遇，她只能孤独地住在渥伦斯基的庄园里，忧伤寂寞。当渥伦斯基一人外出时她怀疑他另有新欢，两人经常发生口角。一次争吵后安娜追随渥伦斯基到了火车站。绝望中，她想起他们的第一次相见时一个工人被轧死的情景，仿佛暗示了她的归宿。于是安娜向正在驶来的火车扑过去，永远摆脱了生命的痛苦。

《安娜·卡列尼娜》由两条主要的平行线索和一条联结性次要线索构成，反映了农奴制改革后"一切都翻了一个身，一切都刚刚安排下来"的时代矛盾。安娜——卡列宁——渥伦斯基这条线索展示了封建主义家庭关系的瓦解和道德的沦丧；列文——吉提这条线索描绘了资本主义入侵农村后，地主经济面临危机的情景；道丽——奥勃朗斯基这条次要线索联结了两条主线，勾勒出三种不同类型的家庭模式和生活方式。

现代主义文学

又称现代派文学或现代文学，1890—1950 年流行于欧美各国的一个反传统的国际文学思潮。它包括各种反传统文学流派，有象征主义、印象主义、表现主义、未来主义、达达主义、超现实主义、存在主义、黑色幽默、荒诞派戏剧和新小说等。其艺术特征是反对传统道德价值观念，提倡现代人道主义精神，广泛采用象征、寓言、蒙太奇、梦幻、意识流等技巧。现代主义文学的发展轨迹大致如下：

孕育期（1840—1890）　法国诗人夏尔·波德莱尔和美国诗人爱伦·坡被认为是现代主义文学的远祖。波德莱尔的《恶之花》以愤世嫉俗的态度揭露城市的丑恶和人性的阴暗，这成为后来法国象征主义文学的创作基调；爱伦·坡倡导"使灵魂升华的美"，强调形式美和音乐性，这些理念对后来现代主义诗歌有重要影响。两人虽然还不能算是真正意义上的现代主义作家，但他们的理论和创作却是现代主义的雏形。

肇始期（1890—1910）　19世纪90年代起，法国象征主义文学流传到欧美各国，标志着现代主义文学作为西方文学史上一个重要思潮开始出现。这20年间出现了很多重要的现代主义作家和作品。法国的象征主义产生了马拉美、瓦雷里等成就斐然的诗人；德语国家的表现主义戏剧正式登上国际舞台；爱尔兰出现了自己的"文艺复兴运动"，其领导人物叶芝是这一时期英语作家中成就最高者；在小说创作上，波兰裔英国作家康拉德的作品已经出现暧昧的现代主义元素；法国的普鲁斯特完成了鸿篇巨制《追忆逝水年华》，成为意识流文学的先驱；比利时的法语剧作家梅特林克创作了梦幻剧《青鸟》；奥地利诗人里尔克把法国象征主义引入德语世界；瑞典剧作家斯特林堡的代表作《走向大马士革》是表现主义戏剧的鼻祖。

鼎盛期（1910—1930）　这一时期，现代主义文学流派纷纷涌现，千姿百态，争奇斗艳，在20世纪20年代发展至顶峰。英、美、法、德、意各有自己的现代主义流派，巴黎则是整个西方现代主义文学艺术的大本营。法国象征主义文学继续深入发展，意大利的未来主义文学、英美的意象主义文学和法国的超现实主义文学也相继诞生。意识流文学正式成为现代主义文学的中流砥柱，产生了一批杰出的文学大师和作品，如卡夫卡的《变形记》（1912年）、乔伊斯的《尤利西斯》（1922年）、艾略特的《荒原》（1922年）、奥尼尔的《琼斯皇》（1922年）等。

衰退期（1930—1950） 从20世纪20年代开始，世界经济衰退，国际法西斯主义崛起，国际形势日益复杂。1939年第二次世界大战的爆发导致了知识分子对资本主义的价值观、伦理观的思考逐渐由"非理性"转向"虚无"，存在主义哲学应运而生，法国作家萨特和加缪是存在主义文学的代表作家。尽管这一时期产生过一些重要的现代主义作品，如艾略特的《四个四重奏》等，但正统的现代主义文学大势已去。

《恶之花》

现代派诗人波德莱尔

法国诗人波德莱尔（1821—1867）的著名诗集。《恶之花》分为"忧郁与理想"、"巴黎即景"、"酒"、"恶之花"、"叛逆"和"死亡"六部分。其中"忧郁与理想"占据全书的2/3。在这一部分里，诗人深刻剖析了自己的灵魂，刻画了自己为摆脱精神与肉体的双重痛苦所做的努力。波德莱尔努力"发掘恶中之美"，表现"恶中的精神骚动"。《恶之花》用阴郁的笔调，大量描写了大城市丑恶的环境，阴暗神秘的巴黎，到处充斥着被遗弃被践踏的穷人、盲人、妓女，甚至还有不堪入目的丑恶的尸体。在描绘人的精神状态时，《恶之花》也喜采用丑恶的意象。波德莱尔的艺术倾向对20世纪现代主义文学的美学原则产生了重要影响。

波德莱尔的《恶之花》在诗歌创作领域开辟了新的途径。他强调诗歌创作中"通感"的运用，认为"通感"是"创作的隐蔽法则"，"通感"是一种"联想的魔法"，他特别看重想象，认为这是天才的主要特征。此外，他还提出诗歌应该同别的艺术相通。

《老人与海》

"文坛硬汉"海明威

美国作家海明威（1899—1961）的著名中篇寓言小说，通过描述老渔夫桑提亚哥与海洋、大鱼、饥饿、焦渴斗争的过程，赞美了英勇顽强、永不言败的硬汉精神。小说中的老人桑提亚哥孤独寂寞，面临着无休止的挑战。他在汪洋大海中驾一条小船与海浪、阳光、大鱼抗争，就算被打败，也绝不放弃，他的身上体现了人真正的尊严。《老人与海》动作描写简练准确，内心独白韵味十足，具有强烈的画面感和音乐感。一直以来，《老人与海》就以坚忍的反抗精神深深打动了无数读者的内心。

《荒原》

英国20世纪影响
最大的诗人艾略特

20世纪西方现代主义诗歌的里程碑，艾略特（1888—1965）的成名作和影响最深远的作品。《荒原》共分五章，第一章《死者葬仪》描写了现代西方人精神的死亡。现代文明的象征——伦敦成为行尸走肉的荒原，人们虽然活着，却没有任何精神追求。第二章《对弈》描写了现代人的钩心斗角，诗歌用古代的暴行映衬现代的罪恶。第三章《火诫》描写了伦敦这个精神荒原上的罪恶、庸俗的生活。第四章《水里的死亡》描写了人在欲海中死去，在欲海中反思，提示现代人要正视自己的罪恶，纯洁自己的灵魂。第五章《雷霆的话》重新回到欧洲是荒原的主题，借雷霆的话劝诫众人，要施舍、同情、克制，才会摆脱不死不活的处境获得永久的宁静，大地才能重焕生机。

　　《荒原》在艺术手法上采用了象征里套象征、神话里面套神话、神话和现实交错、古今杂糅、虚实融会的手法，诗歌高度抽象化、哲理化，这也正是现代主义文学的典型特征。

陀思妥耶夫斯基（1821—1881）

19 世纪俄国文坛最有深度的作家，他艰辛的生活与创作道路使其成为俄国文学史上最复杂、最矛盾的作家之一。他的作品《穷人》、《被欺凌的与被侮辱的》、《死屋手记》、《地下室手记》、《罪与罚》、《群魔》、《白痴》等都是世界文学史上的经典。

陀思妥耶夫斯基代表了
俄罗斯文学的深度

陀思妥耶夫斯基醉心于病态的心理描写，详细描述行为发生的心理活动过程，特别是那些癫狂的、昏迷的反常行为和状态，暴露出人类肉体与精神的痛苦。他的小说节奏快，戏剧感强，接踵而来的灾难性事件往往伴随着心理的挣扎和痛苦的精神危机。陀思妥耶夫斯基的创作对批判现实主义文学和现代主义文学都有深刻影响，他本人更被称为现代主义文学的先驱者。

《罪与罚》

陀思妥耶夫斯基最著名的社会心理小说。小说描写了主人公拉斯柯尔尼科夫犯罪及犯罪后受到的心灵煎熬，广泛反映了俄国城市贫民的悲惨处境和尖锐复杂的社会矛盾。

小说主人公穷大学生拉斯柯尔尼科夫具有双重人格，他心地善良、乐于助人，同时又性格阴郁、麻木不仁甚至冷漠无情。在现实生活的逼迫下，如果甘愿做逆来顺受的"平凡的人"，那么他的生存将难以为继；如果去做罔顾道德准则的"人类主宰者"，又会与下流无耻的卑鄙小人同流合污。他在内心的激烈搏斗后，为了证明自己是个"不平凡的人"，选择去行凶杀人。但行凶后，拉斯柯尔尼科夫的灵魂又陷入了无穷无尽的心灵和道德的拷问中。

《罪与罚》全面显示了陀思妥耶夫斯基关于"刻画人的心灵深

处的奥秘"的特点。他让人物一直处在焦虑的矛盾之中，注重对幻觉、梦魇和变态心理的呈现，通过刻画人物内心冲突揭示人物性格。

《卡拉马佐夫兄弟》

陀思妥耶夫斯基的最后一部长篇小说，根据一桩真实的弑父案写成。书中写了旧俄外省地主卡拉马佐夫和他的儿子德米特里、伊凡、阿辽沙及私生子斯麦尔佳科夫。卡拉马佐夫老迈不堪却仍贪婪、好色，不仅霸占妻子留给儿子们的遗产，还与长子德米特里为一个女人争风吃醋。德米特里十分痛恨父亲，一再扬言要杀死他，并在一天夜晚真的拿着凶器，闯到父亲的窗下。那天夜里老卡拉马佐夫被杀死了，德米特里因而被拘捕。可真正的杀人凶手并不是德米特里，而是斯麦尔佳科夫。他在伊凡"既然没有上帝，则什么都可以做"的"理论"鼓动下，为了获取金钱，冷酷地谋杀了自己的父亲。最后，德米特里无辜被判刑，斯麦尔佳科夫畏罪自杀，伊凡因内疚自责而精神错乱，阿辽沙离家远走他乡。

在《卡拉马佐夫兄弟》里，陀思妥耶夫斯基探讨了"上帝的存在问题"。他一方面主张人们应该信仰上帝，忍耐、宽容，等待爱拯救苦难的灵魂和"世界"；但另一方面，他又怀疑上帝的存在，陷入信仰危机的折磨中。《卡拉马佐夫兄弟》中一家人的生存现状正是现代精神探索在怀疑与信仰之间纠缠的一座炼狱。

《变形记》

表现主义作家卡夫卡

卡夫卡（1883—1924）的短篇小说代表作，被认为是20世纪最伟大的小说作品之一。《变形记》讲述了推销员格里高尔的悲剧故事。他勤劳、善良，为了养家糊口拼命工作。一天早上醒来他突然发现自己变成了一个"巨大的甲虫"，由此惊慌失措。父亲发现后大怒，把他赶回自己的卧室不准出来。格里高尔虽然养成了甲虫的生活习性，却还保留了人的意识。他仍旧关心父亲的债务和妹妹上学的事。可是，一个月后，全家人再也无法接受格里高尔这个累赘，妹妹提出把哥哥弄走。格里高尔又饿又病，怀着对家人的深情和爱意绝望地死去。父亲、母亲和妹妹却一身轻松，决定出去郊游。

小说详细描述了变形后的格里高尔悲哀凄苦的内心世界。格里高尔虽然变成了甲虫，但却始终保留着人的情感和意识。在遭受亲人们的抛弃后，他绝望、痛苦的心情触人心扉。

《百年孤独》

拉丁美洲魔幻现实主义的经典作品，作者加尔列尔·加西亚·马尔克斯。《百年孤独》以布恩地亚家族七代人的兴衰历程为经线，描写了小镇马孔多的产生、兴盛到消亡的过程，以魔幻的方式反映了哥伦比亚乃至整个拉美大陆一百多年来的历史演变。小说内容丰富、人物众多、情节离奇，显示了南美洲独特的风土人情。

天才作家马尔克斯

小说讲述了很久以前，布恩地亚和他的妻子乌苏拉为了逃避厄运的纠缠，和朋友们一同来到一处渺无人烟的地方，创建了马孔多镇。布恩地亚家族在乌苏拉的主持下日益兴旺发达。后来，乌苏拉无意中打通了马孔多与外界的联系，镇上开始出现了机器、教会、自动钢琴等外来文明。到了布恩地亚家族第四代时，许多外国人入侵了马孔多，他们残酷剥削本地居民，并联合政府军镇压罢工者，使马孔多萧条绝望。布恩地亚家族的女儿阿玛兰塔在接受了外国文明的熏陶后，和丈夫回到马孔多，立志重建家乡，却又堕入情网，与自己的外甥奥雷良诺疯狂相爱，生出了一个带着猪尾巴的儿子。阿玛兰塔因大出血丧命，婴儿也被蚂蚁咬死。最后，奥雷良诺终于解读出了吉卜赛人在一百年前写下的记载着马孔多和布恩地亚家族的历史以及这个家族每个人归宿的羊皮书。当他全部解读完的瞬间，一阵飓风将马孔多吹得无影无踪，百年孤独的家族从此永远消失。

《百年孤独》采用了环环相套、循环往复的叙事结构，表现了小镇马孔多的孤独、封闭，以及由此造成的落后、消亡。作者花了大量的笔墨描写由于愚昧、封闭、落后造成的孤独，深刻地揭示出这种孤独的民族性已经成为阻碍民族进步的一大障碍。

黑色幽默文学

20世纪60年代美国最有代表性的文学流派之一，至今仍有深远影响。主要作家有约瑟夫·海勒、克特·小伏尼格、托马斯·平钦、约翰·巴斯、詹姆斯·珀迪、布鲁斯·杰伊·弗里德曼、唐纳德·巴赛尔姆等。1965年3月，弗里德曼收入12个作家的作品，编了一本题名为《黑色幽默》的短篇小说集，"黑色幽默"一词即由此而来。

"黑色幽默"小说被称为"绞架下的幽默"或"大难临头时的幽默"，以一种无可奈何的嘲讽态度，突出描写人物生存环境的扭曲和对人性的压迫，使它们显得滑稽可笑却又沉重苦闷。"黑色幽默"喜欢塑造一些乖僻的"反英雄"人物，借他们的可笑言行影射社会现实的荒诞不经。"黑色幽默"小说的情节常在现实、幻想和回忆之间跳跃，融严肃的哲理和插科打诨为一体。

约瑟夫·海勒的《第二十二条军规》是美国黑色幽默文学的代表作。第二十二条军规规定，一切精神失常的人员要停止飞行，必须由本人提出申请，而同时一个人会对自身的安全表示关注，就证明他不是疯子。这是一条没法违背的军规，它规定了所有人不能离开军队，除非得了精神病，但得精神病的人如果能因病情要求离开军队又说明他是正常的，这是个悖论。小说强烈讽刺了社会现实，在出版后引起了年轻一代的强烈震撼，"第二十二条军规"一词也作为"不可逾越的障碍"的同义词而被收入英语词典。

《等待戈多》

爱尔兰剧作家塞缪尔·贝克特所作，荒诞派戏剧的奠基作之一。这是一部两幕剧，出场人物仅有5个，两个老流浪汉——爱斯特拉冈（又称戈戈）和弗拉季米尔（又称狄狄）、奴隶主波卓和他的奴隶"幸运儿"，还有一个报信的小男孩。

《等待多戈》小说封面

故事发生在荒郊野外，两个老流浪汉在荒野路旁相遇，他们都是来这里"等待戈多"。至于戈多是什么人，为什么要等他，戏剧完全没有交代。在第一幕中，两个老流浪汉在等待中百无聊赖，说一些莫名其妙的话，做一些无意义的举动。当奴隶主波卓出现时，他们误以为是"戈多"莅临，一阵惊喜，然而波卓主仆做了一番表演后退场了。不久，一个男孩出来报信说，戈多今晚不来了，明晚准来。第二幕开启，两个老流浪汉又在同一时间来到老地方等待戈多，他们回忆着昨天发生的事情，突然感到一种莫名的恐惧，于是努力寻找对昨天等待场景的记忆，以证明自己还活着。正当他们精神迷乱之际，波卓主仆再次出场。此时波卓已成瞎子，"幸运儿"气息奄奄。报信的小男孩再次出场，说戈多今晚不来了，明晚会来。两位老流浪汉玩了一通上吊的把戏后，决定离去，明天再来。

《等待戈多》时间、地点、人物都非常模糊，没有逻辑关系，没有戏剧冲突，只有杂乱无章的对话和毫无含义的插曲，整个舞台呈现出肮脏、荒凉、凄惨的绝望气氛。戏剧将荒诞的思想内容和荒诞的艺术形式高度统一起来，深刻地触及了现代人对生活的某种理解。

意识流小说

兴起于20世纪20年代的英国，后来传播到欧美各国。意识流小说的理论基础是柏格森的直觉主义、弗洛伊德的精神分析学说和威廉·詹姆斯的心理学。"意识流"的概念由詹姆斯提出，他认为人的意识活动像一条河流一样，是不间断的主观思想意识的流动，并且人的意识分为理性的自觉意识和无逻辑的潜意识，人的过去意识与现在意识交织后会在主观感觉中形成具有直接现实性的时间感。法国哲学家柏格森在这种时间感基础上提出了心理时间的概念。奥地利精神病医生弗洛伊德肯定了潜意识的存在，并把它看做是生命力和意识活动的基础。他们的理论观点促进了意识流小说的形成和发展。

意识流小说很少描写人物的体貌特征，淡化情节甚至取消情节，小说的结构以人物的心理时间作为串联。意识流小说注重开掘人物的内心世界，喜用内心独白、自由联想、意识迁移等方式，呈现出动态性、无逻辑性和非理性的特点。意识流小说的代表作家有马赛尔·普鲁斯特、詹姆斯·乔伊斯、威廉·福克纳、弗吉尼亚·伍尔夫等。

马赛尔·普鲁斯特（1871—1922），法国作家，他的长篇小说《追忆逝水年华》是意识流小说的奠基之作。小说按人物思想流动的心理时间来结构作品，以"我"追忆往事为主线，中间插入"我"的所见所闻。

詹姆斯·乔伊斯（1882—1941），爱尔兰作家，他的代表作《尤利西斯》被认为是意识流小说的"经典性作品"。小说叙述了1904年6月16日广告经纪人布卢姆和他的妻子莫莉、青年艺术家斯蒂芬三人在都柏林的活动情况，通过三人一天的经历和各个器官的感受，描绘了都柏林的社会生活全景。

威廉·福克纳（1897—1962），美国作家，代表作《喧哗与骚动》，它和《追忆逝水年华》、《尤利西斯》并称为意识流小说的三大杰作。小说讲述了三兄弟与他们的姐妹凯蒂母女的故事，描写了人物的内心世界和病态心理。福克纳还创作了《我弥留之际》、《八月之光》、《沙龙！押沙龙！》等意识流小说的经典作品。

弗吉尼亚·伍尔夫（1882—1941），英国女作家，代表作有《墙上的斑点》、《达洛卫夫人》和《到灯塔去》等。她擅长捕捉人物内心深处转瞬即逝、断断续续的思绪，小说具有鲜明的抒情风格和唯美倾向。

存在主义文学

第二次世界大战后出现的一种文艺思潮流派，是存在主义哲学在文学上的反映。存在主义文学在 20 世纪 40 年代后期到 50 年代达到了高潮，主要成果集中在战后的法国文学中。1938 年，法国哲学家萨特的长篇小说《恶心》拉开了存在主义文学的序幕；1943 年，他的《存在与虚无》阐释了存在主义的哲学思想；1944 年，他的戏剧《禁闭》扩大了存在主义文学的影响。存在主义文学主要表现了世界的荒诞和生活的无意义。

法国哲学家萨特

萨特在他的剧本《禁闭》中有一句存在主义的名言："他人就是地狱。"这表明了存在主义者个人与世界的疏离，他们把恐惧、孤独、悲伤、厌恶、失望等看成是人生存的宿命，认为社会和现实总是在与人作对，时时威胁着"自我"。人的存在就是死亡，就等于"不存在"。

存在主义者不认同艺术的认知作用，他们喜欢描写荒谬世界中个人的孤独、失望、无助，提出了很多发人深省的问题，他们对生存深深的绝望感强烈震撼着读者的心灵。

《生命不能承受之轻》

捷克著名作家
米兰·昆德拉

作者米兰·昆德拉（1929—），捷克著名作家，作品还有《生活在别处》、《玩笑》等。《生命不能承受之轻》以 20 世纪 60 年代捷克斯洛伐克的政治历史为背景，讲述了托马斯与特蕾莎的"生命不能承受之轻"的爱情故事。

布拉格的外科大夫托马斯结婚不到两年就离了婚，离婚后，他不停地追逐更多的情人。然而，他在外省小镇偶然认识的一个酒吧女招待特蕾莎改变了他的生活。出身底层的特蕾莎，从小就承受着母亲因为爱情、婚姻的不幸而把怒火发泄到她身上的巨大压力。特蕾莎却默默地忍受了这一切，通过看书来慰藉受伤的心灵。当她在酒吧遇到正在看书的托马斯时，深深地爱上了托马斯，于是勇敢地离家出走，来到布拉格寻找托马斯。托马斯无法抗拒这突如其来的爱情，娶了特蕾莎。但是，婚后的托马斯又陷入了矛盾的境地，一方面他对特蕾莎充满着诗意的爱，另一方面却难以克制对其他女人的欲望。特蕾莎对托马斯的"性友谊"非常嫉妒，这种嫉妒晚上变幻成带有死亡意象的噩梦，折磨着她和托马斯。俄国人占领捷克斯洛伐克后，托马斯带着特蕾莎迁往瑞士的苏黎世，他在一家医院当上了医生。然而，托马斯依旧不改风流习性，与情人萨比娜约会，不断结识新的女人。六七个月后，特蕾莎离家出走，独自返回布拉格。托马斯也追随特蕾莎回到了布拉格，但是他的风流韵事仍然不断。最后在特蕾莎的劝说下，夫妇俩定居乡下，托马斯成了卡车司机，特蕾莎为合作社养牛。眼看新的生活就要开始，他们却丧生于一场车祸。

画家萨比娜是托马斯的情人，也被托马斯看成是最理解自己的人。大学教授弗兰茨疯狂迷恋萨比娜，不惜离开妻子，也要一心跟萨比娜在一起。但是，萨比娜却感觉到与弗兰茨之间有不可跨越的鸿沟，因此彻底离开了他。弗兰茨无奈地接受了萨比娜离去的事实，最终抱着理想化的动机参加了向柬埔寨进军的活动，途中遇到意外，结果死在他一直逃避的妻子身旁。

在《生命不能承受之轻》中，昆德拉探讨了爱的真谛和人在欲望、感情、自由、责任之间的痛苦挣扎，揭示了人在生存中的各种矛盾和冲突，如灵魂与肉体、完美与毁灭、拯救与放逐、忠诚与背叛等。"到底选择什么？是重还是轻？""重便真的残酷，而轻便真的美丽？"

历史

历史是什么？是过去传到将来的回声，是将来对过去的反映。

——雨果

中国历史基础知识

（一）中国古代史（原始社会—1840 年鸦片战争）

习惯上，我们把中国古代史分为以下几个阶段：原始社会、奴隶社会和封建社会。其中，封建社会又被分为五个小的阶段：（1）战国、秦、汉是封建社会形成和初步发展阶段；（2）三国、两晋、南北朝，是封建国家分裂和民族大融合的阶段；（3）隋唐五代是封建社会的繁荣阶段；（4）辽、宋、夏、金、元，是民族融合进一步加强和封建经济继续发展的阶段；（5）明、清（鸦片战争前），是统一的多民族国家巩固和封建制度渐趋衰落的阶段。

中国远古人类

中国大地上的远古人类，最早出现在黄河、长江、辽河流域和西南地区。在云南元谋人遗址中，发现了中国境内最早的人类化石，距今约 170 万年。元谋人属于早期直立人，生活在旧石器时代早期的前段。中国境内发现的旧石器时代早期中、晚阶段的直立人遗址较多，其中最著名的是北京周口店的北京人遗址，它是我国目前发现的遗存最丰富的旧石器时代遗址，距今 71 万年至 23 万年；其次是陕西蓝田公王岭的"蓝田人"，距今 98 万年。旧石器时代晚期的遗址遍布于各大地区中，在已发现的化石中，以北京周口店的山顶洞人、广西柳江人和四川资阳人的化石最为重要。旧石器晚期的人类是晚期智人，距今四五万年至一万年。晚期智人的体质呈明显黄种人的特征，与现代人类没有多大分别；其脑量也明显增加，脑内动脉同现代人接近，说明其智力发达程度已与现代人接近了。旧石器时代遗址的发现，说明100多万年前中国人就在这片广阔的土地上生活，中国是人类文化历史最悠久的国度之一。

华夏之祖——炎黄的传说

在关于古代部落的传说中，有三大著名部落：一为黄帝族与炎帝族，地处黄河流域；二为东夷族，地处山东、安徽境内及东部沿海地区；三为苗蛮族，地处长江中游地区。三族之间常常发生争斗，最终黄帝打败炎帝，灭掉蚩尤，成为中原部落的盟主。黄帝被后世尊为华夏族的"人文初祖"，中华民族后裔亦常自称炎黄子孙。

尧、舜、禹

传说尧、舜、禹时代尚处于军事民主制阶段，尧、舜、禹均为部落联盟的杰出军事首领。那时，军事首领的权力有限，执行的是由各部落首领组成的酋长会议的意志。部落联盟军事首领的选举采用推举制，选贤能者继位，即"禅让"制度。于是，尧禅位于舜，舜禅位于禹。"禅让"制度是中国原始社会民主制的体现。禹死后，本来传位于益，但"益之佐禹日浅，天下未洽，故诸侯皆去益而朝启"。(《史记·夏本纪》)，启是禹的儿子，据说甚贤明，最终益让贤，启继位。关于此事也有其他不同说法，但无论原因为何，其结果是"禅让"制度从此被废弃，世袭制成为中国的继承制度。

夏

启即位后，立国号为夏（约前21世纪—前16世纪）。夏朝是中国历史上的第一个朝代，自启至桀，历时四五百年，其领土范围大致东起豫东平原，西至华山，北起济水，南达淮河。启废弃原始社会民主制，开始建立了王权。据记载，夏启已开始腐化，其继任者更变本加厉，公元前16世纪，夏朝的最后一位君王桀荒淫残暴，失去民心，商汤举兵伐桀，夏亡。我国从夏朝开始进入奴隶社会，农业有了发展，生产力有了提高，生产力的发展使劳动力的使用价值凸现，战争中的俘虏不再杀掉，转而变为奴隶，这是人类文明的进步。由于剩余产品开始产生，人们有了私有观念，王位世袭制实为财产私有化的产物，所以奴隶制实为人类社会发展的必然产物。自此，中国正式进入文明时代。

商

商族的首领汤灭夏，建立了商（前 1600—前 1046），自汤至纣，商朝历近 600 年。商朝的疆域相当广大，北至今河北，西至今陕西，东至今山东，南至今湖南、江西。商族是活动于黄河下游的一个古老的部落，在灭夏以前，一直臣服于夏。由于黄河多水患，商族曾多次迁徙，后来逐渐强大。公元前 17 世纪初，在汤的领导下，商族打败了夏朝而建立了商朝。商朝在武丁时期达到鼎盛，史称"武丁中兴"。商朝后期，商纣王与贵族的腐化导致了尖锐的社会矛盾，再加上大规模的对外战争，奴隶和平民的反抗不断发生，这时西方的周族首领武王趁机打来，纣王自杀，商朝灭亡。

"司母戊"大方鼎

"司母戊"大方鼎是 1938 年在安阳武官村出土的商代后期的青铜器，它代表了商代青铜器的最高制作水平。"司"是祭祀的意思，"母戊"是商王文丁的母亲。"司母戊"大方鼎高 133 厘米，长 110 厘米，宽 78 厘米，重 875 公斤，是我国青铜时代最大的巨型青铜器。它之所以闻名，除了它的巨型身材，更在于它高超的制作工艺。经科学分析，其成分由铜、锡、铅合金而成。

"司母戊"大方鼎

甲骨文

甲骨文是在河南安阳殷墟出土的商代文字。这种文字刻在龟甲、兽骨上，都是商代王室占卜的卜辞。这些卜辞的内容广泛，涉

甲骨文字

及天文、地理、农事、田猎、祭祀、征战、疾病、生育等，几乎无所不包。商代的甲骨文已经是相当成熟的文字了，它是今天汉字的始祖，是已发现的中国最古老的文字，也是世界上最早的文字之一。在殷墟出土的甲骨卜辞有 10 万余片，单字约有三四千个，目前能识别的不过千把字。

西周

西周（前1046—前771），自武王至幽王，历300多年。西周控制的地域西起今甘肃东部，东达海滨，北起今辽宁，南达长江，是三代中疆域最大的王朝。周族是居住在今陕西中部、甘肃东部的古老氏族部落，后来臣服于商，成为商的附属国。文王在位时，周族开始向外开拓领土的战争，逐渐形成"三分天下有其二"的大国。文王死，子发立，为周武王。当时商朝统治者纣王好酒淫乐，为人残暴，不得民心，周武王联合其他部落讨伐商朝，经过牧野之战，推翻了商朝，建立了西周，这就是历史上著名的"武王伐讨"。周朝建立后，分封了大大小小 71 个小国，有鲁、齐、魏、晋、宋、燕等。这些小国的国君叫诸侯。

武王死后，周公摄政，推行"制礼作乐"，完善分封制度，制定嫡长子继承制等，这些制度标志着中国礼仪人文之治的开始。周公还在今洛阳建立东都洛邑，为东部的政局稳定打下了基础。此后成王与康王在位时，西周进入极盛时代，史称"成康之治"。但到周厉王时，由于厉王好利，剥削人民过厉，社会内部矛盾日益尖锐。西周的最后一个国君周幽王是有名的无道昏君，他在位时，关中发生地震，他却继续增加剥削，后因废后和太子之事，招致犬戎和申侯联军的攻击，兵败被杀，西周灭亡。从周朝开始，中国一方面奴隶制社会逐步发展，另一方面境内各个民族与部落不断融合。在此期间，华夏族逐步形成，成为现代汉民族的前身。

春秋战国

公元前 770 年，太子宜臼借犬戎之力取得政权，但却无力驱赶犬戎，只得迁都雒邑（今洛阳），建立东周。东周的历史分为"春秋"和"战国"两个时期。春秋（前 770—前 403），是中国社会制度开始大变动的时期，诸侯国之间的攻伐、诸侯国内部的篡杀层出不穷，私田的大量开采破坏了井田制，促成了奴隶制度的瓦解，封建制度开始建立。春秋初期见于记载的有一百多个小国，但经过兼并，到春秋末期，仅剩齐、鲁、晋、楚等一二十个诸侯国。战国（前 403—前 221），是我国封建社会的开端，封建生产关系成为主导，封建制度已基本确立，奴隶制度仅剩残余。相比春秋而言，战国时期诸侯国之间的战争更频繁、更惨烈、规模更大，所以当时的人就称这些好战的诸侯国为"战国"。

春秋五霸

东迁后的周王室实力衰微，仅有洛阳周围数百里之地，只能算一个小国。而此时，齐、秦、晋、楚等大国早已羽翼丰满，见东周天子无力统驭天下，纷纷相继而起，以"尊王攘夷"的名义充当诸侯之长，进行春秋无义之战，欲图左右天下局势。先后称霸的有所谓"春秋五霸"，说法不一，但多指齐桓公、宋襄公、晋文公、秦穆公和楚庄王。

商鞅变法

商鞅原是卫国破落的贵族后裔，姓公孙，名鞅，也叫卫鞅，后因在秦变法并有军功，受封于商地（今陕西商秦县境内），所以又称为商鞅。商鞅"少好刑名之学"，曾做过魏相的家臣，因不被重用而西入秦，深得秦孝公的赏识，并用他实行变法。变法的主要内容是废井田，开阡陌，奖励军功，鼓励耕织，并建立县制，严格律法，加强中央集权，另外还颁布了统一的度量衡制等。这些措施对新兴地主阶级是个莫大的鼓励，但对旧贵族是个沉重的打击，一开始就遭到了贵族们的反对，但在秦孝公的支持下，商鞅的新法得到了强有力的推行。

秦本来是一个中国西部的小诸侯国，公元前770年因护送周平王东迁有功才被分封，疆域较小，国力不盛，但经商鞅变法，秦国日益国富兵强，后来竟成为战国七雄中的强国。所以，从某种程度上来说，是商鞅变法奠定了秦始皇统一中国的基础，并催生了秦朝大规模的帝国政治与文明。

战国七雄

战国时期，诸侯的兼并战争产生了七个实力最强的诸侯国，是齐、楚、燕、韩、赵、魏、秦，这七个国家被称作"战国七雄"。七雄的经济、政治和军事力量接近，因此它们之间的对抗与兼并就更加激烈，兼并战争后来逐步转化为封建统一的战争，造成由封建割据走向封建统一的形势。战国七雄互相争战的结果，是秦国的日益强大，形成由秦国统一中国的局面。

世界第一部兵书——《孙子兵法》

《孙子兵法》是春秋末期杰出的军事家孙武的著作，他在书中提出了许多诸如"知彼知己，百战不殆"、"攻其不备，出其不意"、"兵无常势，水无常形"等著名的战争原则。《孙子兵法》的根本宗旨在于：精通战争的目的是为了"不战而屈人之兵"。《孙子兵法》是中国古代军事哲学的最高体现，也是世界军事理论的瑰宝，被称为"兵学圣典"。在现代社会，《孙子兵法》里的哲学还被广泛地应用于政治、外交、经济管理等领域，并在世界享有盛誉。

诸子百家

战国争雄激烈之时，也是思想上百家争鸣的鼎盛之际。春秋战国时期，是由封建领主制向封建地主制过渡的时期，新旧阶级之间，各阶级、阶层之间的斗争复杂而又激烈，代表各阶级、各阶层，各派政治力量的学者或思想家，都企图按照本阶级（层）或本集团的利益和要求，对宇宙、对社会、对万事万物做出解释，或提出主张。他们著书立说，广收门徒，高谈阔论，互相辩难，于是出现了一个思想领域里"百家争鸣"的局面。所谓"诸子百家"，主要有儒家、墨家、道家和法家，其次有阴阳家、杂家、名家、纵横家、兵家、小说家等。后人把小说家以外的九家称为"九流"。俗称"十家九流"就是从这里来的。这个时期的文化思想，奠定了整个封建时代文化的基础，对中国文化有着非常深刻的影响。

秦朝统一

公元前238年，秦王嬴政开始亲理朝政，经过短短的17年，灭其他六国，于公元前221年统一中国，建立了秦朝，中国第一个统一的封建集权王朝诞生。秦灭六国后，嬴政感到王的称号已不足以表示自己的身份，便改称"皇帝"，意即"德过三皇，功高五帝"。他还自称"始皇帝"，心想将皇位永传子孙，就像历史上无数受命运嘲弄的事实一样，事与愿违，秦朝在秦二世时就垮台了。

秦小篆——峄山刻石

为尽快改变春秋战国500多年分裂造成的各种混乱，秦始皇下令"融镝销兵"，推行郡县制，"徙天下豪富于咸阳十二万户"，建立中央集权制度。秦始皇还采取措施，统一币制，统一度量衡，"修驰道，车同轨，书同文"，在全国推行以小篆为标准文字，后来又出现了一种更加便于书写的隶书，这些措施对巩固国家统一起到了重要作用。

秦统一后，秦始皇不知爱惜与休养生息，生活上穷奢极侈，连年出巡，劳民伤财，在短时间内修建规模宏大的阿房宫和骊山陵墓，再加上屡屡对外征伐，这样无限制地使用民力和财力，人民根本无力承受。而且秦时尚法家，刑法严酷，名目繁多，更有夷三族、连坐之法，其残酷程度令人发指。秦始皇死后，秦二世的暴政更有过之而无不及，因此，秦王朝成了一个短命的王朝，很快被农民起义推翻了，前后仅存在了15年。

尽管秦始皇是个暴君，但他建立起地主政权代替领主政权，建立统一的大国代替割据的小国，他所建立的封建体制，是当时社会所需要的，这应该受到肯定，而这一体制后来又在中国延续了2000年之久，所以，秦是一个值得重视的朝代。

焚书坑儒

秦统一天下之初，围绕中央集权（地主统治）与分封诸侯（领主统治）的争论就开始了。丞相王绾主张分封皇子为王，而李斯主张变列国为郡县，归中央统一治理。秦始皇从李斯议，确定施行郡县制，但反对的声音并未从此消歇。公元前223年，在一次宫廷盛宴上，齐人淳于越发议论，说商周之所以长治久安，原因在于分封子弟功臣，并强调"事不师古而能长久者，非所闻也"。对此，李斯断然反驳，说"今诸生不师今而学古，以非当世，惑乱黔首"（《史记》卷六）。后来，李斯建议除博士官保存之外，应焚毁诸子百家的著作，有胆敢讨论《诗》、《书》，或"以古非今"的人当处死，医药、占卜、种树的书可免于销毁。秦始皇听从李斯的建议，实行"焚书"法令。"焚书"后的第二年，即公元前212年，方士卢生求仙不成，还发议论谩骂秦始皇的残暴，并逃之夭夭。秦始皇大怒，下令调查与此事有关的文人，并亲自挑选出460名触犯禁令的人，把他们全部处死，这便是"坑儒"事件。"焚书坑儒"这两大暴政，开历代王朝思想钳制之先河，给后世带来了深刻的影响。

陈胜吴广起义

公元前209年，秦二世元年，阳城（今河南登封县）人陈胜、阳夏（今河南太康县）人吴广，率领被征发的900人到渔阳（今北京密云）去守卫，当时正值七月，他们走到大泽乡（今安徽宿县）的时候，因大雨所阻，无法继续赶路，这样就不能准时赶到目的地。当时刑法严酷，按律戍卒误期，无论何种原因都要被处以死刑。于是陈胜和吴广决定公开造反，其他人纷起响应，他们杀掉统领的将官，冒用公子扶苏、楚将项燕的名义，号召"伐无道，诛暴秦"。陈胜吴广起义是历史上第一次农民大起义，开创了武装反对封建统治之先河。虽然这次起义很快遭遇失败，陈胜、吴广也被部下杀死，但他们激起的起义浪潮并没有停息，后来项羽与刘邦接着起事，终于将秦朝送上了不归之路。

楚汉战争

楚汉战争是指继陈胜吴广起义之后，项羽和刘邦之间为争夺封建统治权力而进行的战争。自汉元年（前206）初至高祖五年（前202）十二月，历时4年余。公元前207年，在巨鹿之战中，项梁战死，项羽指挥军队"破釜沉舟"取得胜利，他的领导才能赢得了普遍的承认。而此时，刘邦用张良计，率军深入秦之腹地，进攻咸阳，秦王子婴来降，刘邦轻取咸阳。入关后，刘邦理智地施行仁政，废除秦时严酷法律，仅约定三章，即只对杀人、伤人和偷窃进行处罚，还明令禁止犒军扰民，得到百姓的广泛拥护。由于实力悬殊，刘邦没有擅自称王，还封存宫室与财宝，以待项羽。两个月后，公元前206年12月，项羽进关，他下令杀害了秦王及其亲属，将财宝掠夺给军官，还将阿房宫付之一炬，他的行为与刘邦的宽厚仁德形成了鲜明对比。项羽自以为平定了天下，遂效仿周朝分封天下，自号"西楚霸王"，他不做皇帝，只欲为诸侯之霸主。令项羽没想到的是，很多部下认为封得不公平，纷纷动兵互斗，混乱的局面又出现了。刘邦此时被分封到了关中南面的汉中，自称"汉王"，他趁机起兵反抗项羽，经过四年激烈的战争，于公元前202年，围项羽于垓下，项羽自刎，刘邦取得了楚汉战争的胜利。

西汉建立

公元前202年，刘邦称帝，国号汉，建都长安，历史上称西汉。西汉建立之初，由于经历长期战乱，人口锐减，经济凋敝，社会动荡不安。为稳定社会秩序，早日恢复生产，刘邦采纳陆贾的建议，在黄老"无为而治"思想的指导下，施行休养生息，制定了许多减轻人民负担的政策，使当时的政治和社会形势得以稳定。汉初的政治斗争非常激烈，在楚汉战争中，为笼络部下，刘邦曾封了一些异姓诸侯为王。为加强中央集权，汉初七年间，刘邦以谋反的名义，陆续剪除了这些异姓王，又与群臣立下规定，"非刘氏而王者……天下共诛之"（《史记·汉兴以来诸侯王年表序》），但刘邦死后吕后涉政期间，吕氏家族曾对刘氏形成巨大威胁。

吕后称制

吕后名吕雉，是太子刘盈（后来的汉惠帝）的母亲，为人刚毅有胆识，高祖诛功臣，很大部分是她的作用。汉高祖曾宠爱戚夫人，觉得其子赵王如意更像自己，不像太子那么柔弱，于是想废太子，另立赵王如意。吕雉召张良问计，用卑辞厚礼请出当时有名的隐士"商山四皓"侍从太子，高祖见自己当年都未能请出的名士居然愿意辅佐太子，觉得太子已得人心，"羽翼已成，难动矣"，遂打消了废太子的念头。高祖亡后，刘盈即位，吕雉为皇太后。吕后开始清算仇敌，毒杀赵王如意，迫害戚夫人，将其称为"人彘"。此事使惠帝大受惊吓，觉得母亲所为太令人发指，不耻为其子，所以整日意气消沉，终于 23 岁就早逝。吕后陆续立了惠帝的两位幼子为帝，但她实际上把持了朝政。吕后屡立吕姓子弟为王，不断扩充吕氏家族在朝中的势力，俨然有与刘氏平分天下之势。公元前 180 年，吕后亡，高帝之孙齐王带头行动，发起对吕氏势力的打击，得到刘氏亲戚及陈平等老臣的响应，这些力量协同行动，吕氏家族被灭。功臣们拥立高祖子代王恒为帝，是为汉文帝。这段时期吕后迫害诸刘，政治上颇为混乱，但在经济上，吕后依然推行休养生息的政策，汉朝的经济得到了进一步的发展。

"文景之治"

自高祖以来，历惠帝、吕后，统治者都采取了鼓励生产、与民休息的政策，到了文、景两帝，社会已日渐富足，人口大增，仓库充盈，百姓安乐，中国出现了封建社会中难得的盛世，因此被称为"文景之治"。"文景之治"并非仅文、景两帝的功劳，实是汉初六七十年休养生息、政简刑宽的结果，不过文、景两帝在政治上也确有值得称道之处。文景时期，国家爱惜民力，对外尽量不发动战争。汉文帝重视农业经济的发展，多次下诏书劝说农民发展农业和种桑养蚕，并减轻赋税，进行刑罚改革，废除了很多残酷的肉刑。文帝还非常节约，曾想做一露台，因要费百金而罢建，修建霸陵时也尽量节俭，因山而建，不起坟。景帝虽在政绩上不如其父，但基本上因袭了文帝的政策，因此文、景都被称为贤天子。

汉武帝

公元前 141 年，汉景帝去世，其子刘彻即位，是为汉武帝。汉武帝在位五十多年，造就了西汉王朝最辉煌的时期。汉武帝即位后，用主父偃建议的"推恩令"，允许诸侯王将封地分给其子弟，这样王公的封地经历代瓜分，诸侯王国渐渐变小而散，不再对朝廷构成威胁。汉武帝通过国家垄断和征收商业税，使国库获得了巨额的财政收入。在政治上，武帝师从法家，制定非常精细的规章制度来约束官吏。在文化上，武帝"罢黜百家，独尊儒术"，采用儒家伦理道德进行思想统治。在对外关系上，汉武帝一反汉初的怀柔和亲政策，大开征伐，屡派大将军卫青、霍去病等出征匈奴，逐匈奴至漠北。后又兴兵南征，收南越、西南夷、朝鲜为郡县。武帝开疆拓土，使汉朝的疆域达到最大的版图。由于汉武帝的丰功伟绩，历史上把"秦皇汉武"并称，这是因为他们先后完成了中国统一、稳固发展的伟大事业。西汉帝国的强大，使中原人不再被称为"秦人"，而通称"汉人"、"汉族"了。

"罢黜百家，独尊儒术"

为了巩固大一统的政权，汉武帝需要一整套的上层建筑，也需要有一套广泛的哲学体系。于是汉武帝登基之初，便广招贤良之士，亲自策问治国之策，并采纳了董仲舒的"罢黜百家，独尊儒术"的建议。儒家言礼乐诗书，强调社会等级秩序，这在乱世不受称道，但在治世则最受欢迎，因此，武帝此举是应时的必然选择。从此以后，儒学取代汉初的黄老之学，使儒学成为封建社会的正统思想。五经为官学，修业者可得仕进，于是天下学子无不读五经，中国成为儒家统一教化的国家，这一趋势一直延续到清朝灭亡才改变。"罢黜百家，独尊儒术"在最初确实起到了统一思想、统一舆论、促进国家稳定的作用，但后来却成为封建专制的重要组成部分，禁锢了中国古代思想的发展，特别是人的个性思想。

丝绸之路

丝绸之路

养蚕抽丝、纺纱织绸，是5000多年前中国人的重大发明。到了汉代，丝绸业已十分发达。公元前5世纪至公元前6世纪，丝绸已开始传到西域。张骞出使西域后，中西交通更加发达，经由新疆形成了一条著名的陆路交通线，即"丝绸之路"。它从长安出发，经河西走廊，到达中亚、西亚，乃至地中海东岸各国和南欧、北非等地。纷至沓来的商队，把各种丝和丝织品传到了更远的罗马等地，在世界各地大受欢迎。同时，中亚、西亚的特产，如石榴、葡萄、毛毡、汗血马等，还有琵琶、胡笳等乐器、乐曲也由此传入中国。丝绸之路作为沟通欧亚大陆的链环对中西经济和文化的交流与融合起到了重要作用。

王莽篡权

汉武帝后期，社会状况发生恶化，赋税高涨，土地兼并情况严重，农民流亡或卖身为婢，朝廷的连年征战花费了巨大的人力物力。武帝曾在晚年重回"息兵重农"的政策，取得了一定成效，经昭帝、宣帝的相继努力，社会生产逐渐恢复元气，但在之后的几位昏君元帝、成帝、哀帝的统治下，社会矛盾剧烈，内忧外患，政权很不稳定。公元8年，外戚王莽篡汉，自立为皇帝，改国号为"新"。王莽注重个人品行，生活节俭，曾附

东汉光武帝

会周制，进行托古改制，想进行一些有益的社会变革，但由于汉末社会矛盾尖锐，他的政策未能解决社会危机，反而引发了大规模的社会动荡。公元17年开始，绿林军、赤眉军相继起义。公元23年9月，绿林军攻入长安，王莽被杀。公元25年，绿林军领袖刘秀即皇帝位，沿用汉的国号，定都洛阳，史称东汉。刘秀陆续削平各地割据势力，于公元36年实现全国统一。

光武中兴

刘秀是刘邦之后，王莽内乱时期起兵争夺天下，于公元25年即皇帝位，自号为"汉光武帝"，沿用汉的国号，定都洛阳，史称东汉（25—220）。刘秀陆续削平各地割据势力，于公元36年实现全国统一。为稳定、巩固王朝统治，刘秀首先致力于整顿吏治，加强中央集权，对功臣厚予爵禄而禁止其干政，降诸王为公侯，对外戚也予多方限制，减省地方官吏；其次，轻徭役、薄赋税、鼓励农桑，兴修水利，安定民生，恢复和发展生产，遣散军队还乡务农，下诏释放奴婢，增加社会劳动力；再次，比较适当地处理与周边少数民族的关系。刘秀还勤政节俭，曾遗诏薄葬。因此，在刘秀30多年的统治期间，东汉经济有较大发展，政局也相对稳定，汉王朝又一次强盛起来，史称"光武中兴"。

造纸术

汉代在科学技术上最大的贡献应属造纸术的发明。中国古代最早的纸实际上是一种丝织品，有一种帛（极薄的丝绸）在古代作为"纸"用。所以汉代以前就有许多帛书帛画。到了西汉早期，出现了用植物纤维制成的纸，如絮纸、麻纸，这是世界上已知最

蔡侯纸

原始的人造纸。公元105年，东汉的蔡伦改进造纸术，发明价廉物美的"蔡侯纸"。这种纸平整光滑，既薄又软，成本低廉，便于书

写。造纸术是中国四大发明之一，它加速了中国文明的进程，对中国文化的传播与进步有着不可估量的作用。

三国

东汉中期以后，外戚宦官相继专权，政治黑暗，贪吏横行。东汉王朝的腐败，使社会生产遭到极大的破坏，人民生活困苦。东汉后期，爆发了黄巾大起义，东汉王朝分崩离析。189年，灵帝死，外戚何进、贵族袁绍合谋诛杀宦官，董卓趁乱掌控朝政大权，东汉政权名存实亡，从此中国开始了近百年的军阀混战。北方的曹操凭借卓越的政治和军事才能，"挟天子以令诸侯"，逐渐统一北方。曹操死后，其子曹丕废汉献帝，在洛阳称帝，国号"魏"（史称曹魏）。东汉的灭亡标志着历史进入"三国"时期（220—280）。221年，刘备在成都称帝，国号"汉"（史称蜀汉），占据西南地区。222年，孙权称吴王，229年，孙权在建康（今南京）称帝，国号"吴"（史称东吴），统治长江以南地区。自此，三国鼎立的局面正式形成。"三国"是自秦汉以来中国大一统形势的首次正式分裂。三国时期有几位彪炳史册的著名人物，如诸葛亮是智慧的化身，曹操有雄才大略，关羽是忠义的英雄等。

赤壁之战

湖北赤壁古战场

208年，曹操率20万大军南征，意欲统一中国。曹操大军先取了荆州，居樊城的刘备不愿投降，他与江东的孙权结成联盟共同抗曹，两军最终在赤壁展开决战。当时，曹军在数量上占优势，但兵士大多来自北方，不服水土，军中常有疫情发生，而且他们又不谙水性，不习惯水战。因此，在初次交锋中，曹军失利。曹操于是下令将军中的战船全部连接起来，以防止船只颠簸，这样有利于军士作战。但这一做法为周瑜和诸葛亮的火攻之计提供了便利，一场大火将曹军的战船连同岸边的营帐全部焚毁，曹军大乱。孙刘联军趁机大败曹操，曹操带领残部退回北方。赤壁之战直接决定了魏、蜀、吴三分天下的大局。

魏晋南北朝

从曹魏代汉到隋灭陈为止，共计369年，总称魏晋南北朝。魏晋南北朝是我国历史上一个分裂的时期，政治上极黑暗，人们饱尝了战乱灾祸之苦，但在人文艺术上却诞生了奇葩，魏晋的宗教、文学、音乐、绘画、雕塑等都取得了灿烂的成就。南北朝是我国民族矛盾和斗争错综复杂的时代，但也是各族人民大交流、大融合的时代。北方的少数民族，如匈奴、羯、氐、鲜卑等各族人民，先后进入中原，和汉族人杂居，从游牧民族转变为从事农业生产的民族。经过魏晋南北朝300多年时间，这些少数民族已完全融合在汉族里。这种南北方的民族大融合，把中国的发展根基夯实得更坚固，由此才产生了后来空前强盛的隋唐。

西晋

三国末期，蜀汉与东吴的统治腐朽，力量削弱，曹魏趁机灭掉了最弱的蜀国。239年，魏明帝死，司马懿剪除曹氏势力，独揽朝政大权，但并未称帝。司马懿死后，265年，司马昭之子司马炎代魏称帝，建都洛阳，改国号为"晋"，史称西晋。公元279年，西晋派大军顺江而下，一举灭亡吴国，重新统一全国。在经历长期的战乱后，中国出现了一个短暂的统一和繁荣。晋武帝司马炎实行了发展生产的举措，去除一些旧律苛税，使社会趋向安定，人口也大为增加。但公元290年，晋武帝死，为争权夺利，西晋统治集团内部爆发巨变，相继出现贾后乱政和"八王之乱"，历时16年，不仅将西晋短暂的繁荣化为乌有，也将王朝的力量消耗殆尽。而此时，内迁的各少数民族乘机纷纷起兵，尤其是匈奴对晋构成了最大的威胁。311年，匈奴将领石勒大败晋军，匈奴贵族刘曜攻陷洛阳，虏走了晋怀帝及许多宗室大臣。后来，关中官僚拥立秦王司马邺为帝，建都长安，勉强支撑着北方残局，但公元316年，刘曜再次攻入长安，司马邺出降，西晋灭亡。此后，中国陷入了较三国更为严重的分裂之中。

东晋

307 年，西晋琅玡王司马睿受命都督扬州江南诸军事，偕同琅玡（今山东）大族王导等进驻建业（今南京）。随着北方局势的恶化，北方王室和门阀士族纷纷南渡长江，与司马睿的势力合流。316 年，西晋灭亡后，司马睿在南北豪族的拥戴下自称晋王，次年称帝，定都建康，史称东晋。在政治上，东晋仍然延续了西晋的门阀政治，政权掌握在世家大族的手中，靠着几个大的士族集团势力互相牵制，东晋政权才得以保持平衡，在不断的动荡中维持了百余年时间。东晋前期出现了比较安定团结的局面，经济上也较繁荣。383 年，大将谢石、谢玄在著名的淝水之战中打败了前秦苻坚的百万大军，使江南的经济文化免受摧残，保存了东晋的政权。东晋王朝建立后，对江南广大地区进行了大规模的经济开发，也为开辟海上交通创造了有利的条件。江南的繁荣，对我国经济产生了重要影响，它奠定了我国经济重心逐渐南移的基础。

南朝（宋、齐、梁、陈）

为了争夺政治上、经济上的权利，东晋统治阶级内部产生了严重的矛盾，其中比较主要的是"荆、扬之争"，即中央政府与地方重镇的对立状态。到了 402 年，镇守荆州的桓玄起兵作乱，攻入建康，并于次年自己做了皇帝，定国号楚。405 年，出身寒族的东晋将军刘裕起兵讨灭桓玄，东晋政权重新控制了荆州，但大将刘裕从此成为不可或缺的人物，把持了朝廷政权。420 年，刘裕代晋称帝，建立宋朝（即刘宋），史称宋武帝。此后，江南地区政权几经更迭，又经历齐、梁、陈三个朝代，直到 589 年灭于隋文帝杨坚之手。宋、齐、梁、陈四代均以建康（今南京）为国都，以长江流域为基地，与北方诸国长期对抗，史称南朝，加上原先就有的政权吴与东晋，统称六朝。

魏晋士族

魏晋时期，世家大族的势力日益发展，中国古代基于家庭的特权制度逐渐形成。这些大族在经济上是大地主，在政治上是大官僚，在社会上形成稳固的贵族集团，如王、谢、桓、阮等大族，这些世家大族被称为士族。魏晋时期有相当严重的门阀制度，朝廷大权大多掌握在士族阶层手中，寒门出生的子弟在政治上很难有所作为。士族很珍惜自己的特殊身份，往往自以为尊贵，不与寒族通婚，甚至不与寒族交往。许多历史上有名的人物都出自士族阶层，如著名的贤相王导、谢安，大将军桓温、王敦、谢石、谢玄等，书法家王羲之、王献之，诗人谢灵运等。魏晋士族的势力在南朝时开始走向衰落，南朝宋、齐、梁、陈的开国君主均出自寒门，通过军功登上宝座，他们一方面拉拢士族以维护自己的地位，另一方面又想削弱士族的势力以加强中央集权，于是从南朝刘裕开始，寒门出身的人开始受到重用，士族的子弟往往虚居高位但并不掌握实权，士族逐步走向没落。

北朝

316 年，西晋灭亡，晋朝的势力被迫转至江南。黄河流域被强悍的匈奴、鲜卑、羯、氐、羌等游牧民族占领，这些游牧民族纷纷建立自己的政权，自此，少数民族开始登上中国历史的舞台。在长达 130 多年的时间里，少数民族与少数留在中原地区的汉族在北方中国先后建立了 16 个政权，史称"十六国"。这些国家之间战争连年，互相兼吞，最后基本统一于鲜卑族的拓跋魏王朝。

鲜卑族原是北方的一个游牧民族，太武帝拓跋焘在位时，北魏国力强盛，连续灭夏、北燕、北凉后，439 年，北魏统一北方，结束了十六国混战的局面。北魏孝文帝是一个有远见卓识的君主，他亲政后即将都城从平城（今山西大同）迁到河南洛阳，加强了对中原地区的控制。孝文帝主张民族融合的政策，推行了一系列汉化措施，任用大批汉族士人为官，吸收和利用先进的汉文化和科学技术，发展农业生产，他还带头穿汉服、说汉语、改汉姓、与汉族通婚，这些举措都大大推动了胡汉之间的民族融合。孝文帝推行汉化政策，主观上在于拉拢汉人，尤其是汉族大地主，一起合流以巩固他的统治，但在客观上，这些政策减少了民族歧视与压迫，巩固了政权的统治和社会的稳定，促进了少数民族的封建化进程，为国家的再度统一创造了有利条件。

北魏末年，政权腐败，各地开始爆发起义，534 年北魏分裂为东魏和西魏，不久分别被北齐、北周所取代。577 年，北周灭北齐，北方统一。581 年，北周杨坚废帝自立，建立了隋朝。589 年，隋灭南陈，从而结束了长达几百年的南北分裂，中国重归统一。

隋朝

隋朝的建立，是杨坚夺取北周的政权而达成的。580 年，北周的周宣帝死，继位的是年仅 8 岁的小皇帝。杨坚以大丞相的地位辅政，掌握了朝廷大权。581 年，杨坚废帝自立，建国号隋，是为隋文帝。隋朝建立后，积极准备消灭南朝政权陈，以统一全国。当时陈的政治已相当腐败，陈后主是一个善写宫体诗的诗人，却没有什么政治才能，每日只知纵酒吟诗和寻欢作乐，在他统治下的南朝，国力已很衰微。588 年，隋文帝的儿子杨广带兵大举攻陈，一举灭掉陈朝。之后，岭南的政权也很快归附隋朝。这样，自东汉末年以来 400 年间的分裂局面结束，全国终于复归统一。

隋的统一具有重大的历史意义。这次统一是我国历史上继秦汉以来的第二次统一，它的特别之处在于，它建立在民族大融合的基础之上，它还建立在黄河流域与长江流域的经济共同发展的基础之上，因此这次统一的基础更加稳固，为后来唐朝的昌盛打下了基础。

隋文帝励精图治，治国有方，使国家经济一度出现繁荣景象。十几年后，各地府库皆已盈满，甚至无处容纳粮食布帛。但隋的统治只维持了三十多年，隋文帝后期，其次子杨广自居有功，杀父弑兄，登上皇位，是为历史上有名的暴君隋炀帝。他生性残暴，穷奢极侈，滥用民力，结果激起农民起义，使隋朝成了一个短命的王朝。

隋朝开始设立进士科，"进士"即晋仕之意，开始用考试的方法提拔人才，考试的主要内容是时务策。进士科的设置，标志着科举制度的成立，这一制度沿用了1000多年，直到清末才终止。隋炀帝开凿大运河是历史上的著名事件，开凿运河是隋朝政治和经济发展的产物。大运河在客观上促进了南北经济文化的交流和发展，也加强了国家的统一。

唐朝

618年，李渊建立了唐朝，定都长安。690年，武则天改国号为周，迁都洛阳，史称武周。705年，唐中宗恢复大唐国号。安史之乱后，唐朝日渐衰落，907年唐朝灭亡。唐朝总共延续289年，传了19位皇帝。唐朝在政治、经济、文化和外交等方面都有辉煌的成就，是当时世界上最强大的国家之一。其鼎盛时期，中亚的部分地区也受其支配。唐朝的历史以755年的安史之乱为分界线，前盛后衰。

贞观之治

唐太宗李世民是唐高祖李渊的次子，李渊能够平定天下，主要是依靠李世民的谋略和武功，因此他声望很高，在皇位的争夺上与太子李建成产生了激烈矛盾。626年，经玄武门之变，李世民弑兄逼父夺取政权，成为唐朝的皇帝，即唐太宗。

李世民是一位杰出的政治家和开明皇帝，他接受亡隋的教训，与群臣留意"居安思危"，他经常引用古代荀子的话，"君者，舟也。庶人者，水也。水则载舟，水则覆舟"，以此警醒自己，并告诫朝廷官员。经过唐太宗的励精图治，当时的社会经济很快得到恢复和发展。在经济上，李世纪减轻税负，给人民以休息；在用人方面，他唯才是举，笼络了一批时贤为其所用，如魏征、房玄龄、王珪、马周等；在吏治上，他政治清明，十分注意安抚百姓，且善于纳谏。在中国历代帝王中，唐太宗是最善于兼听纳谏的。唐太宗在位的贞观年（627—649），政治清明，经济发展，人民生活安定，出现了天下升平的景象，被后世誉为"贞观之治"。

武则天称帝

武则天画像

武则天名曌，其父曾为工部尚书，太宗时被选入宫，立为才人。唐太宗死后，高宗李治即位，武则天得到高宗的宠爱，几年后高宗废后，改立武则天为后。高宗为人懦弱，武则天却坚强果断，很有政治才能，高宗一度因病让武则天参与决事，时间一长朝廷大权渐为武则天掌握，群臣将高宗与武则天并称"二圣"。高宗曾想设法牵制武则天的势力膨胀，但为时已晚。683 年，唐高宗死，太子李显即位。不久武则天废李显，另立李旦为帝，但实权仍掌握在她自己手中。690 年，武则天称帝，降李显为皇嗣，改国号为周。

武则天是中国历史上唯一的女皇帝，在位 15 年，但实际上当政近 50 年。她上承"贞观之治"，下启"开元盛世"，是一个很有作为的皇帝。在位期间，武则天采取了一系列有力措施，如：大开科举，破格用人；奖励农桑，发展经济；知人善任，容人纳谏等，因此当时社会稳定，人口增长，经济发展迅速，为后来的"开元盛世"打下了基础。

"开元盛世"

武则天死后，唐朝的政局一直不稳，几经周折，政权最后落入李隆基之手。李隆基即唐玄宗，或称唐明皇，他登基后改国号为"开元"。唐玄宗在位 44 年，在他的统治前期开元年间（713—741），是唐朝的极盛时期；在统治后期天宝年间（742—755），唐朝经安史之乱，开始步入衰落。

唐玄宗是个励精图治的皇帝，他能知人善任，重用姚崇、宋璟、张九龄等名臣，并且果断地进行了一系列重大改革。改革的主要内容有：整顿吏治，裁撤冗员；采取各种积极措施推进农业的发展；加强国家的财政管理等。这些切实可行的改革措施，使唐代社会经济空前繁荣，国力空前强盛，中国封建社会至此达到了全盛的阶段，史称"开元盛世"。杜甫曾在《忆昔》诗中描绘了开元时期的景象："忆昔开元全盛日，小邑犹藏万家室，稻米流脂粟米白，公私仓廪俱丰实。"当时中国已出现了许多繁华的大都市，如长安、洛阳、广州等，这些都市商贾云集，十分热闹。

"开元盛世"有唐玄宗很大的功劳，但这个奇迹并不是他一个人创造出来的，这是唐朝百余年社会政治、经济、文化等积极发展的成果。

"安史之乱"

唐玄宗早期政治清明，但晚年宠爱杨贵妃，沉溺于奢侈、享乐之中，唐朝的政治开始腐败。唐玄宗先后任用李林甫、杨国忠等奸人为相，又放任边地节度使拥兵自重，终于酿成"安史之乱"。

755年，三镇节度使安禄山同部将史思明在范阳（今北京）发动叛乱，唐玄宗毫无防备，叛军势如破竹，翌年就攻入都城长安。唐玄宗仓皇逃往四川，行至马嵬坡（今陕西兴平西）时，禁军将士哗变，杀死杨国忠，并要求除掉杨贵妃，无奈之下，唐玄宗命人缢死杨贵妃。唐玄宗逃往成都，太子李亨在灵武（今宁夏境内）自行登基，称作唐肃宗，遥尊唐玄宗为太上皇。唐肃宗依靠郭子仪、李光弼等节度使的兵力，积极进行反攻，军事形势才开始好转起来。安史之乱是唐朝由盛转衰的转折点，它经历了八年才平息，唐朝的经济因此遭受严重破坏，节度使的权力更加扩大，藩镇割据的局面出现，统一遭到破坏，唐朝从此走向衰落。

唐人

唐朝时广州设立市舶司，专管海外贸易。东南沿海许多商人纷纷扬帆出海，前往外国经商。他们每年九十月间趁着东北季风南下东南亚各国经商，待来年三四月间再随着东南季风回国。当时，海外人对中国的一切均以"唐"字加称，称中国为"唐山"，称这些商人为"唐人"，他们聚居的地方则被称作"唐人街"。当时有些商人移民到东南亚，成了最早的华侨。

遣唐使

唐朝时期，中国是东方最先进的国家，日本先后派了十多批遣唐使到中国学习，人数多时达五六百人。他们横渡茫茫大海，历尽辛苦来到中国，广泛接触各个领域的人士，与他们结下了深厚的友谊。如其中一位汉名晁衡的遣唐使，与李白、王维的交情都很深。这些日本遣唐使回国以后，积极传播中国的社会制度和文化，促进了日本社会的变革，加强了中日两国的联系。

玄奘西游与鉴真东渡

玄奘是唐朝著名的高僧。627年，他从长安出发，徒步前往天竺（印度）取经，历时四年，穿越西域大小百余国到达印度。玄奘在印度师从佛学大师戒贤学习，后来多次主持讲学和辩论，以渊博的常识震惊异邦。645年，玄奘从印度回国，受到唐太宗亲自接见。他带回佛经657部，在朝廷的资助下设立"译场"，与门人一起花了19年时间翻译这些佛经。玄奘梵文造诣精深，其所译佛经精确异常，

玄奘画像

充分反映了公元五世纪以后印度佛学的全貌，对佛学在中国的发展产生了广泛而深远的影响。他又写成《大唐西域记》一书，记载了取经途中138个国家的历史和地理，成为今天研究中古时代中西交通和中亚、南亚的宝贵资料。

鉴真和尚也是唐朝著名高僧。当时日本的佛教不够完备，日僧普照等人随遣唐使一起入唐，他们找到鉴真和尚，邀请他到日本传授佛法。鉴真和尚乘船东渡日本遭遇五次挫折，历经12年磨难，754年终于到达日本。他在日本传播佛教和先进的唐文化，被日本天皇任命为大僧都，成为日本律宗的始祖。763年，鉴真和尚在日本圆寂，他对中日交流做出了巨大的贡献。

松赞干布与文成公主

公元7世纪，吐蕃（西藏）的首领松赞干布统一了青藏高原

的众多部落，建立了奴隶主政权。松赞干布多次派遣使者向唐朝求婚。唐贞观十五年，唐太宗将文成公主远嫁吐蕃。文成公主入藏时，带去了许多工匠、技艺、锦缎、典籍、物种等。后来，松赞干布也多次派遣贵族子弟到内地学习中原地区的先进文化。在文成公主和汉朝文化的影响下，吐蕃制定了历法，创造了文字。文成公主和亲促进了吐蕃经济、文化的发展，加强了汉藏人民的友好关系，为民族的交流和融合做出了很大的贡献。

文成公主入蕃图

五代十国

五代十国是中国历史上一个分裂割据的时期，由唐末的藩镇割据演变而来。907 年，唐朝节度使朱温废掉唐哀帝，建立梁朝，史称后梁（907—923），五代十国的历史从此开始。在此后的 50 多年里，后梁、后唐、后晋、后汉、后周五个王朝皆建都开封，相继统治了黄河流域，合称五代（907—960）。同一时期，在南方各地和北方的山西，先后出现了 10 个割据政权，总称十国。当时在全国的范围内，除去五代十国外，还有契丹、大理等政权。五代十国的皇帝大多是唐代的节度使，以粗暴的武力统治，吏治混乱，故多不能持久。到 960 年，统一的宋朝建立，五代十国的分裂局面结束。

北宋

宋朝是赵匡胤以政变的手段得来的。960年，后周大将赵匡胤在陈桥驿（今开封北）发动兵变，手下将士们把黄袍加到他身上，拥立他为皇帝，取国号为"宋"，定都开封，历史上称为北宋，赵匡胤即宋太祖。赵匡胤通过十几年的征战，消灭了大部分割据势力，基本统一了中国，结束了五代十国的分裂局面。但北宋并没有完成彻底的统一，北面有契丹族的辽政权和党项族的西夏政权，南方有云南的大理政权和西藏的吐蕃政权，因此其疆域与历代相比是有限的。

杯酒释兵权

宋太祖赵匡胤吸取唐亡的教训，为防止藩镇割据和君弱臣强的局面再次出现，采取了很多加强中央集权的措施，其中最有名的便是"杯酒释兵权"。961年，赵匡胤安排酒宴，召集石守信、王审琦等立过大功的军事将领饮酒，在席上劝他们多积金帛田宅以遗子孙，歌儿舞女以终天年，众将领表示同意，并当即交出了兵权。自此，皇帝总管军事大权，将帅在千里之外，也必须按皇帝颁发的阵图陈兵布阵。965年后，朝廷更是实行"更戍法"，令兵无常帅，帅无常师，以防武将专权。宋太祖的做法主要是为了防止兵变，在当时对保证国家安定是有利的。但从此以后，宋的统治者都常猜忌带兵将帅，统兵大员多用文官或资质平庸的武官，这样一来，部队的作战能力薄弱，自然败事者多。由于中央权力过度集中，使得地方积贫积弱，一有动乱便立时崩溃，最后北宋终难免偏安亡国的悲剧。

王安石变法

北宋中期以后，由于豪绅大地主专权，官员冗滥，军费开支庞大，人民的负担极重，农民起义不断爆发，国家已形成积贫积弱的局面。1067年，宋神宗即位，颇欲立志革新，于是起用王安石为参政知事，从1069年开始，陆续推行新法，以期达到富国强兵的目的。王安石出台的新法主要内容为整顿财政与军政，包括青苗法、农田水利法、保甲法等，史称"王安石变法"。王安石的新法推行了十五六年，在一定程度上限制了大官僚、大地主、大商人的利益，使农民的差役和赋税负担减轻了，缓和了阶级矛盾，同时国家加强了对直接生产者的统治，增加了财政收入。但由于新法触犯了官僚大地主的利益，遭到以司马光为首的保守派的强烈反对，他们还争取到了神宗的母亲高太后的支持。1085 年，宋神宗死，其子哲宗立，高太后临朝听政，起用司马光为相，将新法尽数推翻，王安石变法遭遇失败。

"靖康之变"

北宋末年，北方的女真族兴起，并开始反抗一直欺压他们的辽国。1115 年初，女真族建国号"大金"，其首领阿骨打称皇帝，即金太祖。1125 年，在金与北宋的合力之下，辽国灭亡。在与北宋打交道的过程中，金太祖发现了北宋政治的腐朽和军事的无能，遂打起了攻宋的主意。1125 年，金军分东、西两路南下攻宋。1127 年，金朝的军队攻破开封，俘虏了北宋皇帝宋徽宗、宋钦宗父子。金军大肆搜刮后，立张邦昌为楚帝，掳徽、钦二帝北返，北宋灭亡，史称"靖康之变"、"靖康之难"或"靖康之耻"。后来徽、钦二帝死于金朝，所有掳走的帝子王孙、宦门士族，都被充作了奴婢。此悲惨事件标志着北宋的结束。

南宋

"靖康之变"时，徽宗第九子康王赵构幸免于难，当时他被派到相州（今河南安阳）主持军事。1127 年 5 月，赵构在南京应天府（今河南商丘）正式即位，改年号为建炎，是为宋高宗。后来宋高宗迁都临安，这个偏安南方的政权，历史上称为南宋。

赵构即位之初，迫于金军的军事威胁，曾起用主战派人物李纲为相，宗泽为开封留守。主战派大力招募军队，沿河修筑防御工事，人民热烈响应。但赵构的抗金热情并不高，他唯恐打败金兵，宋钦宗会回来，危及他的皇位。于时，赵构在后来重用秦桧、汪伯彦等投降派，罢免李纲、宗泽等。南宋对金的措施始终是积极求和妥协，只有求和不成才稍作抵抗。

南宋王朝极其懦弱，从赵构开始，皇帝全无作为，奸臣当道，堪称中国历史上最软弱的王朝。由于政治和军事实力的软弱，南宋一直无力统一全国，最后还被元朝灭亡。

岳飞抗金

岳飞，字鹏举，出身农民家庭，20 岁时应募从军，因屡立战功，升任为节度使。1140 年，金军撕毁和约，大举进攻南宋，岳飞联合各地自发抗金的起义军一起顽强反击，收复了大片被金军占领的宋朝领土，使南宋的抗金斗争发生了根本转机。在岳家军取得节节胜利时，宋高宗却以"孤军不可久留"为由，一日连下 12 道金字牌，严催岳飞班师回朝。宋高宗之所以这样做，是因为他担心一旦中原收复，岳飞声望日高，会威胁到他的皇位，他因此与丞相秦桧计议破坏抗金战争。岳飞回到临安后，被秦桧等人以"莫须有"的罪名杀害，安葬在杭州西湖边上。后人为了纪念他，在他的墓前放了用生铁浇铸的秦桧等人的跪像，表示对奸臣的强烈憎恨。

岳飞庙

元朝建立

12 世纪末，铁木真经过十几年的战争统一了蒙古各部。1206年，铁木真被推举为蒙古的大汗，尊称为"成吉思汗"，意思是"坚强的君主"。1271 年，成吉思汗的孙子忽必烈建立了元朝（1271—1368），称为元世祖。元朝的建立，是忽必烈抛弃蒙古旧俗，推行汉法的结果。蒙古人初入中原时，曾企图将游牧生产方式以及与之相适应的统治方法强加于中原社会，结果造成严重的生产力破坏。忽必烈是个有雄才大略的人，他留意招纳汉人为谋士，向他讲授儒家经书及治国平天下的道理，并受到了很大的启发。进入中原后，忽必烈进一步接近汉人，并大量任用汉人为官，在制度上也基本上采用汉制汉法。这样，沿着汉化和民族融合的道路，蒙古族逐渐建立起在全国的统治。当时的南宋统治十分腐朽，朝中宰相贾似道弄权，君臣平时不思战守之计，只知耽于享乐，当遇金、元等外敌入侵时，则怯懦畏敌，不敢交兵，只采取不抵抗政策，苟且求和，最后终不免亡国的命运。元朝凭借卓绝的武力征讨，结束了辽、南宋、夏、金、吐蕃、大理等政权长期并立的局面，实现了全国的大统一。

元朝在建立过程中及建立以后，发动了大规模的扩地战争，向西一直打到欧洲的多瑙河流域，使元朝成为中国历史上疆域最大的朝代。元朝的大统一，发展和巩固了我国统一的多民族国家，加强了各民族之间的联系和融合，促进了政治、经济、文化的发展，因此，元朝的统一具有进步的历史意义。但在元朝的政治制度上，民族歧视和压迫政策非常明显，因此民族矛盾相当尖锐。元朝的生产力发展迅速，农业与手工业有所恢复，而且由于全国的大统一，国内的商业非常发达和繁荣。元朝的首都大都（今北京）是闻名世界的商业中心，而泉州是对外贸易的最大港口，也是世界最大的港口之一。蒙古军的西征，打通了东西交通的道路，元朝的对外关系空前发展，由亚洲推广到了欧洲和非洲。

马可波罗

元朝与欧洲的关系很密切，当时欧洲的使者、商人、旅行者和传教士不绝于途，其中最有名的是意大利旅行家马可波罗。马可波罗到中国旅行，并写了著名的《马可波罗游记》，生动地描述了大都、杭州等城市的繁荣景象，对当时中国的自然和社会情况作了详细描述，激发了欧洲人对中国的向往。马可波罗是世界历史上第一个将中国向欧洲人做出报道的人，是中西交通史和中意关系史上的友好使者。

明　朝

1368 年，朱元璋率领农民起义，推翻元朝政权，建立了明朝，朱元璋即为明太祖。明朝最初定都南京，后来明成祖将首都迁到了北京。朱元璋是我国历史上出身最为卑贱的皇帝，只有"庶民皇帝"刘邦的出身与他相似，但刘邦还是个亭长，朱元璋却是一贫如洗，起于社会的最底层。朱元璋生性多疑，做了皇帝后大肆杀戮功臣，对全国大小政务都要自己亲自处理，唯恐大权旁落。为了强化皇权，朱元璋变更旧制，废除中书省和丞相，由皇帝兼丞相，权力高度集中，因此朱元璋成为历史上最为繁忙的皇帝。另外，推行特务政治，也是朱元璋强化皇权的一大创举。在监察机关都察院之外，还设立了检校、锦衣卫，承担着监视官吏的特殊使命。因此，明朝的政治体制是中国古代史上最极端的集权专制体制，皇帝大权独揽，"以重典驭臣下"，特务横行，后期更出现了严重的宦官乱政现象。在经济和文化上，明朝处于较发达的阶段，在明成祖朱棣时期，出现过繁荣的"永乐之治"。但从明朝开始，西方伴随着文艺复兴、地理大发现和宗教改革，在世界的地位逐渐超过中国。同时，西学也随着一批传教士传入中国，为东西文化的交流开辟了窗口。

郑和下西洋

明朝前期，国力强盛，明成祖朱棣积极开展外交活动，派遣郑和出使西洋。1405 年，郑和首次下西洋，率领 208 艘船，携带两万多人，一路声势浩大。船队从苏州刘家港出发，沿福建南下，到了越南南部，又经过爪哇、苏门答腊群岛，直达印度半岛西南。1407 年，郑和回国。此后，郑和又先后六次航海，到过亚非 30 多个国家和地区，最远到达非洲东海岸的肯尼亚。由于过度操劳，郑和在第七次下西洋的途中病逝，终年六十二岁。郑和下西洋是世界航海史上前所未有的壮举，他的第一次远航，比欧洲航海家的远洋航行早半个多世纪。他的船队规模之大，船舶之巨，在当时世界上也是罕见的。郑和下西洋还为后世留下了大量文字记录，并且对航海路线作了详细描述，绘制了中国第一部航海地图。

郑和下西洋的目的，用明成祖的话说就是"宣教化于海外诸番国"，即为了扩大在海外的影响，显示天朝大国的富庶与强盛。

郑和航海图

它既不是单纯的商业贸易活动，也不是征服性的殖民活动，因此，所到之处受到普遍的欢迎，常常主客互赠礼物，相见甚欢。但是，由于缺乏商业获利的动因，郑和每次下西洋都耗费巨额的人力物力，当时就有人对它的劳民伤财有所非议，认为它拖垮了明朝的经济，造成了后来的经济衰退。

"机户"

明朝中后期，在经济发达的江南地区，丝织业等手工业出现了资本主义生产关系的萌芽。在苏州等地，有许多以丝织为业的"机户"，他们拥有几台或者几十台织机，雇用机工进行生产。苏州城里有机工几千人。"机户出机，机工出力"就是雇用与被雇用的关系，这是资本主义性质的生产关系。但是这种资本主义萌芽，只出现在个别地区和生产部门，在全国范围内，自给自足的自然经济仍占主导地位。

戚继光抗倭

明朝初期，日本的一些封建主为了取得财富，开始组织许多武士、浪人和商人，结成武装集团，到中国沿东南沿海一带进行走私贸易和劫掠骚扰，这些人被称为倭寇。由于明初海防较严，倭寇不

戚继光塑像

敢大肆侵犯，没有酿成大患。但明朝中叶以后，政治腐败，海防松弛，造成倭寇势力蔓延，流劫数省，并深入内地，攻掠至芜湖、南京等地，所到之处掘坟墓，掳妇女，杀掠甚惨，给中国沿海造成极大的祸害。嘉靖年间，明军中有两位抗倭名将出现，就是戚继光和俞大猷。他们招募新军，配备精良的战船和军械，依靠人民的支持，终于讨平倭寇。1561年，戚继光在浙江台州大败倭寇。第二年，戚继光又率军入闽，给倭寇以痛击。1564年，福建的倭寇基本平定。见福建已无机可乘，倭寇转向广东为患，侵扰潮州、惠州一带。1565年，戚继光联合另一位抗倭名将俞大猷，先后大战于海丰等地，将倭寇全部除尽。至此，为害我国东南沿海百余年之久的倭寇之患终于解除。

明代抗倭战争的胜利具有重大意义。倭寇平定后，东南沿海一带才得安宁，社会生产得以恢复。另外，倭患解除以后，明朝重新开放了海禁，允许私人船舶出海贸易，促进了海外贸易和沿海工商业的发展。

顾宪成与东林书院

1594年，顾宪成因举荐官员不合神宗之意，被削职罢官。回到家乡无锡后，顾宪成不放弃为国为民的抱负，想在家乡办学育人。由于顾宪成为人正直清廉，在学界政界都有很高的声望，所以慕名来请教他的人很多。为了给学子们提供一个更理想的讲学场所，顾宪成修复了宋代杨时在无锡讲学的东林书院，与朋友高攀龙、钱一本等人在此讲学，还定时召开集会，与邻近的书院和外来士人共同讨论学术。由于东林书院开创了一种崭新的讲学风气，引起了朝野的普遍关注。一些学者从全国各地赶来赴会，学人云集，每年一次的大会有时多至千人，不大的书院竟成了当时国内人文荟萃的重要场所。

顾宪成的东林书院是一个学术团体，并非一个政治派别。它的办学宗旨本是切磋学问，继承儒家正统学脉。顾宪成思想的最大特点是重视社会政治，关心世道人心，充满了以天下为己任的救世精神。因此，顾宪成的很多学生走入官场后，形成一股较大的政治势力，与当时以魏忠贤为首的"阉党"展开了斗争，被称为"东林党"。在魏忠贤的打压下，很多东林士人被迫害致死或遭流放，朝廷中奸臣当道，国家政治更加腐败。顾宪成被指控为"讲学东林，遥执朝政"，处境维艰，东林书院也门庭冷落，讲事逐渐凋零。1612年，一生忧国忧民的顾宪成去世，时年六十二岁。

李自成起义

明末，统治者不断加重对人民的赋税剥削，加上陕北灾荒连年，农民纷纷起来反抗明朝的统治。1628年，明末农民起义在陕北爆发，涌现了高迎祥、李自成、张献忠等几十支起义军。高迎祥牺牲后，李自成被拥戴为闯王，经过连年征战，李自成的军队发展到了百万之众。李自成提出"均田免粮"的口号，深得农民拥护。1644年，李自成攻占西安，建立大顺政权。同年三月，农民军攻

李自成画像

占北京，崇祯皇帝自缢，明朝灭亡。明灭后，明朝山海关守将吴三桂引清军入关，李自成亲率20余万大军迎战，失败后退回北京，随后被迫南下。1645年，李自成在湖北九宫山被杀害，起义宣告失败。

利玛窦

明神宗时，意大利传教士利玛窦来到中国，开始了天主教在中国的传播。利玛窦先后在澳门、广东、江西、南京等处居住，并发展了大量的天主教教徒。利玛窦后来到了北京，利用宦官接近皇帝，因其天文、地理等方面的渊博知识，皇帝给予他官职，并授予俸禄。由于得到朝廷支持，利玛窦在北京建立了教堂。利马窦广泛结交中国儒士、官员等各阶层人员，在传教的同时，也积极传播西

方的科学文化，推进了东西文化的交流。

清朝

清朝是中国封建社会的最后一个朝代，由满族建立。1616 年，努尔哈赤统一了女真各部，建立后金。1636 年，努尔哈赤的儿子皇太极在盛京称帝，改国号为"清"，称清太宗。1644 年，清军在吴三桂的带领下，自山海关南下，打败李自成的起义军，占领北京。随后顺治入关，迁都北京。清代自入关后，共历十帝，二百六十八年。1911 年，辛亥革命爆发后，各省纷纷宣布独立。清帝溥仪 1912 年退位，清朝灭亡。

康乾盛世

从康熙中叶起，清朝出现了相对繁荣的局面，到雍正、乾隆年间，清朝国力达于鼎盛。这段时期，其时间跨度 130 多年，是清朝统治的高峰，故有些历史学者将康、雍、乾时期称为"康乾盛世"。疆域的扩大，经济的繁荣，人口的激增，手工业的发达是康乾盛世最显著的特征。在康熙六十一年，全国人口突破一亿，到乾隆五十五年更是突破三亿。但从 1757 年起，清朝政府鉴于国内人民与外国人的交往日益频繁，担心会给自己的统治带来威胁，开始实行闭关锁国的政策。清政府闭关自守的政策，窒息了中国的对外贸易和航海事业，妨碍了中国向西方学习先进的思想文化和科学技术，对国家的发展造成了巨大的负面影响。自此，中国与世界拉开了差距。

郑成功收复台湾

台湾自明朝天启四年就遭到荷兰和西班牙殖民者的入侵。1661年 3 月，郑成功率领军队，从福建金门出发，经澎湖，抵达台湾西南，开始围攻赤嵌城。荷兰守军弃城退守台湾城。郑成功切断了台湾城与外界的水源和联系，同时派水师阻击荷兰的海上援军。1662年，荷兰殖民者投降，郑成功收复了台湾。在遭受 38 年殖民统治后，台湾又回到了祖国的怀抱。

荷兰殖民者投降图

册封西藏

1724 年，清朝廷确立了西藏宗教和政治领袖达赖和班禅必须经过中央政府册封的制度。1727 年，清朝廷开始在西藏设驻藏大臣。驻藏大臣代表中央政府，同达赖和班禅共同管理西藏。

（二）中国近代史（1840—1949 年中华人民共和国成立）

中国近代史始于 1840 年鸦片战争，止于 1949 年中华人民共和国成立。这段历史分为两个阶段：1840 年到 1919 年五四运动前夕，是旧民主主义革命阶段；1919 年到 1949 年中华人民共和国成立前夕，是新民主主义革命阶段。从第一次鸦片战争开始，在近一百年的时间里，中国不断遭遇列强入侵，一系列不平等条约的签订使中国逐渐沦为半殖民地半封建社会，中华民族遭遇到前所未有的危机，人们奋起抗击，最终实现了国家和民族的独立。所以，中国近代史是一部中华民族的血泪史，也是中华民族抵抗侵略的战争史，还是中华民族打倒帝国主义以实现解放、打倒封建主义以实现富强的奋斗史。

林则徐与虎门销烟

鸦片战争前，中国是一个独立自主的封建国家。由于中国的自然经济占统治地位，在中英正当贸易中，中国处于出超地位。为扭转对华贸易上的劣势，英国殖民者尝试过许多办法，最后找到鸦片走私这条所谓的捷径。鸦片的输入给中华民族带来了深重的灾难，不但赚走了中国大量的白银，而且极大地损害了人们的心灵和肌体，破坏了社会生产力。清政府久为鸦片问题所困扰，时禁时弛。19世纪30年代，在人们自发的禁烟浪潮的推动下，面对鸦片侵略给封建统治造成的巨大侵略和压力，清政府决定派钦差大臣林则徐前往广东禁烟。

虎门销烟图

1839年3月，林则徐到达广州，他体察民情，认真调查研究，收缴外国鸦片贩子的烟土并重治吸食之徒。林则徐还会同两广总督邓廷桢、广东水师提督关天培等人，严惩破坏禁烟的侵略分子。为了震慑鸦片贩子，1839年6月，林则徐将缴获的英、美走私商的110多万公斤鸦片在广东虎门海滩当众全部销毁，史称"虎门销烟"。虎门销烟表明了中华民族禁烟的决心和抵抗外侵的坚强意志，谱写了我国近代史上反帝斗争中的光辉一页。

第一次鸦片战争

鸦片贸易为英国资产阶级带来了暴利，清朝的禁烟行动一旦成功，将堵住他们的财源。于是，英国鸦片商人纷纷上书政府，要求以武力打开中国的国门，用侵略战争将中国变成英国的原料供应地和商品倾销市场。当时的英国正面临第二次经济危机的困扰，英政府也有意通过战争对外扩张，将危机转嫁出去。1840年，英国发动了侵略中国的第一次鸦片战争，战场主要在广东、福建、浙江、江苏等省沿海沿江地区。由于清政府奉行妥协方针，没有实际有效的抵抗措施，最终导致了战争的失败。1842年，英国强迫清政府签订丧权辱国的《南京条约》，条约包括赔偿鸦片烟价，割让香港，东南沿海被迫开放通商等。1844年，不甘落后的法国强迫清政府签订了《黄埔条约》。见有机可乘，比利时、葡萄牙、沙俄等国也争相要求订约，并乘机占领中国的土地。这些不平等的条约，是外国侵略者强加在中国人民身上的沉重枷锁，给近代中国造成了极大的危害。

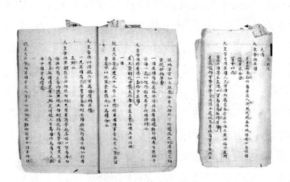

中英《南京条约》原文本

鸦片战争是西方列强发动的第一次侵华战争，它是我国从封建社会沦为半殖民地半封建社会的转折点。鸦片战争前，中国是一个自给自足、独立自主的封建国家；鸦片战争后，中国的领土、领海、税收、司法等主权都遭到破坏，中国从一个主权国家开始沦为不完全拥有主权的国家。

太平天国运动

鸦片战争后，清朝国内阶级矛盾空前激化，残暴腐朽的封建统治加上殖民者对中国人民的经济掠夺，使广大群众的生活境遇日益恶化，造成土地集中急剧发展，城乡失业流亡人口大量增加，社会动荡，民穷财尽的局面。因此，各地人民反清斗争连年不断，此起彼伏，这些斗争有力地打击和牵制了清王朝的统治力量。这时，太平天国运动开始在广西酝酿，这里百姓受剥削极为严重，具有反清传统的天地会、拜上帝会等民间宗教组织在此已形成雄厚实力，而且居于边陲之地的封建力量较为薄弱，无力遏制如决堤的人民起义洪流。

1851 年 1 月 11 日，洪秀全在广西发动金田起义，轰轰烈烈的太平天国农民起义正式开始。太平军一路胜利进军，击溃前来围剿的清军，通过永安"封王建制"，太平天国初步具备了立国的模式。1852 年，太平军进入湖南，攻克郴州，继而挥师直捣武汉，清军望风披靡，武汉被攻克。此役更加鼓舞了太平军的士气，广大人民群众踊跃参军，太平军声势更加浩大。1853 年 3 月，太平军攻克南京，改南京为天京，在此定都，并颁布均分土地的《天朝田亩制度》。1856 年，太平天国击溃包围天京的清军江北大营和江南大营，军事上达到了全盛时期。但此时，太平军领导集团内部矛盾开始激化，巨大的胜利使太平军领导人开始自满，热衷追求个人的权势和享乐，为争权夺位而拉帮结派，彼此争斗，从而引发了一场严重分裂和自相残杀的大变乱，史称"天京事变"。事变中，许多优秀的太平军将士遭到冤杀，石达开带兵出走，太平军力量大大削弱。清军乘机反击，并招募在华"洋枪队"雇佣军，一起镇压太平军。1864 年 9 月，清军攻陷天京，太平天国运动失败。

太平天国运动是中国历史上规模最大的一次农民战争，太平天国的一些领导人已经开始向西方寻求真理，探索中国独立、富强的途径，勇敢地担负起反封建、反侵略的任务。但是，太平天国运动仍旧是单纯的农民战争，政治眼光的局限性决定了它的最终失败。

第二次鸦片战争

英、法为了扩大侵略权益，在 1854 年、1856 年先后两次向清政府提出全面修改条约的交涉，提出开放中国全境，使鸦片贸易合法等无理要求。在遭到清政府拒绝后，侵略者抓住太平天国起义的时机，于 1856—1860 年，对中国发动了第二次鸦片战争。1856 年 10 月，英国军舰悍然开进广州，遭到人民的奋起抵抗，英军退居虎门。1857 年 12 月，英军联合法军一起攻陷广州。1858 年 4 月，为迫使清政府屈服，英法联军沿海北上，直趋天津白河口。5 月，英法联军炮轰大沽炮台，主持防务的直隶总督临阵脱逃，大沽口沦陷，侵略者到达天津城下，并扬言要攻占北京。清政府急派人求和，美、俄坐收渔人之利，与英、法一起强迫清政府签订《天津条约》。1859 年 6 月，英、法、美三国公使无视清政府提出的入京换约不得携带武装的规定，联军强行在大沽登陆，遭到爱国将士的猛烈抗击。被激怒的侵略者于 1860 年春攻陷天津，并向北京进犯，咸丰仓皇出逃。10 月，英法联军进入北京，强迫清政府签订了《北京条约》。

经过第二次鸦片战争和《天津条约》、《北京条约》的签订，清王朝闭关自守的政策完全失败，中国丧失了更多的主权，外国侵略势力扩大到沿海各省和长江中下游地区，清政府的自主权更小，中国的半殖民地化程度进一步加深，中国人民的灾难更加深重了。

火烧圆明园

圆明园位于北京西郊，是清朝最大的皇家园林，园中收藏有无数珍宝、典籍、艺术精品等，堪称中国文化宝库。圆明园继承了中国历代优秀的园林艺术，又大胆吸收了西方的建筑成就，是中西合璧的园林建筑珍品。1860 年 10 月 6 日，英法联军攻占北京，闯入位于西北郊的圆明园。他们抢去园中金银财宝，劫走所有能搬走的贵重文物和图书典籍。为毁灭抢劫的罪证，侵略者下令放火焚园，大火烧了三天三夜，圆明园被彻底烧毁。火烧圆明园，是人类文化史上的一大浩劫，同时作为一个无法抹去的民族耻辱，在中国历史上留下了深重的一笔。

"洋务运动"

经历两次鸦片战争之后，一些与西方列强打过交道的实力派人物，如恭亲王奕䜣、曾国藩、李鸿章、左宗棠、张之洞等人，在一定程度上认清了国际形势，意识到战后和约只能敷衍眼前，中国必须寻求自强之道，才能免受西方列强的欺辱。于是，19世纪60年代，清政府启动了长达30多年的新政，引进西洋的洋枪洋炮，学习西方的近代科技和机器生产，"师夷长技以自强"，历史上称为"洋务运动"。以李鸿章为首的倡导和主持洋务运动的官员被称为洋务派。洋务运动的主要内容有：创办军事工业，创办民用工业，建立新式军备和近代海军，创办新式学堂，选派留学生，培养翻译、军事和科技人才等。

李鸿章成立的开平矿务局

洋务运动是清政府内部的开明人士倡导和主持的自强改革运动，它揭开了中国资本主义生产方式的序幕，加强了中国的国防力量，促进了民族资本主义的发展，在客观上刺激了中国资本主义的发展，初步改变了中国闭关自守的格局。但由于其局限于对西方技术与军事的学习，并未涉及西方政治制度和文化的尝试，因此无法

114

从根本上使中国走上富强的道路。中日甲午战争爆发后，北洋水师全军覆没，洋务运动破产。

中法战争

19世纪后半期，当中国民族资本主义艰难成长的时候，世界上主要的资本主义国家已经从自由竞争阶段向垄断阶段过渡，帝国主义在全球范围内加紧了争夺殖民地、分割世界领土的热潮。中国和邻近的亚洲国家，成为西方列强争夺的主要目标。

1883年，中法战争和甲午中日战争相继爆发。中法战争是法国侵略越南并进一步侵略中国引起的。由老将冯子材率领的清军取得镇南关大捷，一度曾扭转中法战争的局势，法军的惨败导致法国内阁的倒台。但经过英、美、俄、德等国的调停，清政府被诱使签订了《中法新约》，中国西南的门户洞开，法国还首先取得了在中国修筑铁路的特权，加深了日后中国的边疆危机。

中日甲午战争

中日甲午战争是日本早已蓄谋已久的，经明治维新后的日本逐渐发展为亚洲的强国，它利用外交手段获得美国的支持，争得英、法等国的同情，挑拨英、俄对立，迫使俄国不能公开干涉日本对中国的侵略。1894年7月，日本舰队突袭中国海军，甲午中日战争爆发，战争历时八个月，中国海军虽奋力抵抗，但最终惨败，李鸿章苦心经营多年的北洋水师全军覆没。1895年4月，清政府被迫与日本签订《马关条约》。《马关条约》的主要内容是：中国割让辽东半岛、台湾和澎湖列岛给日本；将长沙、重庆、苏州、杭州开放为商埠，允许日本资本家在此开设工厂等。《马关条约》签订后，各帝国主义列强在中国展开了资本输出的激烈竞争，还在中国强占"租借地"，划分"势力范围"，中国民族危机空前加深，中国在半封建半殖民地的泥淖中越陷越深。

公车上书

1895年4月《马关条约》签订时，举国上下掀起了反侵略、

公车上书

反投降的斗争。当时在北京应试的各省举人举行集会，公推康有为起草上皇帝万言书，上书光绪帝，反对签订《马关条约》，提出迁都抗日，并请求变法革新。5月1日，各省应试举人千余名在万言书上签名，次日送到都察院呈递，这件事史称"公车上书"。虽然最后都察院以条约已签订无法挽回为由，拒收了万言书，光绪帝最终也未看到万言书，但此事产生了广泛的社会影响，上书的内容被人们传抄印刷，要求变法的呼声日益高涨，由此拉开了变法维新的序幕。公车上书标志着中国知识分子改良运动的开始。

戊戌变法

甲午中日战争后，由于民族危机空前严重和中国民族资本主义的初步发展，民族资产阶级开始作为新的政治力量登上历史舞台。以康有为、梁启超为首的资产阶级维新派，为了挽救民族危亡，敢于犯上直言，终于打动不愿做亡国之君的光绪皇帝，也赢得朝中开明官僚的同情和支持，这些倾向维新的政治力量，掀起一场轰轰烈烈的变法维新运动。

1898年6月11日到9月21日，光绪皇帝先后颁布了一系列变法法令，进行变法改革，史称戊戌变法。其目的在于学习西方科学技术和经营管理制度，发展资本主义，建立君主立宪制。但以慈禧太后为代表的封建顽固守旧势力发动政变，将光绪皇帝囚禁，大肆捕杀维新人士，谭嗣同、刘光第等人血洒北京菜市口，维新变法归于失败。戊戌变法只进行了103天，因此又被称作"百日维新"。戊戌变法的失败，使中国丧失了一次迅速走上近代化道路的机会。虽然由于维新力量过于薄弱，变法失败了，但维新派的思想极大地冲击了封建旧思想、旧文化，民主思想已经开始深入人心，并在未来绽放出夺目的光芒。

义和团运动

义和团运动是 19 世纪末中国农民和城市贫民在华北、东北等地自发组织的反帝爱国运动。1900 年，义和团打着"扶清灭洋"的口号，迅速将力量发展到北京、天津地区。八国联军入侵时，义和团英勇抵抗八国联军的侵略，迫使侵略军多次退却，义和团运动达到高潮。由于清政府与外国殖民者之间存在矛盾，最初清政府想借助义和团的势力打击外国人的嚣张气焰，曾默许义和团的发展。但八国联军攻入北京时，为将战争的责任推到义和团头上，慈禧在出走时发布上谕，命令各地清军对义和团予以剿杀。在中外反动势力的双重镇压下，义和团运动最终失败。

八国联军穿过午门进入紫禁城

义和团运动兴起的原因是帝国主义与中华民族的矛盾激化，它是一场人民自发的反帝爱国运动，沉重地打击了外国侵略者，也间接打击了反动卖国的清政府。义和团运动的失败促使民族觉醒，对清政府放弃了幻想，对以后民主革命的胜利起到了推动作用。

八国联军侵华

1890 年 6 月，以打击义和团、保护外国使馆为由，英、俄、日、法、德、美、意、奥八国联军从天津进犯北京，拉开了侵华战争的序幕。大敌当前，慈禧被迫宣战，清军与义和团一起与八国联军展开了激战。8月，八国联军攻入北京，慈禧挟光绪帝和一些王公大臣，仓皇出逃。八国联军占领北京后，继续对张家口、保定等地实施侵略，联军每到一地，肆意烧杀抢掠，欺辱妇女，其罪行罄竹难书。1901年，清政府被迫同八国及比利时、荷兰、西班牙签订了丧权辱国的《辛丑条约》。通过这个条约，清政府必须向各国赔款4.5亿两白银，还必须允许殖民者在北京设立可以驻兵的"使馆区"，从大沽到北京的炮台被要求全数拆除。

同盟会

20世纪初，资产阶级民主革命思想得到广泛传播，出现了章炳麟、邹容、陈天华等著名民主革命思想家和宣传家。随着民主革命思想的广泛传播，资产阶级革命团体也相继建立起来。1905年8月，孙中山与黄兴等在日本东京成立同盟会。同盟会确定了以孙中山提出的"驱除鞑虏、恢复中华、创立民国、平均地权"十六字为同盟会纲领。同盟会成立后，革命党人担负起领导中国民主革命的重任，发动了萍浏醴、广州黄花岗等一系列起义。同盟会的成立，标志着中国资产阶级民主革命进入了一个新的阶段。

辛亥革命

孙中山像

1911年10月10日，新军的革命党人打响了武昌起义的第一枪，起义队伍占领军械所，夺取了整个武昌。在起义军掌控武汉三镇后，湖北军政府成立，黎元洪被推举为都督，改国号为中华民国。武昌起义的爆发揭开了辛亥革命的篇章，此后革命迅速蔓延，短短两个月内，湖北、湖南、江西、陕西、山西、江苏、浙江等省先后宣布独立。1912年1月1日，"中华民国"临时政府在南京成立，颁布了《"中华民国"临时约法》，孙中山被推举为临时大总统。1912年2月12日，清帝溥仪退位，清朝灭亡。

辛亥革命是中国近代历史上的一次反帝反封建的资产阶级民主革命，它结束了中国长达两千年之久的君主专制制度，建立了资产阶级民主共和国，颁布了反映资产阶级民主主义精神的临时约法，使人民获得了一些自由和民主的权利，使民主共和的观念深入人心，是一次伟大的革命运动。但由于中国资产阶级的软弱性和局限性，他们不愿意同帝国主义完全决裂，也不敢发动和依靠广大农民群众摧毁封建势力。因此，辛亥革命没有完成反帝反封建的历史任务，没有改变中国半殖民地半封建社会的性质。此后，中国反帝反封建斗争，以辛亥革命为新的起点，更加深入、大规模地开展起来。

袁世凯称帝与护国运动

1912 年 3 月，袁世凯凭借北洋新军在北方的实力，以及逼清帝退位的功劳，篡夺了辛亥革命的果实，就任中华民国临时大总统，临时政府迁往北京，以袁世凯为首的北洋军阀政权建立起来。袁世凯对内镇压国民党，对外出卖国家主权，并开始复辟帝制的活动。1913 年 10 月，国会选举袁世凯为"中华民国"第一任大总统。11 月，袁世凯下令解散国民党。次年 1 月，袁世凯下令解散国会，并废除"中华民国"临时约法。1915 年 12 月，袁世凯宣布把"中华民国"改为"中华帝国"，恢复君主制，行君主立宪政体。由于此时民主的观念已深入人心，这种倒行逆施的行为遭到全国人民的强烈反对。12 月 25 日，蔡锷、唐继尧等在云南宣布起义，发动护国战争，讨伐袁世凯，贵州、广西、广东、浙江等省相继响应。1916 年 3 月，袁世凯被迫宣布取消帝制，恢复"中华民国"年号；6 月，袁世凯因病去世。

军阀割据

1916 年袁世凯死后，北洋新军无人有能力统率全军，北洋军阀纷纷宣布独立，于是内部分裂为皖系、直系、奉系三大派系。帝国主义列强纷纷扶持一派军阀，作为他们侵华的工具。皖系的段祺瑞在日本支持下，控制皖、浙、闽、鲁、陕等省；直系的冯国璋、曹锟、吴佩孚在英、美的支持下，控制长江中下游的苏、赣、鄂及直隶等省；奉系的张作霖以日本为靠山，占据东北三省。另外，山西的晋系军阀阎锡山，徐州一带张勋的定武军，西南的滇系军阀唐继尧和桂系军阀陆荣廷等，都在外国列强操纵下，尔吞我并，争斗不已。中国逐渐形成军阀割据的局面，这些军阀连年混战，给国家和人民带来了深重的灾难。

护法运动

袁世凯死后，黎元洪继任大总统，与在中央掌实权的段祺瑞争权夺利，发生"府院之争"。1917年7月，徐州军阀张勋应黎元洪"调停"之邀，率三千"辫子军"入京，拥戴溥仪复辟，激起全国人民的反对。复辟丑剧只持续了短短的12天，段祺瑞再次执政，他拒绝恢复《临时约法》和召集国会，企图建立皖系军阀的独裁统治。8月，为维护共和制度，孙中山倡导了护法运动，就任"中华民国"军政府大元帅。在北洋军的镇压下，北伐军受挫，加之军政府内部的矛盾，1918年5月孙中山愤而辞职，护法战争失败。

新文化运动

第一次世界大战期间，随着中国资本主义经济的进一步发展，资产阶级强烈要求在中国实行资产阶级的民主政治，反对封建军阀的统治，新文化运动应运而生。1915年，陈独秀在上海创办《新青年》，成为新文化运动兴起的标志。"民主"和"科学"是新文化运动提出的口号。新文化运动是新兴资产阶级反对封建旧文化的斗争，它向中国传播了西方的先进思想，批判的矛头直指封建传统道德，是一场前所未有的思想启蒙运动。新文化运动为马克思主义在中国的传播开辟了道路。俄国十月社会主义革命胜利后，李大钊宣传十月革命，使新文化运动有了新的发展。

五四运动

1919年，巴黎和会拒绝中国代表的正义要求，将战败的德国在中国的权益无条件地转让给日本。与会代表将消息传到中国，激起了中国人民的强烈义愤。5月4日，北京学生在天安门集会，抗议帝国主义的侵略，反对签订丧权辱国的条约，五四爱国运动爆发。五四运动的影响迅速波及全国，天津、上海、武汉、长沙、杭州、南京等城市的各大高校纷纷罢课，支持北京的学生运动。学生的抗议活动遭到军警的镇压，大批学生被捕入狱。6月5日，同情学生运动的上海工人开始罢工，参加罢工的人数达到六七万人，工人罢工的影响波及全国100多个城市。面对强大的舆论压力，总统徐世昌辞职，参加巴黎和会的代表拒绝在条约上签字，五四运动取得了初步胜利。五四运动在中国革命史上具有重大的历史意义，它是中国人民彻底的反帝反封建的爱国运动，是中国旧民主主义革命的结束和新民主主义的开端。

学生在天安门前集会、游行

中国共产党成立

五四运动后，马克思主义在中国传播开来，成为新思潮的主流。一批先进分子把马克思主义同中国工人运动初步结合起来。1920年，共产主义小组在各地相继建立。1921年，中共"一大"在上海召开，伟大的中国共产党诞生了。1922年，中共"二大"制定了民主革命纲领。在中国共产党的领导下，从1922年1月香港海员罢工到 1923 年 2 月京汉铁路工人罢工,中国工人运动出现了第一次高潮。

第一次国共合作

1924 年 1 月,中国国民党在广州举行第一次全国代表大会。大会通过了《中国国民党章程》,把旧三民主义重新解释为新三民主义。孙中山发表改组国民党宣言,确定了"联俄、联共、扶助农工"的三大政策,将中国国民党改组为包含工人、农民、小资产阶级和民族资产阶级的民主革命联盟。这个革命联盟是以共产党和国民党合作为基础的革命统一战线的组织形式。这次大会的召开标志着第一次国共合作的正式形成。

黄埔军校

第一次国共合作后,在中国共产党和苏联的帮助下,国民党在广州黄埔建立了陆军军官学校。黄埔军校把政治教育和军事训练放到同等重要的地位,注重培养学生的爱国思想和革命精神。它在短期内培养出了大批出色的军事人才,在以后的战争中成为一代名将。黄埔军校为建立国民革命军奠定了基础。

北伐战争

1926 年,为了打倒帝国主义,推翻军阀统治并统一中国,国民政府开始北伐。1926 年 5 月,国民革命军第四军叶挺独立团和第七军一部作为先头部队,先行出兵湖南,拉开了北伐的序幕。北伐军兵分三路,一路两湖,一路江西,一路闽浙。由于北伐军的英勇战斗和广大人民群众的支持,北伐战争进行得很顺利,不到半年北伐军就打到了长江流域,不到 10 个月的时间,就打垮了吴佩孚和孙传芳的主力,北洋军阀迅速崩溃。

"四·一二反革命政变"与"七·一五反革命政变"

1927 年初,北伐战争向长江下游胜利推进,广大人民欢欣鼓舞,工人运动和农民运动在全国风起云涌。但此时,国民党内部的

北伐誓师阅兵

蒋介石集团和汪精卫集团勾结帝国主义和大地主大资产阶级，分别于1927年4月12日和1927年7月15日在上海和武汉发动反革命政变，残酷屠杀共产党人和革命群众。第一次国共合作遭到破坏，从1924年开始的国共合作反帝反封建的大革命宣告失败。

南昌起义

为了反抗国民党反动派的屠杀政策，挽救中国革命，1927年8月1日，周恩来、贺龙、叶挺、朱德等人率领两万多人发动南昌起义。经过4小时的激战，起义军占领了南昌城。随后，起义部队按原计划撤离南昌，挥师南下，直奔广东，准备恢复广东革命根据地。但由于遭到敌军优势兵力的围攻，起义军损失惨重。部队一部分突围到了海陆丰坚持战斗；另一部分在朱德、陈毅的率领下转入湘南，开展游击战争。南昌起义虽然失败了，但它打响了武装起义反抗国民党的第一枪。中国共产党从此创建了自己的军队，开始走上独立领导革命、武装夺取政权的新道路。

秋收起义

秋收起义是由毛泽东在湖南东部和江西西部领导工农革命军举行的一次武装起义，是继南昌起义之后，中国共产党领导的又一次著名的武装起义。1927 年 9 月 9 日，湘赣边界秋收起义爆发，工农革命军向长沙进击，先后占领醴陵、浏阳县城等地。但由于当时革命形势已处于低潮，敌强我弱，起义军受到严重挫折。为保存革命力量，毛泽东改变了攻打长沙的计划，起义军转而进入江西，到达三湾后进行改编。10 月，部队到达井冈山，并在那里创建了中国第一个农村革命根据地。

井冈山革命根据地建立

1927 年 10 月，秋收起义的部队到达井冈山，发展武装力量，开展游击战争，领导农民打土豪分田地，建立红色政权，实行工农武装割据，创立了党领导下的第一个农村革命根据地。1928 年 4 月，朱德、陈毅率领南昌起义保存下来的部队和湘南农军到达井冈山，和毛泽东领导的工农革命军会师。会师后，成立了中国工农红军第四军。12 月，彭德怀、滕代远率领红五军主力来到井冈山，与红四军会师。此后，井冈山革命根据地不断扩大。井冈山革命根据地的建立，标志着中国革命的中心工作进行了从城市到农村的战略转移。

中华苏维埃政权的建立

井冈山革命根据地的建立，犹如星火，很快发展成燎原之势。闽浙赣革命根据地、湘赣革命根据地、左右江革命根据地等相继建立。1930 年，红军以红四军为主力，在赣南、闽西建立了中央革命根据地，这是此时期最大的根据地。革命根据地建立后，人民政权也纷纷建立起来。1930 年，全国革命根据地内有几百个县建立了人民政权。为了推动革命斗争，1931 年 11 月，中华苏维埃第一次全国代表大会在江西瑞金举行，宣布中华苏维埃共和国临时中央政府成立，选举毛泽东为中央政府主席，朱德为红军总司令，确定瑞金为首都。

皇姑屯事件与"东北易帜"

1928年6月，奉系军阀张作霖被日本关东军谋杀，其乘坐的专列在皇姑屯车站以东的地方被炸，因此被称为"皇姑屯事件"。张作霖早年在日俄战争中曾为日军效劳，借助日军势力当上奉军首领。但张作霖并不想完全受日本人控制，拒绝了日本人一些无理的要求，因此日军决定除去张作霖，由此酿就这场谋杀事件。张作霖死后，他的儿子张学良继任东北军总司令。日本企图在东北建立"满蒙新国"，采取各种手段逼迫张学良就范。张学良顶住了日本人的压力，年底，他发表通电，宣布东北"遵守三民主义，服从国民政府，改易旗帜"。南京国民政府在形式上统一了全国。

张作霖专列被炸现场

"九·一八事变"

1931年9月18日，日本制造"柳条湖事件"，派兵将南满铁路的一段路轨炸毁，却声称是中国军队破坏了铁路，日本关东军突然袭击驻扎在沈阳的东北军北大营，发动了对中国东北的战争，历史上称"九·一八事变"。由于国民党当时奉行"攘外必先安内"的政策，下令东北军不抵抗。9月19日，日军占领沈阳。在以后的几年里，日军又陆续占领辽宁、吉林、黑龙江三省。为掩人耳目，日本扶植溥仪做傀儡皇帝，建立伪满洲国，整个东北实际沦为日本的殖民地。"九·一八事变"是日本帝国主义长期以来推行对华扩张政策的必然结果，也是它企图把中国变为其独占的殖民地而采取的严重步骤。"九·一八事变"爆发后，日本与中国之间的矛盾进一步激化，而在日本国内，主战的日本军部地位上升，导致日本走上全面侵华的道路。9 月 18 日在中国被称为"国耻日"。

柳条湖事件

"一·二八事变"

指挥作战的蔡廷锴将军

1931 年"九·一八"事变后，日本帝国主义得寸进尺，企图侵占上海作为继续侵略中国的基地。1932 年 1 月 28 日夜间，日本侵略军由租界向闸北一带进攻。在全国人民抗日高潮的推动下，驻守于淞沪地区的十九路军在军长蔡廷锴、总指挥蒋光鼐的指挥下，违抗南京国民政府的不抵抗政策，奋起抵抗，与日军展开激战，淞沪抗战开始。淞沪抗战在上海军民的英勇斗争下，坚持了一个多月，使日本侵略者受到沉重打击，死伤 1 万余人，四度更换司令。由于国民党政府坚持不抵抗政策，19 路军被迫撤离上海。在英、美、法等国调停下，国民党政府和日本达成《淞沪停战协定》，日本获得了在上海驻军的权力。

长征

红军和革命根据地的发展，使国民党统治集团极为不安。从 1930 年 1 月至 1934 年 10 月，蒋介石集中重兵先后对中央革命根据地进行了五次大规模的"围剿"。前四次红军反"围剿"取得了重大胜利，但是由于王明"左"倾冒险主义错误的影响，第五次反"围剿"失败了，红军被迫放弃中央革命根据地开始长征。1934 年 8 月，中国工农红军主力向陕甘革命根据地进行大规模战略转移。在长征路上，中国共产党召开了遵义会议，重新确立了毛泽东的领导地位，在组织上结束了"左"倾错误在中央的统治。这次会议在极其危急关头挽救了党、红军和中国革命。红军在毛泽东、朱德、周恩来等的领导下，克服千难万险到达陕北，长征的胜利标志着中国革命开始了一个新的局面。红军长征从 1934 年 10 月开始至 1935 年 10 月结束，历时 13 个月零 2 天，纵横 11 个省，路程达二万五千里。

"一二·九"运动

1935 年《何梅协定》的签订和"华北五省自治"，使中华民族处在亡国灭种的生死关头。1935 年 12 月 9 日，北京学生冲上街头，向国民党当局请愿，反对华北自治，要求停止内战，一致抗日，称为"一二·九"运动。学生的爱国运动引起了很大的反响，全国各地爆发了大规模的游行示威，要求国民党政府停止内战，一致抗战。抗日救亡运动在全国掀起了新的高潮。

西安事变

1936 年，蒋介石一意孤行，坚持"攘外必先安内"的反动政策，张学良和杨虎城被派往陕甘一带围剿红军，屡遭失败。1936 年 10 月，蒋介石到西安督战，张学良多次劝其抗日无效。12 月 12

日，张学良和杨虎城发动震惊中外的西安事变，扣押了蒋介石，逼他停止内战，一致抗日。在中国各个政治派别的帮助下，西安事变获得了和平解决。12月24日，蒋介石接受"停止剿共"、"三个月后抗战发动"等项条件，国共两党开始重新合作。

"卢沟桥事变"

1931年"九·一八事变"后，日本侵略者侵吞我国东北，并以此为基地增兵备战。到1936年，日军已从东、西、北三面包围了北平。1937年6月起，驻丰台的日军连续举行挑衅性的军事演习。1937年，日本发动了蓄谋已久的全面侵华战争。7月7日，日军借口一个士兵失踪，要进入北平西南的宛平县城搜查。在遭到中国守军的拒绝后，日军开始炮轰卢沟桥，城内的中国守军奋起还击，"七七事变"（又称"卢沟桥事变"）爆发。7月29日，北平和天津失守。"卢沟桥事变"标志着日本全面侵华战争爆发，中国抗日民族解放战争从此开始。

中国的军队急奔卢沟桥抵抗日军进攻

"八·一三事变"

1937年8月13日，日军又大举进攻上海，史称"八·一三事变"，中国军队与日军展开了3个月的鏖战。11月12日，上海被日本侵略军占领。抗战初期，造成中国节节失利的原因除了日军的凶猛攻势以外，很大一部分应归咎于国民党政府采取单纯防御的战略方针，不敢发动群众抗日，反而妄图借抗战的机会，达到消灭异己的目的，使中国军队付出了极惨痛的代价。"八·一三事变"使国民党意识到中国所面临的最大危险，开始进行有组织的全面抗战，中国的抗日民族统一战线正式形成。

"南京大屠杀"

经淞沪会战日军占领上海后，立即对南京展开了进攻。1937年12月，日本军队攻陷南京，在华中方面军司令官松井石根和第6师团长谷寿夫等法西斯分子的指挥下，对手无寸铁的南京战俘和平民进行了长达6周惨绝人寰的屠杀、抢劫、强奸等罪行，史称"南京大屠杀"。在此期间，日军共屠杀中国军民30余万人，连老弱病残甚至婴儿也不放过，2万多名妇女遭受凌辱，市内有1/3的建筑在烈火中化为灰烬，无数住宅、商店、机关、仓库被抢劫一空。侵华日军在南京的暴行举世震惊，日本侵略者虽想尽办法掩盖罪行，但大量的历史资料和证人见证了这惨绝人寰的一幕。"南京大屠杀"是人类文明历史中的耻辱，是现代史上最残暴的兽行，它是中华民族苦难历史中最悲惨的一页，中国人不能将它遗忘。

台儿庄战役

台儿庄战役又称台儿庄大捷，是抗战爆发后中国正面战场取得的首次重大胜利。

日本侵略军1937年12月13日和27日相继占领南京、济南后，为了迅速实现灭亡中国的侵略计划，连贯南北战场，决定以南京、济南为基地，从南北两端沿津浦铁路夹击徐州。1938年3月16日，日军向台儿庄以北的滕县发动进攻，李宗仁率领60万军队与日军进行了殊死搏斗，台儿庄战役开始。由于敌军的顽强抵抗，战争一度陷入胶着状态，4月7日，中国军队全线反攻，取得了台儿庄战役的胜利。在历时半个多月的激战中，中国军队付出了巨大牺牲，参战部队4.6万人，伤亡失踪7500人，但也取得了重大战果，歼灭日军1万余人，沉重打击了日本侵略者的嚣张气焰，极大地鼓舞了全国军民坚持抗战的必胜信心，为抗日战争做出了巨大贡献。

武汉会战

抗战初期，国民政府在正面战场组织多次战役，先后进行了平津会战、淞沪会战、徐州会战等重要战役，并取得了台儿庄战役的重大胜利，粉碎了日军3个月灭亡中国的狂妄企图。但由于国民政府实行的是一条单纯依靠政府和军队的片面抗战的路线，致使中国华北、华中的大片领土丢失。1938年5月，日军调集25万兵力向武汉进攻，中国军队与日军在武汉外围血战4个多月。10月27日，武汉三镇沦陷。此役之后，敌我双方都伤亡惨重，由于战线的延长和长期战争的消耗，日军已无力再发动大规模的战略进攻。于是，中国的抗日战争转入相持阶段。

中共敌后抗日根据地的建立

敌后抗日根据地是中国共产党领导下反抗日本占领军的统治而建立的军事、政治组织。1937年11月聂荣臻创立了第一个抗日根据地，随后，晋察冀、晋绥、晋冀鲁豫等抗日根据地相继建立。在1938年10月至1943年12月的抗战相持阶段里，日军在其占领区内只能控制主要交通线和一些大城市，而广大农村均控制在以八路军、新四军为主的中国军队手中。日军改变了侵华的方针，对国民党政府采取以政治诱降为主，而集中了大部分兵力和几乎全部伪军，对中国共产党领导的敌后抗日根据地进行了残酷的"大扫荡"。抗日根据地军民开展了艰苦的斗争，坚决地进行反"扫荡"、反"蚕食"斗争，敌后战场逐渐成为抗日战争的主要战场之一。

百团大战

百团大战是中国抗日战争时期，中国八路军与日军在中国华北地区发生的一次规模最大、持续时间最长的战役。战役发起第3天，八路军参战部队已达105个团，故被称为"百团大战"。

身在前线的彭德怀司令

抗战时期，共产党领导的抗日武装在日军的战略要地华北发展壮大，1939年，日军开始对华北大规模扫荡，实行"以铁路为柱，公路为链，据点为锁"的"囚笼政策"，想借此分割和缩小敌后抗日根据地。为了粉碎日军的"囚笼政策"，1940年8月20日，在彭德怀司令员的指挥下，八路军集中了105个团约30万兵力，在从石家庄到太原200公里的铁道线上，展开了规模浩大的战斗。战斗一直持续到1941年1月24日，共进行了1000多次战斗，歼灭日军2万多人。八路军也付出了1.7万人的代价。百团大战向全国人民展现了敌后抗日力量的强大威力，给日伪军以沉重打击，鼓舞了中国军民抗战的斗志，增强了国人抗战必胜的信心。

皖南事变

在抗战的相持阶段，国民党的反共倾向日渐增长，蒋介石采取"消极抗日，积极反共"的政策，掀起了反共的高潮。1941年1月4日，叶挺率领新四军军部、一个教导团、三个支队共9000余人从新四军军部所在地起程，向茂林前进，遭到国民党军队的围攻。除3000多人突围外，大部分新四军都壮烈牺牲。军长叶挺被扣，副军长项英牺牲。蒋介石随即又宣布新四军"叛变"，下令军队进攻江北的新四军。这就是历史上著名的"皖南事变"，它是国民党顽固派蓄意发动的反共事件，意在消灭皖南的新四军。

细菌战

细菌战是利用细菌或病毒作武器，毒害人、畜及农作物，造成人工瘟疫的一种灭绝人性的罪行。第二次世界大战期间，日军在中国实施细菌战，撒布鼠疫和霍乱等病菌，造成这些疾病的发生和流行，时间长达12年，地区遍布中国20多个省，造成至少27万人死亡。这是世界上造成伤亡人数最多、损害程度最大的细菌战。

中国远征军

中国远征军是抗日战争时期中国政府为支援英军在缅甸（当时为英属地）抗击日本法西斯、保卫中国西南大后方而派遣的出国作战部队。抗战爆发后，由于中国的工业基础薄弱，急需大量物资和外援，遂于1938年初修筑滇缅公路。1938年底通车，从此，滇缅公路成为中国抗战的输血管。太平洋战争爆发后，日军开始进攻缅甸，企图切断中国与外界的联系。为保障滇缅公路的畅通，1942年2月，中国首次派出10万人的远征军到缅甸协同英军对日作战。由于英军的判断失误，缅甸保卫战失利，在掩护英军撤离的过程中，远征军浴血奋战，屡挫敌锋，使日军遭到沉重打击。但此次战争失利，远征军付出了惨痛代价，首次入缅的十万军队损失过半。1942年8月，中国远征军改编为中国驻印军，利用美援物资配备全副美式装备，战斗力大为提高。1943年底，中国驻印军和国内重新集结的远征军一起展开缅甸反攻，经过一年半艰苦卓绝的战斗，歼灭日军4.8万余人，将日军全部赶出了缅北和滇西。中国远征军的反攻胜利，重新打通了国际交通线，使得国际援华物资源源不断地运入中国，重创了缅甸日军，为盟军收复全缅甸创造了有

即将开往前线的远征军士兵

132

利条件。中缅印大战历时 3 年零 3 个月，中国远征军和驻印军伤亡人数接近 20 万人，多少将士埋骨异域，为国捐躯，他们用鲜血和生命书写了抗日战争史上极为悲壮的一页。

日本无条件投降

　　1945 年 5 月 8 日，法西斯德国无条件投降，欧洲战争结束，世界反法西斯战争进入最后阶段，盟军在亚洲大陆各战场对日军发起反攻。7 月 26 日，中国、美国和英国三国发表《波茨坦公告》，促令日本立即无条件投降。但是，日本政府予以拒绝，并先后三次扩军动员，准备进行本土决战。8 月 6 日和 9 日，美国先后在日本广岛和长崎各投下一颗原子弹。8 月 8 日，苏联召见日本驻苏大使，通告苏联参加《波茨坦公告》，并宣布对日作战。8 月 9 日，苏联出兵中国东北和朝鲜北部，对日本关东军发动全面进攻。8 月 14 日，日本政府照会美、英、苏、中四国政府，宣布接受《波茨坦公告》。8 月 15 日，日本天皇裕仁以广播《停战诏书》的形式，正式宣布日本无条件投降。9 月 2 日，在日本东京湾的美军战列舰"密苏里"号上，日本投降代表团 11 人代表日本向盟国投降。9 月 9 日，中国战区的投降仪式在南京举行，日本中国派遣军总司令官冈村宁次在投降书上签字。经过八年艰苦奋战，中国人民终于取得抗日战争的伟大胜利。

1945 年 9 月 9 日，中国战区日军投降签字仪式在南京举行。

内战

抗日战争胜利后，国民党阴谋发动内战。1946 年夏，国民党军队向解放区发动进攻，全面内战爆发。从 1946 年夏到 1947 年 6月，人民解放军粉碎了国民党军队的全面进攻和重点进攻。1947年 6 月底，人民解放军开始了全国性的反攻。从 1948 年 9 月到1949 年 1 月，人民解放军先后发动了辽沈、淮海、平津三大战役，基本上消灭了国民党军队的主力，加速了人民解放战争在全国的胜利。1949 年 4 月，人民解放军渡江作战，23 日解放南京，解放战争取得胜利，内战结束。

（三）中国现代史（1949 年至今）

中国现代史是指 1949 年 10 月中华人民共和国成立至今的历史。这一时期是中国人民建立政权、巩固政权、探索与发展中国，使中国走向富强、民主、自立的发展史。

开国大典

中华人民共和国成立

1949 年 10 月 1 日，中华人民共和国中央人民政府正式成立。下午，中央人民政府委员会举行了第一次政府会议，会议选举毛泽东为第一届中华人民共和国主席。毛泽东在天安门升起了第一面五星红旗，庄严地宣告中华人民共和国中央人民政府成立。北京30万军民在天安门广场举行集会，见证了这一伟大的历史时刻。此后，10月1日被定为国庆节。中华人民共和国的成立，结束了中国半殖民地半封建社会的历史，开创了中国历史的新纪元。

中国向社会主义过渡的实现

从1949年10月中华人民共和国成立到1956年，中国共产党领导全国各族人民有步骤地实现从新民主主义到社会主义的转变。在全国绝大部分地区基本上完成了三大改造，即国家对农业、手工业和资本主义工商业生产资料私有制进行的社会主义改造，极大地促进了工、农、商业的社会变革和整个国民经济的发展。在这个历史阶段中，党确定的指导方针和基本政策是正确的，取得的成就有目共睹。

朝鲜战争

1950年，朝鲜内战爆发，美国指挥所谓"联合国军"侵略朝鲜，应朝鲜民主主义人民共和国政府的请求，10月，以彭德怀为司令的中国人民志愿军渡过鸭绿江，支援朝鲜军民抗击美国及联合国军。1950年10月至1951年6月，中国人民志愿军和朝鲜人民军协同一致，进行了艰苦卓绝的抗战，最后将战线稳定在"三八线"附近，迫使美国接受了停战谈判，朝鲜南北分治，朝鲜战争结束。

中国第一颗原子弹爆炸成功

1964年10月16日，我国第一颗原子弹在西部地区爆炸成功。这标志着我国的国防现代化事业进入了一个新的阶段。当天，中国政府发表声明指出，中国进行核试验，发展核武器，是为了要打破大国的核垄断。中国在任何时候、任何情况下，都不会首先使用核武器。

中国人民志愿军跨过鸭绿江

社会主义建设在探索中曲折发展

1956年社会主义改造基本完成以后，中国共产党领导全国各族人民开始转入全面大规模的社会主义建设。直到"文化大革命"前夕的10年中，虽然遭到过严重挫折，仍然取得了一定成就。我们现在赖以进行现代化建设的物质技术基础，很大一部分是在此期间建设起来的；全国经济文化建设等方面的骨干力量和他们的工作经验，大部分也是在此期间培养和积累起来的。但是也存在一些严重问题，如1957年的反右扩大化和1958年开始的"大跃进"，严重破坏了社会生产力，造成了国民经济各部门之间、积累和消费之间比例严重失调。经济工作中急躁冒进的"左"倾错误，使国民经济遭受重大挫折，人民生活受到巨大影响。

农村人民公社化运动

农村人民公社化运动是在1958年"大跃进"中发展起来的。1957年冬和1958年春，一些地方大搞农田水利基本建设时进行了超社界、乡界甚至县界的生产协作。1958年8月中共中央《关于在农村建立人民公社问题的决议》公布后，农村人民公社化的高潮在全国迅速掀起。参加人民公社的农户有1.2亿多户，占全国农户总数的 99% 以上。在农村人民公社化运动中，全国刮起一股"共产"风，在许多方面混淆了全民所有制和集体所有制、社会主义和共产主义的界限，发生了严重的平均主义。公社随便调用社员、资金、土地和财产，按劳分配的原则遭到破坏，挫伤了农民的生产积极性，造成了生产的大破坏，直接导致了 20 世纪 60 年代末的大饥荒。1960 年冬，中央开始纠正农村工作中的"左"倾错误，逐步地解决当时所能认识到的农村人民公社化运动以来的一些重大问题。

文化大革命

文化大革命是指 1966 年 5 月至 1976 年 10 月，在中国由毛泽东发动和领导的政治运动。毛泽东错误地估计了党和国家的政治状况，认为中央和地方都出现了修正主义，党和国家面临着资本主义复辟的危险，并且认为只有实行文化大革命，公开地、全面地、自下而上地发动广大群众来揭发黑暗面，才能把被走资派篡夺的权力重新夺回来。文化大革命共持续了 10 年，许多党和国家各级组织中的领导干部、众多的知识分子被打倒，甚至被迫害致死。一些投机分子、野心分子、阴谋分子乘机搅得国家大乱，造成国家政治、经济、文化的破坏和大倒退。这十年浩劫和内乱，使中国付出了惨痛的代价，使党、国家和人民遭到严重的挫折和损失。

尼克松访华

20 世纪 60 年代末，美国总统尼克松入主白宫后想通过改善中美关系，开展"均势外交"，增强美国对付苏联的力量，并调整其亚洲政策，多次做出寻求"与中共改善关系"的姿态。70 年代初，中国政府从外交战略需要出发，通过请美国作家斯诺传话、邀请美国乒乓球队访华等方式，发出愿与美方接触、争取打开中美关系僵持局面的信息。于是，

周恩来在机场迎接尼克松

中美之间开始展开秘密谈判，为美国总统访华做准备。

1972年2月21—28日，美国总统尼克松访问中国。尼克松抵达北京后，受到周恩来总理等中国领导人的欢迎。2月28日，中美在上海发表了《联合公报》。公报指出："双方同意，各国不论社会制度如何，都应根据尊重各国主权和领土完整、不侵犯别国、不干涉别国内政、平等互利、和平共处五项原则来处理国与国之间的关系。"尼克松访华和《联合公报》的签订和发表，标志着中美两国关系正常化过程的开始。从此，中国和美国的关系进入了一个新的历史时期。

唐山大地震

1976年7月28日，唐山发生强烈地震，震级达7.8级，是迄今为止400多年世界地震史上最重要、最悲惨的一页，造成了24万人的死亡，16万人的重伤，导致一座重工业城市在瞬间夷为平地，直接经济损失在100亿元人民币以上。地震发生后，全国人民忍着巨大的悲痛，迅速投入到震后自救的行动中，政府及时调派解放军投入地震救援，经过军民的努力，共同度过了最艰难的时刻。之后，在全国人民的帮助和支援下，在一片废墟上，新的唐山市重新建立起来。

十一届三中全会

1976年，粉碎"四人帮"的胜利从危难中挽救了党和国家，但文化大革命遗留下来的政治、思想、组织和经济上的混乱还极其严重。1978年12月，中国共产党在北京召开了第十一届中央委员会第三次全体会议（简称第十一届三中全会）。这次会议实现了拨乱反正，重新确立了解放思想、实事求是的指导思想，确立了以改革开放和经济建设为中心的国策，形成了以邓小平为核心的党中央领导集体。会议还正确地评价了毛泽东和毛泽东思想体系。十一届三中全会是中华人民共和国成立以来党和国家历史上的伟大转折，开辟了改革开放和集中力量进行社会主义现代化建设的历史新时期。

改革开放

改革开放指中国 20 世纪 80 年代的经济改革政策、对外开放政策。改革开放从十一届三中全会起步，十二大以后全面展开，它经历了从农村改革到城市改革，从经济体制的改革到各方面体制的改革，从对内搞活到对外开放的波澜壮阔的历史进程。经过多年的实践，中国形成了全方位、多层次的开放格局，改革开放得到了全国人民的拥护，"改革开放是强国之路"已经成为人们的共识。

兴办经济特区

1978 年，党的十一届三中全会做出了实行改革开放的重大决策。1979 年，党中央、国务院批准兴办深圳、珠海、汕头、厦门 4 个经济特区。这是利用国外资金、技术、管理经验来发展社会主义经济的崭新试验，在实践中取得了很大的成就。之后，中国又相继开放沿海十几个城市，在长江三角洲、珠江三角洲、闽东南地区、环渤海地区开辟经济开发区，批准海南省成为经济特区。中国的对外开放不断扩大，2 亿人口的沿海地带迅速发展，并有力地带动内地经济的发展，推动了全国生产力的进步。

"十二大"

在拨乱反正基本完成的基础上，1982 年 9 月中共第十二次全国代表大会（简称"十二大"）召开。这次大会提出"把马克思主义的普遍真理同我国的具体实际结合起来，走自己的道路，建设有中国特色的社会主义"的思想，确定分两步走在 20 世纪末实现国民生产总值翻两番的目标。随后又提出第三步到 21 世纪中叶基本实现社会主义现代化的战略。"十二大"给中国的发展进一步指明了道路。

1998 年中国特大洪水

1998 年特大洪水是中国改革开放以来所遭遇的最严重的洪涝

灾害。这次长江大洪水是气候异常造成长江流域多雨而形成的。从 6 月进入汛期开始，中国诸多地区暴雨频频，水患连连，长江、嫩江、松花江都暴发了超历史记录的特大洪水，形成南北夹击之势，给人民的生命财产安全造成了严重威胁。1998 年整个汛期，全国受洪水影响的省份总计达 29 个。党中央及时调派人民解放军联合人民群众一起投入抗洪抢险，国务院增拨抗洪抢险资金，全国各界捐款、捐物，全国人民齐心协力，最终战胜了洪水。

南斯拉夫大使馆被炸

1999 年 5 月 7 日深夜，以美国为首的北约在对南斯拉夫实施轰炸时，至少使用 3 枚导弹袭击了中国驻南斯拉夫联盟大使馆，造成 3 位记者邵云环、许杏虎和朱颖的不幸牺牲，另有 20 多名使馆工作人员受伤，大使馆馆舍严重毁坏。美国的这一行径粗暴践踏了国际关系的基本准则，激起中国人民的极大愤慨和国际社会的强烈谴责。事后，北约声称打击南联盟是合理的，战争造成意外是难免的，但对于为何根据"标错的地图"、"过时的航拍照片"实施"误炸"，美国和北约始终没能给出令人信服的解释。

中国加入 WTO

2001 年 11 月 10 日，世界贸易组织（WTO）第四届部长级会议审议通过了中国加入世界贸易组织的申请。中国从 12 月 11 日起正式成为世贸组织成员。中国加入 WTO 具有很大的意义，它有利于中国更快、更好地融入国际经济社会，有利于推进我国经济体制改革。它使中国在国际经济舞台上拥有了更大的发言权，有利于维护我国的经济利益。

SARS

SARS 是一种传染性很强的呼吸系统疾病，世界卫生组织将其称为严重急性呼吸综合征（Severe Acute Respiratory Syndromes），简称 SARS，在中国俗称"非典"，即"非典型性肺炎"。2003年2月，SARS首先发现于中国广东、香港以及越南河内等地，后迅速蔓延到世界27个国家和地区。由于一般的抗生素很难对这种病毒产生有效的抵抗，SARS在中国有过两次规模较大的爆发，一度引发了全国性的社会恐慌。2003年5月，深港科研人员从果子狸标本中分离到SARS样病毒，经过对病毒形态进行分析，确定是冠状病毒。科研结果证实，威胁人类健康的SARS病毒来自野生动物。由于对症药物的迅速开发，SARS的流行被有效控制。后来，世界卫生组织宣布，冠状病毒的一个变种是引起非典型肺炎的病原体。

"神舟"五号、"神舟"六号上天

2003年10月15日9时整，托举着"神舟"五号飞船的"长征"二号运载火箭在轰鸣中直刺蓝天，飞船载着中国第一位宇航员杨利伟开始了万众瞩目的太空之旅。"神舟"五号共飞行21小时，绕地球14圈，这是中国第一次载人飞船进入太空，标志着中国的航天探索进入了新的历史阶段。

2005年10月12日上午9时整，中国第二艘搭载太空人的"神舟"六号飞船在酒泉卫星发射中心发射升空，费俊龙和聂海胜两名中国航天员被送入太空，这是世界上人类的第243次太空飞行。"神舟"六号是中国第一艘执行"多人多天"任务的载人飞船，它在太空飞行5天，首次进行了空间试验。

香港、澳门回归祖国

从1982年起，中英两国就解决香港问题进行了艰苦的谈判。1984年，双方终于达成协议，签署了《中英联合声明》。1990年，《中华人民共和国香港特别行政区基本法》诞生。1997年7月1日，中国政府对香港恢复行使主权。1985年，中、葡两国政府就解决澳门问题达成协议。1999年12月20日，澳门回归祖国。香港和澳门的回归标志着外国人占据中国领土历史的结束，标志着中国终于从屈辱的近代殖民历史阴影中走了出来。

中英香港政权交接仪式

汶川地震

2008 年 5 月 12 日 14 时 28 分 04 秒，四川省汶川县、北川县爆发里氏 8 级强震，震中在四川省汶川县映秀镇。这是 1949 年以来破坏性最强、波及范围最大的一次地震，地震的强度超过了 1976 年的唐山大地震。汶川地震造成了巨大的人员伤亡，据民政部报告，截至 11 日 12 时，四川汶川地震已确认 69225 人遇难，374640 人受伤，失踪 17939 人。另外，地震的直接经济损失达到 8451 亿元人民币。此次地震的成因是印度洋板块向亚欧板块俯冲，造成青藏高原快速隆升，由于与地表较近，持续时间较长，因此地震的破坏性巨大，影响强烈。

汶川地震后，中国政府反应迅速，灾后救助措施到位，媒体实时跟进报道，人们纷纷捐款捐物，各地志愿者自发前往灾区帮助救援，全国人民都投入到了抗震救灾的行动之中。国际社会提供了各种形式的支持和援助，包括捐资、捐款，派遣境外救援队等，对中国进行了无私的帮助。

2008 年 5 月 19—21 日被国务院定为全国哀悼日，全国各族人民对汶川大地震遇难者表示了深切的哀悼。国务院决定，自 2009

年起，每年 5 月 12 日为全国防灾减灾日，以这种方式唤起社会各界对防灾减灾工作的高度关注，以最大限度地减轻自然灾害造成的损失。

2008 北京奥运

2008 年 8 月 8—24 日，第 29 届奥林匹克运动会在中国首都北京举行。此次奥运会的口号为"同一个世界，同一个梦想"（One World，One Dream），设置了三个理念：绿色奥运、科技奥运、人文奥运。奥运会的参赛国家及地区有 204 个，参赛运动员 11438 人，设 302 项（28 种运动）比赛项目，产生 302 枚金牌（其中中国获得 51 枚）。此次奥运会是第一次在中国举办的奥运会，它向世界展示了中国悠久的文化和今天的民族复兴，也使奥林匹克理念和精神在中国得到更广泛的普及和发展。

世界历史基础知识

（一）世界古代史（原始社会—15世纪文艺复兴）

世界古代史始自人类出现，止于约公元15世纪的文艺复兴，分为上古史和中古史两个阶段，经历了原始社会、奴隶社会和封建社会。上古史与中古史以476年西罗马帝国灭亡为分界线，中古史又被称为中世纪史。

文明出现之前，人类经历了漫长的史前时期。从五六千年前开始，在亚非的大江和大河流域、欧洲的希腊和罗马出现了国家，人类逐步进入奴隶社会。随着生产力和文化的发展，奴隶制度逐渐衰落，封建制度得以确立和发展。在世界古代史期间，各民族创造了灿烂的古代文明，诞生了佛教、基督教和伊斯兰教三大宗教，产生了各自独特的习俗与文化，成为近代文明的基础。整个古代史也是一部交流史和文化史，亚洲、非洲和欧洲之间从接触到沟通交流，对彼此的发展都产生了很大的影响。美洲和大洋洲与亚洲、非洲、欧洲处于基本隔绝的状态，直至哥伦布发现美洲。

古埃及

古埃及（前4000—前2000）位于非洲东北部的尼罗河下游。尼罗河每年的定期泛滥，在两岸堆积了肥沃的淤泥，再加上便利的灌溉和运输，使这里非常适合农业生产。古埃及人在尼罗河沿岸开垦土地进行种植，建立了一些奴隶制小国。

公元前3200年左右，美尼斯通过武力征服，建立了初步统一的奴隶制国家。在以后的大部分时期，古埃及是个统一的王国。社

斯芬克斯狮身人面像

会的最顶端是法老，他有大臣和官僚协理国家，法老死后会被制成
木乃伊，置放在金字塔中。约从公元前 2600 年起，埃及人开始建
造许多宏伟的金字塔，一方面是宗教的原因，即取悦众神以得到护
佑；另一方面则是法老的荣耀，同时为自己死后营造一个永久的庇
护之所。

古埃及壁画

埃及在这个时期基本上与世隔绝，独立地发展着自己的文化，
有高度发达的宗教、医学、天文学等，史学界把这一历史时期称为
"法老时代"。古埃及是世界文明的发祥地之一，其创建的文化对
世界文明的发展产生了深远的影响。

埃及太阳历

公元前3000年，古埃及人制定了太阳历。古埃及人在农业生产实践中发现，尼罗河每两次泛滥的周期都大约相隔365天，于是他们将365天定为一年，并将一年分为12个月，每月30天，余下5天作为年终的节日。这就是最初的太阳历。后来太阳历传到了欧洲，经过不断改进，成为今天国际通用的公历。

古巴比伦王国

古巴比伦王国（前1900—前900）位于幼发拉底河中游东岸，在两大河流相距最近的地区，处于两河流域的中心，扼西亚商路要冲，占有极为有利的战略和经济地位。公元前1894年左右巴比伦人占领了这里，建立了一个持续300年的王朝。古巴比伦第六位君主汉谟拉比在位时，古巴比伦成为当时西亚最强大的国家。汉谟拉比是巴比伦第一王朝的第六代国王（前1792—1750年在位），自称"月神的后裔"，因制定了汉谟拉比法典而著称。古巴比伦有西亚最繁华、最壮观的都市，贸易和文化都很繁荣。从地理上来说，美索不达米亚平原地势平坦，在军事上难以作有效的防御，比较容易受到外敌入侵。公元前1595年，赫梯人侵入巴比伦，巴比伦王国开始走向衰落。

汉谟拉比法典

《汉谟拉比法典》浮雕

《汉谟拉比法典》是世界历史上第一部比较完备的成文法典。古巴比伦国王汉谟拉比当政时制作了这部成文法典，全文用楔形文字铭刻，共计8000余字，除序言和结语外，共有条文282条，刻在一块高2.25米的黑色玄武岩石柱上，因此，它又被称为"石柱法"。在石柱的上端，通过浮雕描绘汉谟拉比正在与象征正义的太阳神交谈，石柱下方刻着汉谟拉比编制的法典，这使法典具有了神授的意义。《汉谟拉比法典》消除了原来各城邦的立法，统一了全国法令。其内容涵盖了诉讼手续、损害赔偿、租佃关系、债权债务、财产继承、对奴隶的处罚等。法典把巴比伦的一切都置于法律体系之下，它保护弱者免受强者的欺侮，并规范了商业和土地所有权。这部法典为后人研究古巴比伦的社会经济关系和西亚法律史提供了珍贵材料。

古印度

古印度（前1500—前500）的地理范围不限于今天的印度，而是指整个次大陆，包括今天的巴基斯坦、孟加拉、尼泊尔等国。最早的印度文明发祥于印度河流域，史称印度河文明时代（约前2500—前1500）。当时的农业、制造业、商业都很发达，其文明程度与同期的埃及、两河流域水平相当。公元前1500年左右，来自中亚的游牧民族雅利安人入侵印度河流域，他们的文化比不上印度河流域的文化发达，但他们向当地人积极学习种植和制造，逐渐在这里定居下来。公元前500年，雅利安人在印度北部已经建立了16个主要的王国，其中最重要的是摩揭陀，它的版图几乎囊括整个北印度。摩揭陀是孔雀帝国和两种宗教——耆那教和佛教的诞生地。雅利安人没有文字，他们的历史和信仰都靠口耳相传而得以保存和延续。在较晚的时期，印度开始有了文字记录，称为"吠陀"，思想是"知识书"。其中最早的《梨俱吠陀》收有1000多首颂歌，用梵语写成。

种姓制度

古印度的社会实行种姓制度，根据肤色和职业，社会人群被划分为四大种姓。受教育的婆罗门僧侣处于最高层，他们主管宗教祭祀，其中一些人参与政权。王族和武士属第二种姓刹帝利，他们代表军事行政贵族集团。商人和农民属于第三种姓吠舍，吠舍中有富人，也有穷人，他们在政治上无特权。肤色较黑的土著人属最低种姓首陀罗，他们只能做仆人和工匠，很少有法律保护他们的权利，也不能参加宗教仪式，但他们并不等同于奴隶。在古印度，人们无法改变自己的种姓，不同的种姓职业世袭，禁止通婚和共食。违背种姓禁令所生的子女将被逐出种姓，沦为不可接触的贱民。

印度种姓制度

波斯帝国

居鲁士的画像

波斯帝国（前550—前331）位于今天的伊朗。最初，波斯只是古代伊朗西南部的一个强盛部落，当波斯部落统治了伊朗的其他部落，建立起一个强大的国家后，遂被邻国称为"波斯帝国"，其后"波斯"也常被作为整个伊朗的代称，因而古代伊朗的文明也被称为波斯文明。

伊朗的人口由米底人和波斯人组成。公元前8世纪末到公元前6世纪中叶，米底人在伊朗率先建立起王国，后来，大约公元前550年，波斯人的统治者居鲁士打败米底人而获取了伊朗的控制权。此后，居鲁士指挥着他的军队，征服了从地中海到阿富汗的地域，建立了强大的波斯帝国。现在的伊朗、伊拉克和阿富汗都曾经属于波斯帝国。波斯的另一位君主大流士也是一位伟大的统帅，他重新规划行省，修筑道路和城镇，统一币制，鼓励贸易，使国家繁荣兴盛。他继续进行军事扩张，最终把帝国的疆域扩展到印度和希腊。大流士死后，波斯帝国开始衰落，最终被希腊人打败和占领。

古代希腊

古代希腊是欧洲文明的发源地，它不是一个国家的概念，而是一个地区的称谓，其地理范围主要指以巴尔干半岛及其希腊本土为中心的地域，北及黑海沿岸，南达北非的埃及，东到西亚的小亚细亚，西到地中海的亚平宁半岛、西西里岛等。古代希腊由独立的城邦组成，这些城邦分散在爱琴海的海岸线上，在政治和经济上相对独立，有各自的法律和风俗，但也存在激烈的竞争。希腊有两个最著名的城邦，即雅典和斯巴达。希腊有着发达的海上文明，其文学、艺术、建筑和科学都取得了辉煌的成就。

特洛伊战争

特洛伊战争是指传说中发生在小亚细亚西部的希腊人和特洛伊人之间的战争。特洛伊王子帕里斯访问希腊，诱走了王后海伦，希腊人因此远征特洛伊，这些在荷马史诗以及希腊、罗马的文学中均

希腊人的木马计

有记载。公元前 1500 年左右，南希腊建立了一些城邦，其中以迈锡尼最强。公元前 12 世纪初，迈锡尼人联合其他一些城邦远征特洛伊城，遭到特洛伊人的顽强抵抗。后来，希腊人修建了一个巨大的木马，将一支士兵隐藏在木马之中。在一次进攻中，希腊人佯装战败，将木马留在特洛伊城外，特洛伊人不知是计，将木马作为战利品拖入城中。到了夜间，埋伏在木马里的士兵跳出来，打开城门，里应外合，一举攻克了特洛伊城。这场特洛伊战争持续了 10 年，虽然最终希腊人获胜，但也消耗了大量的人力、物力，此后，迈锡尼诸城邦走向衰落。

雅典

雅典位于古希腊东南的阿提卡半岛，是古希腊工商业城邦的典型代表。雅典的地理位置优越，有港湾、平原和山地，矿藏丰富，工业、商业都很发达。公元前 594 年，梭伦当选为执政官，进行了重大改革，为雅典的民主政治奠定了基础。公元前 506 年，克里斯提尼又实行改革，剥夺了贵族会议的权力，将其权力分别交给公民大会、民众法庭和五百人议事会，正式确立了雅典的民主制。到伯里克利当政时期（前 443—前 429），雅典的经济、政治和文化发展都达到极盛，成为左右希腊局势的霸国和主要的文化中心。但雅典的繁荣遭到斯巴达的忌妒，并由此引发了旷日持久的战争，雅典最终被斯巴达打败，之后逐渐走向衰落。

梭伦改革

公元前 594 年，雅典执政官梭伦进行了一系列政治、经济和社会改革。其主要内容有：取消债务，废除债务奴隶制，禁止把欠债的平民变成奴隶；以财产的数量将公民划分为四个等级，并规定相应的政治权利。设立由 400 人组成的议事会，并设立陪审法庭；制定新的较为人道的法典。梭伦还鼓励公民从事手工业和商业，禁止输出谷物，改革度量衡，铸造雅典新币等。梭伦的改革实质上是让富有的工商业奴隶主同贵族一样参与国家的统治，由此奠定了雅典民主政治的基础。

雅典卫城的雅典娜神庙遗迹

斯巴达

斯巴达位于伯罗奔尼撒半岛东南部，是古希腊面积最大的军事主义城邦。斯巴达统治者热衷于战争，轻视文学艺术和自然科学，视武力和霸权为唯一的追求目标，实行极为严格的军事制度和教育制度。斯巴达人几乎全民皆兵，一出生就开始接受严酷的军事训练，因此斯巴达人大多骁勇善战。公元前530年，伯罗奔尼撒半岛的城邦大多加入了以斯巴达为首的军事同盟。公元前5世纪，由于害怕雅典力量的成长，斯巴达发动了伯罗奔尼撒战争，最后打败雅典，成为希腊最强大的城邦。

伯罗奔尼撒战争

公元前400多年前，古希腊两个城市国家同盟——以斯巴达为首的伯罗奔尼撒同盟与以雅典为首的提洛同盟开始争霸战争，这场战争被称作伯罗奔尼撒战争（前431—前404）。公元前405年，在波斯人的支持下，伯罗奔尼撒舰队全歼雅典舰队，彻底粉碎了雅典的海上霸权。公元前404年，雅典投降。伯罗奔尼撒战争给繁荣的古希腊带来了前所未有的破坏，各城邦土地荒芜，经济萧条，政治文明和文化遭到破坏，希腊由全盛走向衰落。此时，希腊北部的马其顿逐渐繁荣兴盛，公元前338年，马其顿入侵希腊，成为希腊地区的霸主。从此，希腊历史进入了马其顿帝国军事独裁统治时期。

古罗马共和国

母狼喂哺罗慕路斯兄弟铜像

古罗马坐落在意大利半岛中部的第伯河谷，是地中海周边地区的中心，占据着交通枢纽的位置。"罗马"之名来自传说中的罗慕路斯。罗慕路斯和他的孪生兄弟勒摩斯还是婴儿时，被仇敌扔进第伯河，一头母狼将他们救起并以奶喂他们。长大后，罗慕路斯兄弟建立了罗马城，但两人发生争斗，罗慕路斯最终取胜，成为罗马的第一位国王。

古罗马最初只是一个极小的城邦国家。公元前509年，古罗马建立共和制，共和国政府由两名执政官、元老院、地方长官及公民大会组成。实际上，共和国的大权掌握在贵族手中，是贵族专政的奴隶制国家。公元前3世纪中期到公元前2世纪后期，经过长期的战争和掠夺，罗马征服了意大利和地中海地区，成为地跨欧、亚、非的大国。公元前60年，克拉苏、庞培和恺撒三位政治巨头联合起来，共同对抗元老院的贵族，瓜分了罗马共和国的政权。公元前44年，恺撒击败对手，成为罗马的独裁者，并进行了一系列政治改革，意在削弱元老院贵族的权力，巩固恺撒的专制独裁。被惹恼的共和党人很快采取了行动，恺撒在元老院议事时被刺杀。但此后不久，罗马共和国还是结束了。

斯巴达克起义

通过战争掠夺来的奴隶使罗马的奴隶制经济得到了迅速的发展，但奴隶与奴隶主之间的矛盾却日渐激化。公元前2世纪—公元前1世纪，罗马先后爆发了两场大规模的奴隶起义，其中以斯巴达克起义最为激烈，它沉重地打击了罗马奴隶主的统治，动摇了奴隶制的基础。

古罗马竞技场遗址

斯巴达克是希腊东北的色雷斯人，当过士兵和军官，在一次与罗马的战争中被俘而沦为奴隶，因体格健壮而被送到罗马的角斗士学校接受训练。罗马的角斗是一种野蛮的奴隶主娱乐项目，最初是人与人之间的搏击，最后发展成为角斗士之间持械搏斗或逼角斗士与猛兽搏斗以取乐，角斗士的命运非常悲惨。公元前73年，为了生存，斯巴达克率领78名角斗士逃到维苏威火山起义。后来，随着许多奴隶和破产农民的加入，他的队伍很快发展到7万人，一度壮大到几十万人，起义军转战南北，取得了很多胜利。公元前72年，克拉苏担任罗马元首，他组织10万大军对斯巴达克的起义军进行围剿。在罗马军队的残酷镇压下，起义军最终失败，斯巴达克也在战斗中牺牲。

古罗马帝国

恺撒死后，最初安东尼、雷必达和恺撒的养子渥大维三人共同执掌政权，公元前27年，渥大维击败对手，自称"元首"（"第一公民"），又被授予"奥古斯都"（"伟大"）的称号，实际上是古罗马帝国的第一个皇帝。至此，罗马的共和制结束，最终为独裁统治取代。

公元1—2世纪是古罗马帝国的"黄金时代"，由于统治者精

罗马独裁者恺撒雕像

明强干，国家的政治、经济和文化都达到了全盛时期，疆域横跨亚、非、欧，扩展到了空前绝后的程度。约从公元 3 世纪起，古罗马帝国开始衰落，农业和工商业开始衰退，各地内战频繁，再加上外族的侵略，帝国处境艰难。324 年，古罗马皇帝君士坦丁试图复兴帝国，他颁布"米兰敕令"，允许基督教的传播，希望利用基督教的感化力量，削除罗马人的自私与腐化，在罗马建立新的文化。

330 年，君士坦丁将首都迁往东部的拜占庭，改称君士坦丁堡，将它建成了和以前的罗马城一样繁荣的城市。迁都使帝国东部的力量增加了，但西部却日渐衰落和贫困。君士坦丁是古罗马帝国最后一位强大的皇帝，他死后，古罗马帝国又陷入混战之中，各地的奴隶和农民起义，使得古罗马帝国更加摇摇欲坠，公元 4 世纪末古罗马帝国分解为东、西两部分。与此同时，被当时中国汉朝打败的匈奴人的一部分，经中亚向西迁徙入侵欧洲，引起了连锁反应式的"民族大迁徙"，很多外族部落纷纷迁移到古罗马帝国境内。这时古罗马帝国已无力对付这些外族的入侵，外族人在帝国境内建立了自己的王国，将古罗马帝国瓜分。外族人正在瓦解过程中的氏族制

古罗马的万神庙

度同原罗马帝国境内日益发展的封建因素相结合，形成了西欧的封建制。公元476年，罗马雇佣兵领袖日耳曼人奥多亚塞废黜只有6岁的西罗马皇帝罗慕洛，被军队拥立为王，西罗马帝国宣告灭亡。西罗马的灭亡标志着奴隶制在西欧的崩溃，西欧历史从此揭开了新的一页。

拜占庭帝国

拜占庭帝国（395—1453）即东罗马帝国，是西罗马帝国崩溃后依然存在的古罗马帝国的东半部，位于欧洲东部，领土曾包括亚洲西部和非洲北部，是古代和中世纪欧洲历史最悠久的君主制国家。在其上千年的存在期内，它一般被人简单地称为"罗马帝国"。拜占庭帝国早期的几位皇帝曾试图通过战争恢复古罗马帝国的疆土，但历尽辛苦收复的土地不久又丧失了。拜占庭帝国几位优秀的统治者，如查士丁尼和希拉克略等，使君士坦丁堡成为一座富庶的城市，同时也成为学术、文化和宗教的中心。它占据着有利地势，可以控制亚洲和欧洲之间的贸易。拜占庭帝国在8世纪一度衰落，在巴西尔二世时又兴起。13世纪，十字军占领君士坦丁堡达50年。1261年，迈克尔八世收复君士坦丁堡。1453年，奥斯曼土耳其人攻陷君士坦丁堡，拜占庭帝国的末代皇帝君士坦丁十一世战死，拜占庭帝国灭亡了。穆罕默德二世将君士坦丁堡改名为伊斯坦布尔，意为"伊斯兰教的城市"。

拜占庭帝国在欧洲历史上占有重要的地位，它融合了古罗马帝国的政治传统、希腊文化和希腊正教，创造了具有独特风格的拜占庭文化。拜占庭帝国将文字和东正教传给了斯拉夫人，它所保存的希腊、罗马古典文化，对意大利的文艺复兴运动起了重要的作用。

盎格鲁-撒克逊王国

公元5世纪，日耳曼人盎格鲁、撒克逊、朱特等部落的后裔从欧洲大陆进入不列颠，他们在不列颠人手中夺得土地，在不列颠岛上定居下来，转化为盎格鲁-撒克森人。后来，日耳曼部落逐渐形成七个小王国，英国历史上称这段时期为"七国时代"。七国为了争夺统治权，经常发动战争。829 年，威塞克斯王国吞并了其他 6 个王国，埃格伯特成为统一的英格兰第一位国王。新的英格兰王国很快遭到北欧维京人的入侵，双方多次征战交锋，878 年英格兰的阿尔弗列德大帝取得胜利。阿尔弗列德大帝不但是一位政治家，还是立法者与学者，他在位时曾鼓励学者们将经典的拉丁著作翻译成英语。在阿尔弗列德大帝之后，丹麦人与盎格鲁-撒克逊之间又多次较量，一度英格兰被丹麦克努特大帝统治。1066 年，威廉公爵带领诺曼人征服了英格兰。

诺曼征服

1066 年初，英王爱德华死后无嗣，哈罗德二世被推选为国王。法国封建主诺曼底公爵威廉以爱德华曾面许继位为理由，要求获得王位。1066 年 9 月，威廉召集诺曼底、布列塔尼、皮卡迪等地封建主进行策划，率兵入侵英国，英王哈罗德迎战。10 月 14 日，双方会战于黑斯廷斯，英军战败，哈罗德阵亡，伦敦城不战而降。12 月 25 日，威廉在伦敦威斯敏斯特教堂加冕为英国国王，即威廉一世（征服者），诺曼王朝开始对英国的统治。作为外来政权，威廉遭到英国贵族的顽强抵抗，这些抵抗均被他残酷镇压。1071 年，威廉一世巩固了他的统治，获得"征服者"的称号。

诺曼征服加速了英国封建化的进程。威廉下令没收英格兰贵族的地产，将其 1/7 留给自己，其他的地分封给随他来的诺曼贵族，并仿照诺曼底公国的制度改组了英格兰的中央行政机构和司法机构，同时抵制了罗马教皇的压力，顽强地保留了对英格兰各主教的任命权。威廉一世将诺曼底传统的集权统治和军事立国带入英国，形成了当时西欧国家中最为强大的王权。诺曼征服看似一个偶然的历史事件，实际上它的发生是当时历史趋势发展的结果，即大不列颠岛正在难以避免地和欧洲大陆发生越来越紧密的联系，并且最终只能完全融入欧洲的政治体系之中。

法兰克王国

法兰克王国是 5 世纪末至 10 世纪初由法兰克人在西欧建立的

封建王国。法兰克人是日耳曼人中强大的一支部落。3世纪时，乘着大动荡的机会，法兰克人迁入高卢（今法国南部），并定居下来。486年，在首领克洛维的领导下，法兰克人击溃西罗马在高卢的残余势力，占领高卢地区，建立了墨洛温王朝，设巴黎为首都。克洛维去世后，他的儿子们之间发生争斗，致使权力落入宫相查理之手。751年，查理的儿子丕平篡夺王位，以加洛林王朝取代墨洛温王朝，成为法兰克的统治者。771年，丕平之子查理曼大权独揽，他在位时大规模向外扩张，控制了大半个欧洲的版图。由于境内各地区缺乏经济和文化上的联系，封建主割据势力强大，查理曼死后不久，帝国陷入混战。843年，帝国内部分裂为三部分，即后来的法国、德国、意大利的雏形。法兰克王国在日耳曼人所建国家中立国最久，对西欧封建制度的发展和罗马教会在西欧统治地位的巩固起了重要作用。

查理曼帝国

查理曼帝国因建立者查理曼大帝而得名，查理曼是法兰克王国加洛林王朝的国王。法兰克王国在查理曼统治时期，通过五十余次征服战争，开疆拓土，版图增加了近一倍，几乎将西罗马帝国的全部故土包括在内，即今天的法国、德国、意大利和荷兰的总和，形成了一个庞大的欧洲帝国，史称查理曼帝国。自从西罗马帝国衰亡以来，欧洲还没有这么广阔的领土被一个国家控制过。

查理曼大帝画像

查理曼统治的高峰即800年圣诞节的教皇加冕。这一天，教皇利奥三世把一顶皇冠戴在查理曼的头上，宣布他为查理曼大帝，是罗马人的皇帝。这似乎意味着查理曼成了奥古斯都·恺撒的合法继承人，重新延续了在3个多世纪前被毁灭的西罗马帝国的荣耀。但在事实上，查理曼帝国与西罗马帝国相去甚远，这件事反映了查理曼在政治上的智慧。查理曼很有治国的才能，他重视司法的作用，曾亲自制定法律，并注意革除陋习和公正执法；他下令整理典籍，尊重学者、建筑师和哲学家等有知识的人。在整个统治期间，查理曼都支持罗马教会，他一直与罗马教皇保持密切的政治联盟，这次的加冕实际上是一次政治势力与宗教势力的联姻。

《凡尔登条约》

法兰克王国疆域庞大，民族众多，除法兰克人和罗马人外，还有伦巴德人、巴斯克人等，各族风俗语言都相去甚远，因此，当时整个法兰克王国在某种程度上只是一个军事征服下的暂时联合体。814年，查理大帝去世，其子路易继位，他虽力主统一，但王权已逐渐衰弱，中央政权无力维持统一的局面。817年，路易将帝国的疆土分给他的三个儿子，但却在分配土地的问题上，父子、兄弟之间发生了激烈的矛盾，法兰克王国陷入了内乱。经过长期的争夺与战乱，843年，查理大帝的三个孙子达成妥协，订立《凡尔登条约》，将法兰克王国一分为三，称西、中、东法兰克王国，成为后来法国、意大利、德国三国的雏形。《凡尔登条约》是查理曼帝国瓦解的第一阶段，预示着近代西欧国家的形成。

神圣罗马帝国

936年，奥托一世成为东法兰克王国的国王，他在位37年，力图恢复罗马帝国，并为此不懈努力。他联合国内各地方领主，对外进行势力扩张，征服了波希米亚、奥地利和意大利北部。962年，奥托一世在罗马被教皇约翰十二世加冕，称为奥古斯都皇帝。1157年，帝国得到了"神圣帝国"的称号。1254年，帝国第一次开始使用头衔"神圣罗马帝国"，此后作为官方名称沿用至1806年。实际上，这仍是日耳曼人的国家，同罗马人和拜占庭帝国没什么直接关系。神圣罗马帝国的统治者以罗马帝国和查理曼大帝的继承者自称，对外大肆扩张。帝国极盛时期的疆域包括近代的德意志、奥地利、意大利北部和中部、捷克、斯洛伐克、法国东部、荷兰、比利时、卢森堡和瑞士。旷日持久的战争消耗了帝国的实力，中央权力逐渐衰落，国内各地缺乏经济联系，帝国成为承认皇帝最高权力的各封建公国和自由的不巩固联盟。13世纪下半叶后，由于勃艮第和意大利脱离帝国，其领土主要限于德语地区。从 15 世纪初起，帝国各地开始割据，皇位均由奥地利哈布斯堡家族占据。1474 年起，帝国被称为德意志民族神圣罗马帝国，已成为徒具虚名的政治组合。1806 年，神圣罗马帝国被拿破仑强令解散。

采邑制

采邑制是中世纪早期西欧的一种封建土地所有制形式。8 世纪 30 年代，在查理·马特任法兰克王国的宫相时，出于战争的需要，改变了无条件分赠土地的做法，实行采邑制。国王封赐土地给官员和将领，受封者必须服兵役和履行封臣的义务，如果封臣不履行军役义务，则土地被收回。另外，受封采邑的享用期以封君或封臣在世时为限，双方任何

欧洲中世纪耕作图（绘画）

一方死亡，采邑都应交回。所以受封的土地只限于受封者本人享用，不能世袭。加洛林王朝时采邑制得到了大力推行，不但国王封赐采邑，许多大封建主也分赐采邑给自己的封臣。通过采邑制，西欧建立了以土地关系为纽带的国王与受封者的关系，国王、贵族和骑士等大大小小的封建主构成了金字塔般的等级制度。这种等级制度与中国高度集权的封建君主专制不一样，不同等级之间的权利和义务都是有限的，因此，欧洲许多封建国家长期处在割据状态，一直没有出现统一的稳固政权。

庄园经济

中世纪时，西欧各地盛行庄园经济。当时西欧国家的生产力都很低下，封建主主要依靠自己的地产生活，所以国王、教会和大封建主都建立庄园。典型的庄园一般是一村一庄，但是也有一些大的庄园可以包括几个村庄。庄园是自给自足的自然经济形态，庄园生产主要是为生产者自家和领主提供生活资料，产品很少拿出去卖。庄园上有供集体使用的森林、牧场、水塘等，还有手工作坊、磨坊

和烤面包坊等，可以生产各种生活和生产所需的物品。庄园土地一般分为领主自营地和农奴份地，有的也包括部分自由地。农奴除耕种自己的份地外，要无偿地为领主耕种自营地。份地上的产品归农奴自己，自营地上的收获归领主所有。另外，农奴还得向领主献纳贡物，缴纳各种捐税，有时还要做各种杂役。领主对农奴还有审判和处罚的权利。但是相比奴隶而言，农奴有了一定的经济独立，生产的积极性相对较高。

手工业行会

　　行会是中世纪西欧城市手工业者的封建性组织，最早出现于10世纪的意大利。11—12世纪，法、德、英等国的城市纷纷兴起，并普遍产生了行会。初期的手工业生产规模小，市场有限，再加上社会秩序动荡不安，很难正常发展。为抵抗封建主的欺凌，避免行业内部和外来者的竞争，生产者组成行会。行会设立章程，对生产规模、生产时间、学徒和帮工人数、原料分配以及产品的规格、质量和价格等都有明文规定，积极推动了当时手工业生产的发展。行会还组织军队，由会长率领，在保卫城市和保障手工业者的生活、生产方面发挥了重大作用。但从14世纪末起，随着生产的发展和市场的扩大，由于行会极力反对扩大再生产，限制技术革新和使用新设备，行会渐渐变成妨碍生产发展的障碍。

十字军东征

全副武装的十字军士兵

巴勒斯坦是基督徒和穆斯林的圣地。637年，阿拉伯人占领了巴勒斯坦，但基督徒仍可以安全地访问耶路撒冷。1037年后，信仰伊斯兰教的塞尔柱人侵入中东，结束了阿拉伯人的统治。11—13世纪末，西欧基督教国家的封建主、天主教会和大商人以收复圣地耶路撒冷为名，号召民众相继发动了一系列军事远征扩张活动。因远征军的衣服上都缝有十字记号，故被称作"十字军"。十字军东征（1095—1291），共历时 200 年，先后东征 8 次。这些战争扩张了基督教国家的势力，攫取了大量的财富，在巴勒斯坦和叙利亚建立了 4 个十字军王国。但一些十字军对穆斯林大肆屠杀，激起了强烈的反抗。1291 年，埃及苏丹最终征服了巴勒斯坦，十字军被赶出叙利亚，十字军以失败而告终。十字军东征给地中海沿岸的人民带来了深重的灾难，使伊斯兰教与基督教之间长期互相仇视，但这 8 次东征也客观上促进了东西方的文化交流，大批欧洲人涌向东方，东方高度发达的文化促使欧洲文明觉醒，为文艺复兴开辟了道路。

英法百年战争

1337 年，英国与法国爆发百年战争，这场战争延续了 116 年之久。这场战争的目的先是为了争夺法国王位继承权，后来却演变成法国抗击英国的民族解放战争。

中世纪时，英国诸王通过与法国的一系列联姻，成了法国诸王大片领地上的主要封臣。1328 年，法王查理四世去世，他没有子嗣继承王位。法国封建主推举查理四世的侄子腓力六世继位，但查理四世的外甥英王爱德华三世也提出要继承王位。爱德华三世凭借自己是前国王腓力四世的外孙，要争夺卡佩王朝的继承权，于是腓力六世没收了爱德华在法国的土地。1337 年，法国王位的争夺致使英法百年战争爆发，这场战争断断续续地持续了 116 年。1453年，战争最终以法国的重创和英国的投降而告终。由于战争始终是在法国境内进行的，法国人民首当其冲饱受了战争之苦。许多法国城市在英军的粗暴蹂躏下，呈现满目疮痍的破败景象，但是战争促进了法国民族的觉醒，在赶走英国人之后，法国实现了民族的团结与国家的统一。

圣女贞德

在旷日持久的英法"百年战争"中，法兰西一度濒临亡国的危境。1429 年，几乎法国的整个北部以及西南方的一部分，都在外国的控制之下。面对强大的攻击，法军节节败退，巴黎和大部分

贞德画像

国土沦丧，要塞奥尔良告急。这时，少女贞德的加入成了这场战争的转折点。当时，贞德只是一位年仅17岁的农家姑娘，她声称得到上帝的启示，听到一个声音告诉她去解救法国。贞德找到军队，并通过战争预言的方式引起了当时的王太子（即后来的查理七世）的注意。1429年4月，贞德同法军将领们一起参加了解救奥尔良的行动，战争取得了胜利。在这之后，贞德参与指挥的法国军队又一举拿下了重要的城市兰斯。这一系列不可思议的胜利，扭转了整个战场的局势，贞德被视为圣女下凡。1429年7月，英格兰的包围土崩瓦解，在贞德的护送下，查理七世在兰斯的大教堂举行加冕仪式，成为正式的法国国王。由于战功显赫，贞德威望大振，但也因此引起法国贵族的妒忌。1430年，在贡比涅的一次小规模冲突中，贞德在军队后撤时处在队伍的后方，贡比涅城中的法国贵族没等贞德撤进来，便下令关闭城门，拉起吊桥，贞德及剩余的后卫部队被俘。1431年5月，年仅19岁的贞德被绑在火刑柱上活活烧死。贞德的死激起了法国人民的极大义愤和高度的爱国热情，在她死后22年，英军在波尔多投降，法国人民取得了战争的胜利。对于贞德在这场战争中的作用，历史学家Stephen W. Richey曾这样评价："她将一场原本枯燥乏味、普通人民深受其害但却不感兴趣的王朝间的冲突，变为一场热情激昂的保家卫国的圣战。"

黑死病

黑死病是人类历史上最可怕的灾难之一，它导致了大量的死亡，仅在欧洲，黑死病就夺去了2500万人的生命。黑死病是一种淋巴腺鼠疫，它传染速度极快，被感染的患者大多会在三天内死亡，此病因患者皮下形成出血点并转成黑色而得名。1338年，黑死病最早发源于亚洲，1340年传到印度及俄罗斯，1345年冬，蒙古人在进攻意大利热那亚领地的卡法时，将黑死病患者的尸体抛入城中，造成城中瘟疫流行。1347年，黑死病经热那亚向周围扩散，

1348 年传到法国、英国，西班牙等地。1349
年，黑死病传到斯堪的纳维亚半岛的希腊和
俄罗斯北部。到 1350 年夏，鼠疫已经传染
了欧洲大部分地区。到 14 世纪末，欧洲 1/3
以上的人被鼠疫夺去生命。因黑死病死去的
人如此之多，以致劳动力严重缺失，一个个
村庄被废弃，农田荒芜，粮食生产下降。紧
随着黑死病而来的，便是欧洲许多地区发生
了饥荒。

黑死病致使每天都有
大量尸体等着被运走

俄罗斯帝国

俄罗斯人是古斯拉夫人的一支，约五六世纪时迁入东欧平原。
八九世纪瓦里格人（诺曼人）进入东欧平原，并组成军事团队，
利用武装力量征服了斯拉夫人，建立罗斯国。10 世纪末，罗斯国
大公皈依基督教（东正教）。基督教的传播密切了罗斯国与欧洲各
国的联系，尤其是与拜占庭帝国的联系，使罗斯国的政治、经济、
军事、文化等各方面都受到拜占庭帝国的影响，并在此基础上形成
了自己独特的民族风格。到 13 世纪，罗斯国的封建制度基本形成，
但国家分裂严重，罗斯国实际上已分成 12 个相对独立的公国。

1327 年，成吉思汗的孙子拔都率领一支蒙古西征军进入罗斯
国东北，分裂割据的罗斯国无法抵御强大的入侵者，1240 年，罗
斯国灭亡。从 1243 年起，拔都以伏尔加河为中心建立钦察汗国，
欧洲人称为"金帐汗国"，受蒙古大汗国的节制。金帐汗国通过册
封的方式，利用罗斯王公控制罗斯人民。14—15 世纪，商品经济
的发展加强了罗斯各公国的联系，再加上共同抵御外敌的需要，罗
斯各公国逐渐形成以实力较强的莫斯科为中心的统一国家，并开始
争取摆脱蒙古统治的民族独立斗争。1480 年，伊凡三世在莫斯科
打败蒙古远征军，结束了蒙古贵族长达 200 多年的统治，形成了统
一的俄罗斯国家。伊凡三世和其子瓦西里三世执政期间，莫斯科公
国统一了大部分领土，奠定了俄罗斯基本版图的基础。

阿拉伯帝国

阿拉伯人驼像

阿拉伯帝国（632—1258）是西亚阿拉伯人在中世纪创建的一个伊斯兰封建帝国。唐代以来的中国史书，如《旧唐书》、《新唐书》、《宋史》等，均称为大食国，而西欧则习惯将其称作萨拉森帝国。

630 年，穆罕默德依靠穆斯林的支持，基本统一了阿拉伯半岛。穆罕默德去世后，继任的几任哈里发都继续号召圣战，对外扩张领土，先是攻占叙利亚和巴勒斯坦，后又夺取美索不达米亚和波斯。656 年，第三任哈里发奥斯曼死后，他的继任者穆阿维亚和穆罕默德的女婿阿里之间发生争战。661 年，阿里被刺，导致创伊斯兰教长久地分成两派：逊尼派和什叶派，后者是阿里的支持者。到 8 世纪中期阿拉伯帝国最强盛的时候，其疆域东起印度河和中国边境，西至大西洋沿岸，北达里海，南接阿拉伯海，是继亚历山大帝国和罗马帝国之后又一个地跨亚、欧、非三洲的大帝国。8 世纪中期以后的 100 年里是阿拉伯帝国最为繁荣的时期，经济、文化都很发达。首都巴格达不仅是阿拉伯帝国的政治中心，也是商业码头。很多穆斯林商人活跃于亚、欧、非三大洲，从事以中介贸易为主的商业活动。阿拉伯人还从中国人那里学会了造纸术。大规模的阿拉伯商业贸易，促进了亚、欧、非三大洲各个封建文明区域间的经济文化交往，推动了中世纪印度洋区域和地中海区域海上贸易的繁荣与发展。到了 10 世纪上半叶，由于政治的腐败和封建剥削的加剧，阿拉伯帝国的民族矛盾和阶级矛盾日益尖锐，最终导致国家分裂，阿拉伯帝国分裂为三个国家，后来这些国家又分裂为更多的小国。1258 年，西征的蒙古人占领巴格达，阿拉伯帝国灭亡。

奥斯曼土耳其帝国

奥斯曼人原属突厥人的一支，13 世纪初受蒙古人西征的影响，西迁小亚细亚。1326 年，土耳其首领奥斯曼从拜占庭人手里夺取布鲁萨，为奥斯曼土耳其国家奠定了基础。奥斯曼利用巴尔干半岛诸国的内部矛盾，通过科索沃战役、尼科堡战役，几乎吞并了整个巴尔干半岛。在穆罕默德二世统治时期，土耳其人攻陷君士坦丁堡，消灭了拜占庭帝国。奥斯曼国家将首都迁到君士坦丁堡，将其更名为"伊斯坦布尔"。又经过 100 多年的征战，16 世纪苏里曼大帝统治时期，奥斯曼帝国发展到鼎盛时期，其领土横跨亚、非、欧三洲，成为一个大帝国。但由于国内民族和宗教差异明显，阶级矛盾突出，各地起义不断。17 世纪，国内封建主割据自立，中央权力严重削弱，奥斯曼帝国衰落。奥斯曼帝国是伊斯兰世界的最后一个帝国，它是政教合一的国家，苏丹是国家政权和宗教的领袖。

印度

10 世纪中叶开始，信奉伊斯兰教的阿富汗突厥人侵入印度河流域，将该地逐步伊斯兰化。13 世纪初，印度历史上第一个统一、稳固的伊斯兰政权德里苏丹国建立，它采用高压的统治手段推行伊斯兰教，对印度教教徒进行迫害。16 世纪，印度进入莫卧帝国时期，同德里苏丹一样，这也是中亚穆斯林在印度建立的政权。因此，在它的统治期间，印度的宗教、民族、阶级矛盾依然十分尖锐。1556 年，阿克巴继位后，推行了一系列改革，允许信仰自由，任用印度教王公为官，并让其保有一定限度的自治等，取得了一定成效。但阿克巴去世后，国内矛盾又尖锐起来，封建割据严重，农民生活困顿。18 世纪后，西方殖民者入侵，莫卧帝国逐渐衰亡。

朝鲜新罗、高丽王朝

676 年，朝鲜半岛东南的新罗在中国唐王朝的支持下，攻灭百济和高句丽，结束争战不休的"三国时代"，统一了朝鲜半岛。朝鲜依照唐朝的土地制度，实行丁田制和租庸调制，建立了封建的土地所有制。在此基础上，新罗的统治集团借鉴唐朝的政治制度，建立了中央集权的专制制度。9 世纪末，原百济和高句丽地区重新兴起后百济和后高句丽政权。10 世纪，后高句丽王朝继新罗之后再次统一朝鲜半岛。1392 年，大将李成桂推翻后高句丽王朝，自立为王，迁都汉城，开始了李朝的统治。1592 年，日本对朝鲜发动侵略，一度攻陷汉城，占领了朝鲜的大部分地区。明朝后来派出军队，与朝鲜组成联军打败了日本侵略者。经历战争之后，朝鲜的政治、经济、文化都遭到了巨大的破坏。17 世纪，女真人兴起，建立后金，后来改国号清。1636 年，清军入侵朝鲜，迫使李朝投降，成为清朝的附属国，直到 19 世纪末朝鲜被日本控制。

日本大化革新

5 世纪，本州中部兴起的大和国统一日本，建立了统一的奴隶制国家。6 世纪，中国隋唐王朝的建立，对日本产生了强烈的政治影响。日本派出一些学生到中国留学，学习唐朝的先进制度。645 年，日本的改革派发动朝廷政变，拥立孝德天皇即位，改年号大化。次年，孝德天皇正式颁布革新诏书，在全国贯彻新法，史称"大化革新"。大化革新的主要内容有：废除贵族的官位世袭特权，建立中央集权的国家制度；废除部民制，实行国民户籍制和土地国有制；改革土地制度，实行班田收授制和租庸调制。这场改革在曲折与斗争中持续了 30 年才完成。大化革新后，日本经历了镰仓幕府、室町幕府、战国时代，直至德川幕府后期，封建社会模式才得以正式形成。

幕府

日本镰仓幕府第一代
将军源赖朝

"幕府"一词出自中国，本义为将军出征时的营帐，后来指将军建立的府署和武士政权。10 世纪中叶，日本各地封建主为了保护庄园，扩大势力，争相蓄养武士，建立自己的武装，从而出现了一个特殊的武士阶层。武士的地位比较高，他们以忠、勇、义为信条，与封建主之间结成互相依存的主从关系。到 12 世纪，日本出现了两个最大的武士集团，关东源氏和关西平氏。这两大集团相互为争夺权利而斗争，而皇族和贵族则依靠它们来进行政治斗争。1185年，源氏称"征夷大将军"，建立镰仓幕府，设立了一套统治机构，实际掌握了国家大权，成为朝廷之外的政府，天皇则变得形同虚设，日本开始进入幕府统治时期。一直到1868年德川幕府被推翻，日本的幕府政治共延续了677年。

（二）世界近代史（15世纪—1917年俄国十月革命）

世界近代史始于15世纪文艺复兴，止于1917年俄国十月革命。15世纪中期新航路开辟后，科技的发展使欧洲人得以航海远行，去探索新的世界。欧洲人对传统和信仰发生质疑，文艺复兴给人们带来了新的思想。17世纪，欧洲的贸易被推进到全球，许多殖民地建立。成千上万的欧洲人漂洋过海去美洲寻求更好、更富裕的生活，他们赶走印第安人，并通过奴隶贸易将非洲人掠夺为奴。18—19世纪是"革命的世纪"，世界许多地区发生了反抗统治者或殖民者的革命，其中有一些取得了胜利。工业革命给人们带来火车、汽船、电报，世界变小了。遍布全球的贸易刺激着人们的贪欲，并不可避免地带来最惨烈的世界大战。

地理大发现

14—15世纪，地中海沿岸一些城市出现了资本主义生产的最初萌芽，手工业及商业贸易有了相当程度的发展。一些商人渴望向外扩充贸易，获取更多财富。当时指南针已从中国传到了欧洲，航海术的提高，多桅快速帆船的出现，利用火药制造大炮和轻便毛瑟枪的出现，以及地圆学说获得承认等，都为远洋探索航行提供了物质条件和思想准备。西班牙和葡萄牙是当时欧洲最强盛的封建中央集权制国家，它

哥伦布画像

们以其有利的地理位置，逐渐成了探索新航路的主要组织者。西方史学将14—17世纪欧洲航海者开辟新航路和"发现"新大陆的活

动统称为"地理大发现"。

新航路的开辟

在新航路开辟之间，东西方之间的贸易有传统的商路，但这些商路均以东地中海为出发点，经过意大利商人和阿拉伯等地东方商人的多次转手，东方商品运抵欧洲时价格往往上涨数倍。随着对外贸易的扩大，西欧各国力图找到更便捷的商路，以直接获得来自东方的商品。最早开始寻找新航路的是葡萄牙人。

从 15 世纪 60 年代开始，葡萄牙人探索了非洲西海岸，并建立港口和要塞，与非洲人进行黄金、象牙和白银贸易。他们逐渐沿非洲西海岸向南航行，1487—1488 年葡萄牙人巴托罗缪·迪亚士到了非洲南端的好望角，从而为开辟通往印度的海上航路奠定了基础。1497 年，迪亚士帮助葡萄牙贵族瓦斯哥·达·伽马策划了更远的航行，伽马从里斯本出发，绕过好望角，沿非洲东海岸北上，横渡印度洋，次年到达印度西海岸的卡里库特。1499 年，伽马满载着大量香料、丝绸、宝石和象牙等返回里斯本。这次航行实现了欧洲人开辟东方新航路的夙愿。继伽马之后，佩德罗·卡布拉尔也满载胡椒从印度归来。这些激励了其他航海家尝试航行到更远的地方。

发现新大陆

在葡萄牙人向南航行的时候，西班牙人向西进行了横穿大西洋的航行。意大利热那亚人哥伦布根据地圆说的理论，相信穿越大西洋就可以到达印度。1492 年，哥伦布奉西班牙国王的命令，率领 3 艘帆船和 87 名船员从西班牙巴罗斯港出发，在鲜为人知的大西洋向西进行探险。哥伦布的船队横渡大西洋，到达巴哈马群岛，之后又到了古巴岛和海地岛。此后哥伦布又 3 次西航，陆续抵达西印度群岛、中美洲和南美大陆的一些地区。哥伦布认为他所发现的土地就是印度，并称当地居民为印第安人。在哥伦布探航期间，意大利佛罗伦萨人阿美利哥·维斯普西考察了南美海岸，证明这里并非印度，而是新的大陆。后来根据阿美利哥的考察结果，人们将这个新大陆命名为"阿美利加"，美洲由此得名。

麦哲伦环球航行

葡萄牙贵族斐尔南多·麦哲伦在哥伦布的航行基础上相信，绕过新发现的大陆继续向西航行，一定能到达东方。1519 年，麦哲伦率领 5 艘帆船和 260 名船员奉西班牙国王之命，从桑卢卡尔港出发，横渡大西洋，沿巴西东海岸南下，绕过南美大陆进入太平洋。1521 年 3 月，船队到达菲律宾群岛，麦哲伦为了征服这里，参与了土著居民的内部冲突，结果丧命。其后，麦哲伦的同伴继续航行，到达"香料群岛"（今马鲁古群岛），满载香料穿过印度洋，绕过好望角，循非洲西海岸于 1522 年返回西班牙，从而完成了人类历史上第一次环球航行。

文艺复兴

文艺复兴是 14—16 世纪欧洲新兴资产阶级一次重要的思想、文化运动。其最初兴起在意大利，16 世纪扩大到西欧其他国家。文艺复兴名义上是为了恢复古希腊、古罗马文明的文学艺术，实际上是当时新兴资产阶级借此名义来发展科学技术，要求在思想上摆脱以神为中心的封建教义。西欧的文艺复兴运动表现的形式是多种多样的，但是它们都有

达·芬奇《蒙娜丽莎》

一个共同的思想体系，即人文主义。人文主义与中世纪的教会思想针锋相对，是当时的进步思想。人文主义者的世界观是以人为中心，反对以神为中心。人文主义者反对基督教宣扬的人有罪论，强调人的尊严和高贵，竭力颂扬人的价值。人文主义者提倡人权，反对神权；批判封建等级特权，主张自由平等的政治观；提倡理性和科学，反对蒙昧主义和神秘主义，猛烈抨击教会的愚民政策及对文化科学的摧残，这些无疑都闪烁着思想的伟大光辉。欧洲文艺复兴时期，文学艺术取得了辉煌成就，出现了一大批杰出的人物和著作。最有代表性的作品有意大利著名诗人、作家但丁的《神曲》，

达·芬奇的绘画《最后的晚餐》、《蒙娜丽莎》，米开朗琪罗的雕刻《大卫》，拉斐尔的《西斯廷圣母》等。

宗教改革

马丁·路德像

15世纪末16世纪初，德国的社会经济仍然是封建制占统治地位，但农业、工业、商业都有巨大的进步，开始出现资本主义萌芽，产生了新兴的资产阶级。德国国内分裂割据严重，封建领主们往往雄霸一方，残酷剥削当地的农民。除封建领主外，对德国人民进行盘剥的还有罗马教廷，那些高级僧侣用宗教手段（如征收什一税、开除教籍、朝拜圣像、贩卖赎罪券等）压榨农民，由于手段极为卑劣，教会成为下层劳动者强烈痛恨的对象。

1517年，教皇立奥十世以建造圣彼得大教堂需要募款为名，派特使到德国兜售赎罪券。他们宣称，只要购买赎罪券的钱一敲响钱柜，有罪的灵魂可立即由炼狱升入天堂。这种明显的欺骗和掠夺引起德国人民的普遍仇恨。目睹罗马教廷的腐败，神学教授马丁·路德号召推行宗教改革。10月，马丁·路德写下著名的《九十五条论纲》，将它张贴在维登堡教堂门口，公开抨击罗马教皇出卖赎罪券的行为，并宣布了他的宗教主张。马丁·路德宣称信徒得救既不靠教皇，也不靠圣礼，而是靠对基督的虔诚信仰，只有信仰上帝，直接与上帝打交道，灵魂才能得救。这样，路德不仅否定了赎罪券的功效，也否定了教皇和教会的作用，直接触动了天主教会的根本。路德的《九十五条论纲》成为德国宗教改革的导火线，由此拉开了欧洲宗教改革运动的序幕。

到16世纪，宗教改革发展成遍及西欧各国的运动。宗教改革打破了天主教会的垄断地位，人们停止向罗马教廷缴纳一切税收，并没收了教会的大量土地和财产。在英国、荷兰、瑞士、北欧诸国和部分德意志，人们纷纷成立不受罗马控制的新教组织。天主教会虽竭力反扑，残酷镇压一切被称为异端的人，但已无法恢复到以前的状况。宗教改革摧毁了天主教会的精神独裁，带来了西欧社会的思想解放和科学繁荣，对后来的资产阶级革命产生了重大影响。

英国资产阶级革命

17 世纪初，英国的资本主义工商业迅速发展，新兴的资产阶级、新贵族、农民、城市贫民都同以国王为首的封建统治者有着尖锐的矛盾。资产阶级和新贵族利用国会作为阵地来反抗国王的专制统治。国会分为上院和下院。上院议员由国王任命，主要是大贵族和高级教士。下院议员由各地选举，主要权力是批准新税。16 世纪后，资产阶级和新贵族占据了下院的大部分席位。由于反对国王的横征暴敛，国会数次被国王下令解散。

1637 年，由于兼任苏格兰国王的查理一世的暴行，苏格兰爆发起义。1639 年，起义军攻入英格兰。为了筹措军费，镇压起义，查理一世被迫在1640 年 4 月 13 日重新召开议会。议会开幕后，下院代表立即向国王提出惩处他的宠臣和停止没有经过议会同意的非法税收等要求，查理一世拒绝接受，并于 5 月 5 日解散议会。5 月 6 日，伦敦市民举行了一次声势浩大的游行示威，

查理一世被处死

同时农民在农村也发生了骚动。从 1640 年春到夏季，农民运动不断扩大。1642—1649 年，英国爆发两次内战。代表中等资产阶级和中小新贵族利益的独立派领袖克伦威尔组成新模范军，最终打败了王党军队。1949 年 1 月，国王查理一世被处死。5 月，英国废除君主制，宣布英国为共和国。但共和国并没有给广大人民带来幸福，为了保护资产阶级和新贵族的既得利益，克伦威尔大权独揽，开始实行军事独裁，对内镇压反抗，对外实行扩张和掠夺，为后来的不列颠殖民帝国奠定了基础。1658 年，克伦威尔病死，斯图亚特王朝趁机复辟。1688 年，英国国会将倒行逆施的詹姆士二世推翻，其女婿荷兰执政官威廉被迎立为英王，这场不流血的政变，在

西方被称为"光荣革命"。1689 年，威廉登基后，国会通过了具有深远影响的《权利法案》，英国的君主立宪制就此确立。英国成为一个君主立宪的资产阶级国家。

《权利法案》

1689 年，英国议会通过了限制王权和关于王位继承的《权利法案》，它是 1688 年"光荣革命"后的施政基础。法案的主要目的在于宣布詹姆士二世的各种措施为非法。它的主要内容是：规定英国的国王必须是新教徒；国王必须按国会的意志办事，规定立法、税收、军事等权力由国会掌握；国王不能在和平时期维持常备军；国王必须定期召开国会，议员的选举不受国王的干涉；国王无权废止法律，甚至连王位的继承也不由国王本人决定等。《权利法案》为英国的君主立宪制提供了宪法保障，是英国法律的重要组成部分。

启蒙运动

伏尔泰像

18 世纪的法国启蒙运动，是一些资产阶级思想家为使人们从封建专制的禁锢和宗教神学中解放出来而发动的一场思想解放运动。他们激烈地抨击封建专制制度以及教会的腐朽，反对宗教迷信，宣扬个性解放，要求人所应有的全部自由，同时提出对未来社会的设想。这场运动在推动资产阶级革命的爆发和吸引广大人民群众参加革命方面起了重大作用。启蒙运动是文艺复兴之后近代人类的第二次思想解放，它为摧毁腐朽的封建制度、确立资本主义制度作了思想上和理论上的准备。

启蒙运动的先驱是伏尔泰、孟德斯鸠、卢梭、狄罗德等。伏尔泰对宗教神学的批判最为深刻，在他看来，天主教的僧侣就是一群"狂信者"和"骗子"。伏尔泰介绍牛顿和洛克的哲学，揭穿《圣经》里的各种迷信记载，指出人类要消灭无知，为科学而奋斗。

孟德斯鸠提出建立立法、行政及司法三权分立的政治制度，还强调三种权力互相监督和牵制的重要性。这一学说对后来的资产阶级国家机构的建立产生了很大的影响。卢梭的思想更为激进，他呼吁实行直接的民主制，提出天赋人权、主权在民，认为人民有起义反抗压迫者的权利。他的这些主张，成为后来的法国大革命的重要理论依据。

北美独立战争

　　18 世纪中叶，随着北美殖民地资本主义经济的发展和美利坚民族意识的增强，殖民地人民强烈要求摆脱殖民统治。1775—1783 年，英属北美 13 个殖民地进行了反抗英国殖民统治、争取民族独立的革命战争，称为北美独立战争或美国革命。1773 年，著名的"波士顿倾茶事件"激起了北美殖民地人民的反抗浪潮。1775 年 4 月 18 日，莱克星顿枪声打响了美国独立战争的第一枪。1775 年 5 月 10 日，在费城召开的

华盛顿像

第二次大陆会议决定组织军队进行武装斗争，并任命华盛顿为大陆军总司令。1776 年 7 月 2 日，大陆会议决定 13 个殖民地独立，并指定托马斯·杰弗逊等 5 人负责起草《独立宣言》。1776 年 7 月 4 日，大陆会议通过了《独立宣言》，宣言历数英国政府对殖民地所犯下的罪行，宣告北美独立，后来这一天被定为美国的国庆日。北美独立战争开始时，英国处于优势，华盛顿率领的大陆军艰难地进行着斗争。1777 年 10 月，大陆军取得萨拉托加大捷，俘虏了 6 名英国将军、300 名军官和 5000 名士兵。萨拉托加大捷扭转了美国独立战争的战局，此役之后，美国逐渐获得法国、荷兰等国的国际军事援助，从此美军从战略防御转入战略进攻。1781 年 9—10 月，在约克镇战役中，英军主力被击溃，英军司令康华利向大陆军投降，北美独立战争结束。1783 年 9 月，英美在巴黎签订合约，英国正式承认美国的独立。北美独立战争的胜利，打碎了英国殖民统治的桎梏，实现了国家的独立，促进了美国资本主义的发展，也推

动了欧洲和美洲的革命运动。但北美独立战争并没有完成资产阶级民主革命的任务，美国的下层人民没有取得选举权，美国南部的黑人奴隶制也没有废除，这就决定了后来美国内战爆发的必然性。

《独立宣言》

　　1776 年 7 月 4 日，由杰弗逊起草的《独立宣言》在费城大陆会议上正式通过，它是美国独立战争的纲领性文件。《独立宣言》的主要内容是谴责英国殖民主义者在美洲大陆犯下的罪行；宣告脱离英国殖民者的统治，建立在内政外交上独立的美利坚合众国；宣告"主权在民"的原则，人民有权推翻不称职的旧政府，建立新政府；"人人生而平等"，"都有生存权、自由权和追求幸福的权利"，这些都是天赋的人权。在宣言的草案里，杰弗逊还谴责了奴隶制度，但由于奴隶主的强烈反对，才被迫删除。《独立宣言》是具有世界历史意义的伟大文献，它第一次以政治纲领的形式表达了资产阶级的政治主张。

费城大陆会议起草《独立宣言》

1787 年宪法

　　1787 年 5 月 25 日，美国各州代表在费城召开制宪会议。经过长达 4 个月的讨论，于 9 月 17 日通过美国联邦宪法，该宪法于

1788 年 6 月 21 日开始生效。美国 1787 年宪法第一次明确了人民主权思想和共和国政体，创立了联邦制；按三权分立、相互制约的原则设立政府、法院和国会；首创由选举产生的国家行政首脑制；总统掌握行政权，既是政府的最高行政首脑，也是武装部队的总司令，任期 4 年。美国国会由参议院和众议院组成。众议院议员由各州选民直接选出，参议院议员由各州立法会议选出。国会拥有立法权，法律必须经由国会两院通过，总统批准后才能生效。国会拥有征税、征兵、货币发行、宣战等权力。国会决议如经总统否决，经国会两院以 2/3 多数票通过，也可直接生效。司法权属于最高法院。法官由总统任命，参议院批准，终身任职。高等法院有权根据宪法解释一切法律和条约。1788 年宪法生效，美国选出国会，选举华盛顿为美国的第一届总统。美国 1787 年宪法是世界历史上第一部资产阶级的成文宪法，它确立了民主共和政体，维护了美国资本主义的发展，并为后来成立的其他资产阶级国家制定宪法提供了蓝本。

法国大革命

18 世纪初，法国的工商业得到飞速发展，出现大量资本主义工厂。但法国仍然是一个封建专制的农业国家，占全国人口 95%以上的农民基本上是佃农，他们耕种地主的土地。革命前的法国保持着森严的封建等级制度。第一等级是僧侣，第二等级是贵族，第三等级是资产阶级、农民和城市平民。前两个阶级只占全国人口的1%，却控制着全部土地，不用纳税。第三等级承担着全部生产和纳税，却没有任何政治权利。因此，第三等级与前两个等级有着不可调和的矛盾。18 世纪末，由于王室挥霍无度，加上法国参加美国独立战争耗费了巨额军费，法国财政濒临破产。当时正值法国的工商业危机，许多工厂倒闭，工人失业，再加上农业出现灾害，造成粮食短缺，社会矛盾异常尖锐，各地人民反抗运动高涨。

为了解决财政的空虚和解除政治危机，路易十六决定召开已有175 年没有召开的三级会议。1789 年春，法国开始举行三级会议的选举，各地人民写了大量的陈情书，要求制定宪法，废除封建专

175

路易十六被押上断头台

制，保护私有财产，实现工商业自由等。1789 年 5 月 5 日，三级
会议在凡尔赛宫召开。路易十六希望能够在会议中讨论增税等问题
以聚敛钱财，但第三等级代表不同意增税，并且提出第三等级单独
举行会议，称为国民会议。6 月 17 日，在第三等级的会议上，代
表们提出国王无权否决国民议会决议的意见，并宣誓"不制定宪
法，决不解散会议"。路易十六下令关闭国民议会，并企图以武力
解散制宪会议。7 月 12 日，巴黎人民上街游行，遭到国王军队的
血腥镇压。7 月 13 日清晨，巴黎教堂响起钟声，30 万市民与来自
德国和瑞士的国王雇佣军展开战斗，到夜间，起义群众攻占了武器
库，巴黎的大部分地区已控制在起义者手中。7 月 14 日，起义群
众攻克象征封建统治的巴士底监狱，释放政治犯，取得了初步胜
利。为了纪念这一光荣的日子，法国人民把 7 月 14 日定为法国的
国庆日。路易十六见大势已去，不得不表示屈服，承认制宪会议的
合法地位。巴黎起义的消息传出后，各省农民纷纷烧毁贵族庄园和
封建地契。各个城市也仿效巴黎，捣毁旧政权的市政机构，成立自
己的政权和国民自卫军。1791 年，制宪会议颁布宪法，法国成为
三权分立的君主立宪制国家。8 月，普鲁士和奥地利等欧洲封建君
主国对法国进行武装干涉，由于国王和王党的背叛，法军屡次失
利。1792 年，巴黎人民发动第二次武装起义，俘虏国王，推翻了

君主立宪派的统治。1793 年 1 月，国王路易十六被押上断头台。法国宣布成立法兰西共和国，史称法兰西第一共和国。当时法国内部王党叛乱频起，外部又遭到反法联盟军队的入侵，人们生活极为困苦，但掌权的吉伦特派无力改变这一局面。1793 年，巴黎人民举行第三次武装起义，推翻了吉伦特派，雅各宾派取得政权。雅各宾派执政后，颁布限价法，制止物价飞涨；实行革命恐怖政策，将各地贵族的叛乱悉数铲平；组织军队，有力地打击了外国干涉军。雅各宾派将法国的资产阶级革命推向了高潮。至 1794 年，国内外的敌人的威胁消除，革命的成果得到了巩固。但雅各宾派并未及时取消激进的非常政策，反而更加严厉地继续恐怖专政，甚至将一些下层平民都送入监狱或处死。1794 年 7 月，法国爆发"热月政变"，雅各宾派被推翻，热月党人取得政权，建立了督政府。法国大革命的高潮过去。

攻占巴士底狱

1789—1794 年的法国大革命，是早期资产阶级革命中最为深刻和彻底的一次革命。革命彻底消灭了封建制度，为法国资产阶级的发展开辟了广阔的道路。

《人权宣言》

《人权宣言》是 18 世纪法国资产阶级革命中有关人权的纲领性文件。法国大革命中,为防止国王利用专制权力解散议会和逮捕代表,制宪会议于 1789 年 8 月 26 日通过《人权宣言》,宣称"人们生来而且始终是自由平等的;自由、财产、安全和反抗压迫是天赋的、不可剥夺的人权;法律面前人人平等;私有财产不可侵犯"等。它体现了启蒙思想家提出的"自由"、"平等"的口号。《人权宣言》的宗旨就是维护人权和法律的尊严,体现了人们要求摧毁君主专制和等级制度的思想。在法国大革命中,《人权宣言》成为指引人们与封建势力斗争的武器,确立了近代社会的基本原则和价值观念。

《人权宣言》

法兰西第一帝国

"热月政变"后,当权资产阶级大发横财,下层人民的生活并没有得到改善。法国国内各种政治势力活动频繁,雅各宾派势力又恢复活动,王党分子也在各地煽动叛乱。1789 年,英国联络俄、奥等国结成第二次反法联盟,屡败法军。在这内外交困的境地,法国资产阶级希望建立一个强有力的政府,于是支持拿破仑发动政变。1799 年 11 月，拿破仑发动"雾月政变"，解散了督政府，建立了资产阶级军事专政，成立了法兰西帝国，历史上称作法兰西第一帝国。

拿破仑对内实地多项改革，巩固和发展法国革命的成果，建立了资本主义的秩序；对外不断发动战争，同英、俄争霸。法国不断以武力侵占外国领土，勒索赔款，攫取工业原料，推销货物，从而大大增加了国家的财富。1802 年，拿破仑打败第二次反法联盟，曾获得尼德兰、卢森堡及莱茵左岸的领土。1805 年，在打败第三次反法联盟后，拿破仑用武力侵占了荷兰和意大利。1807 年，拿破仑又击溃第四次反法联盟，占领了普鲁士的大片领土。对欧洲之外的英国，法国对其实行经济上的制裁。1809 年，英国组成第五次反法联盟，但以失败告终。经过几年的侵略战争，法国虽然貌似强大，但危机已经潜伏。首先，欧洲许多地区反对法国的侵略战争；其次，对英国的经济制裁，也使法国的工商业受到影响，引发了工商业危机；再次，政府的横征暴敛和大规模征兵，引起劳动人民的不满。1812 年 6 月，拿破仑率领 67 万多军队侵入俄国，由于孤军深入，缺乏给养，遭到惨败，军队最终只剩 2 万多人。1813 年，趁法国惨败之际，英、俄、普、奥等国组成第六次反法联盟。1814 年，反法联盟军队攻入巴黎，拿破仑被迫退位，被囚禁在地中海上的厄尔巴岛。1815 年 3 月，拿破仑返回巴黎复位。欧洲各国组成第七次反法联盟，对法实行干涉，6 月 18 日在比利时的滑铁卢一役，拿破仑遭遇彻底的失败。6 月 22 日，拿破仑再次退位，法兰西第一帝国覆灭。拿破仑被流放到大西洋的圣赫勒拿岛。

第一次工业革命

英国资产阶级革命后，资产阶级和新贵族利用所掌握的政权，采取了发展经济的措施，使资本主义迅速发展起来，如发展海上贸易，实行圈地运动以增加廉价的劳动力，对外进行殖民掠夺等。由于具备了成熟的条件，18 世纪中期，英国开始工业革命。

18 世纪 60 年代，工业革命首先从英国的棉纺织业开始。1733 年，钟表匠凯伊发明了飞梭，使织布的速度提高了 8 倍。1765 年，

珍妮纺纱机

织工哈格里夫斯发明了珍妮机。后来又陆续出现了水力纺纱机、缥机。1785 年，艾德蒙发明了第一台动力织布机，使一台织布机可以织出相当于 40 个手织工人织的布。1782 年，詹姆士·瓦特发明了双向蒸汽机，被称作"万能蒸汽机"，解决了大工业生产所需的动力问题，是工业革命进程中最关键的突破。蒸汽机的广泛使用成为了英国工业革命的标志。之后，英国先后实现了制造业的机械化，工业革命基本完成。英国的工业革命完成于 19 世纪 30—40 年代。在英国的带动下，法、美、德、日等国也在 18 世纪末 19 世纪初先后开始了工业革命，到 19 世纪末，这些国家先后都完成了工业革命。

习惯上说，"工业革命"就是指一系列机器的发明和应用。但实际上，"工业革命"是指从 15 世纪末以来资本主义工业萌芽、崛起，直到取代农业成为国民经济主导部门的整个过程，它是一场深刻的生产技术革命，也是一场深刻的社会经济制度革命。

法国里昂工人运动、英国宪章运动和德国西西里亚纺织工人起义

工业革命以后，无产阶级与资产阶级的矛盾日益尖锐。19 世纪 30—40 年代，欧洲先后发生了三次著名的工人运动，虽然最终

都失败了，但它们证明工人阶级已经觉醒，开始了反对资本主义剥削的英勇斗争。

宪章运动中群众集会

    1831 年 11 月，法国历史上第一次工人武装起义在里昂爆发。工人武装发表《里昂工人宣言》，提出"里昂应当有我们自己选出的代表"的政治要求。起义仅仅维持了 10 天就被残暴地镇压下去了。1834 年，里昂又一次爆发起义，但终以失败而告终。

    1836—1848 年，英国爆发声势浩大的工人争取普选权的宪章运动。伦敦工人协会拟定 3 个争取普选权的《人民宪章》，要求实现民主改革的要求，却遭到国会的否决，工人武装起义爆发，但很快遭到镇压。随后，各地工人举行集会、示威游行、罢工和请愿，掀起签名运动。除了工人，有些资产阶级激进派也参加了运动。宪章运动的领导人期望通过和平请愿的方式达到斗争的目的。1842 年和 1847 年先后举行了两次大规模的请愿，但议会拒绝接受工人的请愿，下令逮捕宪章运动的积极分子，解散运动的组织，宪章运动失败。宪章运动是英国无产阶级第一次全国规模的、群众性的政治斗争。

    19 世纪 40 年代，德国纺织中心西西里亚爆发纺织工人起义，把矛头指向了资本主义剥削。1844 年 6 月，工人举行了武装起义。但在大批军队的镇压下，起义最终失败。

马克思主义诞生

19世纪30—40年代，无产阶级作为独立的政治力量登上历史舞台后，迫切需要科学理论的指导。马克思和恩格斯批判地吸收了德国的古典哲学、英国的古典政治经济学和法国的空想社会主义学说，创立了马克思主义。马克思主义分为三个组成部分，马克思主义哲学辩证唯物主义和历史唯物主义、马克思主义政治经济学和科学社会主义。马克思与恩格斯于1848年2月发表了共同起草的《共产党宣言》，完整、系统地阐述了马克思主义，它是马克思主义诞生的标志。马克思主义成为指导工人运动的有力思想武器，并不断得到丰富和发展。

德意志的统一

"铁血宰相"俾斯麦

19世纪50—60年代，资本主义在德意志普遍发展起来。由于经济对市场的需要，资本主义越发展，对国家统一的要求就越迫切。当时的德意志仍是一个大小邦国分治的局面，在诸邦中，以普鲁士的实力最强，因而成了统一的承担者。1861年，威廉一世登上普鲁士王位，他起用铁腕人物奥托·俾斯麦为宰相。俾斯麦极力主张以强权和武力统一德国，建立以普鲁士为中心的德意志帝国。他在议会的演说中说："时代的重大问题不是演说，也不是多数票所能解决的，而是要用铁和血来解决，德意志所瞩目的不是普鲁士的自由派，而是普鲁士的武装。"因此，俾斯麦又被称作"铁血宰相"，他不顾议会的反对，强制推行兵制改革，扩大军队。1864年，俾斯麦发动了对丹麦的战争。1866年，普奥战争爆发。1870年，普法战争爆发。俾斯麦用三次战争完成了德意志的统一。1871年1月18日，威廉一世在巴黎凡尔赛宫举行加冕仪式，正式即德意志的皇帝位，成立德意志帝国。俾斯麦的"铁血政策"后来成了战争政策的代名词。

美国废奴运动

美国独立以后，北部先后废除了奴隶制，而南部的大种植园主却顽固地维护着黑奴制，对黑人奴隶进行残酷的奴役和剥削，此举激起了广大人民的不满。自 18 世纪末，美国就开始了废奴运动，参加者有黑人、白人，有工人、农民和部分资产阶级知识分子。19世纪 30 年代，废奴主义者组织了全国性的团体，通过发传单、出版刊物，积极地宣传废奴的主张。他们建立了秘密通信联络点，被称为"地下铁路"，许多黑奴通过这些秘密联络点逃往北方或加拿大。1859 年，约翰·布朗起义将废奴运动推到了顶点。1861 年，美国爆发南北战争，最终以暴力推翻了黑奴制。废奴运动是资产阶级的民主运动，在美国人民争取民主的斗争史上占有重要的地位。

美国内战

美国内战，又称南北战争，是美国工业资本主义占优势的北部诸州同发动叛乱的南部蓄奴州之间的战争。美国内战是美国历史上第二次资产阶级革命，它摧毁了奴隶制，解放了生产力，恢复和巩固了联邦的统一，为美国资本主义发展扫清了障碍。

林肯像

19 世纪 40 年代以后，美国北部工业生产迅速发展，以残酷剥削黑奴和大量消耗土地为基础的南部种植园奴隶制成为美国资本主义发展的严重障碍。1860 年 11 月，反对黑奴制的共和党人林肯当选总统。次年 2 月，南部 7 个蓄奴州（后增至 11 个）退出联邦，成立"美利坚诸州同盟"，推选戴维斯为"总统"。1860 年 4 月 12 日，南部同盟军炮击联邦军守卫的南卡罗来纳州萨姆特堡，率先挑起内战，南北战争开始爆发。最初，联邦政府企图在不触动南部奴隶制的情况下迅速镇压叛乱，但联邦军队节节受挫。1863 年，林肯正式颁布《解放宣言》，宣布解放叛乱州黑人奴隶。这一革命性文件连同 1862 年 5 月颁布的《宅地法》，以及后来采取的武装黑人、实行征兵制、惩治反革命分子等一系列措施，调动了广大群众尤其是黑人的积极性。1865 年 4 月，南方叛军首府里士满失陷，南方军队投降，美国内战至此结束。但南方顽固分子对北方的胜利怀有极大的仇恨。4 月 14 日，林肯在戏院看戏时遇刺，第二天不治身亡。

日本明治维新

18 世纪后半期，资本主义生产方式在日本得到发展，商人和高利贷者积累了大量的财富，但他们仍处于无权的地位，受到封建贵族的压榨，所以积极要求进行改革。将军、大名由于奢侈腐化，享乐无度，加重对农民和城市贫民的剥削，激起了人民的强烈不满。由于发生财政困难，很多将军、大名还经常克扣武士的俸禄，不少武士因为生活困难，改行做了教师、医生、商人或手工业者。因此，武士也与商人合流，主张进行改革，鼓励工商业，减少捐税。19 世纪中期，美、英、俄等国靠军事威胁，强迫日本开放港口，建立通商关系，并降低关税。日本开港后，成为了资本主义国家的销售市场和原料供给地。由于外国工业品充斥市场，本土的手工工场和手工业者受到排挤，工厂破产、工人失业的情况比比皆是。农民和城市平民生活困顿，各地起义不断爆发。乘日本政局动荡，外国侵略者开始以保护侨民为借口，驻兵日本，并提出更多经济侵略的要求。内外交困使日本国内各种政治势力联合起来以尊王攘夷为口号，展开倒幕斗争。1867 年，反幕军迫使将军德川庆喜辞职，还政于天皇。

1868—1873 年，明治天皇主政以后，进行了一系列卓有成效的改革，这在日本历史上称作"明治维新"。改革的内容包括：废藩置县，加强中央集权；废除土地买卖的禁令，确定土地私有权；废除各藩关卡，统一全国汇兑业务；统一币制；修建铁路、兴办邮局、电报、电话等；大量引进西方技术，发展资本主义工商业；实行义务教育，开化国民；成立新的常备军，实行全国义务兵制和改革农业税等。明治天皇还派遣官员周游欧美，考察各国富强之道。明治政府的改革推进了资本主义的发展，使日本走上了资本主义的

明治维新后完全西化的日本街道

道路。后来，日本逐步废除了不平等条约，摆脱了民族危机，成为亚洲的强国。但由于日本未曾建立资产阶级共和国，没有实行真正的资产阶级民主制度，封建的剥削方式依然存在，这些大量的封建残余致使日本后来走上了军事封建帝国的道路。

俄国农奴制改革

19 世纪上半叶，资本主义因素在俄国农奴制社会内部逐步发展起来。大工厂逐渐代替手工工场，机器生产逐渐代替手工操作，自由雇佣劳动逐渐代替农奴劳动，资本主义发展要求打破农奴制的束缚。再加上俄国在克里木战争的失败，农民生活状况急剧恶化，阶级矛盾日益尖锐。但由于当时俄国没有形成足以推翻农奴制度和专制制度的革命力量，废除农奴制的改革是由沙皇政府自上而下进行的。

沙皇亚历山大二世

1860 年 10 月，沙皇政府拟出解放农奴法令草案，1861 年 3 月 3 日，亚历山大二世批准废除农奴制度的"法令"和"宣言"。法令规定：农民有人身自由和一般公民权，地主不能买卖和交换农民；农民有权拥有财产、担任公职、进行诉讼和从事工商业；在全部土地归地主所有的前提下，农民可以使用一定数量的份地，但必须向地主缴纳赎金；农民在签订赎买契约之前还要为地主服劳役或缴纳代役租等。

改革后，俄国仍保存了大量的农奴制残余。但 1861 年改革为资本主义的发展创造了有利条件，由于农民摆脱了对地主的人身依附关系，出现了大批自由雇佣劳动力，资本主义工业获得迅速发展，俄国从农奴制社会逐步过渡到资本主义社会。

第二次工业革命

第二次工业革命，开始于 19 世纪 70 年代前后，以电力的广泛应用、内燃机的创制和使用、电信事业的发展为标志。从 19 世纪 60—70 年代开始，出现了一系列电气发明。1866 年，德国人西门子制成发电机；到 70 年代，实际可用的发电机问世，电力开始用于带动机器，成为补充和取代蒸汽动力的新能源。电灯、电车、电影放映机等相继问世，人类社会进入电气时代。1859 年美国成功地建成油井。1897 年，俄国建成输油管道。石油的应用引发了内燃机的革命。自 19 世纪 90 年代开始，内燃机逐步取代了蒸汽机，在汽车、轮船、火车以及厂矿等得到广泛使用。第二次工业革命也促进了信息的传播。电话、电报以及无线电的发明给人们的信息传播提供了一条更新、更方便快捷的通路。在化学工业，出现了人造丝、塑料等。另外，炸药也被广泛应用到矿业生产等领域。

1903 年 12 月 17 日莱特兄弟的第一架飞机试飞成功

第二次工业革命同时在欧美几个较发达的资本主义国家发生，它的影响远远超过了第一次工业革命。它改变了世界大国间的力量对比，英国的"世界工厂"地位开始动摇。它也促进了垄断组织的产生，使资本主义发展到垄断阶段。19 世纪末 20 世纪初，主要资本主义国家美、德、英、法、日、俄等，相继进入帝国主义阶段。各国垄断资产阶级为了输出资本，疯狂对外扩张，掀起瓜分世界的狂潮。

巴黎公社

19 世纪 60 年代，法国遭遇民族和经济上的双重危机。1870年，法国在普法战争中战败，被迫签订了丧权辱国的《法兰克福条约》，激起巴黎人民的公愤。他们成立巴黎国民自卫军，选出中央委员会来具体指导巴黎公社革命运动。1871 年 3 月 18 日，巴黎人民一举攻占巴黎。3 月 28 日，巴黎公社宣告成立，它是世界上第一个无产阶级政权。巴黎公社颁布法令，建立了行政司法合一的政权体系，民主选举了执政人员。4 月 1 日，原梯也尔政府组织的凡尔赛军队进行反攻。5 月 27 日，最后 200 名巴黎公社社员与5000 名凡尔赛士兵在拉雪兹公墓展开血战，晚上，他们被逼困在墓地的一堵墙边，高呼着"公社万岁"慷慨就义。为了纪念他们，这堵墙被称为"公社社员墙"。巴黎公社从成立到失败仅存在了 72天，但却在历史上留下了浓墨重彩的一笔。

萨拉热窝事件

20 世纪初，奥匈帝国向巴尔干地区扩张，塞尔维亚的反奥情绪高涨，奥匈帝国决意给予打击。1914 年 6 月 28 日，奥匈帝国以塞尔维亚为假想敌，在波斯尼亚举行军事演习。当日，奥匈帝国的皇储弗兰茨·斐迪南夫妇前往检阅军事演习，检阅之后，皇储夫妇乘敞篷车巡视了波斯尼亚首府萨拉热窝。奥匈帝国的这一挑衅行为激起了塞尔维亚爱国者的愤怒，一位"青年波斯尼亚"成员，即17 岁的普林西波开枪刺杀了皇储夫妇，酿成了著名的"萨拉热窝事件"。奥匈帝国以此事为借口挑起战争，吞并了塞尔维亚。萨拉热窝遇刺事件成了第一次世界大战的导火线。

第一次世界大战

19世纪末，帝国主义国家之间的对抗已经形成。1879年，为了对抗俄法，德与奥匈缔结军事同盟。1882年，意大利加入德、奥匈军事同盟，形成军事集团。1891年，法俄缔结协定，结成军事同盟。于是，欧洲形成两个敌对的军事集团。英国最初选择置身集团之外，但由于德国的殖民扩张威胁自己的利益，1904年，英法签订协约，英国加入法俄同盟。"一战"前，德、奥、意组成的同盟国集团与英、法、俄组成的协约国集团已经开始积极备战，国际上不断发生冲突和局部战争。20世纪初，巴尔干的民族运动，德奥与俄在巴尔干的势力争夺，巴尔干诸国的内部矛盾，酿成两次巴尔干战争。巴尔干战争后，奥与俄在塞尔维亚问题上形成对抗，巴尔干半岛成为欧洲的火药库。奥、塞的冲突直接导致了同盟国与协约国的战争。

巴黎和会

1914年7月28日，奥匈帝国以萨拉热窝事件为由向塞尔维亚宣战。俄国为表示支持塞尔维亚，8月1日对奥宣战。当日，德国对俄宣战。8月3日，德国对法宣战，德军侵入比利时，并向法国推进。8月4日，英国以德军破坏比利时的中立为由，对德宣战。8月6日，奥匈对俄宣战。8月23日，日本对德宣战，占领了我国的胶州湾。11 月 2 日，土耳其对俄宣战。1917 年 4 月，美国对德宣战。8 月，我国段祺瑞政府对德宣战。战火又蔓延到非洲，英法展开争夺德国在非洲殖民地的斗争。这场战争最初在欧洲进行，但是很快就超出欧洲范围，到 1918 年，先后参战的有 30 多个国家和地区，约 1.5 亿人口卷入战乱，各交战国共动员了 7000 万人参加军队，死伤达 4000 万人，这是人类历史上第一次全世界范围内的大厮杀。1918 年，第一次世界大战以协约国的胜利而结束，但战争带给人类空前的灾难，数以千计的城市和乡村成为废墟，大批工厂、房屋倒塌。战后交战国的经济衰退严重，通货膨胀、物价飞涨，城乡人民陷入极端的穷困之中。

第一次世界大战是帝国主义各国为重新瓜分世界、争夺殖民地和霸权而进行的首次世界规模的战争。大战以同盟国的失败而结束，但帝国主义之间的矛盾并没有消除，这些矛盾为第二次世界大战埋下了种子。战后帝国主义各国的力量对比发生了变化。英、法等国虽为战胜国，但也比战前削弱。美国却乘机发战争财，从战前欧洲的债务国变成债权国，经济和军事实力都大为增强，并企图争霸世界。日本也利用战争，在亚洲崛起。

巴黎和会和《凡尔赛条约》

第一次世界大战结束后，战胜的协约国于 1919 年 1—6 月在巴黎凡尔赛宫召开国际和会，当时的参加国有 27 个，成立了由美、英、法、意四国首脑组成的最高委员会，最后在会上签订了《凡尔赛条约》。巴黎和会是帝国主义战胜国的分赃会，各国带着各自不同的企图在和会上进行了激烈的争夺。《凡尔赛条约》的主要内容包括：德国将阿尔萨斯等煤矿归还法国，萨尔区由国联代管 15 年；莱茵河西岸由协约国占领 15 年，东岸为不设防区；德国承认波兰独立；德国废除普遍义务兵役制，陆军总数不超过 10 万人；德国的全部殖民地由几个主要协约国瓜分等。《凡尔赛条约》是在战胜国列强宰割战败国和牺牲弱小民族的基础上订立的。

（三）世界现代史（1917 年至今）

俄国建立世界上第一个社会主义国家，世界进入现代史阶段。资本主义经济大崩溃，全球经济大萧条，导致全球范围的失业与贫困。第二次世界大战爆发，战后苏联和美国取代了欧洲在全球的统治地位。

20 世纪下半叶，美苏冷战持续了很长时间，给世界和平带来极大的威胁，最终苏联剧变导致了冷战结束。殖民地国家纷纷独立，第三世界国家在世界政治舞台上发挥着越来越重要的作用。和平与发展成为世界的主题。关注环境污染、动物保护、医疗教育、增加就业、缩小贫富差距等问题将成为世界的重要趋势。

俄国十月革命

第一次世界大战爆发后，作战的失利，国民经济的崩溃，使人民生活困苦，对沙皇政府深恶痛绝。广大人民掀起反战、反饥饿、反沙皇的热潮，俄国革命形势迅速趋于成熟。1917 年 2 月，俄国爆发了二月革命，推翻了沙皇制度，但出现了资产阶级临时政府和士兵代表苏维埃两个政权并立的局面。这种两个政权并存的情况，反映了当时俄国阶级力量对比的状况，无产阶级与资产阶级势均力敌，出现了短暂的相持，但这种相持注定是要被打破的，必须有一个政权被取消。

二月革命爆发时，列宁正侨居在瑞士的苏黎世。4 月，列宁回国，发表了《四月提纲》，提出从资产阶级民主革命过渡到社会主义革命的任务。8 月，布尔什维克党召开第六次代表大会，确立武装起义的方针，成立了革命军事总部。11 月 6 日，彼得格勒武装起义爆发。7 日晚，全俄苏维埃第二次代表大会宣告成立苏维埃政府。8 日，冬宫被攻下，起义取得胜利。1918 年 2—3 月，首先从城市，然后到乡村，苏维埃政权在全国各地建立起来。1918 年 1 月，召开全俄苏维埃第三次代表大会，批准《被剥削劳动人民权

1917 年 11 月 6 日，革命的枪声在彼得格勒打响

利宣言》，正式宣布俄国为工兵农代表苏维埃共和国。

十月革命产生了世界上第一个无产阶级专政的国家，开辟了殖民地半殖民地在无产阶级领导下进行民族民主革命的新时代。十月革命后，各国无产阶级、被压迫人民、被压迫民族争取解放的斗争蓬勃高涨。

苏联成立

1917 年 11 月 15 日，苏维埃政府公布了《俄国各族和人民权利宣言》，实行土地国有化，劳动人民成为国家的主人；消灭民族压迫；废除等级划分、等级特权和等级限制；废除对妇女的歧视、压迫；宣布承认民族自决权，并主张各民族在平等、自主的基础上建立真诚的、巩固的联盟。

1922 年 12 月 30 日，苏维埃社会主义共和国联盟第一次代表大会通过了苏联成立宣言和成立条约，宣布根据自愿和平等的原则成立统一的联盟国家。联盟有统一的国家政权、军队、法律和国民经济体系，有统一的国籍，但各加盟共和国又有自己的国家政权机关和宪法，有自由退出联盟的权利。到 1956 年，苏联共有 15 个加盟共和国。

印度甘地主义与非暴力不合作运动

圣雄甘地

第一次世界大战爆发时，英国将印度拖入了战争的深渊，更加深了印度人民对殖民者的愤怒。面对日益高涨的印度民族解放运动，英国殖民当局进行了残酷的镇压。1919年4月，在旁遮普省的阿姆利则市，英国军队朝抗议示威的群众开枪射击，约400人被打死，1000多人受伤，此事件被称为"阿姆利则惨案"。

"阿姆利则惨案"发生后，印度的民族解放运动改变了方式，1919年4月中旬甘地宣布停止暴力抵抗运动。1920年，印度资产阶级政党国民大会党通过了甘地提出的"非暴力不合作计划"，宣布要采取"和平和合法的手段"，来取得印度的自治。非暴力不合作运动的斗争方式包括：印度人必须拒绝或放弃英国殖民当局给予的头衔和名誉职位；对英国人的立法机关、法院和学校实行普遍抵制；号召家家户户恢复手工纺织和抵制英货；逐步进行抗税抗捐斗争。非暴力不合作运动形成了声势浩大的群众运动，打击了英国的殖民统治，对促进民族团结和经济发展产生了积极意义。

甘地主张非暴力与不合作是相辅相成的两个方面：一方面，用不合作来发动群众，反对英国殖民者，迫使殖民当局做出有利于印度人民的让步；另一方面，又用非暴力来限制群众运动，防止社会改良转变为革命，把群众运动控制在可控的范围之内。因此，到了1922年，由于群众斗争突破了非暴力的限制，甘地和国大党决定停止这次非暴力不合作运动。英国殖民者的血腥镇压和国大党的妥协使印度的民族反帝运动走向了低潮。

1929—1933 年经济危机

第一次世界大战后，资本主义国家经济复苏，垄断资本迅猛发展，加剧了帝国主义国家间的竞争，使得资本主义过度膨胀了的经济力量与日趋缩小的国内国际市场的矛盾越发尖锐，生产过剩的迹象越来越明显，最后终于爆发了整个资本主义世界的经济危机。

经济危机爆发时的美国华尔街

1929 年 10 月 24 日，在美国历史上被称为"黑色的星期四"，美国纽约的股市出现了抛售股票的狂潮，29 日，股价再次猛跌。此后，股市持续了三年的低迷。股市的狂跌导致金融市场大崩溃，这标志着资本主义世界经济危机的开始。危机从纽约证券交易所发源，迅速蔓延到美国全国的商业、工业和农业。这次经济危机持续时间长达 4 年，此后又是长期的经济萧条，因此造成的破坏空前严重，整个资本主义世界工业生产下降 40%，损失达 2500 亿美元，失业人数高达 3500～4000 万人，整个世界经济因此倒退了几十年。

这场危机的破坏性之大，是资本主义世界前所未有的，它极大地恶化了劳动人民的状况。帝国主义为转嫁危机更加强了对殖民地的掠夺，殖民地民族解放运动高涨。美、法、英等国走上了国家垄断资本主义的道路，德、日等国法西斯势力上台，最终导致了第二次世界大战的爆发。

罗斯福"新政"

1932 年 11 月，罗斯福当选为总统，1933 年 3 月正式就职，并立即实施"新政"，大力推行一系列反危机措施，以恢复受大萧条打击的美国经济。"新政"的主要内容包括：整顿财政金融，关闭不合格的银行，让有偿付能力的银行重新开业；通过国家补贴来减少农产品的生产，以稳定农产品价格；调整工业生产措施，协调劳资关系；拨专款直接救济失业者；大力举办公共工程，以工代赈，减少失业等。此外，美国还放弃了金本位制，实行美元贬值。这些新经济措施产生了很好的效果，到 1935 年，美国所有的经济指标开始稳步上升，经济开始复苏，逐渐摆脱了经济危机的笼罩。

法西斯主义

"法西斯"一词源于拉丁文，象征强权和暴力。法西斯否定自由、民主和平等的思想，鼓吹对领袖的绝对服从，鼓吹民族主义和国家主义，宣称所谓的"高贵"民族有统治"劣等"民族的权利。法西斯主义是资本主义社会意识形态全面危机的产物。1922 年、1933 年墨索里尼和希特勒分别在意大利和德国建立了法西斯统治。后来日本也开始法西斯化，西班牙、匈牙利等国也推行法西斯主义。法西斯主义伴随着"二战"的爆发，给全世界人民带来了深重的灾难。

法西斯德国（德意志第三帝国）

1929—1933 年的经济危机对德国的打击是十分沉重的，经济的困顿引发各地人民的革命运动。1932 年，德国进行总统选举，军国主义分子兴登堡当选。1933 年 1 月，兴登堡任命希特勒为内阁总理，并授权他组织政府。2 月，希特勒为了打击反对他的以台尔曼为首的德国共产党，指使国会议长戈林派人纵火烧了国会大厦，然后将它嫁祸给德国共产党，借机党同伐异，对共产党进行大肆抓捕和杀害，造成了著名的"国会纵火案"。希特勒接着颁布《保护国家和人民法令》，借机取消了公民的基本权利和自由。3

月，希特勒强迫国会通过了《授权法》，将国会的权利转移到内阁，借此他得以大权独揽。此后，希特勒排除异己，解散了其他政党，使纳粹（"民族社会主义德国工人党"）成为唯一合法的政党。

1934 年 8 月，兴登堡病死，希特勒自封为"元首"，称德国为"德意志第三帝国"，并促使国会通过《元首法》，将总统与总理的职务合二为一，变成了大独裁者。他废除魏玛共和国，宣称要建立一个包括所有日耳曼人的大德意志帝国。1939 年 3 月，德国进犯捷克斯洛伐克；9 月又侵占波兰，在欧洲燃起了硝烟。为了确立德国的世界霸权，奴役欧洲其他国家的人民，希特勒进一步发动了第二次世界大战。1945 年，德国战败，希特勒自杀，法西斯德国灭亡。

第二次世界大战

第二次世界大战前，帝国主义国家间经济、政治和军事发展的不平衡加剧，军事实力发展较快的德、意、日三国要求重新划分世界势力范围，使帝国主义之间的矛盾进一步尖锐。1929—1933 年的世界经济危机，又使这一矛盾进一步加剧。为摆脱危机，德、意、日三国走上军国主义道路，相继发动了局部侵略战争，最终导致了第二次世界大战的爆发。

1939—1945 年，先后有 61 个国家和地区、20 亿以上的人口被卷入战争，军民死亡 5120 余万人，最后以德、意、日三个法西斯国家的彻底失败而告终。反法西斯战争的胜利，拯救了各国免于法西斯的奴役。国际法西斯力量的溃败，从根本上改变了世界政治力量的分布，决定了世界的整个战后发展。

斯大林格勒保卫战

1942 年春，德军决定再次对苏联发动进攻，企图攻占军事重镇斯大林格勒，夺取高加索油田，以对莫斯科形成包围之势。因此，斯大林格勒保卫战的意义至关重大。1942 年 7 月 17 日，德军攻入顿河大河湾地区，逼近斯大林格勒，战役开始。经过两个月的激战，德军曾一度攻入市区，与苏军展开市区争夺战。1943 年 1

月10日，苏军开始总攻，至2月2日，被苏军包围的德军全部被歼，战争结束。此战役历时六个半月，被称为是整个"二战"中最艰苦、最具有决定意义的战役。在持续200天的整个斯大林格勒战役过程中，德军共损失150万人，3500辆坦克和强击火炮，1.2万门大炮和迫击炮，3000架飞机。斯大林格勒战役取得的辉煌成果使其成为第二次世界大战中规模空前的战役，它是苏德战争和第二次世界大战的转折点。苏军从此转入战略进攻，并掌握了苏德战场上的主动权。

斯大林格勒保卫战

大东亚共荣圈

日本在1931年提出"满蒙是日本的生命线"，1938年提出"东亚新秩序"。1940年7月，日本内阁制定《基本国策纲要》，提出要建立"以皇国为核心，以日、满、华的强固结合为基础的大东亚新秩序"。8月1日，日本外相松冈洋右首次使用"大东亚共荣圈"一词。"大东亚共荣圈"显示了日本妄图侵略和吞并中国、朝鲜、东南亚各国以及太平洋诸岛屿在内的广大地区的野心。随着第二次世界大战的结束和法西斯的垮台，"大东亚共荣圈"彻底崩溃。

珍珠港事件

珍珠港是美国在太平洋上最大和最重要的海军基地，美国的太平洋舰队停泊在这里。1940年，美日矛盾加剧，日本开始着手制定偷袭珍珠港的计划，想一举歼灭太平洋舰队，消除美国的海、空威胁。1941年12月，日本一面佯装与美国进行军事谈判，一面开始着手偷袭。12月7日清晨，日本的南去忠一中将率领日本特遣舰队秘密开抵珍珠港以北，于7时55分开始空袭，空袭进行了50分钟。由于此前毫无准备，美国太平洋舰队损失惨重，被击沉舰只19艘，炸毁飞机300架左右，死伤3600余人。第二天，美国对日宣战。接着，澳大利亚、荷兰等20多个国家对日宣战。11日，德、意对美宣战。珍珠港事件使太平洋战争全面爆发，第二次世界大战进一步扩大，发展成为世界性的战争。

珍珠港的军舰中弹起火，燃起浓烟

开罗宣言

1943年11月22—26日，美国总统罗斯福、英国首相丘吉尔和中国国民政府主席蒋介石在埃及首都开罗举行会议，讨论联合对日作战计划和战后处置日本的问题。会后，12月1日，发表了宣言，指出三大盟国将坚持长期对日作战，直至日本投降。宣言声明盟国对日作战的目的绝不是为了拓展自己的疆土，而是为了夺回日本侵占的东北、台湾、太平洋诸岛等，将领土归还它原来所属的国家。这次开罗会议是国际反法西斯力量在远东问题上的一次积极合作，为加速打败日本法西斯起到了积极作用。

诺曼底登陆

1944 年 5 月，英、美为了开辟欧洲第二战场，计划从英国本土出发，横渡英吉利海峡，从法国西北部诺曼底登陆，由法国打进欧洲大陆。此次战役的最高统帅是美国的艾森豪威尔。盟军集结了 288 万人，6000 只战舰，1 万多架飞机，并制造了在加来登陆的假象以迷惑德国。德军兵力不足，且判断失误，盟军突破了希特勒吹嘘的"太平洋堡垒"，登陆部队超过 100 万人，歼灭德军 10 多万人，顺利开辟了欧洲战场，加速了法西斯的灭亡。

诺曼底登陆

日本法西斯投降

1945 年上半年，日本侵略军在占领区抗日斗争和盟军战略进攻的打击下节节败退。8 月 6 日和 9 日，美国在日本广岛和长崎投下两颗原子弹，对日本造成了巨大伤亡。8 月 8 日，苏联履行在雅尔塔会议上的承诺正式对日宣战，150万苏军向日本关东军发起全线进攻。8月15日，日本天皇向全国广播投降诏书。9月2日，美、中、英、苏等盟国和日本代表举行了签署投降书的仪式。日本的无条件投降宣告了世界反法西斯战争的最终胜利。

东西德

1945年德国投降时，美、英、法、苏四国分区占领了柏林和德国的其他地区。美、英、法占区的德国开始重建资本主义，而苏占区则开始进行社会主义改革。1948年，东、西柏林分别成立市政机构，分裂开始。1949年5月12日，英、美、法占区德议会委员会通过基本法，即《波恩宪法》。9月20日，联邦德国正式成立。10月7日，苏占区也成立了德意志共和国。德国分裂为东德、西德两个国家。直到1990年10月，东欧剧变后，柏林墙被推倒，德国才统一。

民主德国边防部队巡逻兵与西柏林守兵隔墙相望

南北朝鲜

日本投降后，美、苏分别占领了朝鲜的南部和北部。1947年冷战爆发后，美国加快了分裂的步伐。1948年5月，南部朝鲜举行议会选举，公布《大韩民国宪法》，之后又成立了大韩民国政府。同年8月，北部朝鲜也公布宪法，成立了以金日成为首的政府，并在9月成立了朝鲜民主主义人民共和国。朝鲜正式分裂为南北朝鲜。1948年底，苏军全部撤离朝鲜，而美军却长期驻扎在南朝鲜（韩国）。

铁幕演说

"二战"结束后，美苏两国分歧增多，矛盾日深。1946年1月，丘吉尔应邀访美。3月5日，他在美国总统杜鲁门的陪同下抵达密苏里州富尔顿，在杜鲁门的母校威斯敏斯特学院发表了题为"和平砥柱"的演说。丘吉尔在演说中公开攻击苏联"扩张"，宣称"从波罗的海的什切青到亚得里亚海边的里雅斯特，一幅横贯欧洲大陆的铁幕已经降落下来"，苏联对"铁幕"以东的中欧、东欧国家进行日益增强的高压控制。丘吉尔主张对苏联的扩张，不能采取"绥靖政策"；呼吁正高踞于世界权力顶峰的美国，应担负起未来的责任；主张英、美结成同盟，英语民族联合起来，制止苏联的"侵略"等。这场反苏、反共演说又被称作"铁幕演说"。"铁幕演说"是杜鲁门借他人之口发表的"冷战"宣言，是美国发动"冷战"的前奏曲。

丘吉尔发表铁幕演说

杜鲁门主义

1947年3月，杜鲁门在国情咨文中提出谋求世界霸权的对外政策纲领。他在咨文中宣称共产主义已经严重危害到自由世界和美国的安全，而美国有责任领导自由世界，援助某些国家"复兴"的使命。杜鲁门主义以反共为名，利用美国经济援助排挤英、法的势力，并第一次把遏制苏联、称霸世界的基本国策公之于世。它标志着美、苏战时同盟的正式分裂，标志着冷战的正式爆发。

冷战

第二次世界大战后，以美、苏为首的帝国主义和社会主义两大阵营之间形成了除武力之外的敌对活动和实力对峙的局面。1947年3月杜鲁门主义的出台是冷战开始的标志，20世纪50年代中期以前是冷战的高潮期。为了互相遏制，以美国为首的国家组织了北约集团，以苏联为首的国家组成了华沙集团，形成军事对峙。50年代中期以后，全面冷战走向缓和。60年代，全面对峙转向对话，但冷战仍然存在。70年代以后，局面开始全面缓和。冷战形成了"二战"后一段时期内两极对立的世界格局，严重威胁到了世界的和平与安全。

赫鲁晓夫和美国总统肯尼迪的较量（漫画）

北约和华约

"二战"后，为了从军事上将西欧各国纳入美国的全球战略体系，美国积极筹备建立新的军事、政治联盟。1949年，美、加、英、法、比、荷等12国外长在华盛顿正式签署了《北大西洋公约》，公约的主要内容是：缔约国应以有效的自助或互助方式，维持并发展国防力量；对于任何一个或数个缔约国受到威胁，各缔约国应共同协商；对于一个或数个缔约国受到武力攻击，各缔约国视为对缔约国全体之攻击，各缔约国应采取必要之行动，包括武力之使用等。至此，"北约"宣告成立。为了进行对抗，1955年5月，苏、阿、保、罗、东德、匈、波、捷8国在华沙签订了《华沙公约》。《华沙公约》也规定，任何缔约国遇到武力威胁，其他缔约国都应给予必要的援助。至此，"华约"宣告成立。这两个军事政治集团在欧洲壁垒分明，互相展开对立。

朝鲜战争

"二战"后，美、苏分别进驻朝鲜南部和北部。1948年，大韩民国和朝鲜民主主义人民共和国先后成立，朝鲜半岛一分为二，双方常常发生冲突。朝鲜南北的内战不断升级，1950年6月25日，朝鲜战争爆发。为了挽救南韩的灭亡和独霸整个朝鲜半岛，美国立即派兵参战。9月15日，大批美军在仁川登陆，朝鲜人民军被迫向北部撤退，美军大举北进，打着联合国的旗号美国悍然武装侵略北朝鲜，并将战火引向中国。10月25日，为了保家卫国，中国出

1953年7月27日，"联合国军"总司令克拉克在停战协议上签字

兵"抗美援朝",人民志愿军跨过鸭绿江,与朝鲜人民军一起抗击美军。朝鲜战争由内战终于扩大为中朝为一方,美韩及"联合国军"为另一方的局部战争。1953年7月27日,美军被迫在板门店签署了《关于朝鲜军事停战协定》,朝鲜战争宣告结束。朝鲜战争是战后初期最大的一次局部战争,它使东亚的冷战体制进一步增强。

越南战争

越南战争(1961—1975),简称越战。越战持续了14年,是美国历史上持续时间最长的战争,也是"二战"以来美国参与的伤亡人数最多的战争。它给越南人民带来了深重的灾难,也给了美国沉重的打击,使其从战后的巅峰跌落下来。1954年,美国在越南南方扶植傀儡政权,引起南越人民的反抗。1960年,越南成立了反对傀儡吴庭艳政府的南方游击队——"民族解放阵线",南方游击队的斗争得到了北越领导人胡志明的支持。1961年,美国发动了一场"特种战争",即由美国出钱,派遣军事顾问指挥南越军队进攻游击队。1964年,美军直接参战,"特种战争"升级为"局

越战中孩子们从燃烧的村子里逃出来
(获普利策新闻奖照片)

部战争"。越南人民奋起反抗，使美国陷入了越战的泥潭，无法脱身。在尼克松执政时期，美国因国内的反战浪潮，逐步将军队撤出越南。1973 年 1 月，美国被迫签署《关于在越南结束战争、恢复和平的协定》。在 60 天里，美军从越南全部撤出。1975 年，南越政府军队被北越人民军和南越解放军消灭，越南获得最终的统一。

联合国

根据雅尔塔会议的决议，1945 年 4 月 25 日—6 月 26 日，来自 50 个国家的代表参加了在美国旧金山举行的联合国国际组织会议，代表们签署了《联合国宪章》。10 月 24 日《联合国宪章》正式生效，标志着联合国正式成立。至 2002 年，联合国有会员国 191 个。联合国的宗旨是："维持国际和平安全"，"制止侵略行为"；"发展国际间的友好关系"；"促成国际合作"等。联合国有 6 个主要机构，其中联合国安全理事会是联合国维持国际和平与安全的执行机构，是联合国最重要的机构，现由美、英、法、中、俄 5 个常任理事国和 10 个非常任理事国（由联合国大会选举产生）组成。它做出的决议，全体会员国应该接受并履行。常任理事国对任何非程序问题拥有否决权。

联合国自诞生以来，在国际生活中发挥了重要的作用。在成立

1945 年 10 月 24 日，联合国成立

初期的一段时间里，它被美国控制。20 世纪 60 年代的联合国是美苏争霸的场所。随着国际形势的发展，第三世界崛起，大批亚非拉国家加入联合国，从而大大改变了联合国的面貌，尤其是1971 年中国在联合国席位的恢复，进一步改变了它被少数大国操纵的状况。冷战结束后，联合国成为单极势力和多极势力角逐的场所。尤其小布什就任美国总统后，其"单边主义"倾向急剧膨胀，美国不断向联合国的权威提出挑战。2003 年，美国不顾联合国多数国家的反对，在没有联合国授权的情况下向伊拉克开战，违背了国际法和联合国宪章的精神，使联合国的命运面临严峻的考验。

世界贸易组织

世贸组织的前身是关贸总协定。1947 年 10 月 30 日，在美国的策动下，23 个国家在日内瓦签订了旨在调整缔约国对外贸易政策和国际贸易关系方面的相互权利、义务的国际多边协议，即关贸总协定。它既指此协定，又指执行此协定的国际组织，其总部设在日内瓦。至 1994 年 12 月，关贸总协定的成员包括 125 个国家和地区。该协定自成立以来，共举行了 8 次多边贸易谈判。1995 年 1 月，世界贸易组织取代关贸总协定，成为独立于联合国的永久性国际组织。世界贸易组织的主要宗旨在于通过市场开放、非歧视性和公平贸易等原则，来达到推动实现世界贸易自由化的目标。

万隆会议

1955 年 4 月 18—24 日，29 个亚非新兴独立国家在印度尼西亚的万隆召开国际会议，被称作万隆会议。会议讨论了国际形势和有关亚非国家人民共同面对的问题。周恩来代表中国政府提出的求同存异的方针为各国代表接受，为会议的成功奠定了基础。会议一致通过了《亚非会议最后公报》，宣布一切国家的人民都享有自决的权利，支持殖民地国家人民的民族独立战争，倡导以和平共处、友好合作十项原则为国与国之间关系的准则。

万隆会议是亚非国家首次在没有西方殖民国家参加的情况下自主召开的国际会议。它的召开是战后世界历史上一个划时代的事件。这次会议体现了亚非国家人民团结一致、共同保卫世界和平的决心，促进了亚非各国人民反帝反殖斗争的发展。会议产生的"万隆精神"，对世界和亚非各国具有深远的影响。

东欧剧变

1989—1990 年，随着苏联政策的变化，东欧局势发生了激烈的动荡。在短短两年的时间里，波兰、罗马尼亚、民主德国、南斯拉夫、捷克斯洛伐克等东欧社会主义国家，政权纷纷易手。执政 40 多年的共产党、工人党纷纷下野。伴随着共产党丧失执政地位，东欧各国的社会制度也发生了根本性的变化。从根本上来说，东欧剧变是由于各国没有找到一条适合本国国情的道路。

苏联解体

20 世纪 80 年代末，苏联改革出现失误，再加上帝国主义的和平演变，东欧社会主义国家发生了政治剧变。1990 年苏联的立陶宛、爱沙尼亚、拉脱维亚三个共和国宣布先后独立。1991 年 8 月 14 日，苏联公布了《苏维埃主权共和国联盟条约》，条约将"苏维埃社会主义共和国联盟"改名为"苏维埃主权共和国联盟"，仍旧简称"苏联"。但这一条约的签订，不仅意味着苏联国家体制将面临重大变化，而且意味着对民族分离活动的让步和认可，是苏联瓦解的开始。

1991 年 8 月 19 日，在苏联即将终结的时候，一些试图维护苏联本来的联盟体制、避免苏联解体的苏联高级官员发动事变。"八·一九"事件的悲剧性在于，它以维护苏联为初衷，但却成了苏联加速瓦解的催化剂。3 天后，叶利钦及其支持者迅速掌握了国家大权。苏共被排挤出政权机构，国家政权发生了根本的质变。各共和国分离势力急剧增长，纷纷宣布独立，苏联解体的速度骤然加快。1991 年 12 月 22 日，原苏联的 11 个加盟共和国在阿拉木图签署《阿拉木图宣言》，宣布成立"独立国家联合体"。1994 年 12

月 26 日，苏联最高苏维埃共和国主席团召开会议，宣布苏联不复存在，苏联正式解体。苏联的解体对世界格局的影响重大，它结束了冷战，使整个世界由两极对立向多极化新格局转变。

海湾战争

1990 年 8 月 2 日，由于边境纠纷和石油争端，伊拉克出动 10 万大军入侵科威特，海湾战争爆发。为了控制海湾的石油资源，维持美国在海湾地区的势力，美国打出了"维护正义"和"解放科威特"的旗号。1991 年 1 月 17 日，海湾地区的美国军舰对伊拉克防空阵地、雷达基地发动了导弹袭击，以美国为首的多国部队开始实施以"沙漠风暴"为代号的军事干涉行动，海湾战争爆发。从 1991 年 1 月 17 日至 2 月 24 日，多国部队对伊拉克进行了持续 38 天的空中打击，伊军全线溃败。多国部队于 28 日停战，海湾战争结束。这场战争是冷战结束后规模最大、参战国最多、现代化程度最高的一场局部战争。

海湾战争中的多国部队地面部队向前线推进

"9·11"事件

2001 年 9 月 11 日上午 10 时 29 分（美国当地时间），纽约市世贸中心双塔楼被恐怖分子劫机撞毁，共有 2823 人遇难，另外还有 105 人失踪，直接经济损失高达 1000 亿美元。同时被撞的还有美国的五角大楼。此事件被称作"9·11"事件。事件发生后，美国总统布什发表简短声明，指出 9 月 11 日恐怖分子对纽约和华盛顿的袭击不仅仅是一次恐怖行动，而且是一个"战争行为"，并表示将彻底追查此事。美国随后冻结恐怖组织的资金，捉拿"9·11"事件的罪魁祸首本·拉登，后来又对阿富汗实施打击。美国的反恐战争就此拉开了序幕。

世贸中心双塔楼被撞瞬间

"9·11"事件使人们陷入极度恐慌之中，引起全世界的震惊，这是美国历史上遭遇的最为严重的灾难之一。"9·11"事件后，美元贬值、股市下跌，石油等战略物资价格一度上涨，其影响波及欧洲及亚洲的主流金融市场。

金融危机

自 1997 年 7 月起，爆发了一场始于泰国，后迅速扩散到整个东南亚，最后波及世界的东南亚金融危机。许多东南亚国家和地区的汇市、股市轮番暴跌，金融系统乃至整个社会经济受到严重创伤，这些国家和地区出现了严重的经济衰退。这次东南亚金融危机持续时间之长、危害之大、波及面之广，远远超出人们的预料。然而，危机的发生绝不是偶然的，它是一系列因素共同促成的必然结果。从外部原因看，是国际投资的巨大冲击以及由此引起的外资撤离。但是，这次东南亚金融危机的最根本原因还是在于这些国家和地区内部经济的矛盾性。

艺术

艺术不是技艺，它是艺术家体验了的感情的传达。

——列夫·托尔斯泰

中国画基础知识

（一）中国画概述

中国画

中国画原来泛指中国绘画，是近代为了区别明末传入中国的西洋画而出现的概念，在造型方式、使用材料和表现手法方面与西洋画有明显的差异，它包括卷轴画、壁画、年画、版画等形式多样的门类。

现在中国画作为中国的画种之一，也叫"国画"，是指使用中国传统的"文房四宝"——笔、墨、纸、砚，配上中国画颜料所作的画，在世界美术领域自成一系，具有鲜明的民族风格。中国画的种类，按表现技法可分为工笔画、写意画等；按题材不同可分为人物画、山水画、花鸟画。

中国画在表现内容和创作理念上，反映了中华民族具有鲜明民族特色的社会认知和审美情趣，集中体现了中国人对自然、人生、社会及与之相关联的政治、宗教、道德、哲学、文艺等方面的认识。

写意和工笔

写意是用概括、夸张的手法来表现对象。用笔方法多变，具有豪放、简练、洒脱的特点，因其强调画家主观感受，抒发"胸意"，故称"写意"。写意画一般用简练的笔墨描绘景物，不重视线条，重视意态神韵，讲究以少胜多的笔墨情趣。

写意荷花

工笔荷花

写意包括"小写意"、"大写意"两种形式。比较而言小写意在对物象的刻画上较为细致，用笔以中锋、小侧锋为主；大写意在对对象的刻画上则更为概括，用笔以侧锋为主，多用"泼墨"的方法作画。

工笔是与写意对应的一个画种，讲究中锋用笔，以工整细致的笔法描绘景物，细节明澈入微，敷色层层渲染，要求笔触细腻、描绘生动。在工笔画中又分"白描、"工笔淡彩"（简称"淡彩"）、"工笔重彩"（简称"重彩"）、没骨工笔。

白描是一种完全用线来表现物象的画种，在古代也叫"白画"、"粉本"。因其在作画时不用考虑色彩的因素，具有一定的单纯性，所以是中国画造型练习的主要手段。它在中国画中的地位，相当于西洋画中的素描。但白描也可作为一种独立的画种，存在艺术性强的白描，本身就是艺术品。我国古代流传下来的大量白描作品就是例证。

淡彩和重彩画，是工笔画的主体。就形式而论，它是在白描的基础上敷以颜色。二者的区别在于：淡彩画用色清淡，多用较为透明的"水色"（即用植物为原料制成的颜色）；而重彩画则用色浓重，多用"石色"（即用矿物质颜料制成的颜色）。

人物画、山水画、花鸟画

人物画是以人物为主体内容的绘画，简称"人物"。人物画是中国历史上最早形成的一大画科，可细分为描写仙佛僧道的道释画、描写女性的仕女画、描写历史的历史故事画、描写社会风俗的风俗画等若干小类。人物画注重对人物神情和性情的表现，常通过环境、气氛、身段和动态的渲染来表现人物的性格，强调"以形写神"、"传神"、"气韵"等审美基调，产生了不少传世佳作。如东晋顾恺之的《女史箴图》、《洛神赋图》，唐代阎立本的《职贡图》、《步辇图》，"画圣"吴道子的《天王送子图》等，都是人物画的珍品。

山水画是以描写山川自然景色为主体的绘画，简称"山水"。它最早只是作为人物画的背景，独立成科后经过王维、米芾、董其昌等历代山水画家的发展，成为最能代表中国绘画艺术成就的一大画种。近代，中国传统山水画在西方绘画的冲击下，发生了新的变革。新一代大师黄宾虹、李可染、张大千等吸收西方绘画理论，创出自己的风格，将山水画发展到一个新的阶段。

花鸟画是以花卉、禽鸟、动物为主要描绘对象的绘画，简称"花鸟"。花鸟画不是为描绘花鸟而描绘花鸟，而是缘物寄情、抒发胸臆的艺术载体。它紧紧抓住花鸟与绘画者生平遭际、思想感情的某种相通给以强化表现，不仅追求"识夫鸟兽草木之名"的认识作用，还特别强调其"夺造化而移精神遐想"的怡情作用。历史上花鸟画名家辈出，齐白石是近现代花鸟画的代表人物。

（二）著名画家画作

顾恺之（约 345—407）

东晋大画家，以"才绝、画绝、痴绝"而驰名于世，所作画多为人物肖像及神仙、佛像等。传世作品有《洛神赋图》、《女史箴图》、《列女传·仁智图》等，都是后人摹本。他主张画人物要有传神之妙，关键在于"眼"中。他的人物画五官描写细致入微，动态处理自然大方，善于以人物面部的复杂表情，来隐现其内心的丰富情感和独特个性。古人形容顾恺之的绘画"如春蚕吐丝"，"春云浮空，流水行地"，线条连绵不断，悠缓自然，富于节奏感。

顾恺之的出现标志着中国绘画艺术进入成熟阶段，其"迁想妙得"、"以形写神"等绘画理论对中国绘画产生了极其深远的影响。

顾恺之《女史箴图》之一

阎立本（601—673）

唐代画家，工于写真，擅长画人物、车马、楼阁，取材多是官宦、贵族以及宫廷历史事件，笔法圆劲，气韵生动，能通过画面展示出人物的性格特点。代表作有《步辇图》、《凌烟阁二十四功臣像》等。《步辇图》描绘唐太宗接见松赞干布派来迎娶文成公主的吐蕃使臣的情景，线条流畅，色彩艳丽，五官勾画精细，细节突出。通过面部特征的刻画，表现了不同身份人物的不同气质和仪

阎立本《步辇图》

态，是一幅具有重要历史意义和艺术价值的画作，今存有宋代摹本。阎立本继承了南北朝的优秀传统，又有创新和发展。他的作品在线条的表现力、色彩的变化多端和人物精神状态的刻画上，都比前朝有了很大的进步，因而被誉为"丹青神化"而为"天下取则"，在绘画史上具有重要地位。

吴道子（约686—760）

唐代画家，"年未弱冠，穷丹青之妙"，一生主要从事宗教壁画的创作，作有壁画300多幅，被誉为"画圣"。吴道子画艺全面，人物、山水、鸟兽无所不精。他技艺纯熟，画丈余大像，可从手臂开始，也可从足部开始；想像力丰富，能在巨大的画幅中创造出千变万化的形象，表现不同的情景和气氛。《图绘宝鉴》中说他"早年行笔差细，中年行笔磊落，挥霍如莼菜条，人物有八面生意活动"。其成熟时期的画风他在《历代名画记》中自谓："众皆密于盼际，我则离披其点画。人皆谨于象似，我则脱落其凡俗。"吴道子的画以线条为主体，富有强烈的运动感和节奏感，所画人物、衣袖、飘带，具有迎风起舞的动势，"天衣飞扬，满壁风动"，有"吴带当风"之称。代表作是《天王送子图》等。吴道子的影响并不限于唐代，至宋代，许多画家仍然追逐向往他的画风。他的宗教绘画，一直到元、明以后还有很大影响，近代民间画工依然奉他为祖师，而且还保持着绘塑不分家的特点。

吴道子《天王送子图》

张萱 （生卒年不详）

唐代画家，擅长人物画，尤工仕女画，取材多为宫廷冶宴游乐生活，描绘骏马、宫苑、贵妇等。《宣和画谱》中说："张萱'又能写婴儿，此尤为难'。"张萱画儿童不像其他人所画或者身小而貌壮或者类似于妇人，而是能抓住儿童的体型、面貌特征，真切描绘出儿童的天真烂漫情态。代表作有《虢国夫人游春图》、《捣练图》等。《虢国夫人游春图》描绘了杨贵妃的三姐虢国夫人及其仆从出游赏春的情景，人物表情微妙，神态从容；马匹漫步悠游，轻松舒缓。整幅画弥漫着雍容华贵的盛唐气息，具有很高的艺术价值。张萱笔下的女性形象丰满，服饰艳丽，反映出盛唐崇尚健康丰腴的审美情趣，代表了那个时代仕女风俗画的典型风格。

《虢国夫人游春图》

周昉 （生卒年不详）

唐代画家，擅长画贵族人物肖像及宗教壁画，不但能准确描摹人物的外在形象，更能深入内在，抓住人物的神韵风姿。他的仕女画最为突出，所画女子形象大多衣着华丽，体态丰厚，曲眉丰颊。传世作品有《杨妃出浴图》、《宫骑图》、《簪花仕女图》、《挥扇仕女图》等。《簪花仕女图》取材于宫中妇女生活，画家以极其谨慎细腻的画笔，成功地塑造了宫中嫔妃们"戏犬"、"漫步"、"看花"、"采花"的神态。画中人物体态丰腴，色彩浓艳，体现出鲜明的唐代审美风尚。《历代名画记》形容他的画："衣裳劲简，彩色柔丽。菩萨端严，妙创水月之体。"

周昉《簪花仕女图》

张择端（生卒年不详）

北宋著名画家，擅长画建筑、车船等风俗题材。他的《清明上河图》是著名的北宋风俗画，也是我国古代绘画中最杰出的作品之一。整幅画全长 528.7 厘米，高 24.8 厘米，全景式地再现了清明节北宋都城汴梁（今开封）和汴河两岸各阶层人物的活动情景。场面浩大，内容丰富，共画有 500 多名人物，船只、车马、店铺、民居等不可计数。画家选取了最能表现当时时代特征的事物进行表现，如漕船、骆驼队、纤夫、小贩等，又安排了戏剧性的情节，人物动作自然，表情真切，画面极富动感，恰如一台正在热闹上演的民间风俗剧。

张择端的《清明上河图》以极为丰富的表现内容、高度真实的历史场景和生动传神的艺术表现，为中国绘画史乃至世界绘画史增添了浓墨重彩的一笔。

张择端《清明上河图》局部

赵孟頫（1254—1322）

元代著名画家，号松雪道人，开创了元代新画风，被称为"元人冠冕"，擅长画鞍马、人物、山水竹石。他技法全面，博采众家之长，绘画讲求表达思想内涵，以气韵生动取胜。代表作有《浴马图》、《鹊华秋色图》、《秋郊饮马图》等。《秋郊饮马图》是赵孟頫晚年人物鞍马画的代表作，布局讲究，十匹马神态各异，或奔腾追逐，或徐步缓行，或低首就饮，或引颈长鸣，形神兼备。

赵孟頫《秋郊饮马图》

赵孟頫在艺术上主张标榜"古意"，谓"若无古意，虽工无益"。他提倡继承唐代与北宋的画风，追求清雅朴素的特点，反对南宋险怪峻峭和繁琐浓艳的风格。他还提出"书画本来同"的口号，强调将书法用笔进一步引入绘画，使文人绘画的气味更加浓厚。赵孟頫是研究中国文人绘画的关键性人物，明人王世贞曾说："文人画起自东坡，至松雪敞开大门。"他在连接唐宋画风和元以后画风方面起到了桥梁作用，是中国文人画的杰出代表，其作品被美国、日本等地的人民视为艺术珍品而收藏。

除绘画之外，赵孟頫还擅长书法和诗文，其书风遒媚、秀逸，结体严整、笔法圆熟、世称"赵体"，与颜真卿、柳公权、欧阳询并称为楷书"四大家"。

"吴门四家"

它是指明代著名画家沈周、文徵明、唐寅和仇英，也叫"明四家"。沈周和文徵明，主要以山水画见长，作品多描写江南风景和文人生活，抒写宁静幽雅的情怀，注重笔情墨趣，讲究诗书画的有机结合。沈周的山水画多是粗笔，笔墨简朴遒劲，豪放雄迈，形成了浑厚沉郁、气势磅礴、笔丰墨健的风格特征。代表作有《夜坐图》、《江村渔乐图》等。文徵明的山水画以细笔为主，虽缺少纵深变化，却也自有一番清丽秀雅、缜密工整的气象，一股"士气"流溢其间。代表作有《江南春图》、《绿荫清活图》等。

唐寅《梦蜀宫妓图》

唐寅和仇英均出身下层社会，技法全面，功力精湛，题材和趣味较适应城市民众的要求，具有雅俗共赏的艺术效果。唐寅（唐伯虎）博学多能，吟诗作曲，能书善画，被誉为明代"江南第一才子"。唐寅山水、人物、花鸟、楼阁无一不精，能够博采众长，形成以"院体"工细为主而又兼文人画气格风貌的特点，而且常常能够通过诗书画的结合表达自己的感情，阐发自己绘画的立意。他的山水画大多表现雄伟险峻的江山胜景，大幅气势磅礴，小幅清隽潇洒；人物画多取材于神仙故事以及宫妓、仕女等。他的传世画作有《落霞孤鹜图》、《王蜀宫妓图》等。仇英是出身工匠而跻身文人群体的画家，他的文化修养不深，绘画题材狭窄，多描绘传统题材，但他的临古功力向来被人们所称道。他特别擅长工笔重彩人物和青绿山水，严谨工细，雅俗共赏。代表作有《秋原猎骑图》、

《桃源仙境图》等。

董其昌（1555—1636）

明代后期著名画家，擅长画山水，代表作品有《秋兴八景图册》、《青卞图》、《江山秋霁图》等。《秋兴八景图册》共八开，描绘草木繁盛、风雨迷蒙的江南水乡秋景。构图精巧，韵味充足，意境高远。董其昌在绘画理论上有不少建树，他把中国画的笔墨语言从绘画中突出出来，使笔墨的高妙和精趣成为画面的中心；他主张以禅论画，认为画中有禅意才是最高境界；他强调摹古，提倡"仿古人变古人"，"集其大成，自出机杼"，追求秀雅蕴藉的趣味和笔墨效果。他还将山水画分为"南、北宗"，推崇有"文人气"的南宗画。董其昌的绘画理论对明代绘画发展影响很大，是明后期画坛的中心人物。

《秋兴八景图》之一

石涛（1642—1707）

中国清代画家，僧人，法名原济，号苦瓜和尚，与明末清初画家弘仁、髡残、朱耷（八大山人）合称"四僧"。石涛以山水画见长，兼工花卉兰竹。他主张"借笔墨写天地万物而陶泳我乎"，"借古以开今"。他的山水画一反当时的仿古之风，布局新奇，笔墨雄健，耳目一新。他的花鸟画潇洒恣意，看似无法实则有法，独抒性灵，讲究诗情画意的配合，拓展了作品的意蕴。代表作有《淮扬洁秋图》、《山水清音图》、《细雨虬松图》、《梅竹图》、《竹菊石图》等。石涛著有《苦瓜和尚画语录》，他提出的"搜尽奇峰打草稿"和"我用我法"等绘画主张对后来的扬州画派和近代画风的形成有很大的影响。

石涛《淮扬洁秋图》

扬州八怪

　　清朝一个著名画派，主要活动范围在扬州，主要成员有金农、郑燮、黄慎、李鱓、罗聘、李方膺、汪士慎、高翔八人，因为这些画家大胆突破传统美学规范，重视个性，力求创新，加之个性孤傲，所以人称"扬州八怪"。他们绘画的主要内容是写意花鸟，如梅、兰、竹、菊、花鸟枯石、仙佛鬼趣等。

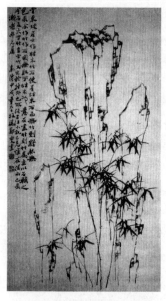

郑板桥《竹石图》

"扬州八怪"中最受人们称道的是郑燮（郑板桥），他画兰竹五十余年，经过了从"眼前之竹"到"胸中之竹"再到"手中之竹"的过程，成就最为突出。他所画的花鸟竹石灌注了强烈的个人性灵，有意境，有创新，有感染力。现存兰竹图多幅，笔墨简劲疏朗，构图变化多端，题识奇趣横溢。代表作品有《竹石图》、《兰竹图》等。

吴昌硕（1844—1927）

我国近代画家、篆刻大师，在诗、书、画、印各方面都有很深的造诣。吴昌硕将书法、篆刻的笔力融进绘画之中，形成了笔墨酣畅、气势奔放的画风。所以他自己说："我生平得力之处在于能以作书之法作画。"吴昌硕尤其擅长画大写意花卉，他画的梅、兰、菊、荷、水仙、紫藤等都体现出他独有的雄劲古朴的风格。《红梅图》中，红梅在画面穿插交错，看似庞杂，实则极具章法。图中的梅花枝干具有书法酣畅淋漓的意味，使整幅图画充满气势。吴昌硕在绘画中善于大胆使用重色，用墨浓淡干湿总相宜，超乎形似，出神入化，表现出所画事物内在蓬勃的生命力，发展了石涛、扬州八怪以来的大写意绘画传统，形成了自己独特的艺术风貌。

吴昌硕《红梅图》

齐白石（1864—1957）

近代书画家，诗、书、印、画具备。他出身雕花木工，以自学为主，也拜当地有名文人为师，曾五次游历华山、泰山等名胜锦绣，开阔了眼界，积累了画资。他的绘画具有"万虫写照，百兽传神"的特点，体现了他所坚持的"妙在似与不似之间，太似为媚俗，不似为欺世"的艺术主张。他兼善花鸟、人物、山水，一扫羸弱文人的伤感气息，变而为简练粗犷、爽朗强健的风格。

齐白石十分擅长写意花鸟，尤以画水墨虾、蟹、鱼、蛙等闻名，他画的虾更是画坛一绝。齐白石的画着墨不多，概括生动。他利用水墨的自然浸润，表现出晶莹剔透的虾的躯体，以简练的用笔

齐白石《虾趣》

把活泼多趣的虾刻画得活灵活现，充满韵味。齐白石的风格对现当代中国画的创作产生了极大的影响，同时还打开了中国画通往世界的大门，使中国画在国际上引起重视。西班牙著名画家毕加索曾这样评价："齐白石真是你们东方了不起的一位画家！……中国画师神奇呀！齐先生水墨画的鱼儿没有上色，却使人看到长河与游鱼。那墨竹与兰花更是我不能画的。"

黄宾虹（1865—1955）

近现代画家，20世纪中国画坛承前启后的画家之一，以山水画见长。黄宾虹对祖国大好河山充满了热爱之情，主张"读万卷书，行万里路"。他擅长用浓淡不同的墨彩反复勾画点染，使山川层层深厚，繁而不乱，呈现出层次丰富、气势磅礴、意境深邃的景象，人们将其总结为"黑、密、厚、重"。在艺术主张上，他提出"五笔七墨"，五笔即平、圆、留、重、变，七墨即浓、淡、破、泼、积、焦、宿。黄宾虹的作品丰富了人们对于祖国大好河山的欣赏和理解，也在山水画的古代优秀传统与现代人的思想感情沟通方面起到了桥梁作用。几十年来，他的画作一直受到人们的热切关注，在画坛至今仍有巨大的影响。

黄宾虹山水画

潘天寿（1866—1971）

现代著名画家，擅长写意花鸟和山水画，主要题材多为鹰、八哥、松、梅、竹、荷、蔬果、山石、野花等。他的画作线条坚定、

潘天寿《映日荷花图》

227

粗犷有力，构图出人意表，风格沉雄、坚毅，有撼人的力量和强烈的现代意识，体现出刚强、豪迈的民族性格。他十分讲究笔墨运用，擅长使用浓墨、泼墨、焦墨、破墨等技法，用笔粗犷而有控制，藏豪放坚忍气格于简朴古拙之间。他曾说："用墨难于枯、焦、润、湿之变，须枯焦而能华滋，润湿而不漫漶，即得用墨之要诀。"潘天寿还有大胆的创新精神，他认为："荒山乱石，幽草闲花，虽无特殊平凡之同，慧心妙手者得之尽成极品。"

张大千（1899—1983）

具有世界影响的国画大师，一生极富传奇。年轻时游学日本，回国后归隐山间，潜心临摹前人古画、壁画等，1949 年后出国云游欧美等地，视野遍及世界。他常说："见闻广博，要从实际观察得来，不只单靠书本，两者要相辅而行的。名山大川，熟于胸中，胸中有了丘壑，下笔自然有所依据，要经历的多才有所获。山川如此，其他花卉、人物、禽兽都是一样的。"张大千才华横溢，画路宽广，山水、花鸟、人物等无一不能，工笔和写意无一不精，画风

张大千《庐山全景》

多变，自成一家，被画坛称为"东方的毕加索"。他晚年受到西方现代绘画抽象表现主义的启发，独创泼彩画法，墨彩交相辉映的效果使他的绘画艺术在深厚的古典艺术底蕴中透露出独具品格的现代气息。代表作有《长江万里图》、《庐山全景》等。

徐悲鸿（1895—1953）

徐悲鸿《奔马》

现代绘画大师，中国现代美术事业的奠基者，擅长中国画和油画。徐悲鸿曾先后在日本和法国观摩学习美术，所以他兼采中西艺术之长，集国画的写意风格与油画的严谨结构于一身，作品饱含激情，技巧极高。他提出："古法之佳者守之，垂绝者继之，不佳者改之，未足者增之，西方画之可采入者融之。"他是现实主义的艺术大师，指出："艺术家应该与科学家同样有求真精神，研究科学，以数学为基础，研究艺术，以素描为基础"，认为"素描写生是一切造型艺术的基础"。最能反映徐悲鸿个性的就是他的骏马图。他笔下的奔马筋强骨壮，形神兼备，给人奔放酣畅、气势磅礴的感觉，深受人们喜爱。代表作有《奔马》、《愚公移山》等。

傅抱石（1904—1965）

现代国画家、绘画理论家。善用浓墨、渲染等手法，把水、墨、彩融合一体，达到气势磅礴的效果，人称"抱石皴"。傅抱石对中国当代山水画的发展起到了继往开来的作用，人民大会堂的巨幅山水画《江山如此多娇》便是他与关山月合作的杰作。此外，傅抱石的人物画也别具一格，多取材于古典名著，线条劲简，用笔洗练，达到出神入化的效果，既有传统的古雅之风，又不失现代的浪漫气质。他还将山水画的技法融合到人物画中，显示出独特的个性。代表作有《大涤草堂》、《潇潇暮雨》、《万竿烟雨》等。

傅抱石《三峡图》

刘海粟（1896—1994）

极具革新精神的美术大师，中国首位提倡人体模特教学的画家，开辟户外写生风气的第一人。他率先招收女生，反对封建礼

刘海粟《黄山图》

230

教，人称"叛逆大师"。刘海粟擅长山水画，曾多次赴黄山写生，所作黄山图，奇幻壮丽，气魄宏大，寄托了画家对大好山河无限热爱的深情。蔡元培曾这样评价刘海粟："他的个性十分强烈，在他的作品里处处可以看得出来"，他的线条"总是很单纯、很生动的样子，和那细纤女性的技巧主义是完全不同的。他总是绝不修饰，绝不夸张，拿他作品分析起来，处处可以看得出他总是自己走自己要走的路，自己抒发自己要抒发的感情。"

林风眠（1900—1991）

艺通中西的现代画家，倡导"中西融合"的艺术思想。早期画作多为油画，抗战以后多采用水墨、水粉、水彩作画，题材多样，花鸟虫语、山水景物、人物故事皆可入画。林风眠对中西文化的审美情趣有着深刻的领悟，他吸收了西方印象主义绘画等现代绘画的营养，与中国传统画相结合，创造出富有时代气息和民族特色、高度个性化的抒情画风。他的孤鹜、秋雁、美女等水墨画，光影色彩自然柔和，极具韵味，给人以诗意的享受。林风眠的画作很多，内容整体呈现悲凉、孤寂的抒情风格。他是 20 世纪实践中西文化融合具有革新开拓精神的先驱，是整个 20 世纪中国美术界的精神领袖和一代宗师，对许多后辈画家产生过非常深远的影响。

林风眠《伎乐》

李可染（1907—1989）

现代著名山水画画家。李可染作画主张苦学，主张深入观察、深入思考、深入实践，人称"苦学派"。他的画师法自然，探索光与墨的变幻，不似以前文人的逸笔优雅，而以悲沉的黑色为基本色调，"黑色世界"造成的凄迷基调深深地抓住了人们的视觉，形成"黑"、"满"、"崛"、"涩"的艺术风格。他能结合西方立体主义绘画的构图技巧，创造性地探索出新图式，表现出浑厚博大的精神力量。李可染不仅是一位辛勤耕耘70余年的画坛巨匠，而且在艺术观念的开拓和发展上也做出了重要贡献，其影响早已超越美术界，受到各方面的高度评价。

李可染《山村飞瀑》

蒋兆和（1904—1986）

现代人物画画家，被称为20世纪中国现代水墨人物画的一代宗师。受徐悲鸿影响，他把中国人物画的线描和西洋画的素描、解剖等技法融合起来，运用到人物画创作中去，取得了很大的成功。他的画将写意和写实用全新的笔墨技法架构起来，深刻地表现了人

物的内心世界。蒋兆和关注穷苦百姓的生活，绘
有《拾煤核》、《流浪的小子》、《乞妇》、《卖子
图》等一系列反映抗日战争时期人民悲惨生活的
作品，开辟出一条水墨画与民生写真相结合的绘
画道路。其中《流民图》高 2 米、长 26 米，是
他一生的重要代表作。此外，《阿 Q 像》也是蒋
兆和人物画中的佳作，画中人物神形逼真，内涵
丰富，被视为阿 Q 肖像画的典范。蒋兆和在水墨
人物画领域里把中国画特有的造型魅力最大化，

蒋兆和《阿 Q 像》

使中国的现代水墨人物画跻身于世界现实主义绘
画的行列。

岭南画派

　　它是近代中国艺术革新运动中逐步形成的一个画派，主要成员
都是广东籍画家。高剑父、陈树人和高奇峰是岭南画派的创始人，

关山月《雪梅》

人称"岭南三杰"。岭南画派主张融汇中西绘画之长，改造传统国画。他们积极吸收西方油画技法，在水墨中掺入水彩、水粉画的粉质颜料，用"没骨"法和"撞水撞粉"法，使画面色彩鲜艳亮丽。著名画家关山月是第二代岭南画派的代表人物，以画梅著称，无论是墨梅还是红梅，都表现出"铁骨傲冰雪，幽香透国魂"的精神。岭南画派是一个具有革命精神、创新精神、时代精神和兼容精神的流派，也是中国绘画史上一个非常重要的民族绘画流派，深受海内外华人的喜爱。

西洋画基础知识

（一）西洋画概述

西洋画

指区别于中国传统绘画体系的西方绘画，包括油画、水彩、水粉、版画、铅笔画等许多画种。传统的西洋画注重写实，以透视和明暗方法表现物象的体积、质感和空间感，强调画作在一定光源照射下所呈现的色彩效果。

油画最早起源于欧洲，大约15世纪时由荷兰人发明，是西洋绘画的主要画种。它主要用亚麻仁油、核桃油等调制颜色来作画，一般多画在布板、木板或厚纸板上，其特点是颜色有较强的遮盖力，能充分表观物体的真实感、立体感和丰富的色彩效果。油画比较适合创作大型化、史诗化的题材，表现庄重、肃穆、宏大的艺术氛围。500多年来，油画一直受到画家们的青睐，也为广大艺术欣赏者所喜爱。

版画是以"版"作为媒介的一种绘画艺术，画家运用刀、笔或其他工具，在金属、石板、木板等不同材质上进行制版，通过印刷完成作品。根据版质的不同，版画可分为木版画、铜版画、石版画等。铜版画艺术典雅、庄重，历来都被公认为是一种名贵的艺术画种。它起源于欧洲，至今已逾六百多年。历代绘画大师都曾热衷于铜版画创作，留下了十分精美的作品，包括德国的丢勒，荷兰的伦勃朗，西班牙的戈雅，法国印象派的马奈、莫奈、西斯莱、德加和现代的毕加索、马蒂斯等。

文艺复兴时期的绘画

欧洲 14—16 世纪资本主义萌芽和初步发展时期的绘画，首先在意大利发端，相继在尼德兰、德国、西班牙、法国等国家和地区蓬勃发展。这一时期的绘画契合了文艺复兴"在古代规范的影响下，艺术和文学的复兴"的要求，体现了重视人的价值和个性，提倡人性和自由，表达对人的现世关怀的追求，坚持现实主义方法，坚持人文主义思想。这个时期的画家们，一方面向希腊、罗马的古典艺术借鉴学习；一方面通过实践和探索，发明了透视法，使人物和景物呈现出立体感；同时，还对油画的颜料配方进行改进，对西方绘画的保存和发展做出了巨大贡献。意大利的达·芬奇和拉斐尔是文艺复兴时期绘画艺术的杰出代表。达·芬奇的杰作《最后的晚餐》、《蒙娜丽莎》被誉为世界名画之首。拉斐尔则以塑造圣母形象闻名于世。

巴洛克绘画

17 世纪风靡欧洲的绘画风格。色彩华丽绚烂，强调装饰性，

巴洛克绘画

与文艺复兴时期庄重典雅的绘画风格有很大不同。巴洛克绘画讲究豪华、壮观，色彩辉煌浓艳；具有浓郁的浪漫主义色彩，画面充满了紧张的戏剧冲突，强调幻想、幻觉；富有激情，充满了强烈的感情色彩，表现了画家的内心世界；具有运动感，构图、色彩都充满了节奏和韵律；有浓厚的宗教色彩，多取材于宗教故事，把人们的理想引向对宗教的崇拜。巴洛克画家的典型代表是比利时的鲁本斯、荷兰的伦勃朗等。他们的画作色彩明快，强调光影变化，对西方绘画具有持久的影响。

罗可可绘画

18 世纪，罗可可风格在法国兴起，随后波及欧洲其他国家。罗可可绘画追求华丽、纤巧和精致，用色清淡，充满了幽雅、华丽的感觉。罗可可绘画题材除了豪华的贵族生活以外，还有肖像、风景、神话以及平民生活等。罗可可绘画一方面不免浮华造作，缺乏对于神圣力量的感受；另一方面，又有法国式的轻快优雅，改变巴洛克绘画多取材于宗教的传统，转为表现凡人，开拓了绘画的表现题材，在反映现实上前进了一大步。代表画家有瓦托、布歇和弗拉

罗可可绘画

237

戈纳尔等。罗可可绘画流传区域不广，很快被新古典主义绘画所取代。

新古典主义绘画

是 18 世纪末至 19 世纪初流行于法国的绘画思潮，又被称为"革命的古典主义"。新古典主义绘画体现了大革命时期资产阶级的要求，推崇古希腊、古罗马艺术传统，以文艺复兴时期的美学思想为指导，追求古典式的宁静庄重和考古式的精确，多选择严肃的题材进行创作，注重造型的完整性，强调理性忽略感性，强调素描忽视色彩。代表画家有大卫（也译作达维德）和安格尔。法国的新古典主义绘画对欧洲的一些国家也产生了影响，其中包括英国、德国等。当时一大批优秀的画家如威尔逊、桑德比、科赫和杰内利等都活跃在画坛上。

新古典主义绘画《萨宾妇女》

浪漫主义绘画

19 世纪 20—30 年代兴起于法国的一种绘画风格。浪漫主义绘画是对当时新古典主义绘画的一次革命，反对古典主义对个性的压制，偏重于发挥艺术家自己的想象和创造，构图、光线、色彩、人物的动态表情等都表现了艺术家丰富的想像力。浪漫主义绘画多取材于中世纪的荒诞，也追求异国情调的传奇色彩；情感奔放，强调"感情高于理智"，"信仰高于理性"；强调色彩而淡化线条；还提倡对比的美学原则。代表画家有席里柯、德拉克洛瓦。席里柯凭借《梅杜莎之筏》被视为浪漫主义绘画的开创者，德拉克洛瓦则使浪漫主义绘画达到了顶峰，被誉为"浪漫主义狮子"。浪漫主义迈出了近代美术的第一步，给后来者提供了丰富的资源和借鉴，以及精神上的支持和鼓励。

浪漫主义绘画《梅杜莎之筏》

批判现实主义绘画

19 世纪中期在欧洲蓬勃兴起的一个绘画流派。批判现实主义绘画排斥神话、宗教和寓言等题材，将时代社会生活和自然景物作为主要表现对象，常常直接刻画当时各阶层人物尤其是底层劳动人民的生活，反对美化、粉饰现实，力主如实、客观地描绘所表现的人物和事件，提出"为生活为民众而艺术"的口号，带有鲜明的批判性质。从绘画技法角度来看，批判现实主义绘画属于传统写实油画，沿用的是古典油画的多层多次间接画法，强调细节的真实性，强调形象的典型性，强调具体描写方式的客观性。代表人物有法国的库尔贝和米勒、德国女版画家柯勒惠支、俄国的列宾等人。

批判现实主义绘画契合了当时人们渴望在艺术中看到自己生活的愿望和要求，也体现了画家关注现实、关注人生的艺术态度。

印象主义绘画

它也叫"印象派绘画"，是始于19世纪60年代的一种绘画风格和流派。它的出现是西方绘画史上一次较大的革命，是西方艺术划时代的里程碑。"印象主义"一名源自印象派画家莫奈的一幅题为《日出·印象》的油画。1874年的一天，莫奈、雷诺阿、塞尚等一群年轻的法国画家在巴黎举办了一次画展，被观点保守的记者撰文嘲讽为"印象主义画家展览会"，于是就产生了"印象主义"一词。印象主义绘画大胆抛弃传统创作观念和程式，忽视绘画的内容和主题，将关注的焦点转移到纯粹的视觉感受上，提倡户外写生，直接描绘阳光下的物象，用现代光学和色彩学的技巧表现光的效果。代表画家有马奈、莫奈、雷诺阿等。印象派使西方绘画进一步摆脱了对历史、神话和宗教的依赖，也脱离了讲故事的传统方式。可以说，现代绘画的发端是从印象派开始的。

印象主义绘画《睡莲》

后印象主义

它用来泛指那些曾经追随印象主义，后来又极力反对印象主义的束缚，形成自己独特艺术风格的画家。严格地说，后印象主义并不是一个流派，人们通常把塞尚、凡高和高更等人的绘画称为"后印象主义"。后印象主义反对印象派画家在描绘大自然光色变幻效果时所采取的过于客观的科学态度，主张艺术形象要有别于客观物象，须饱含艺术家的主观感受。例如，塞尚主张创造绝对的绘画，即绘画不再是对客观事物的模仿，而是注入画家主观解释的形体和结构；高更从强烈的主观出发，对客观事物获得的印象和感觉加以分析、综合，创造出一种突破时空制约的具有象征意义的绘画；凡高用明亮的色调与颤动奔放的线条传达了炽烈的思想。后印象主义直接影响了两大现代主义艺术潮流——强调画面结构秩序的立体主义和强调色彩、线条、节奏的野兽主义。

塞尚《水果盘、杯子和苹果》

20 世纪西方现代绘画

20 世纪以来，现代科技的发展改变了人与自然的关系，也改变了传统的生活方式，使现代画家不断创造和选择新的艺术语言去表现新的世界。20世纪西方绘画呈现出流派迭起、千姿百态的局面。自70年代后，现代西方绘画完全进入一个多元化的格局，画家们在更广泛的层面上探索绘画艺术，无风格流派可寻，花样翻新、层出不穷。其中，野兽派代表人物马蒂斯、立体派代表人物毕加索、超现实主义代表人物达利是影响广泛的3位现代派绘画大师。

野兽主义绘画

20世纪初西方现代艺术开始形成时期的一个画派。野兽主义画派存在的时间非常短暂，只有两三年，很快被立体主义所取代。

"野兽"一词，用来形容绘画作品中那种与常态相悖的令人惊愕的颜色和扭曲的形态。1905年秋，法国一个沙龙展览会展出了以马蒂斯为首的几名青年画家的作品，画风大胆，令人惊愕。一位评论家在一幅幅色彩狂野的绘画中看到了模仿意大利文艺复兴初期雕塑家多那泰罗风格的作品，便开玩笑说："多那泰罗置身于一群野兽的包围之中。"从此，这个画家群体就被称为"野兽主义者"，代表人物有马蒂斯、鲁奥、弗里茨等。野兽主义主张色彩应该彻底纯化，以便更加清晰地表现画家的感情。弗里茨给野兽主义下的定义是："通过颜色的交响技巧，达到日光的同样效果。狂热的移写（出发点是受到大自然的感动）在火热的追求中建立起真理的理论。"野兽主义是西方20世纪前卫艺术运动中最早的一个派别，他们继续着后印象主义画家们的探索，追求更为主观和强烈的艺术表现，对西方绘画的发展产生了重要的影响。

立体主义绘画

20世纪法国最重要的画派之一，对其后的各种现代派艺术都产生过不同程度的影响，创始人为勃拉克和毕加索。有评论家曾评论勃拉克的作品是"将风景人物、房屋，一切都变成了几何形与立方体"，于是人们称这一画派为"立体主义"。立体主义画家所关心的核心问题是怎样在平面的画面上画出具有立体感的自然形态。他们拒绝传统绘画中对光和空气的表现与描绘，创造了一种多维的浅透视，用许多相交的面（四方形、三角形、半圆形等）来表现物体，力求组织起一种几何化倾向的画面结构。为增强画面的立体感，画家在作品中甚至加入了拼贴，使用彩纸片、旧报纸、木纹纸和电车票等材料贴到画面上。立体主义绘画在西方艺术史上独树一帜，开创了综合表现手法的先河，对 20 世纪的雕塑和建筑艺术均产生了深远的影响。

抽象主义绘画

由野兽主义、立体主义绘画演变而来的一种绘画艺术风格。抽象艺术是与具象艺术相对的名称，其特征是不以描绘具体物象为目标，而是通过线、色彩、块面、形体、构图来传达各种情绪，激发人们的想象，启迪人们的思维。抽象主义的产生受到了现代工业和科学技术发展的影响，现代社会中的速度、力量、效率等比较抽象的因素刺激画家们对抽象美进行积极探索。抽象主义绘画的奠基人是俄国画家康定斯基，他认为抽象的形式是绘画最具表现性的形式，"形式愈抽象，它的感染力就愈清晰和愈直接"。他在绘画中寻求非具象的表现，努力把内心涌现的意象表现出来。《第一幅水彩抽象画》被视为最早的一幅抽象绘画作品。这幅水彩画以稀薄的乳黄色涂底，勾画出不规则的色彩与形态，展现了一个陌生而神

康定斯基《第一幅水彩抽象画》

秘的世界。该画派融合了各种反传统绘画的因素，追求一种纯粹的心理体验和视觉快感，已完全不能用传统的方式去欣赏。

超现实主义绘画

超现实主义是 20 世纪初期起源于法国的一种文艺思潮，影响广泛。1924 年，法国诗人布勒东发表了《超现实主义宣言》，指出超现实主义的宗旨是否认理性的作用，强调人们的下意识或无意识活动。精神分析大师弗洛伊德所创立的精神分析学说，对超现实主义艺术具有重要意义。根据弗洛伊德的观点，梦是无意识、潜意识的一种最直接表现形式，是本能在完全不受理性控制下的一种发泄，它揭露了人的灵魂深处的本质。超现实主义艺术家们纷纷用各自的作品强调梦幻的万能，用梦幻纠正现实，达到神妙的超现实境界。超现实主义最重要的代表画家是达利，他的画作充分表现了人的幻觉和潜意识中的景象，创造了现代艺术中令人心动又令人不安的梦幻景象，具有一种"真实的荒诞"。除达利外，超现实主义代表画家还有米罗、马格里特等，他们的作品对 20 世纪绘画和美学观念都有着重要的影响。超现实主义绘画拓宽了绘画表现领域，使画家们充分发挥想像力和创造力并运用各种手段进行创作，展示画境，释放了人类潜意识中的情感诉求。

（二）著名画家画作

乔托（1267—1337）

意大利早期绘画领域的开山祖师。他用人文主义的精神理解圣经题材，并用现实中的人物形象表现宗教故事。他所描绘的人物并非个性化的形象，而是渗透着宗教道德的内容。他发明了一套直接观察自然、以再现客观现实的绘画实验方法，开创了写实画风。他竭力用线条透视原则建立起画面的三维空间，使所表现的人体和景物呈现出立体感和纵深感。乔托是使西方美术摆脱中世纪美术程式的第一人，被誉为欧洲近代绘画之父，对文艺复兴艺术的发展产生了巨大的影响。代表作有《哀悼基督》、《犹大之吻》等。

乔托《犹大之吻》

波提切利（1445—1510）

15世纪意大利最有特色的代表画家之一，创作了许多圣母、圣子画像，善于运用线条造型，强调优美雅致的节奏感和丰富鲜艳的色彩感。他的画作并不局限于宗教题材，多取材于优美的古代神

波提切利《维纳斯的诞生》

话传说，更贴近世俗的、人性的情感。他的画作经常充满了诗意，表现了画家人文主义的乐观精神。到了晚期，由于社会动荡，作家产生了思想危机，画风大变，柔美的抒情风格转变为急剧变化的戏剧激情，流畅细腻的线条也被粗挺硬拙的轮廓所代替。他是佛罗伦萨画派的最后一位大师，代表作有《春》、《维纳斯的诞生》等。

达·芬奇（1452—1519）

意大利文艺复兴时期的伟人。达·芬奇不仅是一位天才的画家，而且是科学家、雕刻家、建筑家，是一位多才多艺、全面发展的人。他的《蒙娜丽莎》是世界上最著名的肖像画，《最后的晚餐》是世界最著名的宗教画。这两件作品使达·芬奇的名字永垂青史。《蒙娜丽莎》是画家历经 4 年才完成的作品。画上的蒙娜丽莎端坐在椅子上，温柔、娴静、美丽，脸上露出"神秘的微笑"，像是微笑刚开始的一瞬间，也像是微笑结束的一瞬间。在不同角度、不同光线下欣赏，人们会得到不同的感受：时而温文尔雅，时而安详严肃，时而略带哀伤，时而显出嘲讽，人物神秘莫测的心灵活动全都体现在这微笑当中。500 年来，人们一直对蒙娜丽莎令人捉摸不定的神秘微笑莫衷一是。《蒙娜丽莎》继承了希腊古典主义庄重、典雅和富于理性化的表现规范，同时又突破了希腊古典艺术在人本主义表现上的局限，使绘画艺术走向更深层、更内在、更微妙的表现世界。《最后的晚餐》是达·芬奇为一所修道院的餐厅所作的壁画，内容是描绘耶稣的门徒在听到主说"你们中间有一个人出卖我了"的时候所表露出来的不同反应。表现这一宗教题材的画作很多，达·芬奇的《最后的晚餐》以构思巧妙、布局卓越而最负盛名。画家把 13 个人物有机地组合在一起，既有区别，又有紧密联系，既突出了基督的主要形象，又层次分明地刻画出每一个人的外貌和性格特征。画面中的人物或惊恐，或愤怒，或怀疑，手势、眼神和行为都刻画得精细入微，使观者有身临其境之感。从整体构图到细节表现，《最后的晚餐》都无愧为世界绘画宝库中最完美的典范杰作。达·芬奇是一位伟大的现实主义画家，他的艺术实践和艺术理论是人类文化宝库中最珍贵的宝藏之一。

达·芬奇《最后的晚餐》

拉斐尔（1483—1520）

意大利文艺复兴时期最伟大的画家之一，与达·芬奇、米开朗琪罗并称文艺复兴"三杰"。拉斐尔画作中的人物清秀，场景祥和，特别是他的圣母画像秀美典雅，寓崇高于平凡，被誉为美和善的化身。拉斐尔的作品以优美的、充满诗意的绘画语言表现了人文主义的理想，充分体现了安宁、和谐、协调、对称的秩序，确立了古典主义的样式，在很长一段时期都被视为欧洲绘画的典范。

拉斐尔《带金莺的圣母》

他对美的孜孜不倦的追求对后世产生了巨大的影响。代表作有《西斯廷圣母》、《带金莺的圣母》、《雅典学院》等。

提香（1490—1576）

意大利文艺复兴时期威尼斯派画家，他的画作充分体现了威尼

提香《圣母升天》

斯市民阶层的生活理想和文艺复兴的时代精神，色彩绚丽辉煌，树立了文艺复兴新的艺术典型。他对生活有强烈的感情，敏于思考，善于发现客观自然的美，并能紧扣时代的脉搏。表现在绘画上则呈现出热情、奔放、绚烂、富于想象的风格，人物粗犷而意气风发。他是威尼斯画派的杰出代表，对后来的画家如鲁本斯和普桑都有很大的影响。代表作《圣母升天》构图宏伟，表现生动，具有动感的形象，成为西方绘画史上引领潮流的代表作，被誉为"近代第一杰作"。

鲁本斯（1577—1640）

巴洛克绘画艺术的代表人物。鲁本斯的作品多具有宏大的场面、雄健的造型和强烈的运动感，加上鲜明饱满的色彩和流动的线条，给人以富丽堂皇、华美绚烂的艺术感受。画家善于运用健康丰满、生机勃勃的形象，去表现自己乐观向上、富于激情的审美理想。鲁本斯的绘画对欧洲绘画的发展具有重大意义，他成功地将宏大壮丽的巴洛克风格和尼德兰传统的艺术风格融合起来，形成了浪漫、豪

鲁本斯《萨宾妇女被劫》

放、充满动感和激情、具有很强装饰性的画风。17世纪后期巴黎的法国皇家美术学院就出现了一批鲁本斯主义者；18—19世纪法国画家瓦托、德拉克洛瓦、雷诺阿等都在不同程度上受到过他的影响。代表作有《爱的花园》、《圣海伦娜》、《竖起十字架》、《萨宾妇女被劫》等。

伦勃朗（1606—1669）

荷兰著名画家，17世纪最杰出的现实主义肖像画、历史风俗画和风景画大师，代表作有《杜普教授的解剖课》、《夜巡》、《以马忤斯的晚餐》等。伦勃朗的作品采取强烈的明暗对比画法，用光线塑造形体，画面层次丰富，富有戏剧性。他的肖像画生动传神、别具一格，以细腻的笔法反映出所画人物的内心情感和个性气质。他尤其擅长绘画老人肖像，真挚感人，把老人一生的沧桑坎坷浓缩在画面中，具有打动人心的力量。他一生画了多幅自画像，真实地反映出画家不同时期的生活和精神状态。伦勃朗还创作了数量众多的铜版画，造型细致，艺术精湛，与他的油画作品一样具有永恒的魅力。

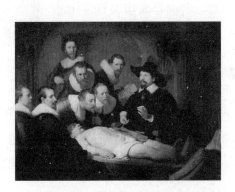

伦勃朗《杜普教授的解剖课》

维米尔（1632—1675）

荷兰17世纪中期杰出的风俗画家，代表作有《倒牛奶的女

维米尔《倒牛奶的女佣》

佣》、《戴珍珠耳环的少女》等。维米尔的作品追求的是一种温柔的抒情格调，绝大部分绘画内容为舒适悠闲的中产阶级的日常生活，多以家庭妇女为主体，描绘充满阳光的室内陈设、环境以及人物的活动等，喜欢将家务劳动诗意化，反映出 17 世纪荷兰富裕家庭生活的平静、安逸，以及自我满足的精神境界。他特别喜欢使用蓝色和柠檬黄色，擅长捕捉光线的微妙变化，营造出温馨、静谧、优雅的氛围。维米尔是荷兰最伟大的画家之一，他的画起到了净化人类心灵的作用。

夏尔丹（1699—1779）

18 世纪法国著名画家，以静物画饮誉世界画坛，代表作有《鳐鱼》、《戴遮阳帽的自画像》等。夏尔丹的静物画朴素、真诚，能发掘静物深藏的动态生命力和美感，赋予静物意味深长的诗意。多以普通市民日常用品为题材，给人一种自然、生动和活泼的亲切感觉，能引起人们思想感情上的共鸣，具有很高的艺术水平。晚期他主要创作家庭风俗画，表现平民小人物的日常生活，画风平

夏尔丹自画像

易、亲切、朴实，体现了新兴市民阶层的美学理想。夏尔丹试图通过静物画来反映城市平民的生活态度和审美趣味，通过风俗画来反映城市平民温暖、和睦的生活氛围以及勤劳、俭朴的道德品质。

大卫（1748—1825）

也译作达维德，法国大革命时期的著名画家，古典主义画派的奠基人。画风严谨，技法精工。大卫早期的作品都是从古代神话传说中寻找灵感和素材，把古代英雄的品质和美德视为审美的最高标准。他说过："艺术必须帮助全体民众的幸福与教化，艺术必须向

广大民众揭示市民的美德和勇气。"大卫将古典主义的艺术形式和现实的时代生活相结合，树立了新古典主义绘画的典范。他的作品充满了时代的革命气息，具有鲜明的政治倾向性，他说："艺术不是目的，而是手段，它为了帮助某一个政治概念的胜利而存在。"代表作有《萨宾妇女》、《马拉之死》、《拿破仑的加冕典礼》等。其中，《拿破仑的加冕典礼》是一幅历史画卷，构图宏大，气势磅礴，构思巧妙，是卢浮宫最重要的作品之一。

大卫《拿破仑的加冕典礼》

安格尔（1780—1867）

法国新古典主义绘画的代表画家，以准确娴熟的写实技巧和典雅的画风著称。安格尔精于观察，把人物的形体动态刻画得极其准确、简洁而概括，形成有节奏的曲线，增强了画面的流动感。安格尔追求一种理想化的美，将女性人体表现得圆润细腻、健康柔美。他认为最美的线条是曲线，最美的形体是带圆弧形的形体，他说："在一切形中，最美的是圆形。"他非常重视素描，相对看轻色彩，在作品中悉心研究线条和素描的关系。他认为"素描包含了色彩以外的一切"，

安格尔《泉》

曾说："素描是真正的艺术。"代表作有《圣玛丽夫人肖像》、《瓦平松的浴女》、《泉》等。安格尔继承和发展了传统的古典主义艺术，在线条、形体、素描等方面有突出的成就，成为古典主义艺术的集大成者，他的艺术被公认为是传统古典艺术的结晶和最高成就。

德拉克洛瓦（1798—1863）

　　法国浪漫主义绘画的代表人物。德拉克洛瓦充满激情，有人说他作画就像狮子吞食猎物一样，故有"浪漫主义狮子"之称。德拉克洛瓦反对当时古典主义绘画那种呆板、平庸的画风，主张个性解放，重视情感的表达。他的画善于表现动荡活跃的场面，色彩鲜明、豪迈奔放。代表作品有《但丁和维吉尔》、《希阿岛的屠杀》、《自由领导人民》等。《自由领导人民》描绘的是法国"七月革命"的一次街垒战。画中的年轻女性半裸着上身，一手高举象征自由、平等、博爱的红白蓝三色国旗，一手紧握武器英勇地向前冲，一位知识分子和年轻学徒拿着武器紧跟左右。作品歌颂了为自由而战的伟大精神。德拉克洛瓦对浪漫主义绘画的形成和发展做出了重要贡献，在西方绘画史上具有较大影响，被看做是一位承前启后的大师。

德拉克洛瓦《自由领导人民》

米勒（1814—1875）

19 世纪法国现实主义绘画大师，画风别具风格，散发着泥土的气息。米勒对大自然和农村生活有一种特殊的深厚感情，他用画笔和颜色表达了农民对土地的依恋，以及围绕土地而展开的喜悦与悲哀，对劳动者进行了最真实、最动人的赞美和讴歌。他笔下的农民具有一种朴实、善良、憨厚和稚拙的美。他曾说："无论如何农民这个题材对于我是最合适的。"米勒的作品在表现平凡质朴生活的背后蕴藏了深刻的社会意义，所以才有人说："在拾穗者背后的地平线上，似乎有造反的长矛和 1793 年的断头台。"他在构图上一般采用横式结构，把人物置身于麦田、旷野之中，有一种纪念碑式的感人力量。代表作有《播种者》、《拾麦穗》和《晚钟》等。

米勒《拾麦穗》

库尔贝（1819—1877）

19 世纪法国现实主义绘画的巨匠。库尔贝主张艺术的现实主义思想，他的作品都是不加修饰地再现周围的现实生活，构图和用色也十分独特，引人入胜。他曾说："我要根据自己的判断，如实的表现我所生活的时代的风俗和思想面貌。"库尔贝称古典主义为

"装腔作势"，称浪漫主义为"无病呻吟"，他的作品表现出的现实美代表了个体主义的时代精神。库尔贝强调绘画要反映平民生活的真实，要体现平民生活的重大意义和价值，他在发现生活中平凡的美和朴实的外光技巧方面对以后的青年画家们产生了重要影响，代表作有《石工》、《筛麦妇》等。

库尔贝《筛麦妇》

列宾（1844—1930）

俄国 19 世纪后期到 20 世纪上半期最伟大的批判现实主义画家，代表作有《伏尔加河上的纤夫》、《托尔斯泰像》、《库尔斯克省的宗教行列》等。列宾创作了大量的历史画、肖像画，他的作品数量之多，反映俄罗斯社会生活之广阔，是没有任何一位画家可以与之比拟的。他的绘画在认真观察和深刻理解生活的基础上，追求事物的本质和本来面貌，每件作品都有其独特的构图和色调，充满无限的生命力。列宾总是通过人物的神情和姿态来充分体现人物身上所蕴藏的精神气质和个性特点，给人以震撼之感，他的创作中始终跳动着时代的脉搏。列宾以丰富的创作和卓越的表现技巧，把俄罗斯现实主义绘画艺术发展到一个高峰。

列宾《伏尔加河上的纤夫》

马奈（1832—1883）

法国著名画家，印象主义绘画的奠基人之一，代表作有《草地上的午餐》、《短笛手》、《威尼斯大运河》等。马奈在绘画上大胆创新，舍弃传统绘画的中间色调，采用鲜明色彩，以自然主义的想象来处理创作的题材与构图，画面冷静、清晰，光线均匀分布，表现出和谐、清楚而简约的风格。他最早打破了使用棕褐色调的传统，代之以鲜亮、明艳、对比度强烈的色彩和富有想像力的表现手法。同时，由于受到古典艺术的熏陶，他的作品始终保持着宏大和庄重的气质。马奈的革新精神和创作态度，深深影响了莫奈、塞尚、凡高等画家，进而将绘画带入现代主义的道路上。

莫奈（1840—1926）

法国近代绘画史上最杰出的印象派代表画家，被誉为"印象派之父"，主要作品有《圣阿德列斯的阳台》、《花园里的女人们》、《日出·印象》、《巴黎圣拉查尔火车站》、《干草垛》和组画《睡莲》等。莫奈的绘画出发点主要是探索表现大自然的方法，记录下瞬间的感觉印象，以及他所看到的充满生命力的东西。他长期探索光色与空气的表现效果，常在不同的时间和光线下，对同一对象连续作多幅描绘，从自然的光色变幻中抒发瞬间的感受。如他最负盛名的系列组画：火车站组画、大教堂组画和睡莲组画等，都是画家"瞬间真实"印象的结果，都或多或少表现出对具象的忽视和对光影变化的强调。莫奈晚期所作的睡莲画，笔法更为细腻，光彩的繁复变化让人叹为观止。他是印象主义的创始人之一，其在绘画方面的探索给予后来的印象主义画家以无尽的启发。

莫奈《印象·日出》

雷诺阿（1841—1919）

雷诺阿《包厢》

法国印象派画家，喜欢捕捉户外光影流转的印象，留下数量众多的风景画和肖像画，代表作有《浴女》、《秋千》、《包厢》等。阳光、空气、大自然、女人、鲜花和儿童，是雷诺阿绘画的主题，特别是女性的肉体，更是他竭力用丰富华美的色彩所表现的主旋律，他笔下的儿童形象也有着独特的艺术魅力。他的绘画充满美好、愉快、欢乐的气氛，著名作家莫泊桑评价说："他（雷诺阿）把一切都看得那么美好。"前期作品不注重线条，而以光线明暗来表现形体；后期回归"古典作风"，学习安格尔的画风，关注素描，肯定轮廓，色彩平滑细致。雷诺阿将罗可可绘画的娇媚和巴洛克绘画的雄健有机地融为一体，创造了属于自己的独特风格。

塞尚（1839—1906）

法国著名画家，也是西方现代美术史上一位划时代的画家。代表作有《水果盘、杯子和苹果》、《圣维克图瓦山》、《浴女们》、《玩纸牌的人》等。塞尚强调绘画的纯粹性，重视绘画的形式构成，对此进行了一系列艺术探索。他的作品景物描绘简约，而且富于几何意味。画中经常出现对客观造型的有意歪曲，如透视不准、人物变形等，这些都是画家努力塑造鲜明的形体绘画语言的体现。塞尚认为，"线是不存在的，明暗也不存在，只存在色彩之间的对比。物象的体积是从色调准确的相互关系中表现出来"，"画画并不意味着盲目地去复制现实，它意味着寻求各种关系的和谐"。他提倡用色的团块和色彩的冷暖关系来表现事物的体积和深度。塞尚毕生追求绘画的表现形式，对现代绘画的发展产生了极其深远的影响，被誉为"现代艺术之父"。

塞尚《圣维克图瓦山》

高更（1848—1903）

法国著名画家，后期印象派代表人物。高更厌倦都市生活，向

高更《拿水果的妇女》

往异国情调，作品多以南太平洋上塔希提岛的风土人情和古老神话为题材，表达了对土著民族简单质朴的原始生活方式的迷恋。他的绘画体现了画家回归原始，追寻生命本源的愿望与要求，具有粗犷、奇异、神秘的情调。代表作有《雅各与天使搏斗》、《两个塔希提妇女》、《塔希提的街道》等。高更笔下的塔希提妇女天真、直率、健康，具有一种粗野的美，画中的每一根线条、每一个色调都充满画家对她们的赞美。高更的作品用线条和强烈的色块组成，具有浓厚的东方色彩和装饰效果，对后来的象征主义和野兽主义绘画有较大影响。

凡高（1853—1890）

具有世界性影响的荷兰籍画家。英年早逝，留下千余件作品，代表作有《向日葵》、《星月夜》、《乌鸦群飞的麦田》、《衔烟斗的自画像》等。凡高作品的主要特征是富于火一般的激情，他画中的麦田、植物、星空包括人物等，都有如火焰般在升腾、颤动，极具震撼力。凡高最负盛名的作品是《向日葵》。他的表现手法别出心裁：以黄色和橙色为主调，用绿色与蓝色的细腻笔触勾勒出花

凡高《向日葵》

瓣和花茎，用浓重的色彩点出籽粒，色彩的对比使之具有非常醒目的效果。朵朵向日葵都表现得光彩夺目，动人心弦。正如评论家所说，在凡高笔下，由绚丽的黄色色系组合的向日葵不是传统的描绘自然花卉的静物装饰画，而是生命力旺盛的"太阳之花"，是光和热的象征，是他内心翻腾的感情烈火的写照。凡高把油画中线和色彩的表现力提高到了一个新的境界，他的创作对挪威画家蒙克和德国表现主义画家产生了巨大的影响。

蒙克（1863—1944）

也译作芒克，挪威著名画家，西方表现主义绘画艺术的先驱。蒙克的绘画带有强烈的主观性和悲伤、苦闷的情调，画中的人物往往都是在忧郁、惊恐、彷徨状态下丧魂失魄的幽灵，画面上那些扭曲的线条和神秘的色彩，都充满表现主义的特征。蒙克创作了系列作品"生命组画"，以讴歌"生命、爱情和死亡"为基本主题，采用象征和隐喻的手法，揭示了人类对世纪末的忧虑与恐惧。

蒙克《呐喊》

《呐喊》是其中最富于刺激性的一幅，画家以极度夸张的笔法，描绘了一个尖叫的、变形的人物形象，把人类那种极端的孤独和苦闷，以及在浩瀚宇宙面前的恐惧之情，表现得淋漓尽致。蒙克的绘画为德国表现主义艺术的发展开辟了道路，对野兽主义和立体主义绘画也产生了一定影响。

马蒂斯（1869—1954）

马蒂斯《戴帽子的妇人》

法国著名画家，野兽主义绘画的代表人物。马蒂斯主张突出绘画的表现性，提出"纯粹绘画"的主张。他指出："色彩的目的，是表达画家的需要，而不是看事物的需要。"他认为色彩的选择应以观察、感觉和各种经验为根本，无论是和谐的色彩或不和谐的色彩，都能产生动人的效果。马蒂斯的画作造型比较夸张，多用鲜艳、浓重的色彩创造出强烈的画面效果，形成装饰感很强的画风。如《戴帽子的妇人》这幅作品，颜料被随意涂抹在画上，人物的脸部用色也很大胆，用绿色和红色的笔触把轮廓勾勒出来。马蒂斯把绘画比作"安乐椅"，他说："梦寐以求的是一种和谐、纯粹而又宁静的艺术。"他一生都在做实验性探索，作品很多，影响较大。

毕加索（1881—1973）

毕加索《亚维农的少女》

西班牙著名画家，也是20世纪西方最具影响力的艺术家之一，作品数量惊人。毕加索的作品没有统一性、连续性和稳定性，风格丰富多变，变化无常，不可捉摸，充满非凡的创造力。他的各种变异风格中，都保持自己粗犷刚劲的个性，而且在各种手法的使用中，都能达到内部的统一与和谐。毕加索试图在画中创造结构美，力求组织起一种几何化倾向的画面结构。以惊人的坦诚之心和天真无邪的创造力，以完全彻底的自由任意重造世界，随心所欲地行使他的威力。《亚维农的少女》被视为第一件立体主义的作品，打破传统的绘画造型法则，开创了现代立体主义绘画流派，在现代绘画史上具有里程碑式的意义。毕加索是当代西方最有创造性和影响力的艺术家，他和他的作品在人类文化史上留下了光辉的印记。

勃拉克（1882—1963）

法国现代绘画大师，立体主义绘画创始人之一。"立体主义"的名称从勃拉克的作品中得来，"立体主义"的诸多创新也是勃拉克所作，比如将字母及数字引入绘画、采用拼贴的手段、用拓印文字、人造木材、贴纸强调画面的现实感等。勃拉克善于创造造型空间，用各种手段消除画面的三维空间错觉，给人以深远之感。其后期作品逐渐脱离了早期立体主义的刻板，线条不再僵直，画面

勃拉克作品

形式较为自由，构成一种新的艺术境界。有人评价说："他比所有
其他的立体派画家更多地带来不可缩减的具体和一针见血的分析，
带来少有的和谐色彩和他的任何同伴都无能为力的典雅流畅的线
条。"代表作有《埃斯塔克的住宅》、《二重奏》等。

达利（1904—1989）

西班牙著名画家，同时也是 20 世纪最富于变化的画家之一，
有人称他为"当代艺术魔法大师"。达利以超现实主义绘画闻名，
作品描绘的多是虚幻的梦境和偏执狂的幻想，将细致逼真的笔触与
荒诞离奇的感受混合于一体，极具震撼力。代表作有《捕金枪
鱼》、《圣约翰十字架上的基督》、《记忆的永恒》、《卡拉丽娜》
等。达利深受弗洛伊德精神分析理论的影响。名作《记忆的永恒》
表现了一个错乱的梦幻世界：清晰的物体无序地散落在画面上，软
塌塌的钟表令人过目难忘，无限深远的背景，给人以虚幻冷寂的感
受，充分展示了无意识支离破碎的梦幻场景。达利画中所创造的梦
呓般的形象，不仅启发了人们的想像力、诱发了人们的幻觉，而且
以非凡的力量吸引着观赏者的视觉焦点。对达利的评价向来争议不
断，人们对他的作品既生气又着迷。

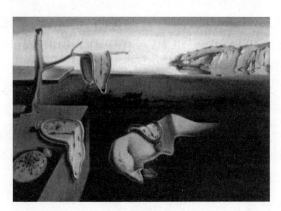

达利《记忆的永恒》

雕塑基础知识

雕塑是一种以立体视觉艺术为载体的造型艺术，是用一定的物质材料制作出具有实体形象的艺术品，反映社会生活，表达雕塑者审美情感、审美理想的艺术门类。由于制作方法主要是雕刻和塑造两大类，故被称为雕塑。雕塑的种类、体裁和样式繁多。从表现手法和形式可分为圆雕、浮雕和透雕；从体裁来区分，可分为纪念性雕塑、城市园林雕塑、宗教雕塑、陈列性雕塑等。

（一）中国雕塑

中国雕塑最早可从原始社会的石器和陶器算起。造型多样的陶器，为中国雕塑的多向性发展奠定了基础。中国古代雕塑种类繁多，大致可分为宗教雕塑（石窟、寺观雕塑）、陵墓雕塑（陵墓石雕、砖雕和陶俑）、实用性雕塑（各式器皿和园林、建筑雕塑）和形形色色的赏玩陈设品。中国古代较少西方那种纯粹的雕塑艺术品，这与中国古代社会制度和传统文化精神有关。中国古代雕塑艺术重心倾向于工艺美术，在礼器、祭器上发挥艺术天才，形成传统，影响深远。其中，青铜雕塑艺术是中华民族最为光辉灿烂的文化遗产之一，商周的青铜器雕塑尤为精美。魏晋南北朝时期，佛教的盛行促使佛像艺术蓬勃发展，也促进了中国石窟雕塑艺术的全面发展。

霍去病墓石雕

这是我国最早的纪念性雕刻艺术珍品，位于陕西茂陵，是为纪念西汉名将霍去病而创作的一组石雕，代表了中国古代陵墓雕塑的最高成就。石雕群中完整的有 13 件，是根据石料的外形特征进行大刀阔斧地雕琢而成，风格抽象概括，浑然天成。著名的《马踏匈奴》是整个群雕的主体，高 168 厘米，用隐喻的手法，借战马的形象来体现霍去病的威猛英勇和卓著战功。整个雕塑浑然一体，飞马的四肢之间没留空间，增强了作品的沉重感，也体现了西汉时代的雄厚气魄。李泽厚曾评价："这是一种粗线条粗轮廓的图景形象，然而整个汉代艺术生命也就在这里。就

《马踏匈奴》

在这不事细节修饰的夸张姿态和大型动作中，就在这种粗轮廓的整体形象的飞扬流动中，表现出力量、运动、速度以及由之而形成的'气势'的美。"霍去病墓石雕体积之大，风格之独特，在中外雕塑史上都很罕见，其简洁的造型、粗犷的风格和宏大的气势，对后世陵墓雕刻的艺术风格产生了深远的影响。

秦始皇陵兵马俑雕塑群

秦始皇陵兵马俑雕塑群局部

被称为"世界第八大奇迹"，位于陕西临潼。该兵马俑雕塑群是模拟真人真车真马制成，并依照军队建制编序行列成阵，气氛肃穆。众多的兵马俑比例匀称，形象生动，栩栩如生。他们有的剑眉上扬英气勃发，有的胡须微翘开朗幽默，有的面带得意聪明黠慧，有的叉手伸指一派将军风范。该兵马俑雕塑群风格洗练、简洁、强健，体现出浑厚雄健、朴实厚重、高大壮观、气魄巨大的特点，从侧面反映了那个时代积极奋进、朝气蓬勃的精神风貌。秦始皇陵兵马俑的出土填补了中国雕塑史上的一页空白，它表明中国的写实雕塑在秦代就具备了较高的水准。

石窟雕塑

云冈石窟佛像

石窟是营建在岩石、山崖上的寺庙建筑，一般是依着山崖开凿洞窟，内外雕塑造像。石窟雕塑多是佛教题材，无论是佛、菩萨、童子，还是天王、力士等，都造型生动，各具魅力。石窟雕塑兴于魏晋，盛于隋唐，源自印度，吸收了印度雕塑的艺术精华，融合了中国绘画及雕塑的技法风格和审美情趣，反映了佛教思想在中国的兴盛及其汉化过程，体现了古代中外文化、南北文化的交流与融合，是中国雕塑史的重要组成部分。中国石窟大致是沿着佛教东传的交通线分布的，大多数位于古代交通要道"丝绸之路"的周边。甘肃敦煌莫高窟、山西大同云冈石窟、河南洛阳龙门石窟和甘肃天水麦积山石窟是中国石窟艺术的杰出代表，被称为"四大石窟"。

乐山大佛

又名"凌云大佛"，世界上最大的石刻佛像，高71米，位于四川省乐山市凌云山，1996年12月被联合国教科文组织遗产委员会列入《世界遗产名录》。乐山大佛是直接在山崖上开凿而成，大佛面江而坐，眼睛半睁半合，神态安然，慈祥和善。整个造型稳重大方，比例适度，体积感很强。乐山大佛原本是减缓水势所建，有一套设计巧妙、隐而不现的排水系统，保护大佛历尽风霜，屹立滔滔江水之畔1200多年。"山是一尊佛，佛是一座山"是乐山大佛雕像的真实写照，也是对大手笔的古代雕刻艺术的盛赞，它具有很高的文化内涵和艺术价值，不

乐山大佛

仅是中华民族的艺术瑰宝，也是世界历史文化的宝贵遗产。

唐三彩

　　唐代著名陶瓷雕塑，出现于汉代，盛行于唐代。唐三彩种类很多，包括人物、动物、碗盘、器具、家具、房屋等，最多的还是以舞俑、马俑为代表的人物形象和各种动物形象，有天王、力士、文官、贵妇、骑马武士、杂技乐舞等，反映了唐代缤纷多彩的社会生活。在艺术手法上，"唐三彩"多用写实手法，采用洗炼明快的线条来勾勒轮廓，摄取神态。塑造的形

"唐三彩"——女骑俑

象既淳朴又生动，富有神韵。"唐三彩"最重要的特点还在于它的釉彩，以黄、绿、白为基本釉色，呈现出高淡低浓、上浅下深的层次，几种颜色皆融为一体、交相辉映，形成一种天然绚烂的效果。

（二）西方雕塑

　　西方雕塑艺术发源于古代希腊。古希腊人崇拜神，喜欢将神塑造成完美的有血有肉的人。古希腊人也爱好体育，雕塑家也很喜欢表现运动员健美活泼的各种姿态。希腊雕刻的题材大部分取自神话或体育竞技，注重对人体美的表现，这也成为西方雕塑的传统。西方雕塑在几千年的发展中取得了辉煌的艺术成就，出现了米开朗琪罗、罗丹、布朗库西等雕塑大家，对世界雕塑艺术影响深远。进入20世纪后，西方雕塑发生了很大的变化，实验性的雕塑艺术成为了主流，影响广泛。

狮身人面像

　　它也叫斯芬克司像，是埃及古王国时期最庞大、最著名的石雕，约创作于公元前2500年。这座雕像坐落在仅次于胡夫金字塔

狮身人画像

的哈夫拉金字塔的东面，由整块天然岩石雕刻而成，高达 20 多米。雕像的头部被刻成古埃及第四王朝法老哈夫拉的头像，身子则是呈坐姿的狮子形象。法老头戴菱形王冠，前额上雕刻着神秘的圣蛇，脑后雕刻着象征神权的鹰。由于雕像过于庞大，不可能对细部进行精雕细刻，因此这座狮身人面像的造型手法极其简练概括，充分显示了古代埃及雕刻家们的高超技艺。

汉谟拉比法典石雕

古巴比伦王国时期的石碑，全长两米多。上部为浮雕，下部为楔形文字。浮雕刻画了巴比伦人的太阳神沙玛什向国王汉谟拉比授予法典的情景，雕刻比较精细。太阳神身材高大，头戴螺旋型宝冠，右肩袒露，身披长袍，危襟正坐，向汉谟拉比授予象征权利的权杖和魔环；汉谟拉比头戴传统的王冠，神情肃穆，举手宣誓。太阳神的威严和汉谟拉比的谦恭形成了鲜明对比，整个浮雕充满了庄严神圣的宗教气氛。石碑下部的楔形文字一共有 280 条，对刑事、民事、贸易、婚姻、继承、审判制度等都作了详细的规定。"汉谟拉比法典"是世界上所发现的最早的成文法律条文，汉谟拉比法典石雕作为古代巴比伦艺术的代表，就显得更加珍贵了。

现藏于卢浮宫的汉谟拉比法典石雕

母狼

古罗马青铜雕塑，约创作于公元前 500 年。《母狼》取材于罗马建城的传说，雕像所刻画的就是曾经哺育了罗马创始人母狼的形象。对罗马人来说，《母狼》具有纪念碑意义，人们把它作为民族发源的始祖而顶礼膜拜。这座雕像已成为罗马城市的象征。母狼雕塑与真狼大小相似，形象处理十分严谨精确，即使是母狼身上带有装饰意味的皮毛的塑造也是一丝不苟、精细刻画，体现出写实主义

罗马城的标志《母狼》雕像

的风格。母狼的动作和神态表现了母狼独有的特点：警惕的眼神、大张的嘴、绷直的前腿和垂下的乳房，既刻画出狼性的凶残和力量，也传达出一种奇异的母性。这件作品向人们展示了古代埃特鲁里亚人高超的青铜制作技艺和严谨精细的审美态度。

掷铁饼者

《掷铁饼者》雕像

古希腊雕刻家米隆的名作，原作已流失。《掷铁饼者》取材于希腊现实生活中的体育竞技活动，刻画的是一名强健的男子在掷铁饼过程中最具有表现力的瞬间：运动员右手握铁饼摆到最高点，全身重心落在右脚上，左脚趾反贴地面，膝部弯曲成钝角，产生一种紧张的爆发力和弹力的感觉。虽然是一件静止的雕塑，却概括了掷铁饼运动的整个连续过程，创造了一个出色的充满活力的运动员形象，表现了一种动态的美。米隆是运用雕塑语言表现体育运动的大师，他把生命的气息注入到生硬的雕塑材料中，塑造"活动中"的人，使人物"活起来"，而这种塑造又不是死板的照相式的生搬硬套，而是经过处理的综合形象。他和他的作品成为后世雕塑的典范和标杆。

米洛的维纳斯

古希腊著名雕塑，也称《断臂的维纳斯》、《米洛斯的阿芙洛狄忒》、《维纳斯像》等，被公认为是迄今为止希腊女性雕像中最美的一尊。雕像中的维纳斯稍露微笑，神态安详，高贵、单纯、自然、超脱，没有丝毫的造作，给人以矜持而富有智慧的印象。雕像采用了半裸的处理方式，上半身的光滑柔润与下半身的衣服褶皱形成对比，给人印象

维纳斯雕像

深刻。维纳斯的形体呈现出 S 形或蛇形线，有一种一波三折的曲线美。这种统一、流畅、变化、和谐的线条富有韵律感和动态感。这尊雕塑作品体现了两千多年前希腊人的审美理想：追求纯洁与典雅，注重外在美和精神美的统一。

米开朗琪罗（1475—1564）

《大卫》雕像

意大利伟大的雕塑家，与达·芬奇、拉斐尔并称文艺复兴"三杰"。米开朗琪罗的人物雕像雄伟健壮，气魄宏大，充满了无穷的力量。他的艺术作品倾注了其满腔悲剧性的激情，集中体现了文艺复兴时期对人的认识和关怀，通过表现人的信心、尊严、愤怒、力量，展示了人的主动性、积极性、建功立业的能力和蓬勃向上的精神。云石雕像《大卫》是其最杰出的代表作。《大卫》对人体的赞美，是文艺复兴人文主义思想的具体体现，象征着人类已从黑暗的中世纪解脱出来，充分认识到了人在改造世界中的巨大力量。《大卫》被视为文艺复兴时代英雄的象征，也是西方雕塑史上最值得夸耀的男性人体雕像之一。

罗丹（1840—1917）

罗丹《思想者》

19 世纪法国最有影响力的雕塑家，是雕刻史上继米开朗琪罗以来最伟大的雕塑家。罗丹以《思想者》、《地狱之门》、《巴尔扎克像》等一大批优秀作品，恢复西方雕塑对人类的理解和对精神世界的表现，把人类生活中最深刻的爱与美展示出来，将西方雕塑艺术推向新的高峰。罗丹的作品是其本人思想与情感的自然流露，充满了忧郁、苦闷、伤感以及对命运的抗争，揭示了人类的丰富情感，给人以启迪。著名作品《思想者》是罗丹用以象征诗人但丁的形象——一个强有力的巨人弯腰屈膝坐着，陷入极大痛苦和永恒的沉思之中。这尊雕像已成为罗丹复杂思想的化身，当思想界充满对现实的苦闷和对理想的探索时，它成为一种鼓舞理性思考和人类进步的象征。罗丹为雕塑艺术开启了新的天地，架构了西方近代雕塑与现代雕塑之间的桥梁，被誉为"现代雕塑艺术之父"。

布朗库西（1876—1957）

布朗库西《吻》

西方现代雕塑的先驱，也是20世纪最伟大的雕塑家之一。布朗库西生于罗马尼亚，长期在法国工作生活，受到毕加索立体主义绘画的启发，开辟了现代雕塑的道路。他的雕塑注重保持第一视觉经验的完整和直觉的纯真，追求造型的简单，以达到接近事物的本质。布朗库西曾说："东西外表的形象并不真实，真实的是东西内在的本质。"他能够通过象征性的极端抽象化和单纯化的造型来表现鸟、鱼、蛋和人体结构的本性，风格清澈、纯净。他还注重从原始生活和民间雕刻中汲取营养，表现古朴、稚拙的美，代表作有《吻》、《沉睡的缪斯》、《空中飞鸟》等。布朗库西对20世纪雕塑摆脱写实风格、创造崭新的写意风格作出了重大贡献，艺术影响深远。

亨利·摩尔（1898—1986）

英国著名雕塑家。亨利·摩尔为时代创造了一种新的雕塑语言，作品充满了现代工业社会的时代气息。他在雕塑艺术上的拓展主要体现在空间的连贯性方面，将写实形体做出空间凹陷与透空的巧妙处理，并以此建立了属于自己的雕塑风格。对人体进行各种造型演变是亨利·摩尔追求的重点。他的雕塑题材主要是女性人体，通常是卧姿，有时是立姿或坐姿，偶尔还怀抱婴儿。他的作品蕴含感人的精神力量，表现了一种雄健、强大的生命力，反映了对生命本源和奥秘的追问与思考，洋溢着积极澎湃的基调。代表作有《内部和外部的斜倚人物》、《斜倚的人体》等。

亨利·摩尔《侧卧像》

中国书法基础知识

书法即文字的书写艺术，是一种特殊的造型艺术。中国书法历史悠久，传到日本、朝鲜、越南等地，影响深远。中国书法艺术的产生有其独特的历史条件。几千年前的甲骨文已经具备了书法的三个基本要素：用笔、结字和章法，它的形体结构和造字方式为后世汉字的书法发展奠定了原则和基础。随着汉字形体的不断发展和演变，书法逐渐作为一种艺术而独立存在，并成为内涵丰富、博大精深的东方艺术瑰宝。中国书法起于点画用笔，系于单字结构，成于整幅章法，美于风神气韵。作为中华民族优秀传统文化的一部分，中国书法体现了中国人的艺术修养与审美观念，成为中华民族精神气质的象征。

（一）中国书法种类

小篆

宋徐铉摹刻《峄山刻石》局部小篆

秦始皇统一天下后使用的文字，也叫秦篆。东汉许慎《说文解字·叙》中说：李斯"皆取史籀大篆或颇省改，所谓小篆者也"，说明小篆是在秦国大篆籀文的基础上删繁就简，废除异体，简化而来。小篆结构平衡、形体偏长、点画均匀、结构严密，稳定中又见飘逸舒展。用笔圆起圆收、粗细一致、从容平和、劲健有力。现存的《琅琊台刻石》、《泰山刻石》残石，是小篆代表作。

小篆的出现是我国汉字的一大进步，也是汉字发展史上一次重要的里程碑，它为后来楷、隶、行、草诸书的变革开辟了广阔的道路。

隶书

分为"秦隶"和"汉隶"。"秦隶"是由与李斯同时代的程邈创制的，也被称为"古隶"。到了汉代，隶书成为普遍使用的书体，结体扁平、工整，被称为"今隶"。隶书上承篆书，下启楷书，变圆为方，变连接为截断，点画分明，有粗细轻重之变，讲究"蚕头雁尾"、"一波三折"。隶书不再像古文字那样多是象形，而是趋于符号化了。有研究者认为："小篆还保存了象形字的遗意，画其成物随体诘屈；隶书就更进了一步，用笔画符号破坏了象形字的结腹，成为不象形的象形字。"汉字由篆书演变为隶书，叫做

《张迁碑》局部
汉代隶书

"隶变"。隶变是汉字演变历史上的一个重要转折点，它的出现型化了方块汉字的基本形态，为以后各种书体流派奠定了基础。

楷书

楷书

它也叫"正书"、"正楷"、"真书"。由隶书发展演变而成，保存了隶书的结构，把隶书的扁形改为基本上呈正方形，基本点画也比隶书丰富。楷书大约在东汉末年形成，在魏晋时代成为通用字体，一直应用到今天。其特点是字画横平竖直，结构紧凑，气势流畅，形体优美，用笔多变，体势、形态生动圆转而俊秀。历史上的书法家有不少精品传世。欧阳询、柳公权、颜真卿、赵孟頫以独特的风格把楷书发展到登峰造极的地步，被世人称为楷书

四大家。

草书

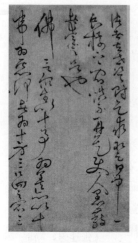

草书

它是从隶书的草率写法发展而来的一种字体，结构简省，笔画连绵，大约在西汉中期形成。唐代张怀瓘《书断》中说："存字之梗概，损隶之规矩，纵任奔逸，赴速急就，因草创之意，谓之草书。"早期的草书还带有隶书意味，称为"章草"；从东汉后期到魏晋时期，草书脱去了隶书笔画的痕迹，大量使用连笔，称为"今草"；到了唐代，草书进一步发展，写起来龙飞凤舞，奔放不羁，称为"狂草"，也叫"大草"。狂草是草书中最放纵的一种，字形变化多端，代表人物是唐代的张旭和怀素。

行书

它是介于草书和楷书之间的一种字体，为了弥补楷书的书写速度太慢和草书的难以辨认而产生。特点是在保持楷书形体轮廓的前提下，适当地运用连笔，省减笔画。行书没有严格的书写规则，在书写中含楷书的成分多一些，俗称"行楷"，含草书的成分多一些，俗称"行草"。王羲之将行书的实用性和艺术性最完美地结合起来，创立了光照千古的南派行书艺术，成为书法史上影响最大的一宗。他留下了传世精品《兰亭序贴》，虽然原本失传，只有临摹本，

兰亭集序描摹本

但仍被誉为行书第一。宋代的蔡襄、苏东坡、黄庭坚、米芾，以各

自特有的气势与神韵，把行书推到了另一高峰，被称为"宋四家"。明清以及近代以来，擅长行书的书法家层出不穷。

（二）著名书法家

钟繇（151—230）

钟元常像

三国时期书法家，擅长小楷，世人将他与王羲之合称为"钟王"。他曾潜心学习过东汉时期擅长篆、隶的曹喜、蔡邕等人的书法。唐代张怀瓘在《书断》中说："太傅虽习曹、蔡隶法，艺过于师，青出于蓝，独探神妙。"钟繇的书法朴实严谨、笔势自然、古朴典雅、茂密幽深，整体布局严谨、缜密，历代评论极高。梁武帝撰写的《观钟繇书法十二意》中称赞钟繇书法"巧趣精细，殆同机神"。钟繇

钟繇

是楷书艺术的奠基人，开创了由隶书到楷书的新貌。他是书法史上最早有史籍记载和书迹传世的楷书书家，对汉字的创立、发展、流变产生了重要作用。代表作有《宣示表》、《荐季直表》等，都是后人临摹本。

王羲之（303—361）

王羲之画像

晋代书法家，因曾官拜右军将军，世人称其为"王右军"。他的楷书对后世影响很大，在钟繇的基础上，进一步完善法则，创出影响千古的范式，世称"书之圣"。他还是一位书法革新家，主要成就表现在行书和草书上，其行草书被尊为"草之圣"。王羲之书风最明显的特征是用笔细腻，结构多变，变汉魏质朴书风为笔法精致、美轮美奂的书体。梁代武帝曾高度评价："王

羲之书字势雄强，如龙跳天门，虎卧凤阁，故历代宝之。"清代刘熙载也称："右军书以二语评之，曰：力屈万夫，韵高千古。"代表作品有《乐毅论》、《黄庭经》、《兰亭集序》等。

王献之（344—386）

王献之《授衣帖》

王羲之的第七个儿子，在书法史上与其父齐名，人称"二王"。他学书不局限于学一门一体，而是穷通各家，能"兼众家之长，集诸体之美"。他擅长楷书、行书、草书、隶书等字体，不局囿于父亲王羲之的笔法，能够大胆创新，自成一家。西晋挚虞的《文章志》称赞他："献之变右军法为今体，字画秀媚，妙绝时伦。"王献之的行草书尤为世人推崇，他的《鸭头丸帖》被清代吴其贞在《书画记》推崇备至，认为："（此帖）书法雅正，雄秀惊人，得天然妙趣，为无上神品也。"其代表作有：《洛神赋十三行》（小楷）、《鸭头丸帖》（行书）、《中秋帖》（草书）等。

颜真卿（709—785）

唐代书法家，书法创作以楷书成就为最高，行草也精熟过人，同时还以篆、隶写碑额。他在楷书领域开辟了新天地，树立了唐代楷书典范。颜真卿的楷书化瘦硬为丰腴，结体宽博，骨力遒劲，体现了大气磅礴的盛唐气象，人称"颜体"。北宋书学理论家朱长文赞其书："点如坠石，画如夏云，钩如屈金，戈如发弩，纵横有象，低昂有志，自羲、献以来，未有如公者也。"苏轼也说："诗至于杜子美，文至于

颜真卿《颜勤礼碑》

韩退之，画至于吴道子，书至于颜鲁公（颜真卿），而古今之变，天下之能事尽矣。""颜体"对后世书法产生了深远影响，唐以后很多名家都从中汲取经验，从而建立起自己的风格。颜真卿的传世作品有《颜勤礼碑》、《元次山碑》、《颜家庙碑》等。

柳公权（778—865）

唐代书法家，篆、楷、行、草书都写得很好，而尤以楷书最为著名，与颜真卿齐名，人称"颜柳"。柳公权学"颜体"，但能自创新意，形成独树一帜的"柳体"，与"颜体"一起被世人称为"颜筋柳骨"。宋代朱长文《墨池编》说："公权正书及行楷，皆妙品之最，草不失能。其法出于颜，而加以遒劲丰润，自名家。"他的书法结体紧密，均匀瘦劲，笔画棱角分明，斩钉截铁，偏重骨力，书风遒劲媚健。柳公权是魏晋至晚唐楷书艺术的总结者，是

柳公权《玄秘塔碑》

唐代楷书的最后一座艺术高峰，传世作品有《金刚经刻石》、《玄秘塔碑》、《冯宿碑》等。

张旭（生卒年不详）

张旭草书

唐代一位极有个性的草书大家，常在喝得大醉后呼叫狂走，然后落笔成书，甚至以头发蘸墨书写，人称"张颠"。高适《醉后赠张旭》中说："兴来书自圣，醉后语尤颠。"唐文宗李昂曾下诏将李白的诗歌、裴旻的剑舞、张旭的草书命为"三绝"。张旭的草书打破了魏晋时期拘谨的草书风格，纵逸豪放、变幻莫测，具有强烈的盛唐气象。他对艺术的执着与痴迷也体现了一位真正的艺术家的气

质和风范，韩愈在《送高闲上人序》中赞之："喜怒、窘穷、忧悲、愉佚、怨恨、思慕、酣醉、无聊、不平，有动于心，必于草书焉发之。观于物，见山水崖谷、鸟兽虫鱼、草木之花实、日月列星、风雨水火、雷霆霹雳、歌舞战斗、天地事物之变，可喜可愕，一寓于书，故旭之书，变动犹鬼神，不可端倪，以此终其身而名后世。"以张旭为代表的狂草风靡一时，影响深远。代表作有《肚痛帖》、《古诗四帖》等。

怀素（725—785）

怀素狂草

唐代草书家，以"狂草"名世。前人评价他的狂草："运笔迅速，如骤雨旋风，飞动圆转，随手万变，而法度具备。"怀素草书继承张旭又有新的发展，并称"张颠怀狂"，对后世影响极大。《宣和书谱》中说："评者谓张长史为颠，怀素为狂，以狂继颠，孰为不可。"怀素的狂草展示了浪漫、热情、奔放、天真的特点，是其心灵与个性的绝佳写照，历代文人对他的作品都称赞不已。代表作有《论书帖》、《圣母帖》、《自叙贴》等。

宋四书家

它是指宋代四大书法家——苏轼、黄庭坚、米芾和蔡襄。

苏轼善于在学习借鉴他人的基础上自我创新，他曾自评："吾书虽不甚佳，然自出新意，不践古人，是一快也"。又因他是宋代诗词大家，重视在书法中表现自我学识，所以其书法灌注着超过历代书法家的气质与个性，黄庭坚曾说："东坡书，学问文章之气，郁郁芊芊发于笔墨之间，此所以他人终莫能及尔。"

黄庭坚"善行、草书，楷亦自成一家"（《宋史·黄庭坚传》）。他的行书凝练瘦硬，结构新奇，每个字似乎都有一个圆心，笔画都从这个圆心中放射出去，而且每个字都有一些夸张的长画，并尽力送出。他的草书体势纵横开阖，章法富有创造性，恢诡谲怪，具有强烈的节奏变化感。黄庭坚是北宋书坛杰出的代表，与苏轼成为一代书风的开拓者，对后世产生了重要影响。其代表作《经伏波神祠诗》，被范成大评为"山谷晚年书法大成，如此帖毫发无遗恨矣，心手调合，笔墨又如人意"。

米芾因个性怪异，举止颠狂，人称"米颠"。草书、隶书、篆书、行书都能写，尤以行草书见长。他自称"刷字"，用笔迅疾而劲健，尽兴尽势，追求自然，给后人以较大影响。苏轼《雪堂书评》中高度评价米芾的书法："海岳平生篆、隶、真、行、草书，风樯阵马，沉着痛快。当与钟、王并行，非但不愧而已。"董其昌也认为米芾的书法"宋朝第一，毕竟出于东坡之上"。

蔡襄不惧高山般巍峨耸立的唐楷，刻苦努力地沿着唐楷的道路向上攀登，所以他的楷书功力在"宋四家"中最为深厚，写得最好。他认为楷书是书法的基础，他说："古之善书者，必先楷法，渐而至于行草，亦不离乎楷正。"蔡襄的书法端严庄重，淡雅淳美，自成一格。《宋史·列传》中说："襄工于手书，为当世第一，仁宗由爱之。"苏东坡也称赞蔡襄："君谟天资既高，积学至深，心手相应，变化无穷，遂为本朝第一。"

赵孟頫（1254—1322）

元代书法家。他学书师法"二王"，刻意求古，一丝不苟，各体皆工，尤擅小楷。元代书法家鲜于枢在《困学斋集》说："子昂篆、隶、真、行、颠草为当代第一，小楷又为子昂诸书第一。"他的书法有自己独特的体势，遒媚秀逸，开朗潇洒，笔法圆熟，人称"赵体"。赵孟頫承前启后，继往开来，提倡以复古出新路，在楷、行、草、隶、篆等各个领域重新建立严谨的法度，使书法迈入一条较为健康

赵孟頫《妙严寺记》

的发展轨道，在恢复晋唐书法的优良传统方面做出了不可磨灭的贡

献，是元代书法中兴的代表人物。方孝孺说："宋之季年，书学扫地荡尽，而诗尤坏烂不可收拾。文敏公生其时，而能脱去陋习，上师古人，遂卓然以二者名家。"

吴门书派

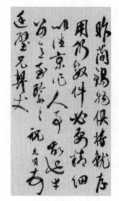

祝允明书法

明代中期，江苏苏州一带出现了一批前后传承的书法家，极具特色，成为该时期书法的主要力量，这就是"吴门书派"。代表书法家有徐有贞、沈周、祝允明、文徵明、王宠、陈淳等。其中，祝允明、文徵明、王宠、陈淳被称为"吴门四家"。

祝允明是"吴门四家"中年纪最长、成就最高的书法家。他学兼诸家，各得其妙，无所不诣，兼工楷、行、草等多种书体，形成了别具一格的特点。楷书中祝允明最擅长小楷，清代书法家翁方纲说："祝京兆以小楷为上乘，有明一代小楷书能其晋法者，自南宫生（宋克）开其先，唯枝指生得其正脉也。"草书则是祝允明书法艺术中成就最高、最有个人特色、最富于开创性的门类，草书中又以狂草最为精彩动人。祝允明被认为是明代草书第一人，他的朋友黄省曾做诗赞美道："枝山草书天下无，妙洒岂特雄三吴？群萌万象出毫下，运肘便觉风云俱。"

中国戏曲基础知识

（一）戏曲概说

戏曲

　　一种综合舞台艺术样式，由文学、音乐、舞蹈、美术、武术、杂技以及表演艺术各种因素综合而成，具有丰富的艺术表现力。王国维说："戏曲者，谓以歌舞演故事也。"中国戏曲已有 800 年的历史，现在已经发展到 300 多个剧种。"戏曲"一词最早在宋代出现，但并不普遍使用，一般用"曲"、"乐府"、"词曲"等，或用"南戏"、"杂剧"、"传奇"等词。20 世纪 20—30 年代，从西洋引进的戏剧形式被称为"话剧"，于是"戏曲"就作为"话剧"的相对概念而使用。至此，"戏曲"成为中国传统戏剧文化的通称，它经过汉代散乐、六朝伎艺、隋唐歌舞戏、参军戏、宋杂剧、金院本、南戏、杂剧、传奇等历程，涵盖了京剧、昆剧、越剧、黄梅戏等多种地方戏曲，带有浓郁鲜明的东方文化特色。中国戏曲、印度梵剧和希腊悲喜剧是世界三大古老的戏剧文化。

梨园

　　旧时对戏曲艺术的别称。梨园原是唐代皇家禁苑的一个果木园，唐玄宗李隆基酷爱音乐、舞蹈、戏曲等艺术，在宫里养了许多歌伎、舞伎，把他们都集中在"梨园"练习。"梨园"是我国历史上第一座综合性的艺术学院。《新唐书·礼乐志》载："玄宗既知音律，又酷爱法曲，选坐部伎子弟三百，教于梨园。声有误者，帝必觉而正之，号皇帝梨园弟子。"于是人们就把在"梨园"从事表演行当的叫"梨园行"。后经世代相传，戏曲界就被称作"梨园界"，戏曲演员被称为"梨园子弟"；几代人都从事戏剧艺术的家庭则为"梨园世家"。

南戏

中国戏曲最成熟的表现形式之一。它形成于南北宋之交的浙江温州（古称永嘉）一带，是在宋杂剧的基础上，融合南方民间小曲、说唱等艺术因素形成的，剧目多表现民间故事。它经历了南宋永嘉杂剧、元代南戏和明代前期"戏文"三个发展阶段。南戏体制庞大，选材广泛，除婚恋、家庭之外还有战争、道化等题材，曲词通俗易懂，贴近现实人生。大量优秀南戏作家和作品不断涌现，其中最著名的是被称为"四大南戏"的《拜月亭记》、《荆钗记》、《白兔记》和《杀狗记》。南戏在流传过程中，吸收了地方方言和民间土戏的特点，逐渐衍变为海盐腔、余姚腔、昆山腔、弋阳腔等数种声腔，为明清以来地方剧种的繁荣发展提供了丰富的营养，在中国戏曲发展史上有着重要的影响。

元杂剧

元代戏曲，也称元曲、北曲。元代是中国戏曲史上的一个重要时期，它以元杂剧闻名于世，迎来了中国戏曲的第一个繁盛期。元杂剧采用了"诸宫调"的音乐形式，综合了宋词、大曲和民间歌曲等各种艺术的特点，形式精炼，体制严整。元杂剧一般"一本四折加楔子"，"四折"即四个场景，"楔子"是全剧开头或者中间加上的一出短戏。当所表现的情节复杂、内容庞大的时候，也会增加本数和折数。元杂剧一般是由一人主唱，其他人物只有对白。男性人物主唱的被称为"末本"，女性人物主唱的被称为"旦本"。元杂剧最广泛地反映了那个时代的社会生活和人民的喜怒哀乐，它在历史上的地位是可以与唐诗、宋词相提并论的。关汉卿、王实甫、白朴、马致远是著名的元杂剧作家，关汉卿的《窦娥冤》、王实甫的《西厢记》、纪君祥的《赵氏孤儿》等都是脍炙人口的作品，甚至流传到国外，影响深远。

明清传奇

传奇是南戏不断发展和成熟的结果。明代中期以后，传奇代替杂剧成为戏曲舞台上的主角。它保持了南戏原有的一些基本体制和格律，同时又有了新的发展和提高，表演上日趋成熟，多用昆曲演唱，一折戏中不再局限于一个宫调，曲牌的多少也取决于剧情的需要，所有登场的角色都可以演唱。传奇追求情节人物的奇异性和新颖性，清代戏剧家李渔在《闲情偶寄·词曲部》中说："古人呼剧本为传奇者，因其事甚奇特，未经人见而传之，是以得名，可见非奇不传。"传奇从明初兴起到清代中叶衰落，带来了中国戏曲的又一个繁盛期。代表作品有明代汤显祖的《牡丹亭》，清代洪昇的《长生殿》和孔尚任的《桃花扇》。

清代地方戏

清代新兴的多种民族、民间戏曲的统称，也称"花部"或"乱弹"。自清代前期起，戏曲舞台发生了极大的变化，主要表现为戏曲的民间化和通俗化。戏曲舞台不再是传奇戏的天下，表演场所也由厅堂变为茶肆歌台，剧本创作也不再主要依靠文人，而是出自于民间的舞台艺人。从声腔上来看，清代地方戏大体可以分为梆子腔、弦索腔、皮簧腔、吹拨腔、乱弹腔等系统，大多在不断壮大发展中从农村流入城市。清代地方戏是中国戏剧史上一个风起云涌的时代，近200种地方戏争奇斗艳、竞吐芬芳，为后来的京剧在表演艺术和戏曲文学方面的发展打下了坚实的基础。

徽班进京与京剧形成

公元1790年，为庆祝乾隆八十寿辰，安徽的四大戏班——"三庆"、"四喜"、"春台"、"和春"先后进京献艺，带来了与昆曲截然不同的一种地方曲调，令人耳目一新，大获成功。此后，徽班常与来自湖北的汉调艺人合作演出，创造了以西皮、二黄为主的新腔——皮黄腔，初步确立了京剧的格局。经过不断的改良发展，京剧在唱词、念白及字韵上越来越北京化，使用的二胡、京胡等乐器，也融合了多个民族的发明。在京剧的形成和发展中，"老生三杰"程长庚、余三胜、张二奎等起了奠基作用。至光绪年间，孙菊仙、谭鑫培、汪桂芬、梅巧玲、田桂凤等人，以其各自的贡献把京剧艺术推向成熟，使京剧在清末成为全国最大的剧种。

（二）京剧

京剧

京剧舞台照

它是流行全国、影响最大、最具有代表性的剧种。京剧的行当全面、表演成熟、气势宏美，是近代中国戏曲的代表，被视为国粹。京剧集"唱（歌唱）、念（念白）、做（表演）、打（武打）"为一体，通过一定程式的表演手段来叙述故事，刻画人物。京剧角色的行当划分比较严格，早期分为生、旦、净、末、丑、武行、流行（龙套）七行，以后归为生、旦、净、丑四大行，每一行当内又有细致的分工。京剧经过 200 年的发展，形成了不少各具特色的名家流派，如"梅派"、"程派"、"荀派"和"尚派"等。京剧的剧本浩如烟海，保存下来的约有 5000 多种。传统经典剧目有《霸王别姬》、《昭君出塞》、《锁麟囊》、《红娘》等数十种，中华人民共和国成立后又产生了《智取威虎山》、《沙家浜》、《红灯记》等现代京剧。

唱、念、做、打

唱、念、做、打是戏曲表演中的四种艺术手段，也是戏曲演员的四种基本功，通常被称为"四功"。唱，即演唱。念，即念白。念白又分成韵白和京白两种。韵白在湖北、安徽话的基础上加工而成，是音乐性很强的朗诵，半文言，比较文雅，有身份的人一般用韵白。京白是在北京话的基础上加工而成，干净、利落、爽快，一般是身份较低的人使用。做，包括身段、眼神、独舞、群舞等。打，即是武术、杂技的舞蹈化。戏曲演员必须有过硬的"四功"，才能充分发挥戏曲艺术表演的功能。

戏曲基本功

京剧的行当

京剧继承中国戏曲的传统，在昆曲及地方戏的基础上，根据人物的性别、性格、年龄、职业、社会地位等，把舞台上的角色分为生、旦、净、丑四大类型，这就是京剧的四个行当（在京剧发展的初期，京剧的行当分生、旦、净、末、丑五大类，后生行与末行合并）。不同的行当在演唱及表演等方面都有不同的特点，每个行当又有若干分支，各有其基本固定的扮演人物和表演特色。

生行

扮演男性角色的一种行当，包括老生、小生、武生、红生、娃娃生等几个门类。"老生"是中年以上的男性角色，一般都挂胡

小生扮相

须，所以又叫"须生"或"胡子生"。胡须的颜色有黑色和白色之分，表示人物不同的年龄。老生在剧中一般注重演唱的丰富和表演的细腻，动作造型也以雍容、庄重为基调；"小生"扮演年轻的男性角色，分文、武两类，文"小生"或戴纱帽、或手拿扇子，以表现人物的风流潇洒、文质彬彬；"武生"是专演擅长武艺或翻跌的角色；"红生"是指脸上勾红脸、用红色涂成脸谱的老生；"娃娃生"专门演儿童一类的角色。

四大须生

20世纪20年代，随着京剧表演艺术的发展成熟，形成了"四大须生"。"四大须生"最初是指余叔岩、马连良、言菊朋、高庆奎，简称为余、马、言、高。其后高庆奎退出舞台，谭富英崛起，"四大须生"又演变为余、马、言、谭（富英）。到40—50年代，余叔岩，言菊朋先后去世，杨宝森、奚啸伯相继成名，具有全国影响，"四大须生"即为马、谭、杨、奚。

须生扮相

南麒北马关东唐

代表了上海、北京、东北三地出现的京剧老生的三种表演流派，即南方的麒麟童（周信芳），北京的马连良，东北的唐韵笙。因表演风格不同，各具特色，社会上习称"南麒北马关东唐"，以表示对他们表演艺术的赞誉。

旦行

扮演女性角色的一种行当，包括青衣、花旦、花衫、武旦、刀马旦、老旦等几类。"青衣"又叫正旦，扮演的多是端庄、严肃的中青年女性，如贤妻良母、节妇烈女等。《窦娥冤》中的窦娥就是典型的青衣角色；"花旦"扮演性格活泼开朗、动作敏捷伶俐的年轻女性，大多穿短衣裳，穿长衣服时则一定有色彩鲜艳的图案。花旦在表演上注重做工和念白，如《西厢记》中的红娘；"花衫"是把青衣、花旦的表演融为一体，唱做并重；"武旦"和"刀马旦"相当于生行中的武生，扮演的是擅长武艺的女性；"老旦"扮演的是老年妇女。

青衣扮相

四大名旦

它是指 20 世纪 20 年代年京剧界四位有代表性的旦角演员梅兰芳、尚小云、程砚秋、荀慧生。京剧表演艺术家王瑶卿给四大名旦每人一个字的评价，直接反映各人特色：梅兰芳是"样"，程砚秋是"唱"，荀慧生是"浪"，尚小云是"棒"。四大名旦在表演和唱腔上精益求精，各有独门剧目，各成一派，代有传人。

净行

花脸扮相

扮演面部勾画脸谱的男性形象的行当，俗称"花脸"、"花面"。净行以图案化的脸谱化妆为突出标志，分为正净、副净和武净等几类。

正净，又叫"大面"、"大花脸"，也称铜锤花脸或黑头花脸。一般以唱工为主，扮演的人物大多是朝廷重臣，以气度恢弘取胜，如《铡美案》中的包拯、《二进宫》中的徐延昭等。

副净，要求比较全面，既要有很深厚的武功底子，善于表演，还要善于念白和演唱。副净多表现性格豪爽的人物，如张飞、李逵等，也表现奸邪狡诈的人，如曹操、赵高等。

武净，也称"武花脸"，以武打见长，多表现身怀武艺的人。

丑行

扮演滑稽幽默的喜剧角色的行当，有男性也有女性。男性多在鼻眼间勾画豆腐块状脸谱，也叫"小花脸"或"三花脸"。丑行在表演上一般不重唱工，以念白的口齿清晰流利为主。丑行有文丑、武丑之分。文丑指那些不具武艺的滑稽人物，如花花公子、狱卒、酒保、更夫、老兵等，脸谱勾"豆腐块"；武丑指那些机警风趣、武艺高超的滑稽人物，又称"开口跳"，表演上以跌扑翻打为其特色。丑角的出场常会带来满堂笑声。丑行虽有文武、善恶和身份高低之分，但不一定是反面人物。

文丑　　　　　　　　武丑

跑龙套

也叫文堂，传统戏曲中扮演兵卒、夫役等群众角色的统称。演员都穿着各色的龙套衣，往往是四个人为一组，摆出不同的队形，代表不同的阵式，摇旗呐喊。龙套总是跟着主帅跑来跑去，烘托气氛，因此人们生动地称其为"跑龙套"。根据剧情的需要，龙套有各种不同的排场以及队形变化，有时还伴随队形变化齐唱各种曲牌。当主帅升帐或在某种特定场景中时，龙套还须大声喝喊堂威。在舞台上用一堂或两堂龙套，以表示人员众多，起烘托声势的作用。

京剧脸谱

　　脸谱是京剧化妆的一部分，是借夸张的色彩和线条，突出人物的性格，表达对人物的评价。京剧脸谱色彩丰富，图案不一。根据脸谱的图案排列，可分为整脸、三块瓦脸、歪脸、丑角脸、象形脸等类型。

整脸　　　　　　　　　　三块瓦脸

　　整脸是构图最单纯的一种，是利用双眉把脸分为额和面两个部分。三块瓦脸是运用非常广泛的脸谱，在整脸的基础上进一步夸张眉、眼、鼻的画片，用线条勾出两块眉，一块鼻窝，三块瓦脸又可以分成"正三块瓦"、"尖三块瓦"、"花三块瓦"等几类，画花三块瓦脸的人物多是绿林好汉、剽悍武将。歪脸又叫破脸，左右两边不对称，图案扭曲，用来表现丑陋、恶劣的人物。丑角脸的特点是在鼻梁上画一个白粉块，用漫画的手法表现人物的喜剧特征。象形脸一般用于表现神话戏中精灵神怪的形象，最著名的便是孙悟空的猴子脸。

象形脸　　　　　　　　　　歪脸

除图案外，脸谱的色彩也有各自的含义。一般来说，红色表示忠勇，如关羽；黑色表示刚烈、正直、勇猛，如包拯、张飞、李逵等；白色表示奸臣、坏人，如曹操、秦桧等；紫色表示沉稳，如廉颇；蓝色或绿色表示粗犷暴躁，如窦尔敦；黄色表示凶狠残暴，如宇文成都、典韦等。

京剧流派

京剧艺术家在舞台演出中所表现出来的个性与风格。这种个性和风格，由于师承者的学习、模仿而不断流传下去。京剧中不同流派的纷纷涌现体现了京剧艺术的繁荣昌盛。京剧的流派习惯上以创始人的姓来命名，如梅派、程派等。京剧历史上最早出现的是程长庚、余三胜和张二奎所创的三个老生流派。著名的流派有四大须生流派——马连良、谭富英、杨宝森和奚啸伯，四大旦角流派——梅兰芳、尚小云、程砚秋和荀慧生等。这些流派各有各的特色，如"梅派"擅长表现善良、温柔、华贵、典雅而具有正义感的古代妇女形象，荀派则善于塑造天真、活泼、热情的少女形象。

程长庚（1811—1880）

程长庚舞台扮相

清代著名京剧表演艺术家，京剧的奠基人之一，被誉为"京剧鼻祖"、"伶圣"、"剧神"等。他的演唱，声情交融，极其感人；他的唱白，字眼清楚，抑扬顿挫；他的表演，体察入微，注重表现表现人物的气质和神采。程长庚所扮演的角色多为古代贤豪，有坚忍刚毅的伍子胥、忠勇爱国的岳飞、憨厚正直的鲁肃等。清代陈淡然在《异伶传》中称赞程长庚扮演的伍子胥是"冠剑雄豪，音节慷慨，奇侠之气，千载若神"。程长庚还是一位艺德双馨、修身治戏的艺术家，《异伶传》中说他"出入宫廷数十年，风采动天下，未尝乞恩泽"。代表剧目有《战樊城》、《文昭关》、《鱼肠剑》、《战长沙》等。

谭鑫培（1847—1917）

继程长庚之后奠定京剧国剧地位的关键人物，对发展京剧艺术做出了划时代的贡献。谭鑫培根据自己的嗓音条件，独创了老生的新唱腔，悠扬宛转，韵味清醇，世称"谭派"。谭鑫培的唱腔一度风行全国，当时有"无腔不学谭"之说。谭鑫培还是一位文武昆乱兼善的全才，他把老生行的唱功戏、做功戏和武功戏巧妙的结合起来，极大地丰富了老生的表演艺术。陈彦衡在《旧剧丛谈》中说谭鑫培："集众家之特长，成一人之绝艺。"

谭鑫培舞台扮相

"谭派"是其后众多京剧流派的重要源头，它确立了百年京剧以韵味取胜的主导地位，正式奠定了京剧表演艺术体系的基本风格，极大地推进了京剧表演的规范化和体系化。

梅兰芳（1894—1961）

梅兰芳饰杨贵妃

"四大名旦"之一。梅兰芳对京剧的旦角表演做出了很大贡献。他经过不断探索和革新，最终将旦角表演艺术推向高峰，扭转了京剧舞台"以生为主"的局面。梅兰芳在旦角的唱腔、念白、舞蹈、音乐、服装、化妆等各个方面都有创造性的发展，主要表现为以下几个方面：一是成功地改变了传统青衣只重歌唱、不重身段和表情的状况，将昆曲中的表情、身段、步法以及载歌载舞的表演方法引入京剧，增加了京剧的表现力；二是突破旦角的传统化妆方法，创造了许多新的古装扮相、服饰，至今仍为演员所采用；三是以二胡辅助京胡为旦角伴奏，丰富了京剧的音乐；四是设计了大量新的唱腔，婉转妩媚，脆亮甜润，宽圆兼备，具有雍容华贵的风格，世称"梅派"。梅兰芳的舞台表演精美漂亮、扮相自然大方，曾倾倒无数观众，在京剧旦行的表演中影响极大。梅兰芳在 50 多年的舞台生涯中演出剧目 130 多出，扮演的角色有宫廷贵妇、巾帼英雄、大家闺秀、神话仙女等，其中以杨贵妃、虞姬、穆桂英等为代表的古代女性典型形象更是深入人心。著名代表作有《宇宙锋》、《贵妃醉酒》、《断桥》、《奇双会》、《霸王别姬》、《穆桂英挂帅》等。梅兰芳还曾率京剧团多次赴日本、美国、苏联演出，把中国戏曲传播到国外，使京剧赢得国际声誉。

程砚秋（1904—1958）

"四大名旦"之一。他严格遵守音韵规律，唱腔随着戏剧情节的发展和人物情绪的起伏而变化，达到了"声、情、美、永"的高度结合。在追求舞台表现形式的完整和美感的基础上，努力贴近现实生活。程砚秋擅长演悲剧，以表达凄楚悱恻的感情见长。他根据自己嗓音晦涩的特点为旦角的演唱开辟了新领域，创造出一种幽咽婉转、起伏跌宕、若断若续、节奏多变的唱腔，形成独特的艺术风格——"程派"。程砚秋表演的角色典雅娴静，有一种清峻之美。曾编演过《窦娥冤》、《鸳鸯冢》、《荒山泪》、《青霜剑》等戏，表现封建社会女性的悲惨命运。

尚小云（1900—1976）

"四大名旦"之一，"尚派"艺术的创始人。尚小云早年习武生，对著名武生表演艺术家杨小楼十分仰慕，所以在后来的旦角戏中融入了武生的表演艺术，使表演刚劲、挺拔。即使是文戏，也会根据剧情需要加入武打技巧，"文戏武唱"，增加了视觉上的美感和可看性。他特别擅长塑造巾帼英雄和侠女烈妇，于妩媚多姿之中又见阳刚强健。在演唱上，他以刚性为主，高亢圆亮，有穿云裂石之感；在表演上，尚小云强调刚劲力度，大开大阖，棱角分明，舞台动作较为夸张，节奏鲜明，刚烈中富于柔媚。代表作有《二进宫》、《祭塔》、《昭君出塞》、《梁红玉》等。

荀慧生（1900—1968）

"四大名旦"之一，"荀派"艺术的创始人。荀慧生幼年在河北梆子班学艺，后改演京剧，他的京剧花旦表演汲取了梆子戏旦角艺术之长，形成自己独特的艺术风格。他特别重视唱功和念功，要求唱和念时必须把艺术性和生活感有机地结合起来，并与表情、身段的真实自然相一致，互为表里。他的唱腔柔媚婉约，念白柔和圆润，身段动作美、媚、脆，表情丰富，于女性妩媚中闪现喜怒哀乐，还特别注重刻画人物的心理状态。他擅长扮演天真、活泼、温柔类型的女性角色，尤其善于表现少女特有的神态，代表作有《红娘》、《金玉奴》、《杜十娘》、《钗头凤》等。

杨小楼（1878—1938）

著名武生艺术表演家，享有"武生宗师"盛誉。他在艺术上师法俞菊笙、杨隆寿，同时博采众长，打下武生表演技艺的全面基础，形成独树一帜的"杨派"。杨小楼嗓音清脆洪亮，吐词清楚真切，朴实无华，唱念注意准确表达角色的感情；武打步法准确灵敏，追求神似，能恰当贴切地表现人物的性格，反映了着力体现意境，追求神似，也即"武戏文唱"的杨派特点，影响巨大。代表剧目有《长坂坡》、《挑华车》、《铁笼山》、《八大锤》等。

盖叫天（1888—1971）

著名武生艺术表演家，"盖派"艺术创始人。盖叫天长期在上海、杭州等南方一带演出，与北方的杨小楼并驾齐驱，人称"北杨南盖"。他曾习武术，将武术的功底作为武打技艺的基础，又吸收了京剧和昆曲各派武生表演艺术的长处，融于表演之中，增强了塑造人物形象的表现力，因此"盖派"的武打独具一格。盖叫天的表演着重于人物性格的刻画和精神境界的展现，擅长以丰富多变的武打和造型表现不同的人物，即使是同一人物在不同剧目中的塑造方式也不相同；讲究造型美，即使对反面人物也不作外形丑化。他尤其擅演武松，有"江南活武松"之誉。代表作有《三岔口》、

《一箭仇》、《白水滩》等。

盖叫天饰演武松

（三）其他剧种

昆剧

又称"昆腔"、"昆曲"，与海盐腔、余姚腔和弋阳腔一起被称为"四大声腔"。昆剧是我国古老的剧种，14世纪中叶发源于江苏昆山，创造了辉煌的艺术成就，对许多剧种的舞台艺术都产生过深厚的影响，有"中国戏曲之母"的雅称。著名代表作有汤显祖的《牡丹亭》、洪昇的《长生殿》、孔尚任的《桃花扇》等。昆剧擅长抒情、动作细腻、身段曼妙，歌唱与舞蹈的结合巧妙而和谐，是中国戏曲史上具有完整表演体系的剧种，它基础深厚，遗产丰富，在我国文学史、戏曲史、音乐史、舞蹈史上占有重要地位。2001年5月18日，昆剧被联合国教科文组织命名为"人类口头遗产和非物质遗产代表作"，成为全人类宝贵的文化遗产。

越剧

流行于浙江、上海一带的地方剧种。越剧源于浙江的民谣山歌，1916年起进入上海，20世纪30年代吸收京剧和绍兴大班等剧种的手法，改进表演艺术，形成了全由女演员演出的"绍兴女子文戏"。40年代艺术家对其艺术表演进行大胆创新，编演了《梁山伯与祝英台》、《祥林嫂》等剧，产生了巨大的影响，并正式定名为越剧。越剧具有优美、抒情的艺术风格，唱腔清悠婉转，擅长表达缠绵悱恻的情感，深受观众喜爱。越剧表演艺术先后出现了很多流派，如"袁（雪芬）派"、"徐（玉兰）派"、"傅（全香）派"、"尹（桂芳）派"、"范（瑞娟）派"等，是仅次于京剧的第二大剧种，2006年5月20日经国务院批准列入第一批国家级非物质文化遗产名录。代表剧目有《祥林嫂》、《梁山伯与祝英台》、《红楼梦》、《五女拜寿》、《西厢记》等。

《梁山伯与祝英台》舞台造型

黄梅戏

安徽的地方大戏，原名黄梅调、采茶戏，与京剧、越剧、评剧、豫剧并称中国五大剧种。它是在安徽、湖北、江西三省交界地区以黄梅采茶调为主的民间歌舞基础上发展而成。黄梅戏唱腔委婉清新，表演细腻动人，清丽明快，真实活泼，具有丰富的表现力。黄梅戏来自民间，雅俗共赏、优美欢快，以浓郁的生活气息和清新的民歌小调色彩感染观众，现已成为颇受全国广大观众欢迎的剧种。代表剧目有《打猪草》、《天仙配》、《女驸马》、《牛郎织女》等，表演名家有严凤英、王少舫等。

严凤英（右）黄梅戏剧照

粤剧

红线女剧照

用粤语演唱的剧种，流行于广东、广西、香港、澳门以及海外华侨聚居地。粤剧剧目以生旦戏为多，重唱轻做，文戏多于武戏，自由灵活，通俗细腻，偏重写实。周恩来总理曾高度评价"昆曲是江南的兰花，粤剧是南国的红豆"。粤剧随着广东人徙居海外而开枝散叶，成为最先走向世界的剧种，也是世界上流传最广的地方剧种，2006 年 5 月 20 日被收入第一批 518 项国家级非物质文化遗产名录之内，2009 年 9 月 30 日被联合国教科文组织列入人类非物质文化遗产名录。传统剧目有《平贵别窑》、《罗成写书》等，制成影片的有《搜书院》、《关汉卿》等，影响较大。粤剧表演名家有马师曾、红线女等。

豫剧

又称"河南梆子",流行于河南、河北、山西、山东等省份,是我国最大的地方剧种,仅次于京剧,位居我国地方戏剧之首。豫剧以唱见长,唱腔酣畅淋漓,吐字清晰流利,节奏鲜明强烈,极具口语化的特点,容易被听众听清,显示出特有的艺术魅力。豫剧激情奔放,豪迈激越,充满阳刚之气,在表演大场面戏方面呈现出大气磅礴的情感力度;表演风格朴实,地方特色浓郁,贴近老百姓

常香玉饰演花木兰

的生活,流露出质朴通俗的自然本色;矛盾冲突尖锐,故事情节完整,人物性格分明。2006 年 5 月 20 日,豫剧经国务院批准列入第一批国家级非物质文化遗产名录。代表剧目有《花木兰》、《对花枪》、《穆桂英挂帅》等,表演名家有常香玉、马金凤等。

川剧

用四川方言演唱的剧种,流传于四川东中部、重庆及贵州、云南部分地区。川剧是四川文化的特色之一,早在唐代就有"蜀戏冠天下"的说法。川剧艺术生活基础深厚,舞台程式完备,表演真实细腻,幽默风趣,生活气息浓郁,历来为群众所喜爱。在表演上,川剧脸谱的"变脸"有其独到之处,为其他的剧种所不多见。"变脸"利用抹脸、吹脸、扯脸、运气等手法在转瞬间即可改变演员脸上的脸谱形象,揭示剧中人物心理状态和思想感情的变化,精彩绝伦,令人拍案叫绝。川剧脸谱是川剧艺术最突出的组成部分,是历代川剧艺人共同创造并传承下来的艺术瑰宝。川剧受到了世人的喜爱并远涉重洋传遍世界,川剧名戏《白蛇传·金山寺》更是在海内外流传甚广。

皮影戏

一种古老的戏曲表演,又称"影子戏"、"灯影戏"、"土影

戏"，有的地区也叫"皮猴戏"、"纸影戏"等。皮影艺术是我国出现最早的戏曲剧种之一，在民间广为流传，它的光照剪影表演的艺术特点堪称当今影视艺术的鼻祖。据史书记载，皮影戏始于先秦，兴于汉朝，盛于宋代，元代时传至西亚和欧洲，历史悠久、源远流长。它是用灯光照射兽皮或纸板雕刻成的人物剪影以表演故事的戏剧。艺人在白色幕布后面，一边操纵皮影一边用当地流行的曲调唱述故事，同时配以打击乐器和弦乐，富有浓郁的乡土气息。在河南、山西农村，这种质朴的民间艺术形式很受人们的欢迎。皮影戏种类很多，以河北唐山一带的驴皮影和西北的牛皮影最为著名。

中外建筑基础知识

　　建筑艺术是以建筑工程技术为基础的一种造型艺术，即通过建筑物的结构造型，与建筑的装饰、绘画、雕刻等一起形成一种综合性艺术。建筑艺术具有实用性和审美性相兼容的特点，被誉为"凝固的音乐"。法国大作家雨果说建筑是"石头的史书"："人类没有任何一种重要的思想，不被建筑艺术写在石头上。"西方当代艺术史家简森说："当我们想起过去伟大的文明时，我们有一种习惯就是应用看得见、有纪念性的建筑作为每个文明独特的象征。"总之，建筑艺术是蕴含在建筑实物之中的某种思想观念和情感，如自然观、伦理观、宗教观和审美趣味等，富于感染力，以陶冶和震撼人的心灵。

（一）中国建筑

中国传统建筑的种类和特点

　　中国建筑、欧洲建筑、伊斯兰建筑被认为是世界三大建筑体系，其中又以中国建筑和欧洲建筑延续时间最长，流域最广，成就也最为辉煌。

　　中国传统建筑以汉族建筑为主流，种类繁多，主要有：宫廷府第建筑，如皇宫、衙署、殿堂等；防御守卫建筑，如城墙、城楼、关隘、长城、烽火台等；纪念性和点缀性建筑，如钟楼、鼓楼、牌坊等；陵墓建筑，如帝王陵寝宫殿等；园囿建筑，如御园、花园、别墅等；祭祀性建筑，如文庙（孔庙）、武庙（关帝庙）等；桥梁及水利建筑；民居建筑；宗教建筑，如佛教的寺庙、回教的清真

传统中国建筑屋檐造型

寺，等等。其中，宫殿与园林建筑的成就最为突出。关于园林建筑，前人曾有"江南园林甲天下，苏州园林甲江南"的评语，建筑界也普遍认为："中国古典园林精华萃于江南，重点则在苏州，大小园墅数量之多、艺术造诣之精，乃今天世界上任何地区所少见。"其中最为著名的有拙政园、留园、狮子林、沧浪亭和网师园等。

中国古代建筑是世界唯一以木结构为主的建筑体系，在文化艺术上主要表现出三大特点：一是注重审美性与政治伦理性的高度统一。中国传统建筑以宫殿和都城规划的成就最高，突出皇权至上的思想和严密的等级观念，体现了古代中国的政治伦理观；二是体现了中国传统文化精神的精要，中国建筑重视对中和、平易、含蓄深沉的美的追求，是中国人的伦理观、审美观、价值观和自然观的深刻体现；三是注重建筑的整体空间概念，如室内空间处理灵活多变，注重建筑构件的色彩和装饰彩绘的表现性等。著名建筑学家梁思成说："中国建筑既是延续了两千余年的一种工程技术，本身已造成一个艺术系统，许多建筑物便是我们文化的表现、艺术的大宗遗产。"

寺

"寺"是佛教传到中国后，中国人对佛教建筑的称呼，也叫"寺庙"。佛寺是佛教僧侣供奉佛像、舍利，进行宗教活动和居住的处所。我国最早的佛寺是东汉明帝时在洛阳修建的"白马寺"，由原来的官署"鸿胪寺"改建而成。早期的中国佛寺模仿印度佛寺的格局，以佛塔为中心，周围罗列禅房、静室、僧房等，东晋以后，则采用传统宫殿建筑形式，寺院一般以殿堂（又称正殿、大殿或大雄宝殿）为主体。殿堂建筑集中体现了我国传统建筑风格和特点，曲线优美的屋顶，尤其翼状起翘的"飞檐"，轻巧活泼的动人形象，给人印象深刻。北魏时期洛阳最大的佛寺是皇家佛寺永宁寺，富丽堂皇，庄严高雅，《洛阳伽蓝记》中这样记载："刹上有金宝瓶，容二十五石，宝瓶下有承露金盘三十重，周匝皆垂金铎，复有铁锁四道，引刹向浮图。四角锁上亦有金铎，铎大小如一石瓮子。浮图九级，角角皆悬金铎，合上下有一百二十铎。浮图有四面，面面有三户六窗，户皆朱漆。扉上有五行金钉，合有五千四百枚。复有金镮铺首，殚土木之功，穷造型之巧。佛事精妙，不可思议。绣柱金铺，骇人心目。至于高风永夜，宝铎和鸣，铿锵之声，闻在十余里。"

洛阳白马寺

塔

　　原本属于印度佛教建筑，又称"佛塔"、"宝塔"，用来供奉或收藏佛舍利（佛骨）、佛像、佛经和僧人的遗体。随着佛教进入中国，塔的建筑也随之传入。《洛阳伽蓝记》中说："明帝崩，起祇于陵上，自此以后，百姓冢上或作浮图焉。"这是塔首见于记载。后来，佛塔同中国固有的建筑技术和形式相结合，衍化出多种类型，成为中国古代建筑中数量极大、形式最为多样的一种建筑类型。同时，塔的宗教功能意义逐渐淡化，有了比较丰富的内涵，成为中国五千年文明史的载体之一。而今，矗立在大江南北的古塔数不胜数，有的供登高临远，有的则作为船行航标，也有的纯属点缀山水风景。我国现存最早的塔是建于北魏正光年间的河南登封嵩岳寺塔，在中国建筑史上占有重要地位。距今已有 1000 多年历史的苏州虎丘塔现在成了古城苏州的标志，被誉为"吴中第一名胜"，真可谓"沧浪网狮拙政园，天岩北寺虎丘山。蔚林双塔枫桥夜，美景长留天地间"。

苏州虎丘塔

庙

中国古代一种祭祀建筑，用来祭祀祖先、圣贤、山川、神灵等。庙根据祭祀对象的不同分为不同的种类。宗庙是中国古代帝王、诸侯奉祀祖先的建筑，其中太庙是等级最高的建筑；家庙是达官贵族、世家大族奉祀祖先的建筑，也叫宗祠；奉祀圣贤的庙是指奉祀先贤、名臣、义士、节烈等人的建筑，其中最著名的是奉祀孔子的孔庙，又称文庙，奉祀关羽的庙称关帝庙，又称武庙。此外还有奉祀诸葛亮的"武侯祠"、奉祀民族英雄岳飞的"岳飞庙"等。祭祀山川、神灵的庙中国也有许多，最著名的是奉祀五岳——泰山、华山、衡山、恒山、嵩山的神庙，其中泰山的岱庙规模最大。此外还有城隍庙、土地庙、龙王庙、财神庙等。不同的庙有不同的建筑特点，其中有不少是中国建筑艺术宝藏中的珍品。曲阜孔庙在宋代规模已经很大，现存建筑多为明、清两代的遗物，红墙黄瓦，雕梁画栋，碑碣如林，古木森森，其历史之悠久，保存之完整，占地之广阔，气魄之宏伟都是世界上罕见的，被古建筑学家称为世界建筑史上"唯一的孤例"。

山东曲阜孔庙

坛

中国古代用于祭祀天、地、社稷等活动的台型建筑。早期的坛除祭祀外，也用于举行会盟、誓师、封禅等重大仪式，后来逐渐演变为中国封建社会最高统治者专用的祭祀建筑，规模由简单变为繁复。现存的坛多是明、清时期遗留下来的，如北京的天坛、地坛、月坛等。中国历代各种坛的建筑制度有所不同，总的来说，坛的形式多以阴阳五行学说为依据，如天坛、地坛的主体建筑分别采用圆形和方形，是源于"天圆地方"之说。天坛是明、清两代帝王祭天的地方，规模宏伟，富丽堂皇，是我国现存古代建筑规模最大、建筑艺术最精美的祭祀性建筑群。天坛是圜丘、祈谷两坛的总称，二坛同在一条南北轴线上，中间有墙相隔，由一座石桥相连。圜丘坛内主要建筑有圜丘坛、皇穹宇等，祈谷坛内主要建筑有祈年殿、皇乾殿、祈年门等。整个天坛建筑布局严谨，构思巧妙，装饰瑰丽，不仅是中国建筑史上的罕见杰作，也是世界建筑艺术的珍贵遗产。

北京天坛

华表

中国古时用以标志或纪念的建筑物，也有供过路行人留言、发表意见、评论是非的作用，在上古的尧舜时期就出现了，是中国传统的建筑形式之一，已经成为中华民族的一种象征。华表在我国由来已久，一般由柱础、柱身、柱顶组成，柱础一般为莲花柱座；柱身以圆形为主，一般雕有螭龙、卷草等图案；柱顶上部横一云板，中间蹲坐一怪兽，叫"犼"。华表往往矗立在宫殿、坛庙寝陵以及桥梁等重要建筑物的前面，成为艺术性很强的装饰品。北京天安门前后各有一对华表，古朴精美，使人感到历史的庄重和威严。天安门后的华表上的"犼"面向北方，正对紫禁城，意思是希望皇帝不要久居深宫不知民间疾苦，应该多外出体察民情，关心百姓，所以被称为"望帝出"；天安门前的华表上的"犼"面向南方，意思是希望皇帝不要迷恋游山玩水，久出不归，应该快些回宫处理政事，治理国家，所以被称为"望帝归"。由此可见，华表不仅是装饰品，还有督促劝勉君主的作用。华表配合天安门前的石狮以及两侧的金水桥，衬托着天安门的红墙黄瓦，金碧辉煌，显示出一派庄严宏大的气魄，既给人以赏心悦目的美的感受，又带给人深邃的历史思考。

天安门前的华表

牌坊

又称牌楼，是中国古代用于表彰、纪念的一种建筑物。按建造意图来分，牌坊可分为功德牌坊、贞节道德牌坊、家族牌坊和标志牌坊四类。功德牌坊是为某人记功记德，贞洁道德牌坊多表彰节妇烈女，家族牌坊多是标志科举成就，用以光宗耀祖，标志牌坊多立于村镇入口、街道或山门，作为分隔空间、地名的标记。牌坊不只是起着一个点缀装饰的作用，它所蕴涵的文化内涵非常深刻。对古代中国人来说，树牌坊是流芳百世之举，拥有牌坊是至高无上的荣耀。安徽徽州在古代享有"礼仪之邦"的美誉，原有牌坊1000多座，现存100多座，被誉为"牌坊之乡"。在现代，牌坊多被用作有传统特色的标志物，建于风景区或街区等入口位置。牌坊还是中外友好交往的使者，许多国家都建有中国的牌坊。我国最有名的牌坊是位于徽州歙县的棠樾牌坊群，一共7座，逶迤成群，古朴典雅。明代建的有3座，清代建的有4座，按照"忠、孝、节、义"的顺序排列，表彰鲍氏家族成员的功勋德行，每一座牌坊都有一个感人肺腑的动人故事。乾隆皇帝下江南的时候，曾褒奖牌坊的主人鲍氏家族为"慈孝天下无双里，衮绣江南第一乡"。

安徽徽州歙县的棠樾牌坊群

长城、故宫（参见本书"中国地理"部分）

中国园林

中国古籍里也称作园、囿、苑、庭园、山池等，是通过对山、

306

水、建筑、植物等要素的组织，建造一个富有情趣的美的环境，以供人们观赏、游憩、居住。中国园林体现了中国人"师法自然"、"天人合一"的思想，园景主要是模仿自然，除建筑物外，还要凿池开山，栽花种树，用人工仿照自然山水风景，追求"虽由人作，宛自天开"的境界。中国园林具有丰富的"诗意美"，利用具有浓厚的民族风格的建筑物如亭、台、楼、阁、廊、榭、轩、桥等，配合自然的水、石、花、木，充满诗情画意。中国园林分皇家园林和私家园林两大流派。现存的皇家园林有北京的颐和园、河北承德的避暑山庄等，颐和园是其中最完整、规模最大的一个。私家园林以留园、拙政园等苏州园林为代表。著名作家叶圣陶在《苏州园林》中写道："苏州各个园林在不同之中有个共同点，似乎设计者和匠师们一致追求的是：务必使游览者无论站在哪个点上，眼前总是一幅完美的图画。"中国园林融建筑、文学、书画、雕刻以及工艺为一体的艺术特征，在世界园林建筑史上独树一帜，享有很高的声誉。

苏州拙政园

四合院

中国特色的院落式住宅，以庭院为中心，四周由房屋围成一个方形院落，故称"四合院"，体现出中国古老的传统文化。四合院的建筑一般由坐北朝南的正房（北房）、倒座（南座）、东厢房和西厢房组成，以北京四合院最为典型。院落宽绰疏朗，四面的房屋各自独立，彼此之间有游廊连接。四合院的建筑空间安排体现了中国传统建筑"中为尊，两侧为卑"的思想，房屋布局与家庭成员的住房安排有严格的规定，一般是正房高于其他房屋，突出了长辈与晚辈、男人与女人的地位差别，体现了中国封建宗法制度"尊卑有序"、"内外有别"的伦理观。此外，四合院的装修、雕饰、彩绘也处处体现着民俗民风和传统文化。北京四合院十分重视绿化，院子里种的花一般是丁香、海棠、榆叶梅、山桃花等，树则是枣树、槐树等，盆栽花木多是石榴树、夹竹桃、金桂、银桂等，阶前花圃中种的是草茉莉、凤仙花、牵牛花、扁豆花等。清代有句俗语形容四合院内的生活，"天棚、鱼缸、石榴树、老爷、肥狗、胖丫头"。四合院满足了人们对稳定感、安全感和归属感的渴求，形成了凝聚力和团结精神，促进了邻里间融洽相处、和谐互助的关系，孕育了独具特色的中国式街坊邻里文化。

北京四合院

（二）欧洲建筑

古希腊建筑

古希腊位于爱琴海畔，气候宜人，物产丰富，优美的自然环境赋予了古希腊人艺术的灵气和美感，孕育了灿烂无比的古希腊文化。古希腊是欧洲文化的摇篮，古希腊建筑也是欧洲建筑的先驱，它的建筑体式、艺术原则和审美情感深刻地影响了西方几千年的建筑历史，被称为"欧洲建筑的鼻祖"。希腊多山，盛产大理石，希腊人就利用石材建造房屋，产生了柱廊和三角形山墙的建筑形式。柱式体系是古希腊人在建筑艺术上的创造，分为爱奥尼柱式、多立克柱式和科林斯柱式。柱子多用垂直线条装饰，尤其是柱顶都有装饰花纹，形成独特的标志。古希腊建筑讲究严谨庄重，其柱式的造型对建筑艺术影响深远，一直沿用至今，成为经典建筑装饰的模式。雅典卫城建筑群是古希腊建筑最杰出的代表，希腊语称为"阿克罗波利斯"，原意为"高丘上的城邦"，它由帕提农神庙、伊瑞克提翁神庙、胜利女神神庙和卫城山门等古建筑组成，用洁白的大理石建造，高贵典雅。其中最光彩夺目的莫过于帕提农神庙了，它位于卫城的最高处，供奉雅典守护神雅典娜，是卫城最重要的神

雅典卫城

庙。帕提农神庙雕刻精细丰富，风格庄严肃穆，体现了古希腊人重视细节的理性思维和崇尚和谐的审美追求，被无数现代建筑师奉为最高建筑典范。

古罗马建筑

它是在亚平宁半岛上埃特鲁里亚人建筑艺术的基础上，继承和发展古希腊建筑的结果。由于生产力和科学技术的发展，罗马的建筑类型非常丰富，包括神庙、皇宫、剧场、角斗场、浴场、广场、会堂及内庭式住宅、公寓式住宅等。古罗马建筑最辉煌的成就是创造了拱券结构的建筑形式，并且发展了希腊的柱式体系，产生了新的复合柱式，由古希腊的3种发展为5种。古罗马建筑初步建立了科学的结构理论，对欧洲建筑乃至世界建筑都产生了巨大的影响。当时出现了著名的建筑学家维特鲁威，他所写的《建筑十书》，奠定了欧洲建筑科学的基本体系，15世纪之后，《建筑十书》成为欧洲建筑师的基本教材。罗马大角斗场是迄今遗存的古罗马建筑工程中最卓越的代表，是西方古代最大的建筑，位于意大利罗马的威尼斯广场南面，风格雄浑凝重，是古罗马帝国的象征。

罗马大角斗场

哥特式建筑

13—15 世纪流行于欧洲的一种建筑风格，主要见于天主教堂，也影响到世俗建筑，是古希腊古罗马为代表的古典主义建筑艺术风格以外的又一个建筑传统。哥特式建筑的特点可概括为高、直、尖三大主要特征，大量采用垂直线条和尖塔装饰，有强烈的上升趋势，象征着宗教的神圣与光辉；还大量采用彩色玻璃和高浮雕技术，使整个建筑更显得轻巧玲珑、光彩夺目。哥特式建筑以其高超的技术和艺术成就，在建筑史上占有重要地位。代表性建筑有巴黎圣母院、意大利米兰大教堂等。巴黎圣母院坐落在巴黎市中心塞纳河中的西岱岛上，曾因出现在法国大文豪雨果的《巴黎圣母院》中而被人们所熟知。它是世界上最著名的哥特式建筑，被称为法国最伟大的建筑艺术杰作，是欧洲建筑史上划时代的标志。它的全部建筑都用石头砌成，雨果在《巴黎圣母院》中这样写道："这座可敬的历史性的建筑的每一个侧面，每一块石头，都不仅是我国历史的一页，而且是科学史和艺术史的一页……简直就是石头的波澜壮阔的交响乐。"

巴黎圣母院

311

文艺复兴建筑

它是继哥特式建筑之后出现的一种建筑风格，15 世纪产生于意大利，后传播到欧洲其他地区，形成带有各自特点的文艺复兴建筑。文艺复兴运动反封建、反教会，提倡人权、人性和个性自由，所以那个时代的建筑都带有强烈的人文主义色彩。文艺复兴时期的建筑师们认为哥特式建筑象征了基督教的神权统治，是腐朽的，而古希腊古罗马的建筑是非基督教的，他们提出向古希腊和古罗马学习，重新采用古希腊和古罗马时期的柱式体系，倡导古典主义建筑风格。

文艺复兴建筑既富于平静优雅的古典气息，同时又符合当时新时代的要求，充满活力。16 世纪重建的意大利圣彼得教堂是文艺复兴建筑的代表作之一。它位于罗马西北郊的梵蒂冈城，气势恢弘，是世界上最大的天主教堂。这座教堂汇聚了整个 16 世纪意大利所有重要建筑家的智慧和心血，其中包括拉斐尔和米开朗琪罗等，不愧为意大利文艺复兴时代的不朽丰碑。

意大利圣彼得教堂

巴洛克建筑

17—18 世纪在意大利文艺复兴建筑基础上发展起来的一种建筑风格。"巴洛克"的原意为"不规则的珍珠",古典主义者用它来描述离经叛道的艺术风格。巴洛克建筑打破古典建筑的和谐平静,追求夸张的浪漫情调。其特点是外形自由,大量采用弧线的整体造型,圆屋顶、大扶梯等,喜好富丽的装饰和雕刻,色彩强烈,追求强烈的感官享受。巴洛克建筑是开放的,它打破了先前封闭的结构,把广场、花园、雕塑、喷泉和建筑有机结合成一个整体,让光和影在建筑物的表现力中扮演重要角色。这一建筑风格反映了向往自由的世俗思想,但有些建筑过分追求华贵气魄,则显得繁琐堆砌。圣彼得大教堂广场是巴洛克风格最重要的广场,由著名雕刻家和建筑家贝尔尼尼设计,广场中央耸立着方尖碑,两旁各有一座大喷泉,广场左右两边圆柱构成的弧形柱廊象征着天主教伸出巨大的手臂,拥抱来自世界各地的朝圣者。当漫步在柱廊中时,光影变化强烈,体现了巴洛克艺术中视觉与心理体验的特点。

圣彼得大教堂广场

法国古典主义建筑

　　盛行于 17 世纪到 18 世纪法国路易十三、路易十四专制王权时期的建筑风格。法国古典主义建筑反对洛可可风格的奢靡，受到启蒙运动思想家卢梭等人返璞归真、回归自然理念的影响，推崇简洁和如画式的风格。它造型严谨，华丽宏大，普遍应用古典柱式，内部装饰丰富多彩，虽然也很浮华，但是并非追求激情，而是强调君权神圣。古典主义建筑的代表作是造型雄伟的宫廷建筑和纪念性的广场建筑群，如巴黎卢浮宫、凡尔赛宫和巴黎伤兵院新教堂等。凡尔赛宫是欧洲最大的皇家宫苑，也是法国最伟大的古典主义建筑，宫殿气势磅礴，布局严密、协调。宫殿外壁上方林立着大理石人物雕像，造型优美，栩栩如生。花园、山洞、水池、喷泉、雕像等布局和谐严整、风景如画。凡尔赛宫的内部装潢也令人叹为观止，内壁装饰、雕刻、油画、壁灯和家具等莫不是精雕细琢的艺术精品。凡尔赛宫体现了古典主义建筑追求理性与统一的风格，是法国古典主义建筑的楷模，对俄国、奥地利等其他欧洲国家的宫殿花园建筑产生了重要的影响。

凡尔赛宫

现代主义建筑

20世纪世界建筑中占据主导地位的建筑思想和潮流。自18世纪中期英国工业革命时期起，西方建筑开始摆脱传统建筑风格的羁绊，逐步走向现代。特别是20世纪以来，随着艺术思想的革新和建筑科技的发展，建筑艺术发生了巨大的变化，建筑结构和样式迅速走向现代。现代主义建筑发轫于著名建筑师格罗皮乌斯、勒·柯布西耶和密斯·范德罗等人，他们摆脱传统建筑形式的束缚，设计和建造了一些具有新风格的建筑，如德国包豪斯校舍、巴塞罗那博览会德国馆、巴黎瑞士学生宿舍等，被视为现代主义建筑的代表作。这些建筑体现了现代主义的建筑思想，那就是：现代建筑要与工业化社会相适应，要研究和解决建筑的实用功能和经济问题，要积极采用新材料、新结构，并在建筑设计中发挥新材料、新结构的特性等。现代主义建筑思想在20世纪30年代从西欧向世界其他地区迅速传播，成为建筑的主导潮流。传统建筑的厚重、粗实风格很快就被轻、光、透、薄的幕墙所替代，许多政府建筑物和纪念性建筑也舍弃了传统建筑形式，呈现出崭新的面貌。

（三）西方经典建筑

比萨斜塔

位于意大利比萨城，和相邻的大教堂、洗礼堂、墓园一起被联合国教育科学文化组织评为世界遗产。比萨大教堂和斜塔是为纪念打败阿拉伯人、攻占巴勒摩而建造的，为意大利中世纪最重要的建筑群之一。比萨斜塔是比萨大教堂的独立式钟楼，建造过程中因地基不均而发生沉降，致使塔身向南倾斜，成为闻名全球的建筑奇观。据专家考察，建造塔身的每一块石砖都是一块石雕精品，石砖与石砖间的粘合有效地防止了塔身倾斜引起的断裂，成为斜塔斜而不倒的一个因素。比萨斜塔秀雅古拙、结构严谨、比例协调，是世界建筑文化艺苑中一件难得的珍品。意大利著名物理学家伽利略的

315

学生维维安尼在《伽利略生平的历史故事》一书中记载：伽利略曾经在比萨斜塔上做自由落体实验，从而发现了自由落体定律，成为比萨斜塔的一个美丽传说。

比萨斜塔

卢浮宫

位于法国巴黎。卢浮宫的前身是一座防御碉堡，经法国历代王室多次扩建，到拿破仑三世时完成了整体建设。卢浮宫的整体建筑呈"U"形，建筑占地面积广阔，是一组壮丽庞大的建筑群。20世纪80年代，美籍华裔建筑大师贝聿铭为卢浮宫设计了新的入口——"玻璃金字塔"，由600多块菱形玻璃拼接而成。"玻璃金字塔"采用全玻璃结构，是对法国传统建筑的重大突破，建成之初饱受争议，现在则被视为卢浮宫的象征。卢浮宫是世界著名的艺术殿堂，馆内收藏的艺术品已达40万件，包括雕塑、绘画、美术工艺等多个门类，艺术藏品种类之丰富、档次之高都堪称世界一流，是世界三大艺术宝库之一。其中，《米洛的维纳斯》、《蒙娜丽莎》和《萨莫特拉斯的胜利女神》被称为"镇宫三宝"。法国著名雕塑家罗丹曾赞叹"胜利女神"："这简直是真的肌肉，抚摸她可以感到体温的！"

艺术殿堂——卢浮宫

戴高乐广场凯旋门

法国 19 世纪的大型纪念碑式建筑，坐落在巴黎市中心戴高乐广场（又称星形广场）中央，是拿破仑为纪念战争胜利而下令建造的，表现出鲜明的"帝国风格"。这座凯旋门用石材建成，是欧洲 100 多座凯旋门中最大的一座，成为巴黎标志性建筑物之一。它的形式模仿罗马的凯旋门而简化，只有正中一个拱洞，前后共有 4 组大型浮雕，包括《马赛曲》、《1810 年的胜利》、《和平》、《抵抗》等，其中最杰出的是吕德创作的《马赛曲》浮雕，在世界美术史上占有一席之地。如今每逢节日，就有一面法国国旗从拱门顶端垂下来，迎风飘扬；遇到重大节日，就有一名身着拿破仑时代戎装的战士手持劈刀，守卫在《马赛曲》浮雕前；每年 7 月 14 日法国国庆时，法国总统都要通过凯旋门，而每一任总统卸任时也要来到凯旋门。

凯旋门

埃菲尔铁塔

法国首都巴黎的标志性建筑，位于巴黎战神广场上，由法国建筑师居斯塔夫·埃菲尔设计，1889年建成。铁塔给埃菲尔带来了

埃菲尔铁塔

巨大的名气，他说："埃菲尔铁塔把我淹没了，好像我一生只建造了她。"由此可见埃菲尔铁塔的声名之盛。铁塔的设计离奇独特，是一座由钢铁建成的镂空结构铁塔，像一个巨大的"A"字，又像是火箭发射塔，塔高 320 米，重 9000 吨，如钢铁巨人般高高地耸立在巴黎市中心。埃菲尔铁塔是世界上第一座钢铁结构的高塔，成为当时席卷世界的工业革命的象征，显示了资本主义初期工业生产的巨大威力，展现了法国人异想天开的浪漫情趣和艺术品位，被视为世界建筑史上的技术杰作。埃菲尔铁塔矗立在塞纳河畔，挺拔雄伟，静静地注视着繁华的巴黎市，吸引了无数来自世界各地的游客前来观瞻其风姿。

蓬皮杜文化艺术中心

位于法国巴黎市中心，是一座由钢管和玻璃管构成的庞然大物，由英国建筑师 R. 罗杰斯和意大利建筑师 R. 皮亚诺合作设计，建于 1972—1977 年，成为埃菲尔铁塔之后巴黎最著名的建筑。蓬皮杜文化艺术中心由"工业创造中心"、"公共参考图书馆"、"国家现代艺术博物馆"、"音乐声学协调研究所"四大部分组成，供人参观、学习和研究，是一座现代化的、艺术与生活相结合的宝库。它外貌奇特，整个建筑物除去一道防火隔墙外，没有一根内柱，钢结构梁、柱、桁架以及五颜六色的各种管线都

蓬皮杜文化艺术中心

暴露在外面，像一座化工厂，个性鲜明。蓬皮杜文化艺术中心体现了建筑师与众不同的建筑思想，人们对它的评价褒贬不一，有人赞美它，有人则讥讽它酷似炼油厂或宇宙飞船发射台。蓬皮杜文化艺术中心打破了文化建筑的设计常规，强调自由与灵活，彰显现代科学技术同文化艺术的密切关系，属于现代建筑中重技派的代表作，淋漓尽致地表达了现代建筑艺术的幻想特质。如果说卢浮宫代表了法兰西的古代文明，那么蓬皮杜文化艺术中心则可以被视为现代法国的象征。

悉尼歌剧院

即澳大利亚全国表演艺术中心，位于澳大利亚悉尼大桥附近的小岛上，三面环海，又称海中歌剧院，是世界著名的艺术表演中心，已成为悉尼乃至澳大利亚的标志性建筑，也是 20 世纪最具特色的建筑之一。悉尼歌剧院由丹麦著名建筑大师伍重设计，历经 10 多年建造而成。整个歌剧院分为三个部分：歌剧厅、音乐厅和贝尼朗餐厅。它们并排而立，各由 4 块巍峨的白色"贝壳"组成，因而有"翘首遐观的恬静修女"的美称。这些"贝壳"依次排列，面向海湾依抱，既像竖立着的贝壳，又像两艘即将乘风远航的巨型白色帆船，有一种"群帆归步"的韵致，在蓝天、白云、碧海、绿树的映衬之下，犹如花朵般婀娜多姿、优雅美丽。悉尼歌剧院造型奇特，外观不凡，被认为是不可多得的现

悉尼歌剧院

代优秀建筑。它不仅是展现澳大利亚文化的艺术殿堂，也是悉尼的灵魂和精髓，无论空气清新的清晨、彩霞满天的傍晚还是星光灿烂的夜晚，无论漫步海边还是乘船出海，都可以从不同角度欣赏到悉尼歌剧院的迷人风采。

音乐

没有音乐，生命是没有价值的。

——尼采

中国音乐基础知识

（一）中国民歌

民歌是民间世代广泛流传的歌曲，它是大众口头创作的音乐形式，具有鲜明的民族特色和地域色彩。《诗经》是我国最早的一部民歌词集。《楚辞》则是公元前 4 世纪长江流域的一部民歌集，是伟大诗人屈原在长江中游古代巫歌的基础上整理加工而成的。《楚辞》充满了古代的神话传说，富于想象，并且把《诗经》的四言体民歌发展成句式自由、韵脚多变的"骚"体歌；《乐府》是汉魏时期的民歌集，是淮河流域、长江下游、黄河中下游各地民歌的汇合，内容大多反映战争给人民带来的疾苦以及封建礼教下的家庭悲剧，一些故事如《孔雀东南飞》、《木兰从军》等流传至今，几乎家喻户晓。从《诗经》到《乐府》，是中国民歌发展的早期阶段，内容已非常丰富，音乐表现力也很强。此后民歌历经隋、唐、宋、元、明、清等各个朝代，发展迅猛，尤其是 20 世纪以来，民歌空前繁荣。

中国幅员辽阔，不同民族不同地域人们的生产方式和生活习俗多种多样，造就了中国民歌体裁丰富、风格多样的特点。有以江南小调为代表的江南水乡风格的民歌，以"信天游"、"花儿"为代表的西北高原风格的民歌，以云南、贵州、四川等山歌为代表的西南高原风格的民歌，等等。中国民歌种类很多，按体裁形式大致可分为号子、山歌和小调三大类。

民歌广泛反映了中国各个时代的政治、经济、军事、社会等方面的现实，表达了老百姓的喜怒哀乐、悲欢离合，体现了劳动者的思想感情、愿望要求，富有浓郁的东方文化色彩，是中国文艺中不可或缺的重要组成部分。

号子

也称劳动号子、哨子，是人们在集体劳动时，为了统一劳动节奏、协调动作、调解情绪、缓解疲劳而唱的一种民歌。不同的工种和传唱环境产生了不同类别的号子。例如，江河上船工们所唱的船工号子、沿海渔民出海捕鱼时所唱的海洋渔民号子、码头和货场装卸工所唱的码头搬运号子、林区伐木工人在伐树、运木等劳动中所唱的森林林工号子、工地建筑工们所唱的建工号子，等等。号子的歌唱方式主要是"领"与"合"，即一人领，众人合；或者众人领，众人合。总的来说，号子结构短小，节奏较为固定，音调铿锵有力。号子作为民歌的主要载体，早在原始社会时期就已经产生，数千年来伴随着劳苦大众战胜自然，创造奇迹，发挥了不可估量的作用，它是人类与劳动相互碰撞迸发出的最早的艺术火花，具有永恒的历史文化价值。

龙舟号子

山歌

一般认为，凡是流传于高原、山区、丘陵地区的民歌就是山歌。与号子相比，山歌节奏自由，旋律悠长。不同民族不同地区的山歌所蕴涵的民族和地域风格也各不相同。山歌中最有代表性，也最为大家熟知的品种主要有：内蒙古草原的各种"长调"，陕北的"信天游"，赣、闽、粤地区的"客家山歌"，壮族山歌等。内蒙古草原"长调"，蒙语叫"乌日听道"，意为"悠长的歌曲"，主要特征是歌腔舒展，歌声悠扬。歌词内容多是骏马、蓝天、羊群、水草等，富有草原气息。"信天游"流行于陕北黄土高原地区，基本特征是结构短小简洁，曲调开阔奔放，感情炽烈深沉，代表曲目有《兰花花》、《见面容易拉话难》等。客家山歌是客家人的口头文学，曲调单纯、质朴，但歌词内容含蓄，文学色彩浓厚，表现力很强。壮族山歌是西南少数民族众多山歌中最具代表性的一种。壮乡有"歌海"之称，每年都有许多定期歌会——"歌圩"，这种活动是以相互酬歌、彼此对歌为主，有问有答，此起彼伏。人们熟知的壮家姑娘刘三姐是壮族人民心目中的歌仙。壮族山歌中还有许多丰富的多声部民歌，即歌手可同时唱出两个或两个以上声部，艺术形式比较成熟和完美。

山歌旋律优美、歌词通俗、贴近生活，富有地方特色，洋溢着浓郁的民族气息，与号子相比，它更能表现劳动人民丰富多彩的情感生活，反映更广阔的社会生活场景。

牧民草原放歌

小调

它又称小曲、俚曲等，是一种广泛传播于城镇集市的民歌体裁。小调节奏规整、曲调细腻委婉、曲折流畅，历经了漫长的发展沿革，多经过艺术加工。与号子、山歌相比，小调的流动性较大，传唱程度广泛，基本上离开了劳动现场和特定地域，娱乐性和表演性比较强。小调所反映的社会生活极为广泛，它歌唱了社会各阶层包括农民、商人、市民乃至贩夫走卒、江湖艺伎、和尚尼姑等群体的爱情婚姻、离别相思，体现了不同时代不同地域的风土人情、民间传说，还包罗了自然常识、娱乐游戏等。总体说来，小调是民间音乐中一种既具有群众性又具有专业性的民歌类别。常见曲目有《茉莉花》、《绣荷包》等。

（二）中国民族乐器

中国民族乐器历史悠久，先秦时期就有了多种多样的乐器。如河南舞阳县的贾湖骨笛，新石器时代文化遗址浙江河姆渡出土的骨哨和陶埙，山西襄汾陶寺遗址早期墓葬中出土的石磬，湖北随县（现随州）曾侯乙墓出土的编钟、编磬、鼓、笙、瑟、排箫等。这些古乐器向人们展示了中华民族的惊人智慧和杰出创造力。中国民族乐器分为"吹、打、弹、拉"四大类，即吹奏乐器、打击乐器、弹弦乐器和拉弦乐器。乐器演奏形式丰富多样，有各种乐器的独奏、各种不同乐器组合的重奏与合奏，等等。

吹奏乐器

我国的吹奏乐器发音体大多为竹制或木制。起振方法有几种：一是气流吹入吹口激起管柱振动，如箫、笛；二是气流通过哨片吹入使管柱振动，如唢呐、管子；三是气流通过簧片引起管柱振动，如笙、巴乌。由于发音原理不同，各种吹奏乐器的音色不同，个性不一，演奏风格丰富多彩。并且由于地域、民族的差异，各种乐器演奏技巧的不同以及演奏者个人特色的发挥，吹奏乐器在漫长的历史发展过程中形成了具有独特演奏风格和丰富演奏技巧的各种流派。

弹拨乐器

它是用手指或拨子拨弦，以及用琴竹击弦而发音的乐器总称。我国的弹拨乐器分横式与竖式两类。横式的有筝、古琴、扬琴等；竖式的有琵琶、三弦、冬不拉等。弹拨乐器音色明亮、清脆，演奏技巧有弹、挑、滚、轮、勾、抹、扣等多种。弹拨乐器大多节奏性强，但余音短促，演奏长音需滚奏或轮奏。弹拨乐器一般力度变化不大，在乐队中除古琴音量较弱外，其他乐器声音穿透力均较强。中国弹拨乐器历史悠久，种类形制繁多，是极富特色的一类弦乐器。

打击乐器

打击乐器是一种以打、摇动、摩擦、刮等方式产生音乐效果的乐器族群。我国民族打击乐器品种繁多，技巧丰富，具有鲜明的民族风格。有响铜的，如锣、钹等；有响木的，如梆子、木鱼等；有皮革的，如大小鼓、板鼓等。民族打击乐器可分为有固定音高和无固定音高的两种，无固定音高的如鼓、锣、钹、板、梆、铃等；有固定音高的如定音缸鼓、排鼓、云锣等。每组打击乐器都能独立演奏，对表现音乐内容、戏剧情节和加重音乐的表现力具有重要的作用，大大提升了音乐的表现力，在我国西洋管弦乐队中也常使用。打击乐器可能是最古老的乐器。

拉弦乐器

它是用装在细竹弓子上的马尾摩擦琴弦，使之震动发音的一种乐器，在胡琴的基础上发展而来，种类繁多，有二胡、马头琴、京胡等。拉弦乐器发音优美，有极丰富的表现力，有很高的演奏技巧和艺术水平。音色有的优雅、柔和，有的清晰、明亮，有的刚劲、欢快，擅长演奏歌唱性旋律，被广泛使用于独奏、重奏、合奏与伴奏。拉弦乐器以各种不同的弓法、指法等技巧塑造多种多样的音乐形象，表现丰富、细腻的思想情感。

常见民族乐器

琴

古人弹琴图

它也叫"古琴"、"七弦琴"，历史悠久，源远流长。琴身为狭长形木质音箱，琴面有七根弦，演奏时用右手按弦，左手弹弦，有多种手法。古琴音域宽广，音色丰富，或轻盈虚飘，或古朴丰厚，或雄浑华丽，或圆润细腻。作为中国传统文人修养中的"琴、棋、书、画"四艺之首，古琴集中体现了传统东方文化清幽、淡远的审美意境，寄寓了中国千年的正统思想和文化，反映了华夏传人平和超然、潇洒自如的思想内涵。历史上许多著名的思想家、文学家，如孔子、嵇康都以弹琴名世。司马相如以琴求偶，伯牙与钟子期以琴神交的故事，更是流传甚广。

唢呐

俗称"喇叭"，小的唢呐称"海笛"，由波斯传入，是历史悠久、技巧丰富、表现力强的民间吹管乐器。唢呐音量大，音色高亢洪亮，富有穿透力，刚中有柔，柔中有刚，擅长表演热烈欢快的风格。通过丰富演奏技巧和提高表现力，唢呐已经成为了一种别具特色的独奏乐器，

唢呐表演

还可用于民族乐队合奏或戏曲、歌舞伴奏。唢呐是民间运用最广泛、百姓最喜闻乐听的乐器，民间婚、丧、节日喜庆的吹打乐队中常用它来渲染气氛。唢呐曲《百鸟朝凤》是流行于我国北方的传统乐曲，乐曲模仿各种禽鸟的鸣叫声，音调活泼、淳朴、粗犷，具有浓厚的生活气息，深受人们喜爱。

笛

我国古老的民族吹奏乐器，早在 7000 年前，浙江余姚河姆渡就有了鸟骨制的笛子。笛子多用天然竹材制成，也称"竹笛"。又因横着吹奏，所以也有"横笛"、"横吹"的别称。笛子由一根竹管做成，在管身上开有一个吹孔、一个膜孔、六个音孔。吹孔是笛子的第一个孔，气流由此吹入，使管内空气振动而发音。笛子的表现力非常丰富，它既能演奏悠长、高亢的旋律，又能表现辽阔、宽广的情调，同时也可以奏出欢快华丽的舞曲和婉转优美的小调。此外，笛子还能表现大自然的各种声音，如模仿各种鸟叫等。笛在我国分布很广，最主要的有曲笛和梆笛两种，形成了风格迥异的"南派"和"北派"。北派主要流行于中国北方地区，使用梆笛，管身较短较细，音色高亢明亮，风格刚劲粗犷、热情奔放，代表乐曲有《五梆子》、《黄莺亮翅》、《喜相逢》、《放风筝》、《挂红灯》等；南派主要流行于中国江南地区，使用曲笛，管身较长较粗，音色浑厚柔和，风格典雅清丽、抒情委婉，代表乐曲有《鹧鸪飞》、《小放牛》、《欢乐歌》、《中花六板》、《云庆》等。笛是中国最古老、最有特色的吹奏乐器之一，千百年来用音乐美感滋润熏陶着人们的性灵。

笙

我国古老的簧管乐器，距今已有 3000 多年的历史，是世界上现存大多数簧片乐器的鼻祖，以笙簧和笙管配合振动发音。其音色清晰透亮、柔和高雅、感染力强，流行于贵州、广西、湖南、云南、四川等省区。笙形制多样，富有浓郁的地方特色，民间常用于芦笙舞伴奏和芦笙乐队合奏。传统笙的音域

民间吹笙绘画

不广，一般只用于合奏或伴奏，很少用于独奏。经过改革后，现在笙已成为具有丰富表现力的独奏乐器，既能演奏雄壮有力的曲调，

ing..

也可奏出优美抒情的旋律。代表曲目有《凤凰展翅》、《孔雀开屏》等。

琵琶

我国古老的弹弦乐器，已有2000多年的历史，被称为"弹拨乐器之王"、"弹拨乐器首座"。琵琶音域广阔，具有丰富的表现力，是民族器乐中重要的独奏、伴奏和合奏乐器。琵琶演奏技巧丰富，共计70多种。唐朝诗人白居易在其《琵琶行》中这样描述琵琶的音韵之美："大弦嘈嘈如急雨，小弦切切如私语。嘈嘈切切错杂弹，大珠小珠落玉盘。"根据乐曲风格和表现手法的不同，琵琶曲可分为文曲和武曲。文曲宜于表现文静细腻、柔和美妙的情趣，强调抒情性和写意性，偏重于内心思想感情的深入挖掘和表达，代表作品有《浔阳月夜》、《汉宫秋月》、《月儿高》、《塞上曲》等；武曲适于表现威武雄健、豪放爽朗的气概，强调叙事性和写实性，气势比较宏伟，结构比较庞大，代表作品有《十面埋伏》、《霸王卸甲》、《汉将军令》、《水军操演》等。

弹奏琵琶图

二胡

二胡也称胡琴，在唐代已出现，是我国主要的拉弦乐器之一，音色优美、表现力强，在独奏、合奏、歌舞和声乐伴奏以及地方戏

曲、说唱音乐中都占有重要地位。它既
适宜表现深沉悲凉的情愫，也能描写气
势壮观的意境。通过不断发展，二胡已
经成为一种最重要的独奏乐器和大型合
奏乐队中的弦乐声部重要乐器。它可以
说是最具有中国风色彩的乐器之一，以
悠长婉转的乐调诉说了华夏历史的千年
沧桑和中华儿女的悲欢离合。二胡的代

二胡图

表曲目有很多，其中民间艺人阿炳（华
彦钧）创作的《二泉映月》家喻户晓，是中国民间器乐中的精品。
《二泉映月》一开始即由一声凄楚的长长叹息声展现了凄美的意
境，感人肺腑。

古筝

中国最古老的民族乐器之一，被称为"民族乐器之王"，有
"东方钢琴"的美誉。早在2500多年前的秦代就盛行于陕西一带，
所以又称"秦筝"。古筝的音色优美，色彩华丽，表现力丰富，既
能表现行云流水的意境和细腻委婉的情调，又能描绘动人壮观的场

弹奏古筝

面和慷慨激昂的感情。代表乐曲有《渔舟唱晚》、《高山流水》、《汉宫秋月》等。其中，《渔舟唱晚》是一首充满诗情画意的传统筝曲，标题出自唐代诗人王勃《滕王阁序》中"渔舟唱晚，响穷彭蠡之滨"的诗句。作品描绘了充满诗情画意的场景：夕阳西下，渔舟归港，渔人怡然自得，悠扬的渔歌在湖面荡漾。乐曲清新古雅，意境辽阔深远，堪称不朽之作，在海内外享有很高的声誉。

埙

古老乐器——埙

我国最古老的一种吹奏乐器，目前发现最为古老的埙是在浙江余姚河姆渡遗址发现的 7000 多年前的孔陶埙。埙多用陶土烧制而成，外形似蛋，中空，顶端开一吹孔，胸腹部开一个或数个指孔。埙的音色悲凉、萧瑟，擅长表现凄凉、哀伤的情绪，尤其善于表现肃穆苍茫的上古遗风，被视为特色乐器。埙在中国音乐史上主要用于历代的宫廷音乐，又分为颂埙和雅埙两种。颂埙形体较小，像个鸡蛋，音响稍高；雅埙形体较大，音响浑厚低沉，常常和一种用竹子做成的吹管乐器篪配合演奏，即所谓"埙唱而篪和"。埙古朴醇厚、柔润适中的音色符合儒家"和为贵"的哲学思想，特别受到古人的推崇。《诗经·大雅·板》中曾说："天之牖民，如埙如篪。"埙在古代一直未得到广泛普及，埙曲也较少。现代以来，埙的表现力不断增强，埙乐也不断丰富，沉睡多年的远古时代的乐器又重获新生。

马头琴

蒙古族的代表乐器，因琴头雕刻马头而得名，为民间艺人和牧民所喜爱。马头琴发音低沉柔和、浑厚淳美，善于演奏细腻深情的抒情乐曲，特别适合演奏悠长辽阔的旋律，具有浓郁的草原风格，常用于独奏、器乐合奏或为民间歌舞、说唱伴奏。马头琴能够准确传神地反映蒙古人的生产生活，如辽阔的草原、奔腾的牛羊、悲伤的心情、欢乐的牧歌等。马头琴的优秀曲目很多，传统的琴曲风格多样、曲调委婉，大多描绘自然风光或歌颂骏马，如《四季》、《蒙古小调》、《鄂尔多斯的春天》、《清凉的泉水》、《走马》和《马的步伐》等。

演奏马头琴

巴乌

　　彝族、哈尼族、傣族、佤族等少数民族使用的吹管乐器，流行于云南、广西、贵州等地，被西南地区的人们称为"会说话的乐器"。巴乌采用竹管制成，有 8 个按孔，吹口处装一尖舌形铜质簧片。演奏时横吹上端，振动簧片发音。巴乌音色非常柔美悦耳，很适合传情达意、暗诉衷肠，许多彝族、哈尼族、苗族青年在谈恋爱时喜欢用它吹奏情歌，

吹奏巴乌

向心上人表达爱慕之情。传统巴乌音量较小，音域较窄，常用于伴奏舞蹈、独奏等。近几十年来，巴乌经过不断改革，音域扩大，音量增加，适合演奏宽广、抒情的音调，合奏时也可以作为高音乐器与低音乐器之间的桥梁。传统巴乌名曲有彝族的《约调》、哈尼族的《傍晚的声音》、苗族的《约会》等。

葫芦丝

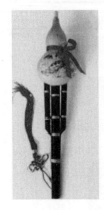

葫芦丝

流行于傣族、彝族等民族的乐器，又叫葫芦箫。葫芦丝用半截小葫芦作为音箱，以3根长短不一的竹管并排插在葫芦内，竹管下端都嵌有铜质簧片，中间较长的一根竹管开七孔。葫芦丝音色柔美细腻、圆润质朴、悦耳和谐，吹出的颤音有如抖动的丝绸一般飘逸柔滑，常用于吹奏山歌等民间曲调，可用于独奏和合奏。它最适合演奏旋律流畅的乐曲或舞曲，传达演奏者情感的细微变化。葫芦丝在傣族、阿昌族等较为普及，青年男女谈情说爱或人们田间劳作时，经常吹响葫芦丝娱乐助兴，给生活增添了很多欢乐和情趣。葫芦丝名曲有《月光下的凤尾竹》等。

冬不拉

哈萨克族最重要、最流行的弹拨乐器，演奏的基本方法是弹与挑，一般弹用于重拍，挑用于轻拍。冬不拉音量不大，但音色优美动听，运用不同的演奏技巧，可以形象地描绘草原上淙淙的泉水、欢腾的牛羊和奔驰的骏马等。弹奏的力度和速度有多种变化，特别适合演奏快速乐曲。冬不拉既可用于自弹自唱，也可用于独奏或合奏，表现力非常丰富，而且便于携带，适合草原上迁徙不定的生活，故深受哈萨克族人民的喜爱，堪称哈萨克历史文化的符号和代表。流传在民间的冬不拉乐曲多以马为题材，还有许多乐曲描写狩猎生活、歌颂美丽山河和反映青年男女爱情，优秀的作品有独奏曲《伊犁河的波浪》、协奏曲《美丽的巴尔鲁克山》等。

（三）中国民族器乐

中国民族乐器有着悠久的历史传统，也叫国乐。早在远古时代，人们就已经创造了多种乐器。到了周代，弹弦乐器琴和瑟都出现了，吹管乐器有箫、笙等，打击乐器也日趋完备。这些乐器依制作材料可分为金、石、土、革、丝、木、匏、竹八类，称作"八音"。秦汉有鼓吹乐，魏晋有清商乐，隋唐有琵琶乐，宋代有细乐、清乐，元明有十番锣鼓、弦索等，演奏形式丰富多样。国乐反映了中国人民的思想情感和审美趣味，有着丰富多彩的演奏形式和各类器乐曲，深受世人喜爱。不同乐器的组合，不同的曲目和演奏风格，形成多种多样的器乐乐种。按照演奏形式来分，民族器乐可分为独奏与合奏。

独奏乐

各种乐器的独奏，是中国民族器乐的重要组成部分。独奏乐早在先秦时代就有高度发展，当时出现了著名的古琴家钟仪、师曹、师旷、师涓等，还产生了伯牙演奏的"巍巍乎，若泰山"、"洋洋乎，若江海"的琴曲《高山》、《流水》以及与之相关的伯牙弹琴、子期善听的传说。独奏乐中唢呐独奏、笛子独奏、琵琶独奏、古筝独奏、古琴独奏、二胡独奏别有特色。琴曲《广陵散》、《梅花三弄》，琵琶曲《十面埋伏》、《夕阳箫鼓》，筝曲《渔舟唱晚》、《寒鸦戏水》，唢呐曲《百鸟朝凤》、《小开门》，笛曲《五梆子》、《鹧鸪飞》，二胡曲《二泉映月》等，都是经典的独奏曲目。

合奏乐

按乐器编制一般可分为丝竹合奏乐、吹打合奏乐、重奏乐与大型管弦乐合奏乐等。

丝竹合奏乐

"丝"指弦乐，包括弹拨乐和拉弦乐，"竹"指管乐。丝竹合奏乐是以某一二件弦乐器、管乐器为乐队组合核心，配合其他管弦乐器、打击乐器所组成的民间器乐合奏形式。丝竹乐大多风格明亮柔和、细腻婉转，适宜表达欢快喜悦的情绪，代表性乐种有江南丝竹、广东音乐、潮州弦诗等。

江南丝竹，是流行于江苏南部、浙江西部、上海地区的丝竹音乐的统称。江南丝竹以丝弦乐器和竹管乐器为基本编制。"丝"主要有二胡、中胡、琵琶、三弦、扬琴等，"竹"主要有笛、箫、笙等。江南丝竹清新流畅，优雅华丽，反映出细致含蓄的江南风格，成为江南水乡文化的杰出代表。主要乐曲有民间广泛流传的"八大名曲"：《欢乐歌》、《云庆》、《行街》、《四合如意》、《三六》、《慢三六》、《中花六板》、《慢六板》。

广东音乐，是一种丝竹音乐，起初流行于珠江三角洲一带以及粤西、广西广府方言区，后来流向全国。广东音乐以高胡为主奏乐器，辅以扬琴、洞箫、笛子、琵琶、三弦、低胡等。广东音乐轻快活泼、缠绵优美，深受人们喜爱，被称为"透明的音乐"。乐曲多达 300 首以上，代表乐曲有《雨打芭蕉》、《旱天雷》、《步步高》、《平湖秋月》等。《雨打芭蕉》形象地描绘了富于诗意的雨打芭蕉景象，旋律明快而流畅，充满快乐与喜悦，具有浓郁的岭南情调。

吹打合奏乐

"吹"指吹管乐，"打"指打击乐。吹打合奏乐是管弦乐器与打击乐器相结合的民间器乐合奏形式，常见的有西安鼓乐、江苏十番锣鼓、广东笛套大锣鼓、浙东锣鼓等。吹打乐最早可以上溯至汉代，起源于骑兵的军乐，称为"鼓角横吹"，后来用在宫廷乐舞、仪式、宴会中，民间则多用于婚丧嫁娶、节日庙会等热闹场合。明清以来，吹打乐被广泛应用于各种戏曲音乐中，开场闹台、武打伴奏，烘托出庄严、威武、宏大的气氛。吹打乐风格粗犷刚健，善于表现热情兴奋和激烈强健的情绪。吹管乐的响亮清澈和打击乐的立体感、节奏感相结合，形成了吹打乐独具一格的特点。代表曲目有《万年欢》、《将军得胜令》、《舟山锣鼓》等。

重奏乐

它又称室内乐，17 世纪起源于意大利，是由两个或两个以上声部结合在一起的乐曲，每一个声部均由一人演奏，中国民族器乐合奏乐是在借鉴西洋重奏乐的组织技巧的基础上，充分发挥民族器乐的特有性能，实现多个声部的巧妙配合，大大提升了民族器乐的艺术表现力和感染力。代表性曲目有筝、高胡、扬琴三重奏《春天来了》，管子、笛、筝、打击乐四重奏《空谷流水》等。《春天来了》素材来源于福建民歌《采茶灯》，运用各种作曲手法和演奏技巧丰富发展了原乐曲，乐调欢快、活泼，再现了姹紫嫣红、莺飞草长的暖春景象，表现出人们对春天的喜爱之情。

大型管弦乐合奏

一种新型综合性的，由吹、打、弹、拉四类民族乐器结合的大型合奏形式。一般由三四十人组成的大型乐队配合完备的高、中、低音乐器演奏，主要特点是音色丰富，音域宽广，表现力强，极具民族特色。早在 20 世纪初，北京、上海已经出现大型管弦乐合奏的雏形。通过不断地探索改革，今天的大型管弦乐合奏发展越来越成熟，涌现出许多成功的作品。如大型管弦乐合奏《春江花月夜》，意境深远，旋律古朴、典雅，时而幽静，时而热烈，表现大自然景色的变幻无穷，给人以高度艺术美的享受。

（四）中国现代音乐名家

李叔同（1880—1942）

中国近现代艺术大师，后来皈依佛门，号弘一法师。他在绘画、书法、音乐、戏剧等方面均有很深的造诣，是学界公认的奇才与通才。早年曾留学日本，在日本创办了我国最早的音乐刊物——《音乐小杂志》。他是第一个向中国传播西方音乐的先驱者——最早用五线谱作曲和最早推广西方"音乐之王"钢琴。同时他还是"学堂乐歌"的最早推动者之一，是校园歌曲的奠基者。李叔同的歌曲作品中，最有影响的是他所编创的乐歌，这些乐歌大多采用西洋歌曲的曲调，再配以

艺术大师李叔同

中国韵味的歌词。由于他具有全面的中西音乐文化修养，所作的乐歌多为咏物写景的抒情歌曲，填配的歌词典雅秀丽，富于诗情画意，意境深远，韵味醇厚；选用的曲调多为欧美通俗名曲，曲调优美动人、清新流畅，词与曲结合完美，相得益彰，达到了很高的艺术水平。其中最具代表性的如《送别》、《忆儿时》等，至今仍在广泛传唱。著名社会活动家赵朴初先生这样评价李叔同的一生："无尽奇珍供世眼，一轮圆月耀天心。"

阿炳（1893—1950）

民间艺术家阿炳

近代民间音乐家。原名华彦钧，身世坎坷，沦为街头流浪艺人后饱受苦难，双目失明，人称"瞎子阿炳"。阿炳精通各种民族乐器，尤擅长二胡和琵琶演奏。他在音乐上刻苦钻研、博采众长，广泛吸收民间音乐的精髓，把辗转流离、痛苦悲凉的生活感受，全部通过音乐反映出来。他的音乐作品散发出一种来自底层人民健康深沉的气息，情真意切、扣人心弦，充满强烈的艺术感染力。他生前留下琵琶曲《大浪淘沙》、《昭君出塞》、《龙船》，二胡曲《二泉映月》、《寒春风曲》、《听松》等宝贵的音响资料。名作《二泉映月》是他在传统民间音乐的基础上，结合自己的生活感受即兴创作而成，技艺精湛细腻，旋律优美苍劲，感人至深。著名日本指挥家小泽征尔这样评价《二泉映月》："这种音乐只应跪下来听"，"断肠之感这句话太合适了"。

刘天华（1895—1932）

著名的民族器乐作曲家、演奏家、音乐教育家。他一生致力于"改进国乐"，反对音乐成为"贵族们的玩具"，提出音乐"要顾及一般民众"。他认为发展国乐，"必须一方面采取本国固有的精粹，另一方面容纳外来的潮流，从东、西方的调和与合作之中，打出一条新路来"，所以他大胆吸收西洋音乐的创作技巧来革新和发展民族音乐。刘天华对二胡演奏艺术作出了历史性的贡献。他把小提琴的某些演奏技巧与手法融化到二胡演奏中，极大地丰富了二胡的表现力，使其从伴奏乐器上升为独奏乐器。他还将二胡纳入高等院校的专业教学，建立新型的二胡演奏学派。刘天华擅长演奏和创作二胡、琵琶等民族器乐，创作了不少脍炙人口的乐曲，人们评价他是"中西兼擅，理艺并长，而又能会通其间"。

民族音乐家刘天华

聂耳（1912—1935）

国歌作曲者聂耳

著名音乐家，国歌《义勇军进行曲》的曲作者。他从小家境贫寒，对劳苦大众怀有深厚的感情，所以创作的多是革命歌曲，是中国无产阶级革命音乐的先驱。聂耳从事音乐创作的时间只有两年，却留下了《义勇军进行曲》、《卖报歌》、《梅娘曲》、《铁蹄下的歌女》等40多首作品。他根据自己所处的时代特征和要求，勇于创新，形成了清新、明快而又激昂的音乐风格，富于革命乐观主义色彩，反映了当时劳动人民的思想感情，开创了音乐体现时代革命精神的新乐风，也开创了音乐文化同人民革命运动相结合的先风，对同时代及后来的许多音乐家影响深远。聂耳也是最早在音乐中塑造工农群众等无产阶级时代形象的音乐家，是我国革命音乐的开路先锋。

冼星海（1905—1945）

近现代著名音乐家，创作了《黄河大合唱》、《生产大合唱》、《到敌人后方去》、《在太行山上》等不朽的声乐作品。他的作品里数量最多、影响最大的是各式各样的群众歌曲，或表现人民抗日战争的壮丽图景，或反映劳动群众劳作的生活场面。在这些群众歌曲中，冼星海通过不同的音乐形象表现不同的内容，用节奏有力、挺

人民音乐家冼星海

拔高昂的旋律表现慷慨激昂的情绪和豪迈壮观的气势；用深沉宽广、舒缓沉着的旋律描绘革命人民丰富的内心世界。冼星海还开创了以表现我国人民革命斗争为内容，富有民族特点的大合唱创作。《黄河大合唱》是冼星海最重要、最有影响的作品，内容广阔、布局宏大、气魄雄伟，体现了鲜明的中国气派，洋溢着强烈的时代战斗气息，是中华民族解放斗争的音乐史诗。冼星海对建设我国革命音乐作出了巨大贡献，赢得了"人民音乐家"的光荣称号。

王洛宾（1913—1996）

著名民族音乐家，自20世纪30年代起就开始挖掘西部民间音乐和少数民族音乐宝库，整理了《半个月亮爬上来》等民歌，编写了《在那遥远的地方》等脍炙人口的哈萨克风格歌曲，人称"西北歌王"、"民歌之父"。王洛宾的歌曲以情歌为主，优美、深情、流畅、舒展，富有少数民族风情，深受群众喜爱。

民歌之父王洛宾

《在那遥远的地方》和《半个月亮爬上来》被评为20世纪华人音乐经典，并且荣获国家颁发的"金唱片特别创作奖"。他是在联合国高唱民族歌曲的第一位中国人，获得了联合国教科文组织颁发的"东西方文化交流特别贡献奖"。可以毫不夸张地说，当今世界凡有华人的地方，都会响起王洛宾歌曲迷人的旋律。而更令人肃然起敬的是他不畏艰难困苦，坚持歌曲创作的毅力和精神，他曾多次被囚，关押接近20年，很多歌曲都是在被关押期间创作的，真正做到了生命不息、创作不止。王洛宾曾制定过一个500年艺术生命计划，他说："一个青年人问我，一个人只能活100年，怎能定500年计划？我解释这是艺术生命计划，要写出最好的歌，让大家传唱500年。"他毕生为之奋斗努力要去实现的，正是这样一个计划。

吕文成（1898—1981）

现代广东音乐史上最卓越的作曲家和演奏家，也是广东曲艺、粤曲的出色演唱家和革新家，创作了《平湖秋月》、《步步高》、《醒狮》等100多首广东乐曲，至今广为流传。吕文成的作品融合了西洋音乐和传统音乐的优点，具有浓郁的广东风味，曲调优美流畅，节奏生动活泼，闻之令人印象深刻。他还是一位技艺高超的演奏家，他善于借鉴吸收各种民族音乐的技巧，将它们融入广东

广东音乐家吕成文

音乐中，还首创了高胡这种新乐器，成为广东音乐高胡演奏艺术的奠基人。他同时也是一位粤剧演唱家，行腔自如、吐字清晰、圆润悠扬，多次出国演出，深受好评。吕文成一生孜孜不倦地研究、发展广东音乐，为广东音乐传播海内外，成为中国独树一帜、蜚声乐坛的乐种，作出了不可磨灭的贡献。

西方音乐基础知识

（一）西方音乐类型

歌剧

一种以歌唱为主，把戏剧、诗歌、音乐、舞蹈和美术结合起来的综合艺术，通常由咏叹调、宣叙调、重唱、合唱、序曲、间奏曲、舞蹈场面等组成。歌剧诞生于 16 世纪末、17 世纪初的意大利，蒙特威尔地创作的《奥菲欧》等歌剧被公认为是世界上第一批歌剧，后迅速传播到欧洲各国，在此后几百年里获得了丰富多样的发展，形成多种流派和风格，有正歌剧、意大利喜歌剧、法国歌剧等，歌剧成为欧洲最重要、最有代表性的音乐体裁。著名歌剧作曲家有威尔地、普契尼、瓦格纳、比才、拉威尔、柴可夫斯基等。世界歌剧史上最负盛名的十大歌剧为：《费加罗的婚礼》、《魔笛》（莫扎特）、《塞维利亚的理发师》（罗西尼）、《弄臣》、《奥赛罗》、《茶花女》（威尔地）、《卡门》（比才）、《艺术家的生涯》、《托斯卡》、《蝴蝶夫人》（普契尼）。其中，比才于 1875 年创作的《卡门》自诞生以来久演不衰，一直受到世界人民的欢迎，是上演率最高的一部歌剧。

美声

17 世纪产生于意大利的一种演唱风格，后经世界各地的歌唱家、声乐教育家不断研究探索，发展为一种有着完整的理论体系的演唱方法。美声唱法强调气息的控制和共鸣的运用，它要求发音纯

344

歌剧《茶花女》剧照

净、柔美、明亮，能在整个歌唱音域的范围内保持声音的均匀、圆润，并积累了一套对高音、假声、轻声等演唱技巧训练的方法。美声在几百年的发展历程中形成了深刻的内涵，它既是一种科学的发声方法，也代表了歌剧发展史中的一个重要历史时期，同时它还是一种演唱风格。美声唱法以音色优美和富于变化著称，对世界各国声乐艺术的发展有着深远的影响，是世界上许多歌唱家追求的最高声乐艺术境界。歌剧演员卡鲁索是意大利美声学派最重要的奠基者，当代著名男高音歌唱家帕瓦罗蒂和多明戈是意大利美声学派的杰出代表。帕瓦罗蒂、多明戈和卡雷拉斯被誉为"世界三大男高音"。

交响曲和奏鸣曲

交响曲是由管弦乐队演奏的奏鸣曲，结构宏大，一般由4个乐章构成。17世纪末意大利歌剧序曲从歌剧音乐中分离出来，发展成为一种独立的音乐会作品，便是早期的交响曲。经过不同时代音乐家的建设，特别是经过海顿、莫扎特和贝多芬三位古典主义大师的积极推动，交响曲成为器乐作品中最重要、最大型的一种体裁，对欧洲音乐的发展产生了深远影响。交响曲在音乐发展史上具有非凡的意义，它体现了作曲家高超的写作技巧和敏锐的艺术感受力，并在深度和广度上充分发挥了各种器乐的表现力。最有代表性的交响曲有贝多芬的《田园交响曲》和《命运交响曲》、舒伯特的《未完成交响曲》、德伏夏克的《新世界交响曲》、柴可夫斯基的《悲怆交响曲》、柏辽兹的《幻想交响曲》等。

奏鸣曲"sonata"一词源于意大利，原意为"鸣响"的意思。16—18世纪形成的一种音乐形式，结构上类似组曲，有着严密的组织规则，一般由4段组成。奏鸣曲多由一种乐器独奏或少数几件乐器演奏，用钢琴伴奏。最常见的是小提琴奏鸣曲和钢琴奏鸣曲。

古典主义音乐

西方音乐中的古典主义时期通常指18世纪中叶至19世纪20—30年代的一段时期。这一时期维也纳成为欧洲音乐的中心地，西方音乐在这里获得高度发展，形成了对近代西方音乐具有典范意义的维也纳古典风格。海顿、莫扎特和贝多芬这三位古典主义大师的音乐作品和音乐风格被称为"经典"，形成了近代西方音乐史上的古典主义。海顿是古典主义音乐最重要的奠基者，他确立了古典主义体裁和形式，树立了古典主义的精神风范；莫扎特以杰出的才能推动了古典主义音乐的发展；贝多芬最终完善了古典主义风格。从整体来看，古典主义音乐的特色主要在于器乐，钢琴曲、小提琴协奏曲的创作层出不穷，特别是奏鸣曲和交响曲形式的音乐最具有代表性。古典主义音乐重视音乐的形式美，追求深刻的思想内容与完美的艺术形式达到高度统一，强调风格的严肃高雅，展现的是健康、积极、乐观、进取的音乐情感。

浪漫主义音乐

西方浪漫主义时代大致包括1820—1910年近一个世纪。浪漫主义音乐是受到浪漫主义文学和诗歌的直接影响兴起的，它反对古典主义对客观理性的崇拜，强调个性的表述和音乐中的幻想，歌颂本能和情感，富于想像力。贝多芬晚期的作品已明显流露出浪漫主义音乐的风格，开创了浪漫派的先河。贝多芬之后的作曲家们多被归为浪漫派。舒伯特和柏辽兹是初期浪漫派音乐的代表人物，经过门德尔松、舒曼、肖邦和威尔地等人的进一步完善，浪漫主义音乐在柴可夫斯基、李斯特和瓦格纳时代达到了巅峰。马勒、理查德·施特劳斯等则归于晚期浪漫主义音乐。浪漫主义时期，西方音乐涌现出一大批伟大的音乐家，音乐体裁得到空前发展，出现了许多新颖、别致的音乐形式，如无词歌、夜曲、交响诗、叙事曲等。黑格尔曾对浪漫主义音乐的特性做出了美学的论断，"音乐的基本任务不在于反映出客观事物而在于反映出最内在的自我"，"音乐是心情的艺术，它直接针对着心情"，"音乐的力量就在于音乐艺术用来进行活动的声音这种基本元素里"。

民族主义音乐

19世纪，随着欧洲各国民族解放运动的高涨，许多作曲家采用民间旋律和节奏，或选用本民族历史或现实事件作为题材进行音乐创作，形成了一种崭新的音乐乐派——民族乐派。民族乐派的诞生地主要分布在东欧和北欧，它吸收了古典主义音乐的成果，借鉴了浪漫主义音乐的手法，用本民族的语言、乐器、体裁来表现本民族的历史事件或风土人情，洋溢着浓郁的民族风情和民族精神。狭义上的民族乐派仅包括4位代表人物：捷克音乐家斯美塔那、德伏夏克和挪威音乐家格里格以及芬兰音乐家西贝柳斯。广义的民族乐派除了上述4位音乐家之外，还包括俄罗斯音乐家格林卡和圣彼得堡"五人团"——巴拉基列夫、鲍罗廷、居伊、里姆斯基—柯萨科夫、穆索尔斯基。其中，格林卡是俄罗斯民族音乐真正的奠基人，被尊称为"俄罗斯音乐之父"。民族主义音乐是世界音乐宝库中闪耀着夺目光彩的一朵奇葩，它动摇了德国、法国、意大利等大国的音乐霸主地位，充分展现了东北欧各民族的精神风貌，增强了他们的民族自尊心和自信心，也进一步丰富了世界音乐文化。

印象主义音乐

盛行于20世纪初的一种音乐流派，是西方音乐进入现代主义的开端。从19世纪末到第一次世界大战之前，是西方音乐史上的近代音乐时代。在这一时期，受法国象征主义文学和印象主义绘画

的影响，印象主义音乐出现了，实现了西方音乐从晚期浪漫主义向
20世纪现代音乐的过渡。印象主义音乐具有抽象的、超越现实的
色彩，强调捕捉人对外部世界的瞬间印象，其音乐形式、表现手
法、所追求的艺术目的和艺术效果等，都与古典主义和浪漫主义音
乐有着很大的差别。印象主义音乐由法国作曲家德彪西首创，他希
望通过音乐来达到印象主义绘画所达到的效果，即神秘朦胧、若隐
若现的印象和感觉，犹如雾里看花，水中望月。在乐曲的形式上多
采用短小的、不规则的形式，以便更好地体现出印象主义音乐较为
自由的特点。作为一种新的艺术风格，印象主义音乐曾启迪了20
世纪初一大批作曲家的创作，但它的题材、内容只是对自然景物的
描绘，缺乏深刻的思想性和社会意义，因而很快就被更加激进与富
于变化的现代音乐所代替。

圆舞曲和小夜曲

圆舞曲也叫华尔兹，是一种三拍子的舞曲，有快步和慢步两
种。它起源于德国民间的伦德勒舞，18世纪后期用于社交舞会，
19世纪开始流行于西欧各国，现在已经是通行于世界各国的交谊
舞。由于舞蹈时需由两人成对旋转，因而得名圆舞曲。圆舞曲的旋
律优美动听，充满生活气息，既有平民的朝气、活力，又有贵族的
优雅气质。它虽然是一种起源于民间的音乐体裁，但是也可以利用
多种多样的形式和个性独特的风格，表现丰富多彩的内容和充沛真
挚的感情。奥地利著名作曲家小约翰·施特劳斯被誉为"圆舞曲
之王"，《蓝色多瑙河》、《春之声》、《维也纳森林的故事》等都是
他的代表作，也是每年维也纳新年音乐会的演奏曲目。

小夜曲起源于中世纪的欧洲，最早是指傍晚或夜间在情人的窗
下歌唱的爱情歌曲。男子在月明之夜，手抱吉他或曼陀林，向心爱
的女性表达爱慕之情，一诉衷肠，旋律优美、缠绵、委婉。后来则
指篇幅不大的独奏、重奏或合奏曲，可分为声乐小夜曲和器乐小夜
曲两类。小夜曲大多结构小巧，旋律优美，速度缓慢，风格抒情，
极富浪漫色彩。音乐大师舒伯特、莫扎特、勃拉姆斯等都留下了各
富特色的《小夜曲》。莫扎特的歌剧《唐璜》第二幕里，唐璜在农

家姑娘采利娜的窗前唱歌，这首以"爱情已来到窗前"为起句的歌，就是一首典型的小夜曲。

摇篮曲和进行曲

摇篮曲原是母亲在摇篮旁为使婴儿安静入睡而唱的歌曲，后来逐渐发展成为一种音乐体裁，既有声乐曲，又有器乐曲。摇篮曲的音乐形象一般都具有温存、亲切、安宁的气氛，曲调平静、徐缓、优美，节奏多模仿摇篮的摆动。器乐摇篮曲其实与"摇篮"无关，多是抒发内心的思想感情，营造宁静而富于诗意的精神境界，表现内容和表现规模都较声乐摇篮曲有更多发展。莫扎特、舒伯特、肖邦等都创作了不少经典的摇篮曲。著名作曲家勃拉姆斯创作的《摇篮曲》，平易近人，感情真挚，犹如柔软温馨的微风一样吹遍了世界各地。

进行曲原是军队中用来统一行进步伐、表现雄壮军威、鼓舞军队士气的队列音乐，后来发展成一种音乐体裁。进行曲节奏清晰、结构方整，根据用途可分为军队进行曲、婚礼进行曲、丧礼进行曲等几种类型。军队进行曲曲调激越昂扬、威武雄壮，用管弦乐队或铜管乐队演奏；婚礼进行曲速度一般较快，表现欢乐的气氛；丧礼进行曲则速度较慢，常用小调表现沉郁哀伤的情绪。进行曲的经典之作有很多，如舒伯特的《军队进行曲》、贝多芬的《土耳其进行曲》、威尔地的《凯旋进行曲》、老约翰·施特劳斯的《拉德茨基进行曲》、门德尔松的《婚礼进行曲》等都是人们熟悉的进行曲。

爵士乐和乡村音乐

爵士乐是19世纪末、20世纪初诞生于美国民间的一种流行音乐，是黑人民间音乐、欧洲古典音乐以及当时的流行音乐融合而成的产物。早期的爵士乐乐师多不识谱，演奏时只是凭着灵感，对所熟悉的曲调自由地进行变化。爵士乐的这种即兴演奏为西方音乐的发展注入了新的生机和活力，随即在全世界范围产生了广泛影响。爵士乐将打击乐放在一个突出的位置，大多数爵士乐团都有专门的爵士鼓手，演奏一整套有许多配件的鼓，起到稳定节奏和激发情绪的作用。爵士乐虽然起源于社会底层的黑人音乐，现今却已成为知识分子的宠儿，许多作家、画家都十分热爱它，比如日本著名作家村上春树就是爵士乐的铁杆粉丝，他"有段时期几乎把听爵士乐当做是工作"。

乡村音乐是20世纪20年代兴起于美国的民间音乐，曲调简单、节奏平稳，带有浓郁的乡土气息，歌词主要以家乡、失恋、流浪、宗教信仰为题材。乡村音乐来源于古老的英国民歌、美国北方伐木工人的劳动号子、西部天然牧场的牛仔歌以及后来的美国黑人音乐和爵士乐的融合，以吉他作为主要乐器，偶尔也用小提琴、曼陀林、口琴等，并在吉他弹奏的节奏基础上进行演唱。乡村音乐的柔和、优美、乐观和豁达为美国人抒发感情提供了一种散发着大地芬芳的表达方式，慰藉了他们的心灵。它业已成为美国音乐中最具有影响力的音乐类型之一，世界上最具权威性的美国格莱美音乐大奖就设置了7个有关乡村音乐的奖项。乡村音乐不仅在美国茁壮成长，也逐渐传播到了世界各地，对各国的流行音乐产生了影响，受到世界人民的热烈欢迎。代表歌手和作品有约翰·丹佛的《Country Road, Take Me Home》、保罗·西蒙的《The Sound of Science》等。

摇滚音乐和 R&B 音乐

摇滚音乐是一种节奏激烈、感情强劲的音乐，基本上是由"节奏与蓝调"和"乡村与西部"两类乐种融合产生的。20世纪50年代中期兴起于美国，后风靡世界。摇滚音乐的突出特点是大音量、强节奏、大动态，分为"重金属"、"硬摇滚"、"轻摇滚"等多种。摇滚音乐从诞生之初就与青春紧密地联系在一起，它展现了青年人蓬勃旺盛的生命力，反映了青年人追求个性自由的渴求，它跨越了语言的障碍和种族的隔离，发出了叛逆的、真挚的、直白的呐喊，成为现代各国年轻人一种狂放的表达姿态。1955年，比尔·哈利演唱的《昼夜摇滚》在青少年中引起了巨大轰动，标志着摇滚时代的到来。在哈利之后，最著名的摇滚偶像莫过于"摇滚皇帝"——"猫王"艾维斯·普莱斯利了。"猫王"的音乐描写了成人世界与青年之间的种种隔膜、偏见、不宽容及代沟等问题，直接而明确地"喊"出了青少年的心声。

R&B 音乐是一种起源于黑人文化的音乐形式，早期被称为跳跃布鲁斯，那时的演唱者和听众都是黑人。直到 20 世纪 50 年代，在众多杰出音乐家的努力下，跳跃布鲁斯终于打破了种族局限，得以登大雅之堂，成为大众接受的新型音乐风格，改名为 R&B，即 rhythm & blues，也译作"节奏与蓝调"。广义上 R&B 可视为"黑人的流行音乐"，范围非常广泛，是当代流行音乐的基础。近年音乐圈大为盛行的 Hip Hop（嘻哈）和 Rap（说唱）都源于 R&B。Rap 是在机械节奏声的背景下，快速地诉说一连串押韵的诗句。Hip Hop 音乐则包含有 Rap 的饶舌，节奏比 R&B 略复杂，带有电唱机的音效，演唱时一般伴有扭摆臀部的动作。

（二）西方乐器

西方乐器一般分为弦乐器、木管乐器、铜管乐器和敲击乐器。

弦乐器和木管乐器

弦乐器是振动琴弦而发音的，包括小提琴、大提琴、中提琴、低音提琴和竖琴等。小提琴在构造上与声音上都十分完美，有非常丰富的表现力，在独奏乐器中，除了钢琴，没有其他乐器能与之相匹敌。小提琴演奏技巧极其丰富，是弦乐器中流传最广的一种乐器，也是当代流行乐和爵士乐的当家乐器之一，被称为管弦乐团的"女王"。中提琴比小提琴大七分之一，琴弦也较长、较粗，音色浑厚、柔软，非常适合表现深沉与神秘的情调。大提琴音色深厚动人、开朗丰满，擅长演奏抒情的旋律，表达醇厚复杂的感情，它也是人们十分喜欢的独奏乐器之一，地位仅次于钢琴和小提琴。

木管乐器由民间的牧笛、芦笛等演变而来，是乐器家族中音色最为丰富的一族，主要包括长笛、黑管、双簧管、萨克斯、巴松管等。木管乐器历史悠久，上古人类通过打磨动物的腿骨并钻洞制造出来的原始笛子就是木管乐器的祖先。现在木管乐器的材料并不限

小提琴演奏剧照

萨克斯演奏

于木质，有选用金属、象牙或是动物骨头等材质的。木管乐器的音域宽广，音色柔美，特点鲜明，从优美亮丽到深沉阴郁，应有尽有。木管乐器音乐表现力很强，常在合奏中扮演重要角色，同时它也是重要的独奏乐器。如音色慵懒、饱满浑厚的萨克斯特别适合演奏深情款款的曲目，法国作曲家柏辽兹曾经这样描述："萨克斯的主要特点是音色美妙变化，深沉而平静，富有感情，轻柔而忧伤，好像回声中的回声，在寂静无声的时刻，没有任何别的乐器能发出这种奇妙的声响。"

铜管乐器和敲击乐器

铜管乐器是指以嘴唇的振动，激起管中空气的振动而发音的管状吹奏乐器。被称为铜管乐器的乐器，应该是由乐器所发出的声音来决定，而不取决于乐器是否由金属做成。铜管乐器包括短号、小号、圆号、长号、大号和各种萨克号等。其中，小号和短号是高音铜管乐器，音色辉煌嘹亮，富于英雄气概，适合吹奏号角之音和进行曲式的旋律。长号的音色庄严有力，适合表现深厚、雄浑的感情。虽然各种铜管乐器音质各具特色，但宏大、宽广的音量是它们共同的特点，这是其他类别的乐器望尘莫及的。

小号吹奏

敲击乐器指敲打发音的乐器，种类很多，有金属制的、皮革制的，也有木制的。敲击乐器分为有固定音高的乐器和无固定音高的乐器两种。有固定音高的包括钟琴、木琴等，无固定音高的包括定音鼓、小鼓、大鼓、铃鼓、三角铁、沙槌、响板等。架子鼓属于西洋打击乐器中不可缺少的乐器，常用于爵士乐的演奏中，其强烈的金属音响和丰富多变的节奏使人感觉精神振奋、情绪高昂，很符合年轻人跳跃激动的个性，受到全世界青少年的欢迎和喜爱。

（三）西方音乐名家

J. S. 巴赫（1685—1750）

"近代音乐之父"巴赫

德国最伟大的作曲家之一，也是 18 世纪上半叶欧洲最伟大、最有影响力的作曲家。除了歌剧，巴赫的创作几乎覆盖了当时音乐的所有领域，他不仅创作了大量的宗教音乐，还顺应市民的审美需求，写出了许多世俗音乐。他的宗教音乐宣扬了为拯救人类的苦难而勇于自我牺牲的崇高精神，他的世俗音乐描写了当时德国市民的生活，反映了德国普通老百姓具有崇高的信念和坚忍的意志，面对苦难的挑战，维护人的尊严的先进思想。巴赫的音乐深深植根于德国民族音乐的沃土之中，同时又兼收并蓄，吸收了欧洲各国艺术流派的精华与特色，构思严密，富于哲理性和逻辑性，从细节到整体都十分和谐，对欧洲近代音乐的发展产生了极其深远的影响。他是欧洲音乐史上一位承前启后的枢纽人物，被誉为欧洲"近代音乐之父"。同时，巴赫及其家族在西方音乐史上赫赫有名，从16世纪中叶到19世纪末，巴赫家族共出现了50多位音乐家。

海顿（1732—1809）

"交响曲之父"海顿

维也纳古典主义音乐的奠基者，也是最多产的交响曲作曲家。海顿最重要的创作领域是交响曲和弦乐四重奏，他被尊称为"交响曲之父"和"弦乐四重奏奠基人"。他一生写有100多部交响曲，为交响曲体裁的形成和完善做出了巨大贡献，他的弦乐四重奏为古典主义室内乐体裁确立了模式。莫扎特说："从海顿那里我才第一次学会了写作四重奏的真正方法。"海顿一生主要在贵族宫廷做乐长，生活相对安逸稳定，所以他有条件对音乐进行广泛而自由地探索和尝试。他性格平和、亲切、纯朴而风趣，表现在音乐作品中则呈现出明快、乐观、轻松、幽默的特点。他重视音乐的娱乐性作用，为了吸引更广泛的听众，他的音乐多以日常生活为题材，采用民间舞曲的旋律，表现人类朴实的感情和乐观的信念，促进了交响曲的平民化，使音乐更进一步走向普通大众。海顿的音乐具有不朽的价值，它面向现实，雅俗共赏，奠定了欧洲古典主义时期的交响曲和室内乐的规范，形成了德奥音乐经久不衰的优良传统。

莫扎特（1756—1791）

古典主义音乐的主要代表人物，是西方音乐史上最富有智慧的音乐家之一，有"音乐神童"之称。莫扎特英年早逝，却在众多音乐领域里获得了辉煌的艺术成就。他是古典主义时期作曲家中，在声乐歌剧领域和器乐领域都获得成功的一位音乐家，也是最受全

世界音乐爱好者所喜爱的音乐家。莫扎特
音乐创作领域广阔，涉及当时各种体裁形
式，有戏剧作品、交响曲、钢琴协奏曲、
小提琴协奏曲等。其音乐风格纯真、亲切，
在古典美的形式下蕴涵着澎湃的激情。歌
剧是莫扎特最痴迷的领域，也是最能充分
展示其音乐天赋的体裁。他从 11 岁起就开
始进行歌剧创作，短暂的一生留下了 17 部

音乐天才莫扎特

歌剧，其中一些如《费加罗的婚礼》、《唐
璜》、《魔笛》等都是魅力恒久的不朽之作。莫扎特的歌剧反映了
当时进步的社会思想和伦理思想，歌剧的序曲充满戏剧的形象，经
常在音乐会上独立演奏。《费加罗的婚礼》是莫扎特在维也纳时期
的巅峰之作，描写的是伯爵的男仆理发师费加罗与伯爵夫人的女仆
苏珊娜之间的纯洁爱情。伯爵垂涎于苏珊娜的美貌，作为平民的费
加罗最终以自己的机敏和幽默战胜了愚蠢的贵族主人。序曲采用交
响乐的手法，轻松欢快，妙趣横生。在胜利欢乐的气氛中，我们不
难看到费加罗机警、幽默的形象和苏珊娜聪慧、美丽的倩影。这段
序曲具有相当完整而独立的特点，可以脱离歌剧而单独演奏，也是
音乐会上深受欢迎的传统曲目之一。美国音乐学者约瑟夫·马克利
斯这样评价莫扎特："在音乐历史中有这样一个时刻：各个对立面
都一致了，所有的紧张关系都消除了。莫扎特就是那个灿烂的时
刻。"

贝多芬（1770—1827）

古典主义时期的音乐巨人，继承了海顿、莫扎特所奠定的古典
交响曲体裁和奏鸣曲式的音乐形式，同时又结合崭新的时代精神充
实了这些音乐形式体裁，使之富于鲜明的贝多芬个人风格。贝多芬
改写了古典主义交响乐的历史，《英雄交响曲》、《田园交响曲》、
《第九交响曲》等以遒劲的音乐力量展示了个人与命运搏斗的坚强
的英雄意志，激荡人心。尤其是他的《第九交响曲》，充分展示了
贝多芬雄壮的英雄风格——"经由痛苦，达到欢乐"，"通过斗争，

"乐圣"贝多芬

取得胜利","人类皆兄弟般的拥抱"。他的钢琴奏鸣曲也具有激烈狂暴的气势,极大地扩展了钢琴音乐的表现力,改变了人们对这种纤巧细腻的乐器的印象。贝多芬是西方音乐史上最富于悲壮色彩的人物,身为音乐家却不幸失聪,一生中既达到过胜利的高峰,也经历了最严酷的命运考验,他疾恶如仇,爱憎分明,具有强烈的叛逆性格,他把对自由平等博爱精神的追求诉诸音乐作品之中。他以抽象的音乐语言和奇特的音乐形式向人们展示了音乐力量的崇高和博大,将音乐艺术从一般美的境界升华到更高的境界。贝多芬在音乐史上的地位无可比拟,既是古典主义音乐的完成者,又是浪漫主义的引路人,被誉为"乐圣",他的音乐成就是整个人类的骄傲。

舒伯特(1797—1828)

浪漫主义音乐的开创者之一,同时被认为是古典主义音乐的最后一位巨匠。一生创作了 600 多首歌曲,被称为"歌曲之王"。舒伯特善于以自然完美的音乐表现出诗的意境,表现了浪漫主义艺术家对诗歌的向往,体现了歌词与音乐、人声与伴奏的理想的统一,这是其后只有极少作曲家能够达到的艺术境地。舒伯特没有摒弃古典音乐传统,同时又力求摆脱古典传统的束缚,采取兼收并

"歌曲之王"舒伯特

蓄的艺术态度形成自己的创作风格,他的音乐特别是歌曲和钢琴音乐,对后来的作曲家产生了深远的影响,舒曼、李斯特、勃拉姆斯都是他的继承人。著名音乐家舒曼曾这样评价舒伯特的《C 大调第九"伟大"交响曲》:"这首交响曲,除了具有炉火纯青的作曲技巧以外,还洋溢着浓郁的生活气息、精细入微的明暗色调,它的每一个细节都具有深刻的表现力","贝多芬以后还从来没有一首作

品像交响曲那样对听众产生那么强烈的印象"。

肖邦（1810—1849）

"音乐抒情诗人"肖邦

波兰著名作曲家，19世纪最伟大的钢琴音乐作曲家，也是优秀的钢琴演奏家。肖邦的作品大多是钢琴曲，开拓了钢琴音乐的新领域，他的艺术是随想、即兴式的，是典型的浪漫主义音乐语言。同时他还积极探索钢琴在音乐中的效果，极大地提高了钢琴这种乐器的音乐表现力，创造了自成一派的钢琴艺术，被誉为"最纯真的浪漫主义钢琴抒情诗人"、"音乐抒情诗人"。肖邦所处的时代正值俄罗斯等列强瓜分波兰之际，所以他的作品中灌注了强烈的时代精神和爱国主义精神。他的音乐植根于波兰土壤，具有鲜明的民族特色，描绘了沙皇俄国统治下波兰人民的痛苦生活，反映了他对被侵占故国的深切怀念，渴望祖国独立的期盼和忧国伤时的悲愤心情，在欧洲浪漫主义音乐潮流中树立起波兰民族音乐的大旗。舒曼曾评价肖邦的钢琴协奏曲："要是北方威震四方的君主知道在肖邦的作品里，在他的玛祖卡舞曲的纯朴的旋律里包含着对他大的威胁的话，他一定会禁止这些音乐的。肖邦的音乐是藏在花丛里的一尊大炮。"

舒曼（1810—1856）

德国音乐家舒曼

德国著名钢琴作曲家、音乐评论家。舒曼的音乐创作十分注重于人物内在感情的描写，充满了浪漫主义色彩。钢琴曲在他的创作中占据了主导地位，他的钢琴作品形式短小，但在旋律、和声、节奏上都有自己鲜明的个性和独到之处。主要代表作有钢琴套曲《童年情景》、《蝴蝶》、《狂欢节》和声乐套曲《诗人之恋》等。舒伯特具有极高的文学素养，他的音乐评论对浪漫主义音乐的发展起到了促进作用，他还通过音乐评论发掘肖邦、勃拉姆斯等年轻的音乐家，以极大的热情向人们推荐、介绍他们。无论音乐创作还是音乐评论，都表现了舒曼敏锐的观察力和捕捉形象的想像力。舒曼是19世纪上半叶德国音乐史上最突出的音乐家之一，他代表了德国浪漫主义音乐的主流，他的音乐创作和评论对同时代以及后来的年轻作曲家们产生了巨大的影响。

门德尔松（1809—1847）

德国音乐家门德尔松

德国作曲家，19世纪浪漫主义音乐的代表人物。门德尔松是一位"音乐的幸运儿"，一生过着相对舒适的生活，他的作品很少表现深刻的社会矛盾和政治内容，没有尖锐的戏剧冲突和激烈的情感，他喜欢用明朗、乐观的信念描绘强烈绚烂的大自然景象，具有德国浓郁的乡土气息，被誉为浪漫主义杰出的"抒情风景画大师"。他的作品充满恬静的情感，轻松愉快，优雅美丽，代表作《仲夏夜之梦》序曲将美妙的幻想和浪漫的情趣完美地结合起来，如梦幻童话般轻盈、快乐，洋溢着浓郁的诗意。其中，最著名的《婚礼进行曲》至今仍十分流行。在音乐开拓上，门德尔松独创了"无言歌"的钢琴曲体裁，对于钢琴艺术的发展做出了巨大贡献；在音乐启蒙上，他排演了巴赫生前从未演出的《马太受难曲》，使人们重新关注巴赫，一股复兴巴赫音乐的潮流在德国、英国掀起；在音乐教育上，他创办了德国第一所音乐学院——莱比锡音乐学院，为德国音乐教育的发展打下了坚实的基础。门德尔松的审美趣味和创作天才都深刻地影响了后来的浪漫主义音乐。

李斯特（1811—1886）

浪漫主义音乐的代表人，19世纪匈牙利最著名的钢琴演奏家，被誉为"钢琴之王"。李斯特把钢琴视为万能的乐器之王，追求宏伟的交响性音响，使钢琴表现出丰富的色彩和音响，展示了钢琴的多种表现力。在钢琴表演中，他将原来背对观众或面对观众的演奏位置改为侧面对着观众，让观众能欣赏钢琴家修长的手指在键盘上流畅的弹奏，引起观众视觉、听觉上的共鸣，达到审美的升华。他还热心从事钢琴教育，他有门生近300人，19世纪后期大多数著名的钢琴家都曾受到过他的教授和指点。李斯特在创作中经常直接

"钢琴之王"李斯特

运用匈牙利民间音乐主题和素材，例如《匈牙利狂想曲》就是一首民族色彩浓郁，表现匈牙利人民被压迫的痛苦和不屈不挠的斗争精神的作品，这首钢琴曲充分挖掘了钢琴的音响功能，不仅极大地推进了钢琴艺术的发展，也为狂想曲这个音乐体裁的创作树立了杰出的典范。李斯特还首创了"交响诗"这种音乐体裁，他的交响诗取材于雨果、但丁等人的诗歌，每一首交响诗都有明确的文字标题和鲜明的音乐形象描绘。李斯特曾经说过："在艺术中，一个人必须以宏大的规模进行工作。"他的一生正是这么做的。

瓦格纳（1813—1883）

德国音乐家瓦格纳

德国伟大的歌剧作曲家，19世纪下半叶最有影响力的浪漫主义作曲家之一。他把自己的歌剧称为音乐剧，即是一种戏剧、诗歌、音乐高度融合的体裁，体现了浪漫主义综合艺术的最高理想。瓦格纳是一位具有世界影响的歌剧改革家，他首创"四管编制"的大型交响乐队的形式，大胆采用效果性很强的乐器演奏技巧，这些在歌剧领域孜孜不倦的创作与改革对当时以及后来的歌剧作家们产生了深远的影响。瓦格纳著有歌剧《黎恩济》、《特里斯坦与伊索尔德》和《尼伯龙根的指环》等。其中《尼伯龙根的指环》由4部歌剧组成，包括《莱茵的黄金》、《女武神》、《齐格弗里德》和

《诸神的黄昏》，故事灵感来源于北欧神话，规模巨大，空前绝后，被誉为"史上最伟大的歌剧"。在剧中，莱茵河黄金是权力的象征，谁戴上黄金做的指环将统治世界，天神、巨人、侏儒、英雄和人类因为对指环的贪欲而互相争斗，但指环被诅咒，谁获得指环就必将灭亡。最后，指环被火焰吞噬，受到诅咒的权力化为永恒的虚无，天上人间在经历一系列的悲剧之后也归于平静，受到火焰净化的指环重新回到莱茵河变成黄金。

比才（1838—1875）

歌剧《卡门》舞台剧照

法国作曲家，著名歌剧《卡门》的创作者。比才的音乐作品将鲜明的民族色彩与法国喜歌剧传统的表现手法熔于一炉，为歌剧创作了清新的、个性化的和富有民族特色的音乐。《卡门》取材于梅里美同名小说，音乐具有强烈的戏剧性和西班牙风格，刻画了吉卜赛女郎卡门热情泼辣、酷爱自由的性格，成功地表现了人性的本质和激情。《卡门》的音乐旋律优美动人，以前从未有一部歌剧有这么多动人的唱段，它的情节也波浪起伏，戏剧冲突激烈，引人入胜，悲剧性的结尾更给人以震撼的感觉。正像柴可夫斯基所说的那样："当我看这最后一场时，总是不能止住泪水，一方面是观众看见斗牛士时的狂呼，另一方面却是两个主人公最终死亡的可怕悲剧结尾，这两个人不幸的命运使他们历尽辛酸之后还是走向了不可避免的结局。"《卡门》堪称是一部完美的抒情悲剧，也是所有歌剧院中最受观众欢迎、表演次数最多的作品。它为法国喜歌剧注入了新的生命力，是法国喜歌剧的最高成就，也是西方音乐史中最突出的歌剧之一。《卡门》体现出来的现实主义倾向对 19 世纪末的意大利现实主义歌剧以及俄罗斯的民族主义歌剧都产生了重大影响。

罗西尼（1792—1868）

歌剧作曲家罗西尼

19 世纪上半叶意大利影响最大的歌剧作曲家，被称为"复兴了意大利歌剧"的代表人物，在欧洲乃至世界都享有很高的声誉。罗西尼既能写正歌剧，又在喜歌剧领域中表现出超人的天赋，他在喜歌剧中加入了正歌剧的因素，又在正歌剧中渗透了喜歌剧的生活气息。他的乐曲洋溢着生活的欢乐、丰富的智慧、辛辣的讽刺，流露出真实和欢快的情绪。他在青年时代就写出了众多令人倾倒的作品，既能让人捧腹大笑，又能让人潸然泪下。侨居过意大利的法国作家司汤达就曾经这样评价罗西尼："意大利有一个人，大家谈论他比谈论拿破仑还要多，这个人是一位不过 20 来岁的作曲家。"罗西尼最著名的作品《塞维利亚的理发师》被誉为意大利喜歌剧之冠。该歌剧取材于法国戏剧家博马舍的话剧《费加罗三部曲》，故事发生在西班牙的塞维利亚，阿尔玛维瓦伯爵与美女罗西娜热恋，而罗西娜的保护人巴尔托洛医生却对罗西娜居心不良，他千方百计阻挠二人的爱情，并对罗西娜严加看管。伯爵的仆人费加罗巧施妙计，帮助罗西娜和伯爵举行了婚礼。威尔地评价《塞维利亚的理发师》"有丰富的乐思、喜剧的活力及精细的表现，因而是最美的喜歌剧"。

威尔地（1813—1901）

19 世纪后半叶意大利最伟大的歌剧作曲家，一生创作了多部歌剧，《弄臣》、《茶花女》、《奥赛罗》、《阿依达》等都是世界经典歌剧。歌剧《茶花女》根据法国著名作家小仲马的同名小说创作而成，讲述了巴黎上流社会交际花薇奥莉塔为了真爱牺牲自我，成全爱人，最终郁郁而亡的悲惨遭遇。音乐优美动听、感人肺腑，许多唱段如《饮酒歌》等都是经典片段，也是许多歌唱家的保留曲目。小仲马曾说："50 年后，也许谁也记不起我的小说《茶花

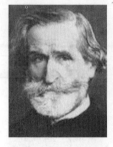

歌剧作曲家威尔地

女》了，但威尔地却使它成为不朽。"威尔地的歌剧人物形象生动，丰满真实，不再是象征性的表现。他生当意大利民族独立运动的风云时代，具有强烈的民族解放意识，因而多在歌剧中表现深沉、博大的爱，得到巨大的社会反响。他钟爱悲剧，认为悲剧具有强大而深刻的震撼力，他强调浓烈的感情场面和快速的剧情展开，喜欢用男中音表现角色，偏爱男主角的作用，女性多为配角，呈现出浓烈的男性气质。威尔地在意大利传统音乐的基础上稳步前进，去其糟粕，取其精华，把意大利歌剧发展到了一个前所未有的高度，他的音乐已成为意大利民族精神的象征。

普契尼（1858—1924）

继威尔地之后意大利最重要的歌剧作曲家，著有《蝴蝶夫人》、《图兰朵》（未完成）等名作。《蝴蝶夫人》讲述的是日本女人"蝴蝶夫人"与美国海军军官的故事，她不顾亲人的反对，背弃自己的信仰，坚持嫁给美国海军军官。她对丈夫坚贞不二，始终不渝，然而她的丈夫却在3年之后回到美国另娶他人，当她得知此事后，沉静地接受了一切，还向他的新娘祝福，最后用他留下的宝剑自刎而亡。音乐优美感人，融入了日本音乐的一些元素，体现了迷人的东方情调。普契尼的作品充满创意，配乐手法丰富多变，具有强烈的艺术感染力，在歌剧艺术中始终占有重要地位。他的歌剧主要表现下层小人物的生活，往往以悲剧结尾，具有震撼人心的力量，其中寄寓了作曲家深切的同情。他对底层人民的痛苦、艰辛与屈辱刻画得细致入微，达到了令人叹为观止的高度。普契尼继承和发展了意大利歌剧的现实主义传统和人道主义精神，不断进行探索和革新，他吸收借鉴各民族乐派的成就，创造了意大利歌剧的新局面，对20世纪的歌剧发展产生巨大影响。

中国著名导演张艺谋执导的歌剧《图兰朵》

约翰·施特劳斯（1825—1899）

奥地利著名作曲家、指挥家、小提琴家，一生创作了100多首圆舞曲，被称为"圆舞曲之王"。约翰·施特劳斯的作品大多是生活舞蹈性音乐，包括圆舞曲、波尔卡舞曲、进行曲以及轻歌剧等，旋律欢快、节奏自由、热情奔放，反映了奥地利人民热爱生活的感情和气质，在市民生活中占有重要地位。代表作有《蓝色多瑙河》、《春之声》、《维也纳森林的故事》等。约翰·施特劳斯的圆舞曲

"圆舞曲之王"
约翰·施特劳斯

是每年维也纳新年音乐会的主要曲目，《蓝色多瑙河》还被誉为奥地利的"第二国歌"。约翰·施特劳斯与他父亲同名，都是著名的作曲家，又都以圆舞曲闻名于世，人们称他们父子为"老约翰·施特劳斯"和"小约翰·施特劳斯"。老约翰·施特劳斯和作曲家约瑟夫·兰纳一起，共同奠定了维也纳圆舞曲的基础，被誉为"圆舞曲之父"，代表作品有《拉德茨基进行曲》和《安娜波尔卡》等，其中《拉德茨基进行曲》是最为人们所称道的作品，是每年维也纳新年音乐会的压轴曲。

柴可夫斯基（1840—1893）

芭蕾舞剧《睡美人》
舞台照

俄国最伟大的作曲家，多才多产，尤以交响曲创作享誉世界，代表作有被称为"悲剧三部曲"的《第四交响曲》、《第五交响曲》、《第六交响曲》等。柴可夫斯基的交响曲真挚、热忱、感人，旋律异常优美，带有俄罗斯民族特有的伤感和悲怆，极富魅力。《第六交响曲》（"悲怆"交响曲）是柴可夫斯基的绝笔之作，所有的痛苦、悲伤、欢乐和幸福都表现得淋漓尽致。此外，他的歌剧和舞剧也非常成功。芭蕾舞剧《天鹅湖》、《睡美人》和《胡桃夹子》是举世公认的杰作，他赋予了舞剧交响乐的特性，大大提高了舞剧的表现力。歌剧《叶甫盖尼·奥涅金》、《黑桃皇后》细腻地刻画人物的性格，表现矛盾冲突，以强烈的戏剧效果而震撼人心。柴可夫斯基的作品建立在俄罗斯民间音乐和民间舞蹈的基础上，呈现出浓郁的俄罗斯风情，具有深刻的民族性内涵和现实主义精神，音乐形象鲜明而富于感染力。一百多年来，柴可夫斯基的音乐作品一直广为世界人民喜爱，成为人类音乐宝库中的珍品。

德彪西（1862—1918）

法国"印象主义"音乐代表人物。无论在思想还是创作上，德彪西都具有勇于开拓创新的精神，他广泛吸收各民族的音乐，积极学习同时代音乐家的优点，创造出新的和声手法，他的音乐清新、灵巧、静穆、委婉，他用自己的音乐语言为20世纪作曲家打开了一个新的世界。德彪西受到印象画派和象征主义诗歌的美学影响，开创了印象主义音乐的新纪元，把象征主义诗歌和印象主义音乐巧妙地融合，对欧

法国音乐家德彪西

洲音乐产生了深远的影响。他反对庞大的音乐形式，他的作品中没有戏剧或情节性，追求的是瞬息的情绪或气氛，形成模糊的世界。他说："音乐是热情洋溢的艺术，是室外的艺术，像自然那样无边无际，像风，像天空，像海洋。"印象主义音乐的代表作有《夜曲》、《大海》，表现的是从大自然捕捉瞬间的印象和感觉；歌剧代表作是《佩利亚斯与梅利桑德》，没有强烈的感情流露，感情是压抑的、平静的，弥漫着一种模糊、恍惚的情调。

克莱德曼 （1953—）

法国当代钢琴演奏家，有"通俗钢琴之王"、"情调钢琴之王"等雅称。克莱德曼的钢琴演奏独树一帜。无论是传统的经典名曲，还是流行音乐的通俗作品，经过克莱德曼的改编和演绎后，既散发着浓郁的浪漫气息，又表现出简洁通俗的现代风味，雅俗共赏。热爱钢琴的人们静静地聆听从克莱德曼指尖流淌出来的琴声，音色优美，充满朝气，都会不由自主地被他带入亲切、温馨、充满愉悦的音乐世界之中。如今，克莱德曼的琴声传遍世界各地，赢得了亿万崇拜者。他曾多次来中国访问并举行了独奏音乐会。克莱德曼生性腼腆、害羞，在舞台上却全心投入、魅力勃发，他说："我喜欢在舞台上进行现场演奏"，"因为我和我的观众有直接的交流。音乐会上，我和我的 10 个音乐家及交响乐队一同演奏，我喜欢将不同的拍子、节奏和风格相混合，以激起各种不同的情感。"

克莱德曼激情演奏

地理

孔子登东山而小鲁，登泰山而小天下。

——《孟子·尽心上》

中国地理基础知识

（一）中国概况

位置与疆域

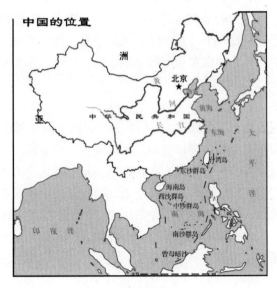

中国版图

　　中国位于亚洲东部、太平洋西岸，它的版图被形象地比作一只头朝东尾朝西的金鸡。中国陆地面积约 960 万平方公里，在世界各国中，仅次于俄罗斯、加拿大，居第三位，差不多同整个欧洲面积相等。中国领土最北端在黑龙江省漠河以北的黑龙江主航道中心线上；中国领土最南端在南海的南沙群岛中的曾母暗沙；中国领土最东端在黑龙江省的黑龙江与乌苏里江主航道中心线的相交处；中国领土最西端在新疆帕米尔高原。

海域与岛屿

中国所濒临的海洋，从南到北，依次为渤海、黄海、东海、南海。渤海与黄海的分界线——辽东半岛和山东半岛顶端连线为界；黄海与东海的分界线——长江口北岸为界；东海与南海的分界线——台湾岛南端和闽、粤两省交界处的连线为界。在辽阔的中国海域上，分布着5400个岛屿。中国最大的群岛是舟山群岛，它位于浙江省东面的海域。中国南海有四个群岛，即东沙群岛、西沙群岛、中沙群岛、南沙群岛。这几个群岛是中国领土不可分割的部分。中国最大的岛屿是台湾岛，第二大岛是海南岛。这两个岛各为中国的一个省。辽东半岛是中国最大的半岛，山东半岛是中国第二大半岛。中国大陆的东部和南部濒临渤海、黄海、东海和南海。

邻国

与中国陆地相邻的国家有15个。东面同中国相邻的国家有朝鲜。北面和东北面同中国相邻的国家有蒙古、俄罗斯。西北面同中国相邻的国家有哈萨克斯坦、吉尔吉斯斯坦、塔吉克斯坦。西面同中国相邻的国家有阿富汗、巴基斯坦。西南面同中国相邻的国家有印度、尼泊尔、锡金、不丹。南面同中国相邻的国家有缅甸、老挝、越南。东和东南同韩国、日本、菲律宾、文莱、马来西亚、印度尼西亚隔海相望。

（二）行政区划

行政区划概况

中国的行政区域，基本分为省（自治区、直辖市、特别行政区）、县（自治县、市）、乡（镇）三级。中国共有34个省级行政单位，23 个省，5 个自治区，4 个直辖市和 2 个特别行政区。

北京市

北京市是中华人民共和国的首都，简称"京"。北京文化事业
繁荣发展，高校教育和科研力量雄厚，拥有北京大学，清华大学等
中国最著名的高等学府。北京图书馆是亚洲第一大图书馆。北京还
是世界旅游热点城市之一，以古迹之多、园林之秀、山水之胜饮誉
中外。北京有国家重点文物保护单位 23 个，现存古寺庙 2666 座，
古文化遗址 51 处。北京旧城是中国著名文化古都、全国文化名城
之一。皇家宫廷、园囿、朝坛及宗教建筑遍布，且大多保存完好。
有金碧辉煌的皇宫，极尽奢华的皇家园林，也有官宦府第、四合
院，以及古街、胡同等，可说是中国传统建筑的总汇。故宫、天
坛、北海、景山、颐和园、香山、明十三陵、八达岭长城、周口店
古人类遗址及展览馆等，均为举世闻名的游览胜地。长城蜿蜒起
伏，雄伟壮丽，是中华民族勤劳与智慧的象征。天安门广场为世界
最大广场，人民大会堂和中国历史博物馆雄踞广场东、西两侧，广
场中央耸立着人民英雄纪念碑和毛主席纪念堂。而充满现代化气息
的新建筑如雨后春笋，更使北京成为了解中国变化与成就的窗口。

天津市

天津市是首都北京的门户，简称"津"，是全国著名经济中
心。盘山为天津的主要山地风景区。蓟县长城历史悠久。宗教遗存
较多，独乐寺尤为著名。与中国近代史有关的景点较多，如炮台是
反帝的见证，望海楼与"天津教案"、"义和团运动"有关，张园
曾是孙中山下榻处，南开学校是周恩来的母校。

上海市

上海位于长江的入海处，简称"沪"，是全国最大的工业基
地、商业中心、贸易中心。上海的东方明珠电视塔的高度位居亚洲
第一，世界第三。上海紧邻苏杭等风景名胜城市，又是中国东方门
户，是全国六大旅游城市之一。作为历史文化名城，有 130 余处国

家级和市级文物保护单位、众多的园林、古迹、博物馆、宗教寺院吸引了大量的中外游客。旧时的上海曾被称为"冒险家的乐园"，其城市建筑群有世界建筑博览会之称。这里有"小刀会"起义公署（豫园点春堂）、中国共产党"一大"会址、孙中山旧居、鲁迅故居及鲁迅墓、周（恩来）公馆等。而东方明珠、南浦大桥、杨浦大桥等新建筑，使她又具现代风采。

重庆市

重庆市简称"渝"，是中国四大直辖市之一，它是长江上游最大的一座城市。重庆自然风光与人文景观相互交融，旅游资源丰富。重庆的革命遗迹甚多，园林风光独特。"大足石刻"中外闻名，"山城夜景"水色天光；长江流经重庆，形成瑰丽多彩的三峡风光，吸引了无数的中外游客。你可到南、北温泉观光怀古、洗涤身心；可至西郊动物园观赏珍禽异兽；可到攀鹅岭公园饱览两江风光；还可到红岩革命纪念馆、歌乐山革命烈士纪念馆瞻仰先烈风采。

新疆维吾尔自治区

新疆维吾尔自治区，位于中国的西北部，东北部同蒙古交界，西北到西南与俄罗斯、哈萨克斯坦、吉尔吉斯斯坦、塔吉克斯坦、阿富汗接壤，西南部同克什米尔地区毗邻，简称为"新"。新疆四面环山，中部横亘着天山山脉，南北分别为塔里木盆地与准噶尔盆地，形成"三山夹两盆"的地貌格局。面积约占中国土地面积的1/6，是中国土地面积最大的省区。其人民政府所在地是乌鲁木齐市。新疆多高山，雪峰、冰川是探险、科学考察的好场所。山腰林木茂密，山麓牧场悠然静谧。吐鲁番盆地底部为中国大陆最低处。天山天池为著名高山湖泊，而艾丁湖为中国最低湖泊。其他如火焰山、"魔鬼城"与将军崖的雅丹地貌、"风库"、"火洲"、"冷极"、"旱极"都可谓自然奇观。新疆古寺、洞窟达百余处，还有高昌故城、交河故城、楼兰和尼雅等古国遗址、阿斯塔娜古墓群等。新疆是中国民族成分最多的地区之一，许多城市都呈现出鲜明的民族特色。维吾尔等民族以能歌善舞驰名，库车等地有歌舞之乡的美称。

河北省

因位于黄河北岸而得名的河北省，在古代它的部分土地属于冀州，所以河北简称"冀"，人民政府所在地是石家庄。河北文物古迹颇丰。承德、保定、邯郸名列中国历史文化名城；先秦至明代的长城多经本省，山海关号称"天下第一关"；有全国最大的皇家园林之一承德避暑山庄；有气势宏伟、石雕精美的清代东、西陵；有以出土金缕玉衣而闻名世界的满城汉墓群；还有南、北乡堂山、苍岩山桥楼殿等宗教遗迹；赵州桥在世界桥梁史上地位显著。自然旅游资源方面，最突出的是秦皇岛—北戴河，风景秀丽，游人如织。

河南省

河南是中国古代文明的两个重要发祥地之一，它是中国古代"九州"中的"豫州"，因此简称"豫"，人民政府所在地是郑州。河南省具有丰富的旅游资源，包括上古文化遗址，太昊陵、东周王陵、北宋皇陵，还有苏秦故里、玄奘故里、杜甫故里、白马寺、少林寺、相国寺、龙门石窟等古迹值得一游，洛阳太学、嵩阳书院、应天府书院等古代学府墨香犹存。开封曾为宋都，直到今天，走在旧时的宋都御街上，仍能想象当时店铺林立、车水马龙的热闹景象。河南洛阳也是一座历史悠久的文化名城，从夏朝以来，有13个王朝在此建都，洛阳因文人云集而得名"诗都"，又因牡丹花香气四溢而被名为"花都"。中岳嵩山、滔滔黄河、清凉世界鸡公山、奇特的岩溶洞穴等，是主要自然旅游资源。

陕西省

有"古代历史的博物馆"之称的陕西省，是古代秦国的所在地，所以称"秦"或"陕"。陕西省人民政府所在地是西安市（古称长安）。80万年前的蓝田猿人，20万年前的大荔人，6000年前的半坡人等都足以证明陕西是中华文明发源地之一。自西周至唐，共13个王朝，历时1100多年在陕西建都。西安是我国著名的"千年古都"。陕西拥有大量珍贵的文物古迹，西安是著名的古都，其皇宫遗址、帝王、勋臣陵寝、长城、寺庙、古塔、碑刻等，多为同类中的佼佼者。同时，陕西也不乏自然旅游资源：华山是五岳之一，壶山瀑布是中国三大瀑布之一，终南山自古即为风景胜地，太白山是重要的保护区。

山西省

有"煤海"之称的山西省，因位于太行山的西面而得名，简称"晋"，人民政府所在地是太原市。明朝时，山西商人的足迹遍布黄河流域和长江流域，清朝时更出现了中国历史上著名的山西票号，并一度控制了全国的金融财政，曾有人将山西人誉为"中国人中的犹太人"。山西省文物荟萃，古迹丰富。五台山是四大佛教名山之一，云冈石窟是三大石窟之一，浑源悬空寺是建筑奇观；平遥古城古风犹存，乔家大院庭院深深；滚滚黄河，巍巍太行更是雄伟壮观。

内蒙古自治区

内蒙古自治区横贯我国东北、华北、西北，简称"内蒙古"，人民政府所在地呼和浩特市，意思是"青色的城市"。草原风光和民族风情使内蒙古别具魅力，其北部草原居全国牧场之首，夏秋季节千里绿海，牛羊如云，辽阔旷远，座座银色的蒙古包像大海中的片片白帆；大兴安岭被称为"绿色宝库"，是中国面积较大、保存较好的原始森林，也是野生动植物的王国，仅鸟类即达300余种，兽类100余种，其中列入国家保护的珍稀品种达40多种；蒙古、鄂伦春等民族的服饰、起居、饮食、歌舞、礼仪等都令人耳目一新，他们的热情好客、豪放淳朴更令人难忘；昭君墓、五当召、五塔寺、成吉思汗陵等，则是历史留下的痕迹。

辽宁省

辽宁因省内有一条辽河而得名，简称"辽"，人民政府所在地是沈阳市。辽宁千山、凤凰山为著名风景区，本溪水洞景色瑰丽；

374

辽东半岛海岸线长达 2200 公里，不乏优美的海滩与避暑胜地，其中以大连海滨为最；旅顺口外的蛇岛自然保护区名闻天下。辽宁是满族发祥地，其人文旅游资源中以清代遗存居首要地位，沈阳故宫是仅次于北京故宫、保存完好的封建帝王宫殿，清朝入关前的三座皇陵俱在辽宁，沈阳则有北陵和福陵。

吉林省

吉林省位于东北平原的中心，简称"吉"，人民政府所在地长春市是中国的"汽车城"。吉林的长白山是国家重点自然保护区，并纳入联合国"人与生物圈"保护网。向海、莫莫格等自然保护区，皆为水草丰茂、珍禽集中之地。松花江及松花湖，绰约多姿，其雾凇（俗称雪挂）宛如琼楼玉宇，全国闻名。文物古迹中以有关高句丽古国者最多。长春伪皇宫则是伪满洲国"皇帝"爱新觉罗·溥仪的宫殿。朝鲜民族风情也是吉林旅游的一大特色。

黑龙江省

有"北大仓"（粮仓）之称的黑龙江省是中国最北的省份，也是最东的省份，简称"黑"。黑龙江省人民政府所在地哈尔滨市，又称"冰城"。黑龙江独特的气候使其夏宜避暑，冬宜赏雪，冰灯、冰雕引人入胜，冰雪运动颇受欢迎；黑龙江省为中国火山遗迹较多的省区之一，如五大连池、温泉及熔岩地貌、火山口森林、熔岩隧道等；连绵的山地和广阔的沼泽地是动植物资源宝库，有天鹅、丹顶鹤、东北虎、东北豹、麝等珍稀动物，全省建有多处自然保护区。"丹顶鹤故乡"扎龙自然保护区观鸟旅游颇受青睐；少数民族风情和某些城市的欧式建筑风格亦有其吸引力。

甘肃省

甘肃省东接陕西，南邻四川，西连青海、新疆，北与宁夏、内蒙古两自治区毗邻，西北一隅和蒙古接壤。地形以山地和高原为主，仅北山（马鬃山、合黎山和龙首山）山地与祁连山之间为狭长的河西走廊，是通往西域的交通咽喉，自古为丝绸之路的重要地段和军事要地。人民政府所在地是兰州市。丝绸之路是甘肃省旅游的主题，绿洲、城镇、关隘、长城、寺庙、石窟极具价值。武威雷台汉墓出土的天马被作为中国旅游的标志；甘肃被称为"石窟艺术之乡"，敦煌石窟美轮美奂，艺术造诣极高；高原雄浑，山地险峻，黄河之滨，水车转动，陇上江南，水草丰美。

宁夏回族自治区

宁夏回族自治区位于中国的西北部，人民政府所在地是银川市。宁夏境内有战国、隋、明长城，宋代壕堑、离宫遗址，西夏王陵（有"中国金字塔"之称），承天寺塔，一百零八塔等重要文物。其他则有海宝塔、须弥山石窟、银川南开清真寺等。由于回族聚居，全区清真寺达 1800 多座，是回族穆斯林之乡。贺兰山远望形若骏马，有小滚钟口等避暑胜地。六盘山苍茫逶迤，看黄河边的古老水车，草原上雪白的羊群，自会陶然忘忧。而乘羊皮筏黄河漂流，骑骆驼沙漠跋涉，从鸣沙上滑下等，都是新鲜刺激的享受。

青海省

青海湖古代叫"西海"，蒙古语称"库库诺尔"，意思是"青色的湖"。青海省就是因它而得名的，这是我国唯一以湖泊而得名的省，人民政府所在地是西宁市。青海地处高原，是长江、黄河的发源地，湖泊沼泽星罗棋布，珍禽异兽数不胜数，黄羊、野驴、棕头鸥、斑头雁、天鹅不时出没，青海湖鸟岛尤为突出；雪山和冰川景色壮丽；古丝绸之路与唐蕃古道经过青海，留下许多遗迹和传说；高原牧场绿草如茵，牛羊成群。青海盛行喇嘛教，湟中是黄教创始人宗喀巴的诞生地，故多有寺庙，且规模宏伟，建筑辉煌，更形成独特的宗教艺术，驰名中外。少数民族聚居，有着浓郁的民族特色和民俗风情，可考察和体验藏、土、撒拉等族的传统和习俗。

西藏自治区

西藏自治区位于中国的西南边疆，从公元 7 世纪开始就与内地在政治、经济、文化等方面经常往来，促进了藏、汉民族之间的交流与发展。西藏人民政府所在地拉萨市，在藏语中是"圣地"或"佛地"的意思。又因这里一年四季晴空万里，日照时间长，人们把它叫做"日光城"。西藏有三大特产：藏羊、牦牛和酥油草，统称"藏北三宝"。西藏大部分地区为海拔5000米以上的高原，向有"世界屋脊"之称。喜马拉雅山5座山峰海拔超过8000米，其中珠穆朗玛峰海拔8844.43米，为世界最高峰，因而有"世界第三极"之称。纯净的空气，晶莹的冰峰、瑰丽的冰川地貌奇观，罕见的间歇泉、水热爆炸区都极具吸引力。藏族人民普遍信奉藏传佛教（俗称喇嘛教），有特殊的膜拜方式，有隆重的宗教节日和"唐卡"、藏戏等别具一格的宗教艺术，以布达拉宫、哲蚌寺、色拉寺、扎什伦布寺为代表的宗教建筑，规模宏大、金碧辉煌。

云南省

同缅甸、老挝、越南相邻的中国西南边疆省份是云南省，简称"滇"或"云"。云南省人民政府所在地昆明市，是中国的历史文化名城之一，也是闻名中外的"春城"。这里冬天不冷，夏天不热，气候温和，四季如春。云南是中国自治州最多的省（共有8个），也是中国唯一有佤族、纳西族、拉祜族、哈尼族的省，还是中国彝族、白族、傣族、佤族、拉祜族、景颇族人口最多的省。众多的民族使云南具有格外绚丽的民族风情，各民族的服饰、建筑、歌舞千姿百态，丰富多彩。云南的自然旅游资源则有滇池、苍山洱海、腾冲热气田、石林、土石林、西双版纳热带风光等。

贵州省

"天无三日晴，地无三尺平"指的是贵州省，简称"黔"或"贵"，人民政府所在地是贵阳市。贵州省出产的茅台酒被列为世界三大蒸馏名酒之一，也是中国的国酒。贵州岩溶总面积12万余平方公里，占全省总面积的70%以上，是地球上亚热带岩溶面积的1/4。有以溶洞奇观而著称的织金洞、贵阳南郊公园（又称地下公园）、镇宁犀牛洞、安顺龙宫、兴义飞龙洞、黄果树风景区的溶洞群等。石膏剑、卷曲石等更为世所罕见。岩溶还形成不同类型的石林，蔚为大观。贵州有上千个瀑布，其中黄果树瀑布居全国之首，其附近陡坡塘、滴水滩、冲坑等瀑布亦颇具气势。贵阳红枫湖、花溪、黔东南沅阳河等都以风光奇秀著称，有的已列入国家重点风景名胜区。苗族游方、彝族歌舞、侗族拦路歌、布依族酒歌与铜鼓等都极有魅力，"三月三"、"四月八"、"火把节"、"六月六"、龙船节等都是民族盛会，轻歌曼舞令人陶醉，华丽服饰令人眼花缭乱，民族建筑令人称奇。

四川省

因为物产丰富而被称为"天府之国"的四川省，简称"蜀"，人民政府所在地是成都市。四川省山水名胜、文物古迹、民族风情兼备。长江三峡的一半、大宁河小三峡都在四川境内；峨眉山、青城山、缙云山、九寨沟、黄龙、兴文石林等的自然风光引人入胜；都江堰、剑门蜀道则是人工改造自然的辉煌成果；乐山大佛、大足与安岳石刻等是著名的宗教遗存；王建墓、刘备墓与武侯祠、杜甫草堂、望江楼公园都是著名的历史古迹；自贡是"恐龙窝"，为恐龙化石集中产地；卧龙自然保护区因大熊猫而为世界注目；成都青羊宫花会、凉山彝族火把节、川西北藏族转山会等，都是民俗旅游的重点。

湖北省

湖北省因地处洞庭湖以北而得名，简称"鄂"，人民政府所在地武汉市，水陆交通便利，夏季气温高，有"火炉"之称。湖北省山水名胜与文物古迹二者兼备，河网水道密集，湖泊众多，素称"千湖之省"，又与山地、峡谷相结合，故多山水风光，尤以雄伟的长江三峡驰名世界。武当山、九宫山等为道教圣地。神农架是重要的自然保护区，不仅珍稀动物众多，"野人之谜"更令人关注。文物古迹遍布全省，随州炎帝庙、秭归屈原故里、纪南故城、昭君故里、武汉古琴台、黄鹤楼、蒲圻三国赤壁等，简直就是一部厚重生动的中国史书。

湖南省

湖南省因位于洞庭湖以南而得名，因境内最大的河流湘江流经全省，所以简称"湘"，人民政府所在地是长沙市。湖南兼有山水之胜，衡山、九嶷、岳麓素称名山，张家界神奇秀丽，武陵源可谓人间仙境。中国第一大河长江奔腾不息、第二大湖洞庭湖浩浩汤汤，湘、资、沅、澧四水波光帆影。湖南文物古迹颇丰，如多处新石器时代遗址、中国三大名楼之一的岳阳楼、宋代四大书院之一的岳麓书院、纪念蔡伦的蔡侯祠、纪念柳宗元的柳子庙等，马王堆汉墓更是轰动世界的考古发现。湖南还是中国民主革命的发源地之一，有毛泽东、刘少奇等革命领袖故居、秋收起义与平江起义旧址等供人瞻仰。湘西多少数民族，土家族、苗族风情令人耳目一新。

江西省

江西省地处长江中下游南岸，赣江是省内最大的河流，所以简称"赣"。人民政府所在地是南昌市。江西山明水秀，景色宜人。滚滚而来的长江边屹立着秀、俏、险、奇的避暑胜地庐山。中国五大淡水湖之首鄱阳湖浩瀚汪洋，是珍禽王国。赣江纵贯南北，沿江有吉安青原山等。赣粤交界处的大庾岭梅花遍山，龙虎山、圭峰则以丹霞地貌奇观而闻名。江西人杰地灵，名人辈出，书院遍布，故有"文献之邦"的美誉：庐山白鹿洞书院为"海内第一书院"，铅山鹅湖书院、玉山怀玉书院、吉州白鹭书院等亦名播海内。江西多道教圣地，如龙虎山及上清宫、天师府。庐山东林寺则是佛教净土宗发祥地。南昌滕王阁为三大名楼之一。景德镇则为中国"瓷都"。江西还是中国革命的摇篮，八一起义的枪声在南昌响起，历史的巨人在井冈山运筹帷幄，红都瑞金曾是白色恐怖中的灯塔。

安徽省

安徽省出产"文房四宝"中的纸、墨、砚，它简称"皖"，人民政府所在地是合肥市。安徽大地锦绣多娇，现有 5 个国家级重点风景名胜区，黄山山水如诗如画，冠绝天下，被联合国教科文组织列入《世界自然文化遗产名录》；九华山是中国四大佛教名山之一，景色清幽，香火鼎盛；齐云山是著名的道教圣地；天柱山擎天而立；琅琊山风光如画，名扬天下。安徽文物古迹众多，歙县、寿县、亳州为国家历史文化名城。歙县是历史上的徽州府所在地，是新安画派、新安医学、歙派篆刻、徽派版画、徽派园林建筑、徽菜和徽剧的发祥地。集中在歙县、黟县境内的明清民居、祠堂和石舫，其数量之多，构思之巧，雕刻之精美，世所罕见。省内还有 4 座省级历史文化名城：安庆、黟县、桐城、凤阳，历经沧桑而古貌犹存。

山东省

因位于太行山以东而得名的山东省，在古代是齐国和鲁国的所在地，所以简称"鲁"。山东省人民政府所在地济南市，是中国著名的"泉城"。黄河孕育了中华文明，使山东在中国古代史上占据重要地位。因此，山东文物古迹遍布，仅省级以上的重点文物保护单位即达 157 处。曲阜、济南被列为历史文化名城。著名景点有曲阜"三孔"、邹县"三孟"、蓬莱阁及水城、中国四大名刹之一的灵岩寺、临沂银雀山、金雀山汉墓群、潍坊汉墓石墓群及"十笏园"、德州苏禄王墓等。大明湖畔有李清照、辛弃疾遗踪，崂山有蒲松龄故居、太清宫等，威海有甲午海战遗迹。山东的自然旅游资源同样丰富。泰山为五岳之首，以雄著称，被联合国列为世界文化和自然遗产。崂山临海屹立，为道教圣地。大明湖与七十二泉使济南获得"泉城"美誉。山东沿海多良港和海水浴场，青岛、烟台、蓬莱、威海等都是避暑胜地，长岛列岛海水洁净，沙细滩平，美石如玉，石英岩构景奇诡神秘。

江苏省

江苏省位于中国华东地区，简称"苏"，人民政府所在地南京市是著名的"六朝古都"。江苏省是中国历史文化名城数量最多的省份，有龙盘虎踞的南京，"天堂"苏州，"淮左名都"扬州及镇江、淮安、徐州、常熟等。江苏文物古迹丰富，南京的"石头城"，明孝陵、中山陵，徐州的汉代兵马俑、刘邦"大风歌碑"，常州的"东南第一丛林"天宁禅寺，苏州的虎丘塔、寒山寺等堪称代表。江苏丘岛散布，水网密集，素称"水乡泽国"，多有名山秀水，如钟山、云台山、惠山、金山、太湖、玄武湖等，还有与长城齐名的古运河。江苏名园荟萃，冠绝天下。沧浪亭、网师园、狮子林、环秀山庄、拙政园、留园先后被联合国教科文组织列入《世界遗产名录》。

浙江省

浙江省位于中国东南部沿海的中段，简称"浙"。浙江省人民政府所在地杭州市，风景优美，是我国"七大古都"之一。浙江是中国旅游业最发达的地区之一，众多的文化古迹，独具特色的风土人情和清秀美丽的自然山水景观巧妙地结合起来，交相辉映，形成了浙江旅游文化独特的内容与形式。海天佛国普陀山为中国四大佛教圣地之一；莫干山号称"清凉世界"，为中国四大避暑胜地之一；雁荡山则以"造型地貌"闻名，富春江之美、钱塘潮之雄素负盛名；湖泊有杭州西湖、绍兴东湖、鄞县东钱湖等，千岛湖（新安江水库）则是人工湖中的佼佼者。古往今来，从大禹、越王勾践、王羲之、白居易、苏轼、陆游、岳飞到近代鲁迅、秋瑾、周恩来等历史名人都在浙江留下了许多遗迹。天一阁被称为"天下第一藏书楼"。杭州、绍兴、宁波都被列为国家历史文化名城，杭州更以"人间天堂"驰誉世界。

福建省

福建省位于中国东南沿海的南段，简称"闽"，因境内第一大河闽江而得名。福建省人民政府所在地福州市，又称"榕城"，因城中榕树多而得名。厦门市位于福建省东南沿海，是中国五个经济特区之一。境内有"海上花园"、"钢琴之岛"之称的鼓浪屿是著名的旅游景点。厦门、泉州、福州等地多有奇石构景，武夷山丹山碧水，被联合国列为世界"人与生物圈"保护计划。地处环太平洋火山带，火山遗迹和地热资源丰富，温泉密集。气候适宜，具有动植物资源优势，且多珍稀品种。其文化保留着较浓的地区特征及古文化成分。而航海历史悠久，对外交往频繁，航海文物与多种宗教遗存颇丰，包括泉州航海博物馆、洛阳桥、福州涌泉寺、泉州老君岩造像、清净寺、圣徒墓等。福建是中国主要侨乡之一，厦门集美学村、陈嘉庚墓颇为著名。

台湾省

福建省对面是中国的宝岛台湾，简称"台"，台北和高雄是台湾省两个最大的城市。台湾岛上居民以汉族为最多，他们的祖先大部分是从福建和广东迁过去的，通用普通话和闽南话，风俗习惯和闽南差不多。台湾富山水胜境，阿里山云海、双潭秋月等家喻户晓。文物资源丰富，如赤嵌楼、妈祖庙、台北与台南孔庙等。

广西壮族自治区

广西壮族自治区简称"桂"，人民政府所在地是南宁市。岩溶地貌是广西最主要的旅游资源，形成了"山青、水秀、洞奇、石奇"的独特风光，"桂林山水甲天下"，是中国旅游重点地区之一，阳朔风光更胜桂林，南宁伊领岩、柳州都乐岩、北流勾漏洞等也堪与桂林七星岩、庐笛岩媲美。龙胜花坪，是中国三大综合自然保护区之一。三江程阳桥（"风雨桥"）、马胖鼓楼等是侗族独具特色的建筑。宁明花山古代岩画，容县真武阁、灵渠、柳侯祠，桂平金田太平天国起义遗址等，是重要的文物古迹。

海南省

有"东方夏威夷"美称的海南省，简称"琼"，人民政府所在地是海口市。海南长夏无冬，青山绿野生机盎然，森林覆盖率高达50%。热带雨林郁郁葱葱，藤蔓交错；滨海大道椰树摇曳，热带风情浓郁。良好的生态环境，独特的地理气候，清新的空气使海南岛有"百果园"、"南药宝库"、"长寿岛"、"绿岛"的美称。海南岛有长达1580多公里的海岸线，其中沙岸占50%～60%，沙滩宽阔平坦，海水清澈湛蓝。海水温度一般为18℃～30℃，当北国千里冰封的时候，这里依然暖风和煦，被称为"东方的夏威夷"。三亚市的鹿回头、亚龙湾、大东海、天涯海角等均是理想的海水浴场和避暑胜地。陵水县南海猴岛、海南岛主峰五指山都颇为著名。五公祠、海瑞墓、琼台书院则是著名的人文景点。

广东省

　　广东省位于中国南部，毗邻港澳，是中国通往东南亚、大洋洲、中近东和非洲等地区的最近出海口，简称"粤"。广东省人民政府所在地广州市（又名"羊城"和"花城"）有2000多年历史，也是中国南方最大商贸中心。广东省海岸线绵长，多温泉，地貌形体复杂，肇庆岩溶地貌、西樵山熔岩地貌、汕头海蚀地貌奇特优美。鼎湖山自然保护区为北回归线上的绿洲。广州、潮州、佛山为历史文化名城。岭南园林别具一格，顺德清晖园、番禺余荫山房、东莞可园、佛山梁园为广东四大名园。而近代史迹数量多，分布广。从鸦片战争起，历次革命斗争中的名人故居、重要遗址、陵园等不胜枚举。深圳毗邻香港，是中国第一个经济特区，这里的"锦绣中华"是世界上面积最大、内容最丰富的实景微缩景区。

（三）地形地貌

梯级地势

　　中国的地势西高东低。几百万年前，青藏高原隆起，地球历史上这一重大地壳运动形成了中国的地貌。从空中俯瞰中国大地，地势就像阶梯一样，自西向东，逐渐下降。受印度板块与欧亚板块的撞击，青藏高原不断隆起，平均海拔4000米以上，号称"世界屋脊"，构成了中国地形的第一阶梯。第二阶梯由内蒙古高原、黄土高原、云贵高原和塔里木盆地、准噶尔盆地、四川盆地组成，平均海拔1000~2000米。跨过第二阶梯东缘的大兴安岭、太行山、巫山和雪峰山，向东直达太平洋沿岸是第三阶梯，此阶梯地势下降到500~1000米，自北向南分布着东北平原、华北平原、长江中下游平原，平原的边缘镶嵌着低山和丘陵。再向东为中国大陆架浅海区，也就是第四级阶梯，水深大多不足 200 米。

地貌

中国是个多山的国家，山区面积约占全国总面积的 2/3，平原面积仅占 1/10 多一点。喜马拉雅山位于中国西藏同印度、尼泊尔等国的边境上，主脉平均海拔超过 6000 米，是世界上最雄伟的山脉。喜马拉雅山的主峰珠穆朗玛峰耸立在中国与尼泊尔边境上，海拔 8844.43 米，是世界第一高峰。

四大高原

中国有四大高原。青藏高原是世界最高的高原，平均海拔 4000 米以上。高原上，雪山、冰川很多，有"固体水库"之称。内蒙古高原是中国第二大高原。它地面平坦，很多地方是一望无际的草原。因覆盖着厚厚的黄土而得名的黄土高原，是中华民族文明的发祥地之一。云贵高原地面高低不平，地势比较平坦的山间小盆地，被当地人称为"坝子"。云贵高原上石灰岩分布广泛，形成奇异的喀斯特地形，如世界闻名的云南路南石林和贵州的龙宫、打鸡洞等。

四大盆地

我国有四大盆地，塔里木盆地位于新疆境内，在天山以南，是中国面积最大的盆地。准噶尔盆地位于新疆境内，在天山以北。由于降水较多，农牧业发达，被誉为"塞北江南"。柴达木盆地平均海拔在 3000 米左右，是中国地势最高的盆地。盆地里盐矿丰富，据初步估计，足够全世界的人食用 1 万年。四川盆地是一个群山环绕的盆地，平均海拔 500 米左右，总面积约为 18 万平方千米，是中国第四大盆地。盆地的西北部有一片长约 200 千米，宽约 40 ~ 70 千米的平原，这就是著名的成都平原。

三大平原

我国有三大平原，东北平原是中国面积最大的平原。华北平原是中国第二大平原，也是中国重要的粮棉生产基地。长江中下游平原地势很低，平均海拔在 10 米以下，河流多，湖泊多，有"水乡"之称。长江中下游地区是中国稻米和淡水鱼主要产区，所以有"鱼米之乡"的美称。

雅鲁藏布江大峡谷

雅鲁藏布江大峡谷地处北回归线以北 5°，长 496.3 公里，平均深度 5000 米，其中南迦巴瓦峰和加拉白垒峰之间为 5382 米，是峡谷最深处，居世界第一。在雅鲁藏布江峡谷东、西两端，屹立着两座世界著名高峰：一座是中国境内的南迦巴瓦峰，海拔 7787 米；另一座是克什米尔境内的南迦帕尔巴特峰，海拔 8125 米。峡谷是世界上山地生态系统类型、植被类型、生物群落最为丰富的峡谷谷地。从海拔数百米的谷底，直到海拔 7787 米的南迦巴瓦峰顶，热带低山常绿半长绿季风雨林、亚热带山地常绿半长绿阔叶林、暖温带中山常绿针叶林、寒温带亚高山常绿针叶林、亚热带高山灌丛草甸、亚热带高山冰原和寒带极高山冰雪等生态系统，沿谷坡依序分布，被誉为世界山地植被类型的天然博物馆。从山脚到山顶 7000余米的垂直高度上，可以看到类似从赤道到北极各种湿润地区生态系统和植被类型。峡谷里面有许多有活化石之称的藻苔、云南铁杉、水青树、领春木等珍稀树种及巨蟒、毒蛇、孟加拉虎、长尾叶猴、熊猴、猕猴、野猪、羚羊、蝴蝶等动物种类。大峡谷地区无论在生物多样性保护与生物多样性资源可持续利用上，均有着极其重要的意义。

（四）气候

季风气候区

中国是世界上著名的季风气候区，大多数地方冬季寒冷降水少，夏季炎热降水多。我国东南部地区，在冬夏季风的进退变化影响下，在降水量方面显示出 4 个显著特点：第一个特点，我国的雨量分布从东南向西北方向逐渐减少。第二个特点，我国的雨量分布山地多于平原，山地的迎风面多于背风面。第三个特点，我国降水量的年内分配，冬夏不均，夏季雨量一般都占全年雨量的一半以上。第四个特点，我国雨季的起止时间，各地先后不同；雨季开始时间，南方早，北方迟，东部沿海地区早，西部内陆地区迟；雨季结束时间，北方早，南方迟。

气候分界线

秦岭—淮河一线大致是1月0℃等温线通过的地方，是我国的一条重要地理分界线。这条线同时也是800毫米等降水量线通过的地方、亚热带与暖温带的分界线、湿润区与半湿润区的分界线、温带季风与亚热带季风的分界线。在地形上这条线是黄土高原与汉水谷地的分界线、华北平原与长江中下游平原的分界线；也是河流有无结冰期、流量大小、水位高低的分界线，是长江水系与黄河水系的分界线。所以也是我们习惯上所称的南方与北方的分界线。秦岭—淮河一线以北的地区，平均气温在零摄氏度以下。

火洲

吐鲁番盆地属大陆荒漠性气候，干旱炎热，年降水量约16毫米，蒸发量高达3000毫米，夏季最高气温有过49.6℃的纪录，6—8月平均最高气温都在38℃以上。中午的沙面温度，最高达82.3℃，因此这里自古有"火洲"之称。日照时间长，全年约3200小时，无霜期210天左右。由于盆地气压低，吸引气流流入，这里也是全国有名的"风库"。达坂城吹下的春季风暴，每秒达50米，七角井吹下的大风，曾吹翻过车辆。

三大火炉

在我国长江中下游地区，有一片夏季高温区，如南京、武汉和重庆，一年中日最高气温超过35℃的日子达20天以上，而且出现过40℃以上的高温天气，所以人们也称这三个城市为"三大火炉"。我国的热极吐鲁番盆地，1975年7月13日曾观测到49.6℃

的我国现今极端最高气温纪录。然而这里面积小，人口少，热而不闷。因此，在一年中最热的夏季对人们的生活、工作影响最大的并不在吐鲁番，而是在面积广大、人口众多的长江流域。南京、武汉和重庆，7月的平均气温在33℃左右，极端最高气温曾达到44℃，高温延续的时间也很长，每年高于30℃的暑热天数，平均都在70天以上，并且从早到晚，气温的变化不大，不但白天热，夜间也热不可耐。

梅雨

梅雨是指每年6月中旬到7月中旬初夏，我国长江中下游（宜昌以东的北纬28°～34°范围内）或称江淮流域至日本南部这一狭长区域内出现的一段连绵阴雨天气。"梅雨"的名称是怎么得来的呢？原来它源于我国的一个气象名词。梅雨，在古代称为黄梅雨。长江中下游地区的群众习惯上取"芒种"节气为梅节令，此时正值梅熟时节，因此也叫"黄梅"。此外，由于这一时段的空气湿度很大，百物极易获潮霉烂，故人们给梅雨起了一个别名，叫做"霉雨"。明代杰出的医学家李时珍在《本草纲目》中明确指出："梅雨或作霉雨，言其沾衣及物，皆出黑霉也。"

（五）江河湖海

长江

长江全长6300公里，它的长度、流量位居中国第一、世界第三，仅次于尼罗河和亚马逊河。长江发源于青藏高原上的唐古拉山脉，流经青海省、西藏自治区、四川省、重庆市、云南省、湖北省、湖南省、江西省、安徽省、江苏省和上海市11个省、区、市，在上海市注入东海。全长6300千米。流域面积180多万平方千米，占全国面积的1/5。长江流经四川东部，江水横切巫山，形成长江三峡，三峡水利枢纽工程是世界上最大的水利工程和发电站。

黄河

黄河发源于青藏高原巴颜喀拉山北麓的约古宗列盆地，流经青海、四川、甘肃、宁夏、内蒙古、山西、陕西、河南、山东9个省（自治区），在山东省垦利县注入渤海。干流全长5464公里，总流域面积79.5万平方公里（包括鄂尔多斯内流区4.2万平方公里）。从河源到内蒙古的河口镇为上游，河口镇到郑州附近的桃花峪为中游，桃花峪以下为下游。黄河流域地势西高东低，大致分为三级阶梯，逐级下降。第一级阶梯为青海高原，海拔在4000米以上；第二级阶梯为黄土高原，海拔1000~2000米；第三级阶梯为华北大平原，海拔在100米以下。黄河流域幅员辽阔，地形复杂，各地气候差异较大，从南到北属湿润、半湿润、半干旱和干旱气候。"水少沙多"是黄河的突出特点。黄河上游、中游流经世界上最大的黄土高原，水土流失十分严重，平均每年输入黄河下游的泥沙多达16亿吨，平均含沙量35公斤/立方米，均居世界大江大河之首。

京杭大运河

世界上开挖最早的人工运河是京杭大运河，它全长1794千米，是世界上最长的一条人工运河，是苏伊士运河的16倍，巴拿马运河的33倍。它纵贯南北，是我国重要的一条南北水上干线。京杭大运河北起北京，南至杭州，经过北京、天津、河北、山东、江苏、浙江六省市，沟通了海河、黄河、淮河、长江、钱塘江五大水系。在历史上，它不仅便利了南北大量物资的运输交换，也有助于我国的政治、经济和文化的发展。由于年久失修，大运河的运输能力没有得到完全发挥。目前，京杭大运河的通航里程为1442千米，其中全年通航里程为877千米，主要分布在黄河以南的山东、江苏和浙江三省。

青海湖

青海湖是我国第一大内陆湖泊，也是我国最大的咸水湖。它浩瀚缥缈，波澜壮阔，是大自然赐予青海高原的一面巨大宝镜。青海湖古代称为"西海",又称"鲜水"或"鲜海"。藏语叫做"错温波",意思是"青色的湖";蒙古语称它为"库库诺尔",即"蓝色的海洋"。青海湖地势高,气候十分凉爽,即使是烈日炎炎的盛夏,日平均气温也只有15℃左右,是理想的避暑消夏胜地。青海湖地处青海高原的东北部,这里地域辽阔,草原广袤,河流众多,水草丰美,环境幽静。著名的鸟岛位于青海湖西部,在流注湖内的第一大河布哈河附近,它的面积只有0.5平方公里,春夏季节却栖息着10万多只候鸟。为了保护岛上的鸟类资源,这里还设有专门机构,负责鸟类研究和保护工作。

五大淡水湖

淡水湖是湖水含盐量较低的湖泊。中国的淡水湖主要分布在长江中下游平原、淮河下游和山东南部,这一地带的湖泊面积约占全国湖泊总面积的1/3。中国主要的五大淡水湖——鄱阳湖、洞庭湖、太湖、洪泽湖、巢湖都分布在这一地区。鄱阳湖位于江西省北部、长江的南岸,是中国第一大淡水湖。洞庭湖位于湖南省北部的长江中游以南,为中国第二大淡水湖。太湖位于江苏和浙江两省交界处,长江三角洲的南部,是中国东部近海地区最大的湖泊,也是中国的第三大淡水湖。洪泽湖位于江苏省洪泽县西部淮河中游的冲积平原上,是中国第四大淡水湖。洪泽湖是一个浅水型湖泊,水深一般在4米以内,最大水深5.5米。巢湖位于安徽省江淮丘陵中部,是中国第五大淡水湖。

(六)人文自然景观

五岳

历史相传的五岳:东岳是泰山(山东)、西岳是华山(陕西)、北岳是恒山(山西)、南岳是衡山(湖南)、中岳是嵩山(河南)。泰山地处中国东部,古称东岳,是一座历史名山,历代皇帝和许多名人,都攀登过泰山,留下众多的文物古迹。联合国将泰山列入世界自然文化遗产的保护名录。泰山脚下的岱庙是历代皇帝举行大典、祭祀泰山神和居住的地方，它与北京故宫、曲阜孔庙一起被誉为中国三大宫殿建筑群。西岳华山雄奇险峻，自古有"华山天下雄"之称。北岳恒山最奇特的景点是悬空寺，它建造在 30 米高的悬崖峭壁上。位于湖南省中部的南岳衡山，是古代传说中的火神祝融埋葬的地方。衡山脚下的南岳庙，占地面积 9800 平方米，是五岳寺庙中规模最大、总体布局最完整的古建筑群之一。嵩山位于河南省登封市境内，被称为"中岳"。自古代起，它就成为中国宗教、文化活动的重要地区。嵩山的名胜古迹很多，其中最有名的是少林寺。相传印度高僧达摩来到嵩山少林寺，创立名闻天下的少林拳。

四大佛教名山

中国的四大佛教名山是：山西五台山、四川峨眉山、安徽九华山、浙江普陀山。位于浙江省的普陀山是中国四大佛教名山之一，按佛教的传说，它是观音菩萨说道的地方。九华山位于安徽省境内，是地藏菩萨的道场。峨眉山位于四川省境内，相传是普贤传道的场所，所以山上的寺庙大多供奉普贤菩萨。五台山位于山西省境内，是文殊菩萨的道场。

山海关

山海关位于河北省秦皇岛市东北 15 公里，是万里长城的起点，号称"天下第一关"。此关建于明洪武年间，是万里长城的最东端，是一座防御体系完整的城关，历史上曾是重要的军事要塞。山海关东门镇远楼，也就是"天下第一关"。这座城门高约 13 米，分为上、下两层，造型美观大方，雄壮威严，登上城楼，一边是碧波荡漾的大海，一边是蜿蜒连绵的万里长城，令人豪气顿生。楼西上层檐下，悬有"天下第一关"匾额，是明代书法家肖显所写，笔画遒劲雄厚，与城楼规制浑然一体。在山海关城楼附近，还建有长城博物馆，展出与山海关长城有关的人文历史、军事活动情况和文物等。

天下第一关——山海关

北戴河

河北省秦皇岛市的北戴河，气候温和宜人，夏季平均气温23℃，是中国著名的旅游避暑胜地。这里冬无严寒，夏无酷暑，暑期平均气温只有24.5℃。且空气清新，滨海地区每立方厘米空气含负离子4000个，高于一般城市10～20倍。北戴河海滨环境优美，风光秀丽。山中文物古迹众多，奇岩怪洞密布，各种风格的亭台别墅掩映其中，如诗如画。南面是悠缓漫长的海岸线，质细坡缓，沙软潮平，水质良好，盐度适中。沿海开辟的30多个专用和公共海水浴场，为游客嬉戏大海，尽情享受海浴、沙浴、日光浴提供了理想的场所。东面有鸽子窝公园，是观日出、看海潮的最佳地点。沿海岸线向内，更有秦皇宫、北戴河影视城、怪楼奇园、金山嘴、海洋公园等各种风格、不同特色的旅游景点分布，加上众多街心公园和花园的点缀，山、海、花、木与掩映其中的各式建筑交相辉映，构成了一幅优美、和谐的风景画。

北戴河

三大石窟

　　甘肃省敦煌市的莫高窟、山西省大同市的云冈石窟、河南省洛阳市的龙门石窟规模宏大，艺术精美，被称为中国三大石窟。

莫高窟

　　莫高窟俗称"千佛洞"，是中国三大石窟中规模最大的一座，保存了长达1000多年的古代珍贵壁画和彩塑艺术品，是世界现存佛教艺术的宝库。莫高窟开凿于前秦建元二年（366），在唐代进入其鼎盛时期。莫高窟的洞窟达1000余个。直至元代，莫高窟才逐渐衰落下来。经过1000多年风雨沧桑，迄今仍然保留着从十六国到元代的洞窟492个。莫高窟内包括佛、菩萨、天王、力士、罗汉等彩塑2300余尊，壁画4500多平方米，以及许多飞天浮雕、木构窟檐和土木古塔等，是目前世界上最伟大的佛教艺术宝库之一。被世人称为敦煌艺术的莫高窟艺术，是中西文化交流的结晶，是在中国传统艺术的基础上吸收并融合外来艺术营养而发展起来的。从洞窟形式到建筑结构、油漆彩绘、图案装饰等，莫不丰富多彩，绚丽夺目。莫高窟壁画内容包括佛像画、故事画、神怪画、经变画、佛教历史、供养人画像以及装饰图案7个方面的内容，从不同角度直接或间接地反映了各个时代的社会现实和历史风貌，具有"形象化的历史"和"墙壁上的图书馆"的美称。莫高窟宝库中的另一惊世珍品，是1900年在藏经洞发现的经卷和文书，这些经卷和文书多达50000卷，统称为敦煌遗书或敦煌文书。敦煌文书用上起三国下迄北宋、用汉、藏、回鹘、龟兹、于阗、梵文等文字书写而成的佛教经卷（其中包括小部分道教典籍、景教文献和摩尼教经卷等）、史学和科技史资料、医学文献、变文、诗歌、曲子词7大类，内容非常丰富，是我国中古时期社会生活的百科全书。

千佛洞——莫高窟

云冈石窟

云冈石窟在大同市西16公里的武周山南麓，依山开凿，东西绵延1公里。始凿于北魏兴安二年（453），大部分完成于北魏迁都洛阳之前，而造像工程延续到正光年间（520—525）。在我国三大石窟中，它以石雕造像气魄宏伟、内容丰富著称。云冈石窟现存洞窟53个，造像51000余尊，规模宏大、雕饰奇伟，是我国艺术宝库中的又一颗灿烂明珠，是各族人民共同创造的艺术结晶，也是中西文化交流的历史见证。云冈石窟的内壁、外壁、佛光、藻井等都刻有成群的"飞天"，非常生动活泼，展示了佛教徒所幻想的极乐世界。石窟群中，有神态各异、栩栩如生的各种人物形象，如佛、菩萨、弟子和护法等，都采用拟人的高超手法，富于人的天性和表情，具有无限的活力；有风格古朴、形制多样的仿木构建筑物；有主题突出、刀法娴熟的佛传浮雕；有构图繁富、优美精致的装饰纹样；还有我国古代乐器雕刻如箜篌、排箫、竽篥和琵琶等，丰富多彩，琳琅满目。

云冈石窟

龙门石窟

龙门石窟是我国著名的三大石窟之一。石窟分布在河岸两旁的峭壁上，南北长约1公里。始凿于北魏孝文帝迁都洛阳（494）前后，历经东魏、西魏、北齐、北周、隋、唐等朝代，连续营造了400余年，从五代到清代也有少数的雕凿。龙门石窟共有窟龛2100余个，佛塔43座，碑刻题记3600余方，大小造像10万余尊。其中最大的佛像高17.14米，最小的仅2厘米。龙门石窟的造像艺术集世俗化和民族化于一体，完全摆脱了早期造像艺术的神秘色彩和外来影响。到了盛唐时期，石窟造像艺术更是别出心裁，自成一格，成为中国古代雕刻艺术品中的佼佼者。此外，药方洞中题刻的治疗 140 多种疾病的药方，集书法艺术之大成的"龙门二十品"等，也为研究中国古代医学和书法发展历史等，提供了重要的实物资料。

龙门石窟

明十三陵

举世闻名的十三陵是明朝 13 个封建皇帝的陵墓，坐落在北京西北郊昌平县境内的燕山山麓，距京城约 50 公里，总面积 120 余平方公里。这里自永乐七年（1409）五月始作长陵，到明朝最后一帝崇祯葬入思陵止，其间 230 多年，先后修建了 13 座金碧辉煌的帝王陵墓、7 座妃子墓、1 座太监墓，共埋葬了 13 位皇帝、23 位皇后、2 位太子、30 余名妃嫔、1 位太监（世系表），是当今世界上保存最完整、埋葬皇帝最多的墓葬群。

故宫

故宫又名紫禁城，位于北京市中心，今天人们称它为故宫，意为过去的皇宫。兴建于明清两代的故宫东西宽 750 米，南北长 960 米，面积达到 72 万平方米，为世界之最。故宫的整个建筑被两道坚固的防线围在中间，外围是一条宽 52 米、深 6 米的护城河环绕；接着是周长 3 公里的城墙，墙高近 10 米，底宽 8.62 米。城墙上开有 4 门，南有午门，北有神武门，东有东华门，西有西华门，城墙四角还耸立着 4 座角楼，角楼有 3 层屋檐，72 个屋脊，玲珑剔透，造型别致，为中国古建筑中的杰作。

最辉煌的皇家宫殿——故宫

万里长城

在我国北方辽阔的土地上，东西横亘着一道绵延起伏、气势雄伟、长达一万多里的长墙，这就是被视为世界建筑史上一大奇迹的万里长城。万里长城是我国古代一项伟大的防御工程，它凝聚着我国古代人民的坚强毅力和高度智慧，体现了我国古代工程技术的非凡成就，也显示了中华民族的悠久历史。长城是中国也是世界上修建时间最长、工程量最大的一项古代防御工程。自公元前七八世纪开始，延续不断修筑了2000多年，分布于中国北部和中部的广大土地上，总计长度达50000多千米，被称为"上下两千多年，纵横十万余里"。它与罗马斗兽场、比萨斜塔等列为中古世界七大奇迹之一。在两千多年间，各代王朝在中国的北方修建了许多座长城。其中，最"新"的而且也是目前保存最完整的一座建于中国明代（1368—1644）。明长城是一座结构庞大复杂的边防堡垒，绵延6700公里。明长城翻山越岭，蜿蜒迂回于崇山峻岭之间。看见它人们不由肃然起敬，感叹在如此险峻的地方使用数量如此众多而且巨大的建筑材料。长城见证了古代中原农业文明和北方游牧民族间剑拔弩张的激烈对抗。明长城是人类历史上耗费人力最巨、时间最久、物资最多的建筑，这使它成为一件最大的历史文物。

万里长城

颐和园

　　颐和园位于北京的西北郊，原是清代的皇家花园和行宫。其前身清漪园，始建于公元 1750 年（乾隆十五年），1860 年被英法联军焚毁，1886 年（光绪十二年）慈禧挪用海军经费和其他款项重建，并于 1888 年改名为颐和园。1900 年，颐和园又遭八国联军严重破坏，1902 年再次修复。颐和园主要由万寿山和昆明湖组成，占地 290.8 公顷，其中水面约占 3/4。环绕在山湖之间的宫殿、寺庙、园林建筑可概括为三大区域：宫廷区以仁寿殿为中心，朝房重重、肃穆严谨，慈禧晚年大部分时间在这里垂帘听政。居住区以玉澜堂、乐寿堂、宜芸馆为主体，庭院深深、回廊曲折，帝后生前在这里起居生活。游览区融山水、建筑、花木为一体，是当时统治者的游憩之处。佛香阁是全园的建筑中心、踞山面水、金碧高耸；昆明湖水阔天空，旖旎动人。浩淼烟波中，神山仙岛鼎足而立；十七孔桥宛若飞虹，跨向绿水之中。一线西堤纵贯南北，六桥婀娜、景色天成；后山后湖、松涛阵阵，买卖宫市、酒旗临风；宫阙巍峨、山水辉映，更以西山、玉泉群峰为借景。其构思之巧妙、建筑之精美，集中国园林艺术之大成，有"皇家园林博物馆"之称。颐和园是世界上造景丰富、建筑集中、保存最完整的皇家园林。

皇家园林——颐和园

长白山天池

　　长白山天池又称白头山天池，坐落在吉林省东南部，是中国和朝鲜的界湖，湖的北部在吉林省境内。长白山位于中、朝两国的边界，气势恢弘，资源丰富，景色非常美丽。在远古时期，长白山原是一座火山。据史籍记载，自16世纪以来它又爆发了3次，当火山爆发喷射出大量熔岩之后，火山口处形成盆状，时间一长，积水成湖，便成了现在的天池。而火山喷发出来的熔岩物质则堆积在火山口周围，成了屹立在四周的16座山峰，其中7座在朝鲜境内，9座在我国境内。这9座山峰各具特点，形成奇异的景观。长白山天池是中国最深的湖泊。湖周峭壁百丈，环湖群峰环抱。天池的水从一个小缺口上溢出来，流出约1000多米，从悬崖上往下泻，就成了著名的长白山大瀑布。此外，在长白瀑布不远处还有长白温泉，这是一个分布面积达1000平方米的温泉群，共有13眼向外涌水。

长白山天池

黄山

　　黄山雄踞于风景秀丽的皖南山区，它以"三奇四绝"的奇异风采名冠于世。1982 年黄山被国务院列为首批国家级重点风景名胜区，1986 年经评选列入中国十大风景名胜区，1990 年，黄山被联合国教科文组织确定为"世界文化和自然遗产"，列入《世界遗产名录》。黄山古称黟山，在安徽省南部，唐天宝六年（747）依轩辕黄帝曾在黄山炼丹羽化升天的传说，唐明皇敕改黟山为黄山。奇松、怪石、云海、温泉素称黄山"四绝"。玉屏楼前的迎客松，长在海拔 1600 米的险峰上，树龄已逾千年，仍然枝繁叶翠，成了黄山的一个标志。黄山的奇峰怪石是大自然雕刻家留下的杰作，有的似人，有的似物、似禽、似兽，惟妙惟肖。黄山温泉也有特点，温泉的水温适宜，久旱不涸，流量稳定，水质透明，无色无臭，其味甘美，可饮可浴。来黄山游览的人，大多愿意在温泉浴池洗个澡。历史上许多文人如李白、贾岛、徐霞客、石涛等人，都曾在黄山温泉沐浴，并留下了大量诗文。黄山有名可数的 72 峰，或崔嵬雄浑，或峻峭秀丽，布局错落有致，天然巧成。天都峰、莲花峰、光明顶是黄山的三大主峰，海拔高度皆在 1800 米以上，并以三大主峰为中心向四周铺展，跌落为深壑幽谷，隆起成峰峦峭壁，呈现出典型的峰林地貌。

黄山风光

泰山

泰山位于山东省中部，泰安市之北，为我国五岳之东岳。古以东方为万物交替、初春发生之地，故泰山有"五岳之长"、"五岳独尊"之誉。早在夏、商时代，就有72个君王来泰山会诸侯、定大位，刻石记号。秦始皇统一中国封禅泰山后，汉代武帝、光武帝，唐代高宗、玄宗，宋代真宗，清代康熙、乾隆等也都相继仿效来泰山举行封禅大典，所到之处，建庙塑像，刻石题字，为泰山留下了大量的文物古迹。历代著名的文人学士，也都慕名来此，赞颂泰山的诗词、歌赋多达1000余首。杜甫的《望岳》诗："会当凌绝顶，一览众山小"，已成为流传千古的名诗。泰山同时又是佛、道两教之地，因而庙宇、名胜遍布全山。泰山不仅有雄奇壮丽的山

400

势，而且有众多的文物古迹，也是一座道教名山。山顶更有四大奇观：旭日东升、晚霞夕照、黄河金带、云海玉盘。1987 年底，世界保护自然与文化资源委员会已将泰山列入《世界遗产名录》。

华山

西岳华山是我国著名的五岳之一，位于陕西省华阴县城南，海拔 2200 米，秦、晋、豫黄河金三角交汇处，南接秦岭，北瞰黄河，"远而望之若花状"，故有其名。又因其西临少华山，故称太华山。若亲临其境，奇峰峭壁，险径危石，鬼斧神工必令游者不胜惊骇，叹为观止，素有"奇险天下第一山"之称。华山三峰鼎峙，"势飞白云外，影倒黄河里"，人称"天外三峰"。"华岳仙掌"被列为关中八景之首。因山上气候多变，形成的"云华山""雨华山"、"雾华山""雪华山"给人以仙境美感。华山系中华民族文化的发祥地之一，据清代著名学者章太炎考证，"中华"、"华夏"皆借华山而得名。华山又是道教圣地，为"第四洞天"，山上现存 72 个半悬洞，道观 20 余座，其中玉泉院、东道院、镇岳宫被列为全国重点道教宫观。秦汉以来，华山与道教有关的神话传说广为流传，现存 200 余个。其中以"巨灵劈山"、"劈山救母"、"吹箫引凤"影响深远。隋唐以来以李白、杜甫为代表的骚人墨客咏华山的诗歌、碑记和游记不下 1200 余篇，摩崖石刻多达千余。华山有五峰，因东、南、西三面是悬崖峭壁，只有柱峰顶向北倾斜打开了登华山的道路，所以有"自古华山一条路"的说法。

普陀山

普陀山是我国四大佛教名山之一，同时也是著名的海岛风景旅游胜地。如此美丽，又有如此众多文物古迹的小岛，在我国可以说是绝无仅有。普陀山位于浙江省杭州湾以东约 100 海里，是舟山群岛中的一个小岛。全岛面积 12.5 平方公里，呈狭长形，南北最长处 8.6 里，东西最宽处 3.5 千米。最高处佛顶山，海拔约 300 米。普陀山的海天景色，不论在哪一个景区、景点，都使人感到海阔天空。前人对普陀山作了这样的评价："以山而兼湖之胜，则推西湖；以山而兼海之胜，当推普陀。"普陀山的风景名胜，主要有普济、法雨、慧济三大寺，这是现今保存的 20 多所寺庵中最大的。普济禅寺始建于宋代，为山中供奉观音的主刹，建筑总面积约 11000 多平方米。法雨禅寺始建于明代，依山凭险，层层叠建，周围古木参天，极为幽静。慧济禅寺建于佛顶山上，又名佛顶山寺。在山海相接之处有许多石洞胜景，最著名的是潮音洞和梵音洞。岛的四周有许多沙滩，但主要的是百步沙滩和千步沙滩。千步沙滩是一个弧形沙滩，长约 3 里，沙细坡缓，沙面宽坦柔软，是一个优良的海水浴场。

五台山

五台山位于山西省东北部五台县境内。五台山方圆约 300 公里，因五峰如五根擎天大柱，拔地崛起，巍然矗立，峰顶平坦如台，故名五台。又因山上气候多寒，盛夏仍不知炎暑，故又别称清凉山。五台山是驰名中外的佛教圣地，是文殊菩萨的道场，而五台山又以其建寺历史之悠久和规模之宏大，居佛教四大名山之首，在日本、印度、斯里兰卡、缅甸、尼泊尔等国享有盛名。五台山寺庙始建于汉明帝，唐代因"文殊信仰"的繁盛，寺院多达 360 多处。清代，随着喇嘛教传入五台山，出现了各具特色的青、黄二庙。五台山五座台顶合围的地区，称为台内，其外围则称台外。现五台山寺庙尚存 43 处，其中台内 37 处，台外 6 处。五台山众多的佛寺皆聚集在台内台怀镇，这里寺庙林立，殿宇鳞次栉比，圣景圣迹荟萃一处，其中显通寺、塔院寺、殊像寺、罗寺和菩萨顶被称为五台山五大禅处。台外的寺庙比较分散，其中以南禅寺、佛光寺最著名。五台山是文殊菩萨的道场，所以这里众多寺庙的正殿都以供奉文殊菩萨为主。

峨眉山

峨眉山位于四川省峨眉山市境内，景区面积 154 平方公里，最高峰万佛顶海拔 3099 米，是一个集自然风光与佛教文化为一体的中国国家级山岳型风景名胜，1996 年 12 月 6 日列入《世界自然与文化遗产名录》。峨眉山为普贤菩萨道场,是我国四大佛教圣地之一。峨眉山高出五岳,秀甲天下,山势雄伟,景色秀丽,气象万千。素有"一山有四季,十里不同天"之妙喻。清代诗人谭钟岳将峨眉山佳景概为十景:金顶祥光、象池月夜、九老仙府、洪椿晓雨、白水秋风、双桥清音、大坪霁雪、灵岩叠翠、罗峰晴云、圣积晚钟。现在人们又不断发现和创造了许多新景观,如红珠拥翠、虎溪听泉、龙江栈道、龙门飞瀑、雷洞烟云、接引飞虹、卧云浮舟、冷杉幽林等,无不引人入胜。相传佛教于公元1世纪即传入峨眉山。现存寺庙近30座,其中著名的有报国寺、伏虎寺、清音阁、洪椿坪、仙峰寺、洗象池、金顶华藏寺、万年寺等。寺庙中的佛教造像有泥塑、木雕、玉刻、铜铁铸、瓷制、脱纱等,造型生动,工艺精湛。如万年寺的铜铸"普贤骑象",堪称山中一绝,为国家一级保护文物。峨眉山佛教音乐丰富多彩,独树一帜。峨眉山武术作为中国武术三大流派之一享誉海内外。这些丰富的佛教文化遗产是中华民族文化宝库中的瑰宝。

庐山

庐山又称匡山或匡庐,隶属于江西省九江市。传说殷周时期有匡氏兄弟7人结庐隐居于此,后成仙而去,其所居之庐幻化为山,故而得名。庐山位于九江市南36公里处,北靠长江,南傍鄱阳湖。南北长约25公里,东西宽约20公里。大部分山峰在海拔1000米以上,主峰汉阳峰海拔1474米,云中山城牯岭镇海拔约1167米。庐山雄奇秀拔,云雾缭绕,山中多飞泉瀑布和奇洞怪石,名胜古迹遍布,夏天气候凉爽宜人,是著名的旅游风景区和避暑疗养胜地。古人云"匡庐奇秀甲天下",自司马迁将庐山载入《史记》后,历代诗人墨客相继慕名而来,陶渊明、谢灵运、李白、白居易、苏轼、王安石、陆游、徐志摩、郭沫若等1500余位诗人相继登山,留下了许多珍贵的名篇佳作。苏轼所写的"横看成岭侧成峰,远近高低各不同。不识庐山真面目,只缘身在此山中"一诗形象地描绘了庐山的景色,成为千百年来脍炙人口的名篇。近代以来,庐山又成为政治风云人物的度假之地,山上现存张学良、蒋介石、毛泽东、周恩来等人住过的别墅，这使得它更成为一座人们向往的名山。1996 年，联合国教科文组织世界遗产委员会批准庐山作为"世界文化景观"列入"世界自然与文化遗产名录"。

"飞流直下三千尺"的庐山瀑布

井冈山

井冈山位于湘赣边界、罗霄山脉中段，山势高大，地形复杂，主要山峰海拔多在千米以上，最南端的南风屏海拔 2120 米，是井冈山地区的最高峰。井冈山山高林密，沟壑纵横，层峦叠嶂，地势险峻。其中部为崇山峻岭，两侧为低山丘陵，从山下往上望，巍巍井冈有如一座巨大的城堡，五大哨口是进入"城堡"必经的"城关"，把守此地，有"一夫当关，万夫莫开"之势。1927 年秋，毛泽东、朱德等中国共产党人率领中国工农红军，在这里创建了第一个农村革命根据地，为中国革命开辟了一条以农村包围城市最后夺取城市的正确道路。因而井冈山以"革命摇篮"而饮誉海内外。1982 年，这里被列为国家重点风景名胜区，1991 年被评为"中国旅游胜地四十佳"，1994 年又定为全国爱国主义教育基地和国家园林城。

曲阜

曲阜是中国古代伟大的思想家、教育家孔子的故乡，是举世闻名的儒学之源、儒教之根，是儒学的发祥地。曲阜位于山东省西南部，北负泰岱，南引凫峄，东连沂蒙群山，西俯平野千畴，泗水北枕，沂河南带，土地肥沃，物产丰富。曲阜是一座文化、旅游名城，作为大汶口文化、龙山文化主要地区和儒学的发源地，有重点文物保护单位 112 处，其中国家重点文物保护单位 4 处，省级重点文物保护单位 12 处，孔庙、孔府及孔林被列入世界历史文化遗产。孔庙位于曲阜城内，为全国著名的三大古代建筑群之一，主体建筑大成殿与故宫太和殿、岱庙天贶殿并称"东方三大殿"，庙内珍藏历代碑碣 2000 余块，被称为中国书法艺术的宝库。孔府位于孔庙东侧，是孔子嫡系后裔历代衍圣公的官署和私邸，为中国现存最大、历史最长的封建贵族府第，号称"天下第一家"。孔林占地 3000 余亩，是孔子及其后代的墓葬地，林内碑碣林立，数以万计的古树遮天蔽日，被称为我国最大的人造园林。

西湖

杭州西湖位于浙江省杭州市西面，它以其秀丽的湖光山色和众多的名胜古迹而闻名中外，是我国 30 多处以"西湖"命名的湖泊中最为引人入胜之处，也是我国著名的旅游胜地，被誉为人间天堂。杭州西湖风景区以西湖为中心，分为湖滨区、湖心区、北山区、南山区和钱塘区，总面积达 49 平方公里。杭州西湖三面环山，面积约 5.6 公里，湖周约 15 公里。景区由一山（孤山）、两堤（苏堤、白堤）、三岛（阮公墩、湖心亭、小瀛洲）、五湖（外西湖、北里湖、西里湖、岳湖和南湖）、十景（曲院风荷、平湖秋月、断桥残雪、柳浪闻莺、雷峰夕照、南屏晚钟、花港观鱼、苏堤春晓、双峰插云、三潭印月）构成。西湖的美，不仅在湖，也在于山。环绕西湖，西南有龙井山、理安山、南高峰、烟霞岭、大慈山、灵石山、南屏山、凤凰山、吴山等，总称南山；北面有灵隐山、北高峰、仙姑山、栖霞岭、宝石山等，总称北山。它们像众星拱月一样，捧出西湖这颗明珠。在这群山中深藏着虎跑、龙井、玉泉等名泉和烟霞洞、水乐洞、石屋洞等洞壑，这些给湖山平添了不少风韵。

杭州西湖

苏州园林

苏州是著名的历史文化名城，素以众多精雅的园林名闻天下。苏州地处长江三角洲，地理位置优越，气候湿润，交通便利，旧时官宦名绅退休后多到苏州择地造园、颐养天年。明清时期，苏州封建经济文化发展达到鼎盛阶段，造园艺术也趋于成熟，出现了一批园林艺术家，使造园活动达到高潮。最盛时期，苏州的私家园林和庭院达到280余处，至今保存完好并开放的有：始建于宋代的沧浪亭、网师园，元代的狮子林，明代的拙政园、艺圃，清代的留园、耦园、怡园、曲园、听枫园等。其中，拙政园、留园、网师园、环秀山庄因其精美卓绝的造园艺术和个性鲜明的艺术特点于1997年底被联合国教科文组织列为"世界文化遗产"。苏州园林是城市中充满自然意趣的"城市山林"，身居闹市的人们一进入园林，便可享受到大自然的"山水林泉之乐"。在这个浓缩的"自然界"，"一勺代水，一拳代山"，园内的四季晨昏变化和春秋草木枯荣以及山水花木的季节变化，使人们可以"不出城郭而获山林之怡，身居闹市而有林泉之乐"。苏州园林是文化意蕴深厚的"文人写意山水园"。苏州园林虽小，但古代造园家通过各种艺术手法，独具匠心地创造出丰富多彩的景致，使人观之不尽，回味无穷。

秦兵马俑

秦始皇是第一个统一中国的皇帝，他的陵墓在西安城东 30 公里处。1974 年 2 月，当地农民在秦始皇陵东侧 1.5 公里处打井时偶然发现了与真人真马一样大小的兵马俑。从此，一个埋藏了2000 多年的地下军阵被挖掘出来，并建成博物馆。秦兵马俑坑系秦始皇的陪葬坑，由一号、二号、三号坑和兵马俑坑组成。展出的陶质陪葬武士俑和兵马俑共计 8000 个，排列成阵，气势壮观。俑分将军俑、铠甲俑、跪射俑等。坑内还出土有数万件实战兵器，馆内展出秦始皇大型彩绘铜车马。被称为"世界第八大奇迹"的秦兵马俑展示了古长安往日的辉煌，也是长安因何会成为丝路起点的一个写照。

九寨沟

九寨沟，位于四川省阿坝藏族羌族自治州九寨沟县境内，属高山深谷碳酸盐堰塞湖地貌，景区长 80 余公里，茫茫 6 万多公顷，因沟内 9 个藏族村寨而得名。据《南坪县志》记载："羊峒番内，海峡长数里，水光浮翠，倒影林岚。"故此地又名中羊峒、翠海。距成都市 400 多公里。1982 年，成为国家首批重点风景名胜区。1990 年，在全国 40 佳风景名胜区评比中，名列新自然景区榜首。1992 年，被联合国教科文组织纳入《世界自然遗产名录》，成为全人类共同拥有的宝贵财富。九寨沟总面积大约 600 平方公里，自然景色兼有湖泊、瀑布、雪山、森林之美。大多数景点集中于"Y"字形的三条主沟内，纵横达 50 余公里。有"黄山归来不看山，九寨归来不看水"的美誉。九寨沟的精灵是水，湖、泉、瀑、溪、河、滩，飞动与静谧结合，刚烈与温柔相济，千颜万色，多姿多彩。九寨沟的森林2万余公顷，在2000～4000米的高山上垂直密布，主要品种有红松、云杉、冷杉、赤桦、领春木、连香树等。在这里的原始森林中，栖息着珍贵的大熊猫、白唇鹿、苏门羚、扭角羚、毛冠鹿、金猫等动物。

风景如画的九寨沟

黄果树瀑布

黄果树瀑布位于中国贵州省镇宁布依族苗族自治县城西南15公里的白水河上。这里山峦重叠，白水河自东北山腋泻崖而下，水势汹涌，波浪滔天。流经黄果树地段时，因河床断落，形成9级瀑布群。黄果树瀑布是瀑布群中最为著名的，宽约81米，从68米高的悬崖上跌落，发出轰然巨响。飞瀑跌落处掀起轩然大波，浪花四溅，水珠飞扬。遇阳光照射时，便化作长虹一道，五彩缤纷。明清两代时在瀑布对岸建观水亭，倚栏纵目，可观飞流喷薄之状。亭下林木茂密，有一曲折磴道直抵河边。对岸飞瀑纵横，是黄果树瀑布中的又一奇观。瀑布附近的天生桥，长1000米，宽200～300米，上有一片石林，千奇百怪，别开生面。

黄果树瀑布

桂林

桂林位于广西壮族自治区的东北部,是中国著名的风景游览城市和历史文化名城,享有山水甲天下之美誉。它地处岭南山系的西南部,属于亚热带季风区,气候温和,雨量充足。桂林地区属岩溶地貌,拥有神姿仙态的峰林,幽深瑰丽的溶洞和神秘莫测的地下河。这些特殊的地貌与景象万千的漓江及其周围美丽迷人的田园风光融为一体,形成了独具一格、驰名中外的"桂林山水"。这里的山,平地拔起,千姿百态;漓江的水,蜿蜒曲折,明洁如镜;山多有洞,洞幽景奇,瑰丽壮观;洞中怪石,鬼斧神工,琳琅满目,于是形成了"山青、水秀、洞奇、石美"的桂林"四绝"。在漫长的岁月里,桂林的奇山秀水吸引着无数文人墨客,使他们写下了许多脍炙人口的诗篇和文章,刻下了 2000 余件石刻和壁书;另外,历史还在这里留下了许多古迹遗址。这些独特的人文景观,使桂林得到了"游山如读史,看山如观画"的赞美。1982 年桂林市被国家定为中国历史文化名城。1985 年桂林山水被评为中国十大风景名胜之一,仅次于长城而名列第二,接着又成为全国重点建设的旅游城市。在桂林市内,最有代表性的景点有:象鼻山、伏波山、叠彩山,南溪山、尧山、独秀峰、七星岩、芦笛岩、甑皮岩、明代王城、榕湖、杉湖等。

桂林山水甲天下

路南石林

路南石林坐落在昆明东南 86 公里处的路南县境内。在路南广达 350 平方公里的区域内，遍布着上百个森立如林的黑色巨石群。有的独立成景，有的纵横交错，连成一片，占地数十公顷。只见蜿蜒起伏的广阔田野上，奇石拔地而起，参差峥嵘，突兀排空，如雨后春笋，散落在阡陌田畴之中。这些石峰千姿百态，巧夺天工，被人们誉为"天下第一奇观"。云南石林是大自然鬼斧神工的杰作，1984 年被国务院批准为国家级重点风景区，2001 年 3 月又获国土资源部授予的首批国家地质公园称号。石峰最高 30 余米，一般 10~20 米，低者仅 3~5 米。石林分布面积达 3 万公顷，向游人开放的面积为 80 公顷。相对成片的有乃古石林、大小石林、豆黑林、阿玉林等 10 多片。游石林，人们首先看到的是一尊巨大的石峰突出地面，酷似一个身背花篮、亭亭玉立的美丽撒尼族少女，与当地神话长诗《阿诗玛》意境相映衬，故名阿诗玛峰。石林为撒尼族居住区，每逢农历 6 月 24 日，撒尼人聚集到石林欢度自己的火把节，载歌载舞，通宵达旦，盛极一时，为石林增添了一道亮丽的风景。

世界地理基础知识

（一）大洲与大洋

八大板块和七大洲

地球目前有八大板块：北美洲板块——北美洲、西北大西洋及格陵兰岛；南美洲板块——南美洲及西南大西洋；南极洲板块——南极洲及沿海；亚欧板块——东北大西洋、欧洲及除印度外的亚洲；非洲板块——非洲、东南大西洋及西印度洋；印度与澳洲板块——印度、澳大利亚及大部分印度洋；纳斯卡板块——东太平洋及毗连南美部分地区；太平洋板块——大部分太平洋及加利福尼亚南岸。还有超过 20 个小板块，如阿拉伯板块、菲律宾板块等。地震经常在这些板块交界处发生。

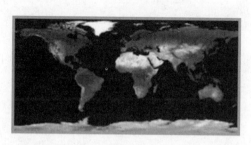

世界版图

地球上的陆地可分为亚洲、欧洲、北美洲、南美洲、大洋洲、非洲、南极洲七大洲。其中海拔最高的大洲是南极洲，最低的大洲是欧洲；面积最大的是亚洲，最小的是大洋洲。

亚洲

亚细亚洲，简称亚洲。"亚细亚"一词本来的含义是"日出之地"、"东方"、"太阳升起的地方"。亚洲位于东半球的东北部，东、北、南三面分别濒临太平洋、北冰洋和印度洋，西靠大西洋的属海地中海和黑海。亚洲的气候是世界上最多样的，包括寒、温、热三带的各种气候类型，拥有世界上最冷、最热、最湿和最干的地区。亚洲的地貌在世界上也是最富于变化的，拥有世界最高峰珠穆朗玛峰，也拥有世界最低洼地死海。亚洲共有 48 个国家和地区，在地理上习惯分为东亚、东南亚、南亚、西亚、中亚和北亚。亚洲是佛教、伊斯兰教和基督教三大宗教的发源地。佛教起源于印度和尼泊尔毗邻处，伊斯兰教起源于阿拉伯半岛，基督教起源于西亚巴勒斯坦的伯利恒。中南半岛各国的居民多信佛教；马来半岛和马来群岛上的居民主要信伊斯兰教，部分居民信天主教和佛教；南亚各

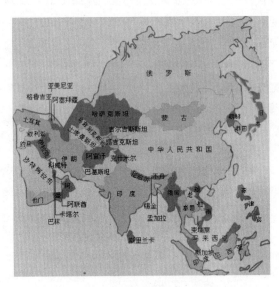

亚洲版图

国的居民主要信印度教、伊斯兰教和佛教；西亚各国的居民主要信伊斯兰教。

亚太与中东

亚太全称为亚洲及太平洋地区，又称亚太区、亚太地区，是指亚洲及太平洋地区，泛指太平洋沿岸各国。目前关于亚太地区的划分有几种不同的理解，一般认为亚太地区主要包括澳大利亚、美国、加拿大、日本、韩国、新西兰、印度尼西亚、菲律宾、马来西亚、泰国、新加坡、文莱、中国、智利、巴布亚新几内亚和中国台湾、香港两个地区。中东地区或"中东"是指地中海东部与南部区域，从地中海东部到波斯湾的大片地区，中东地理上也是非洲与欧亚大陆的亚区。中东一般说来包括巴林、埃及、伊朗、伊拉克、以色列、约旦、科威特、黎巴嫩、阿曼、卡塔尔、沙特、叙利亚、阿联酋和也门，巴勒斯坦、马格里布国家（阿尔及利亚、利比亚、摩洛哥、突尼斯）以及苏丹、毛里塔尼亚和索马里，由于其历史文化原因，一般认为属于中东国家，土耳其和塞浦路斯尽管地理上属于中东地区的一部分，但是他们自身认为属于欧洲；北边的阿富汗有时也与中东联系密切。中东的人种主要是白人，大多数居民信仰伊斯兰教，少数居民信仰基督教、犹太教和其他宗教。世界石油储量（出产、输出）最多的地区是中东地区。

非洲

阿非利加洲，简称非洲，人类文明最早的发祥地之一，是一片神秘而古老的大地。非洲位于东半球的西南部，地跨赤道南北，西北部的部分地区伸入西半球。东濒印度洋，西临大西洋，北隔地中海和直布罗陀海峡与欧洲相望，东北隅以狭长的红海与苏伊士运河紧邻亚洲。"阿非利加"的原意是"阳光灼热之地"，所以非洲气候十分炎热，高温、少雨、干燥，被称为"热带大陆"。非洲拥有世界上最大的"火炉"撒哈拉大沙漠，有世界上最长的河流尼罗河。它资源丰富，盛产磷酸盐矿、铝土、铜矿、金矿、石油和金刚石等。它还拥有辽阔茂密的热带雨林，生长着无数珍贵的经济林木和珍禽异兽，有"天然动物园"之称。许多非洲国家因盛产某种作物被赋予了特殊的称号，如"花生之国"塞内加尔，"可可之国"加纳共和国等。非洲是世界第二大洲，目前有56个国家和地区。在地理上，习惯将非洲分为北非、东非、西非、中非和南非五个地区。非洲是世界上民族成分最复杂的地区。非洲大多数民族属于黑种人，其余属白种人和黄种人。非洲居民多信奉原始宗教和伊斯兰教，少数人信奉天主教和基督教。

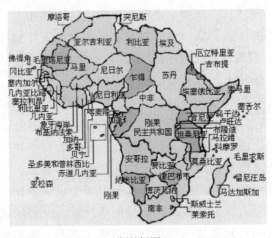

非洲版图

欧洲

欧罗巴洲，简称欧洲。"欧罗巴"原意是"日落之地"，位于东半球的西北部，亚洲的西面。北临北冰洋，西濒大西洋，南隔地中海与非洲相望，东以乌拉尔山脉、乌拉尔河、大高加索山脉、博斯普鲁斯海峡、达达尼尔海峡同亚洲分界，西北隔格陵兰海、丹麦海峡与北美洲相对。欧洲有44个国家和地区，在地理上习惯分为南欧、西欧、中欧、北欧和东欧五个地区。欧洲绝大部分居民是白种人（欧罗巴人种），在各大洲中，种族构成相对比较单一。全洲大约有 70 个民族，绝大多数民族的人口均达到一定数量，小民族和小部落较为少见。多数国家的民族构成也较单一。民族构成较复杂的国家有俄罗斯、瑞士等。居民多信奉天主教和基督教。欧洲经济发展水平居世界各大洲之首，绝大多数国家属于发达国家，工业、商业、交通、金融、科学、教育等均在世界上占据重要的地位。欧洲文化是西方社会文化的源头，在工业化进程中更是渗透到了全世界，深厚的文化底蕴和良好的学识教养使得欧洲人身上散发出一种优雅、内敛、浪漫的气质。

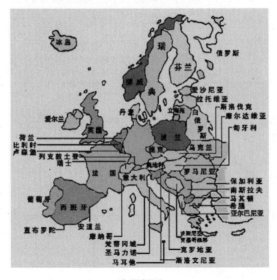

欧洲版图

大洋洲

大洋洲位于太平洋西南部和南部的赤道南北广大海域中。其狭义的范围是指东部的波利尼西亚、中部的密克罗尼西亚和西部的美拉尼西亚三大岛群。广义的范围是指除上述三大岛群外，还包括澳大利亚、新西兰和新几内亚岛（伊里安岛）等，是世界上面积最小、人口最少、国家最少的洲。大洋洲有 14 个独立国家，其余十几个地区尚在美、英、法等国的管辖之下。在地理上划分为澳大利亚、新西兰、新几内亚、美拉尼西亚、密克罗尼西亚和波利尼西亚六区。绝大部分居民信奉基督教，少数信奉天主教，印度人多信印度教。大洋洲大部分岛屿属于珊瑚礁型，拥有世界上最大的珊瑚堡礁大堡礁。它自然资源丰富，矿藏品种多，储量大，如镍、铝土等；森林覆盖率高，盛产桉树、白檀木等珍贵木材；渔业资源充足，是沙丁鱼、金枪鱼的重要产地；畜牧业发达，盛产羊毛等畜产品；农作物主要是椰子、甘蔗、天然橡胶等。大洋洲还孕育了许多地球上最奇特的植物和动物，如儒艮、斗篷蜥蜴等，被称为世界动物进化最宝贵的"活化石博物馆"。

大洋洲版图

南美洲

南亚美利加洲，简称南美洲。位于西半球的南部，东濒大西洋，西临太平洋，北濒加勒比海，南隔德雷克海峡与南极洲相望。一般以巴拿马运河为界同北美洲相分。从地理区域上划分为：南美北部诸国，包括圭亚那、苏里南、法属圭亚那、委内瑞拉和哥伦比亚；安第斯山地中段诸国，包括厄瓜多尔、秘鲁、玻利维亚；南美南部诸国，包括智利、阿根廷、乌拉圭、巴拉圭；南美东部国家巴西，面积约占南美大陆总面积的一半。南美洲居民绝大多数信天主教，少数信基督教。南美洲拥有世界上最大的高原巴西高原，还有世界水量最大、流域面积最广的河流亚马逊河和世界上最大的瀑布伊瓜苏瀑布。南美洲大部分地区属于热带雨林和热带高原气候，温暖湿润。它自然资源丰富，石油、铁、铜的储量均居世界前列，还拥有世界上最大的热带雨林亚马逊雨林和辽阔的草原，渔业资源和水力资源也十分丰富。南美洲的神秘风情和远古文明到今天仍然熠熠生辉，吸引无数人的关注。

南美洲版图

北美洲

北亚美利加洲，简称北美洲。位于西半球北部。东濒大西洋，西临太平洋，北濒北冰洋，南以巴拿马运河为界与南美洲相分。分为东部地区（拉布拉多高原、阿巴拉契亚山脉以东的地区）、中部地区（拉布拉多高原、阿巴拉契亚山脉与落基山脉之间）、西部地区（属美洲科迪勒拉山系北段，落基山脉是本区骨架）、阿拉斯加、加拿大北极群岛、格陵兰岛、墨西哥、中美洲和西印度群岛九个地区。居民主要信基督教和天主教。北美洲是多湖的大陆，其中苏必利尔湖、休伦湖、密歇根湖、伊利湖和安大略湖是世界上最大

417

的淡水湖群，被称为"北美地中海"，它还拥有北美大陆最著名的奇景之一尼亚拉加大瀑布。北美有丰富的矿物资源、森林资源和渔业资源，它的中部平原是世界著名的农业区之一，大豆、玉米、咖啡、可可等作物在世界上享有盛誉。北美还是世界上工业发达的地区之一，其中尤以美国为代表，美国是世界上最发达的国家之一。北美洲最初是印第安人的家园，欧洲人入主之后，各种文化互相融合，形成了最富北美洲特色的"多元文化"。

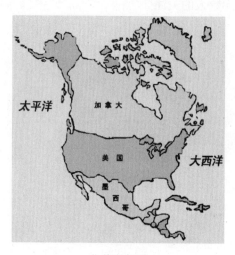

北美洲版图

南极洲

南极洲是人类最后到达的大陆，也叫"第七大陆"。它位于地球最南端，土地大多在南极圈内，四周濒太平洋、印度洋和大西洋，是世界上地理纬度最高的一个洲。南极洲是地球上最冷的大陆，年平均气温一般在-25℃。南极洲的风一般多为高速风，风速超过15米/秒时，就会形成暴风雪，伸手不见五指，寸步难行。南极洲还是地球上最干燥的大陆，除了极地气旋经过的南极半岛末端（包括乔治王岛），年降水比较丰富外，其他地区几乎所有降水都是雪和冰雹。南极大陆98%的地域终年为冰雪所覆盖，其淡水储量非常大，约占世界总淡水量的90%，在世界总水量中约占2%。如果南极冰盖全部融化，地球平均海平面将升高60米，我国东部的经济特区将被淹没在一片汪洋之中。南极洲最具特色的是由于气候环境十分恶劣，没有土著居民，也没有发现任何古人类活动的痕迹，主要是一些科考队伍和捕鲸队在南极活动。直到现在，南极洲没有工厂、农田，只有一些国家建立的科学考察站，靠当地的自然资源与环境，人类无法在南极生存。

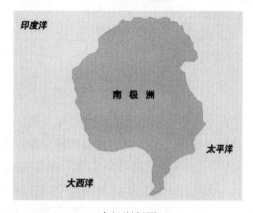

南极洲版图

四大洋

地球上的陆地广布四方、彼此隔开，而海水则是四通八达、连成一体，这一连绵不断的水体便构成了世界海洋。世界海洋以大洋为主体，与围绕它所附属的大海共同组成。全世界共有四大洋：太平洋、大西洋、印度洋和北冰洋。主要的大海有54个，如地中海、加勒比海、波罗的海、红海、南海等。世界海洋面积太平洋占将近一半，其他三大洋大西洋、印度洋、北冰洋占一半。位于亚、非两洲之间的红海是世界上海水最热的海和最咸的海；南极的威德尔海是海水最冷的海；北欧的波罗的海是世界上最淡的海。海洋是气候的调节器，它就像一个巨大的"锅炉"，长期蓄积了大量的热能，通过能量的传递，不断地影响到地球上的气候变化。

四大洋分布图

太平洋

太平洋是世界海洋中面积最大、深度最深、属海和岛屿最多的大洋。据相关资料介绍，太平洋最早是由西班牙探险家巴斯科发现并命名的，"太平"一词即"和平"之意。16世纪，西班牙的航海学家麦哲伦从大西洋经麦哲伦海峡进入太平洋并到达菲律宾，航行其间，天高气爽，风平浪静，于是将其取名为"太平洋"。太平洋位于亚洲、大洋洲、美洲和南极洲之间，北端的白令海海峡与北冰洋相连，南至南极洲，并与大西洋和印度洋连成环绕南极大陆的水域。太平洋占地球表面积的1/3，占世界海洋面积的1/2，海水容量居世界大洋之首，世界上所有6条万米以上的海沟全部集中在太平洋。太平洋中蕴藏着非常丰富的资源，尤其是渔业水产和矿产资源，其渔获量占世界渔获量一半以上，秘鲁、日本、中国舟山群岛、美国及加拿大西北沿海都是世界上著名的渔场，盛产鲱鱼、鳕鱼、金枪鱼等。太平洋多金属结核的储量和品位均居世界各大洋之首，近海大陆架蕴藏石油、天然气、煤等资源，深海盆地有宽广的锰结核矿层，海底砂矿藏储量也很丰富。

大西洋

大西洋是世界第二大洋，位于南、北美洲和欧洲、非洲、南极洲之间，呈南北走向，形似"S"形。它也被称为阿特拉斯海，起源于希腊神话中的双肩负天的大力士神阿特拉斯。大西洋比太平洋面积的一半稍多一点，最深处位于波多黎各海沟处。大不列颠岛、爱尔兰岛、冰岛和古巴岛等是大西洋的主要岛屿。大西洋海洋资源丰富，盛产鱼类，捕获量约占世界的1/5以上。大西洋拥有世界上超过一半的渔场，纽芬兰、美国、加拿大东侧等海域单位面积产量非常高，是世界大洋中单产最高的渔场。大西洋中的矿产资源也很丰富，主要有石油、天然气、煤、铁、重砂矿和锰结核等，它有两个油气带，即东大西洋带和西大西洋带。大西洋的海运特别发达，东、西分别经苏伊士运河和巴拿马运河沟通印度洋和太平洋，其货运量约占世界货运总量的2/3以上，是环球航运体系中的重要环节和枢纽。世界海上交通最繁忙的地方就是联系大西洋与北海的多弗尔海峡和英吉利海峡。大西洋沿岸大多是各大洲经济最发达的地区和国家，有许多交通便利、贸易繁盛的港口，主要有纽约、巴尔的摩、哈瓦那、阿姆斯特丹、哥本哈根、威尼斯等。

印度洋

印度洋是世界第三大洋，位于亚洲、大洋洲、非洲和南极洲之间。其最大深度为蒂阿曼蒂那海沟，洋底中部有大致呈南北向的海岭。印度洋的大部分处于赤道带、热带和亚热带范围内，水面平均温度20℃~27℃，故被称为热带海洋。印度洋的自然资源十分丰富，包括石油和天然气等，尤以石油最为充足，波斯湾是世界海底石油最大的产区。印度洋的属海红海的金属软泥是目前已经发现的世界上最具有经济价值的海底含金属沉积矿藏。印度洋是世界最早的航海中心，其航道是世界上最早被发现和开发的，是连接非洲、亚洲和大洋洲的重要通道。印度洋海洋货运量约占世界的10%以上，其中石油运输居于首位。印度洋的航运业虽不如大西洋和太平洋发达，但由于其源源不断地将中东地区的石油向全球各地输出，直接影响到世界各国的经济生活发展，因此印度洋航线在世界上占有重要的地位。印度洋上的岛国马尔代夫共和国是世界上最大的珊瑚岛国，是一个具有浓郁热带风情的旅游胜地。马尔代夫有蓝色的海洋、白色的沙滩和绿色的岛屿，有人形容马尔代夫是上帝抖落的一串珍珠，也有人形容它是一片碎玉。游客们在领略了马尔代夫的蓝、绿、白之后，都认为它是世界上最后一个乐园，西方人就称马尔代夫为"失落的乐园"。

北冰洋

北冰洋位于地球的最北面，大致以北极为中心，介于亚洲、欧洲和北美洲北岸之间，是四大洋中面积最小、深度最浅的大洋。北冰洋又是四大洋中温度最低的寒带洋，终年积雪，千里冰封，洋面覆盖着足有三四米厚的坚实冰层。每当这里的海水向南流进大西洋时，极目远眺，到处都是一座座巨大的冰山，随着海水不断移动，如果人类的船只不小心撞上这些冰山将是灭顶之灾。北冰洋上有两大奇观：其一就是极夜与极昼现象，那里一年中接近一半的时间是黑夜，除了中午稍有亮光，白天也要开着电灯；而另一半日子，则多为阳光普照的漫漫白昼。这样，北冰洋上一个漫长的白昼和一个漫长的夜晚合在一起，仿佛是一天而不是一年。其二就是北极天空灿烂绚丽的极光现象，极光就像五颜六色的节日烟火，盛开在天空上，飘忽不定、变幻无穷、五彩缤纷，给北极风光增添了艳丽奇幻的色彩。北冰洋沿海居住着爱斯基摩人，也就是因纽特人，几千年来，他们过着没有文字、没有货币、自给自足、自由自在的生活，如今也接受了现代文明的熏陶，原始古老的冰雪天地开始散发出阵阵现代化的气息。

（二） 地形地貌与人文自然景观

亚马逊平原

它是世界上面积最大的平原，位于南美洲亚马逊河下游。亚马逊平原地势低平坦荡，大部分海拔不高，还有相当一部分低地地区，因而有"亚马逊低地"之称。它是亚马逊河的冲积平原，发源于安第斯山的亚马逊河，从圭亚那高原、巴西高原带来大量泥沙等物质沉积在这里，日积月累，就形成了如今广阔的亚马逊大平原。亚马逊平原人烟稀少，却拥有数不清的珍贵林木和飞禽走兽。亚马逊平原上到处生长着高大的乔木和浓密的灌木，形成了稠密的热带雨林，林中幽深阴暗，没有草本植物，无数叫不出名字的动植物都有可能给人致命一击，充满了神秘而危险的色彩，所以亚马逊雨林也被叫做"可怕的绿色坟墓"。有人说世界上最神秘、最令人畏惧的地方有两个，一个是深海的海底，另一个就是亚马逊雨林，遮天蔽日的雨林、稀奇古怪的动植物、流淌不息的亚马逊河、出没其间的原始居民，无一不给人以幽深、神秘和蛊惑的奇妙感觉。亚马逊平原的森林资源十分丰富，雨林中积蓄的木材约占世界木材蓄积总量的1/5，其中有许多珍贵的树种，如巴西樱桃果、红木、乌木、西班牙杉等。巴西樱桃果树可长到80米高，樱桃果的含油量极高，可以食用，具有巨大的经济价值。同时，亚马逊雨林对于净化地球大气、维持地球生态平衡有着不可替代的作用，所以也被形象的称为"地球之肺"。

安第斯山脉

安第斯山脉和亚马逊河是南美人民的骄傲，他们说："安第斯山是我们的矛，亚马逊河是我们的盾。"安第斯山脉坐落在南美洲大陆的西部边缘，纵贯南北，峰峦叠嶂，蜿蜒起伏，犹如长龙，它不仅是美洲最长的山脉，也是世界最长的山脉，比著名的喜马拉雅山脉还要长，南北绵延9000公里，北起特立尼达岛，南至火地岛，跨越委内瑞拉、哥伦比亚、厄瓜多尔、秘鲁、玻利维亚、阿根廷、智利7个国家。安第斯山脉在构造体系上属于科迪勒拉山系，是年轻的褶皱山脉，山势奇高，海拔高度大多在3000米以上，高度超过6000米的高峰就有50多座。安第斯山脉有一条世界闻名的金属矿富集地带，铜、锡、钒的储量占据世界前列，其他如铅、锌、金、银等也蕴藏丰富。安第斯山脉是南美洲开发最早的地区，保留着许多古代印加国的遗迹，远古文明的辉煌灿烂至今仍令后人叹为观止，为这片土地平添了一份神秘动人的风情。

科罗拉多大峡谷

　　位于美国西南部，是举世闻名的自然奇观。它由科罗拉多河冲击科罗拉多高原而形成，是联合国教科文组织选定的受保护的天然遗产之一。科罗拉多河发源于科罗拉多州的落基山，流经犹他州、亚利桑那州，最后由加利福尼亚州的加利福尼亚湾入海。经过科罗拉多河数千万年的冲蚀，科罗拉多高原形成了黑峡谷、峡谷地、格伦峡谷、布鲁斯峡谷等多条深邃的峡谷，其中以科罗拉多峡谷的景色最为壮丽，被称为这条水系所有峡谷中的"峡谷之王"。如今科罗拉多河仍以桀骜不驯的奔腾之势，不断冲刷着峡谷的底部。经过水流的冲蚀，河谷两侧出现了许多嶙峋怪石，千奇百怪的姿态非常有特色。峡谷的颜色由于岩石的种类、风化的程度、时间的演变，以及所含矿物质的不同，会随着天气阴晴和太阳光照射的角度而变化，呈现出五彩缤纷的颜色，光怪陆离，美轮美奂。科罗拉多大峡谷还被称做是一本活的"地质百科全书"，从谷底向上，岩层分明，岩层中含有大量丰富的标准化石，完整地记录了北美大陆的沧桑巨变和地球生物的演化过程。1903年美国总统西奥多·罗斯福

自然奇观——科罗拉多大峡谷

游览科罗拉多大峡谷时曾说："大峡谷使我充满了敬畏，它无可比拟，无法形容，在这辽阔的世界上，绝无仅有。"

落基山脉

北美洲最主要的山脉，属于科迪勒拉山系东部，纵贯加拿大和美国西部。北美的大河大多发源于此，如密西西比河、密苏里河、科罗拉多河等。落基山脉群峰耸立、连绵不绝、巍然壮观，就像一条巨龙匍匐在北美大地上，绵延几千里，成为美国辽阔疆域的支柱，许多美国地理学家把它称为北美洲"脊骨"。落基山脉的高山上常年覆盖着皑皑白雪，衬托着蔚蓝色的天空，清冷淡远，令人心旷神怡。山上长满各色树木，每逢秋季，各种树叶呈现出不同的颜色，一片五彩缤纷，美不胜收。清澈的溪流蜿蜒在群山之中，湖泊像明镜一般点缀其间，鳟鱼、北极茴鱼及北美狗鱼等各种鱼类在水中欢快地游戏；灰熊、大角羊、北美驯鹿、海狸等动物在这里安家落户，白头海雕、云杉松鸡、水鸭、喇叭天鹅等飞禽也翩然而至。落基山脉矿产资源丰富，是北美著名的金属矿区，它的广大盆地则含有大量石油和天然气田。这里还有许多风景优美、引人入胜的旅游胜地，如布莱克峡谷、黄石国家公园等，每年都吸引成千上万的游客前来此地游玩。

尼亚加拉瀑布

举世闻名的尼亚加拉瀑布位于加拿大和美国交界的伊利湖和安大略湖之间，尼亚加拉河连接两湖。它是北美大陆最著名的奇景之一，以其磅礴雄伟的气势、丰沛浩瀚的水汽，如梦似幻，震撼人心。伊利湖比安大略湖高约百米，两湖之间横亘着一道石灰岩断崖，巨大的水流从这里直冲而下，形成瀑布，发出雷鸣般的响声，动人心魄。"尼亚加拉"的意思是"雷神之水"，尼亚加拉瀑布正如其名。湖水被河床绝壁上的山羊岛分隔成两股，一股流入美国，一股流入加拿大，形成大小两个瀑布，小瀑布称为"美利坚"瀑布，在美国境内；大瀑布称为加拿大瀑布或"马蹄形瀑布"，形状有如马蹄，在加拿大境内。加拿大瀑布由于水量极大，从高空俯冲直下，溅起的水花可高达百米，景色极为壮观和惊险。站在尼亚加拉大瀑布之前，眼见瀑布的雷霆万钧之势，耳听水流的奔腾咆哮之声，一荡胸怀，不禁感慨大自然的鬼斧神工，非人力所能及。19世纪英国著名作家狄更斯曾赞叹道："尼亚加拉大瀑布优美华丽，深深撼动我的心田，铭记着，永不磨灭，永不改变，直到她的脉搏停止跳动，永远，永远。"

尼亚加拉瀑布

大堡礁

位于澳大利亚东北部昆士兰州的东海岸，是一系列珊瑚岛礁的总称，被称为世界七大自然奇景之一。大堡礁大约开始形成于1万年前，由近3000个独立的岛礁组成，堪称世界上最大的天然海洋公园、珊瑚水族馆，也是从月球上看到的为数不多的世界奇迹之一。大堡礁是世界上最大的珊瑚礁，数千亿只珊瑚虫生活在这里，它们的骨骼形成了大堡礁的基石。大堡礁水温很高，温度变化不大，海水清晰，水面平静，适合各种海洋生物生长，主要有各种鱼类、软体生物、珊瑚家族以及多种鸟类和海龟等，构成了世界最大的生态系统。澳大利亚政府为了保护大堡礁的天然生态，划定其为自然保护区，禁止在此探矿采油、攫取珊瑚，所以大堡礁的生态环境至今仍未受到污染和破坏，海岸线由南至北延绵数千公里，尽是保留了原始面目的罕见的海洋生物。大堡礁是世界最大的海洋公园，有巨大的旅游价值，这里天空干净湛蓝，海水清澈见底，珊瑚绚丽多彩，各种热带植物鲜翠欲滴，动物千姿百态，吸引了许多游人慕名前往。大堡礁群中最引人注目的莫过于心形岛礁了，它的外形酷似人的心脏，据说世界上不少恋人专程拜访心形岛礁，成就美丽的爱情梦想。

艾尔斯岩

位于澳大利亚中部，被认为是世界上最大的一块独立岩石。它被称为"人类地球上的肚脐"，是世界七大奇景之一。艾尔斯岩东高宽而西低狭，岩石表面圆滑而光亮，由于常年风吹日晒，自然形成了无数条整齐的沟纹，远远看去，就像布面上的道道褶皱。石上有"声音谷"，风吹进去，产生震动，会发出奇怪的呼啸声。艾尔斯岩是在 1873 年，由一位名叫威廉·克里斯蒂·高斯的测量员发现的。当时他正横跨这片荒漠，突然之间发现了眼前这座巨大的石山，起初他还以为是一种幻觉，难以置信，直到登上了岩顶，他才相信眼前的美景是真实的。高斯来自南澳洲，故以当时南澳州总理

艾尔斯岩

亨利·艾尔斯的名字命名这座石山。居住在附近的土著十分尊崇艾尔斯岩，他们认为这里是宇宙的中心，祖先们都居住在这里，所以要定期朝拜艾尔斯岩。如今这里已成为国家公园，世界各地的游人纷纷慕名前来，欲求一睹艾尔斯巨石风采。艾尔斯岩随着晨昏阴晴的不同而呈现出不同的色彩，十分奇妙，因此又被称为"五彩独石山"，清晨或者黄昏是欣赏艾尔斯岩的最佳时机。

金字塔

埃及的金字塔是古代建筑史上的"七大奇迹"之冠，约建于4500年前，是古代埃及的帝王陵寝。金字塔用巨大石块修砌而成，外形是四角椎体，形似汉字"金"字，所以人们称为"金字塔"。目前埃及一共发现大大小小的金字塔约80座，其中最大、最有名的是位于开罗西南面的吉萨高地上的祖孙三代金字塔，分别是大金字塔（也称胡夫金字塔）、海夫拉金字塔和门卡乌拉金字塔，它们与周围众多的小金字塔组成金字塔群，形成埃及金字塔建筑艺术的顶峰。大金字塔是埃及现存规模最大的金字塔，被认为是第四王朝法老胡夫的陵墓，塔基呈正方形，塔的4个斜面正对东南西北4个方向。其塔身由260万块巨石组成，每块巨石重约10吨。据考证，为建成大金字塔，一共花了20年时间，动用了10万人。金字塔结

神秘的金字塔

构精密，包含有丰富广博的科学知识，至今仍留下了许多不解之谜，无数科学家、考古学家孜孜不倦地研究金字塔，希望找出它的奥秘。金字塔表现了古埃及人惊人的智慧、高超精湛的建筑艺术和富有浓郁民族风情的审美观念，浓缩了古埃及文化的瑰宝，是古埃及文明最强有力的象征和标志。

奥林匹亚遗址

奥林匹亚遗址位于欧洲希腊伯罗奔尼撒半岛的西部。这里风景优美、气候宜人，到处种植着橄榄树、桂树和柏树，一片勃勃生机。古希腊人崇尚美，热爱运动竞技，奥林匹亚遗址就是奥林匹克运动的发源地。遗址上现在还留存有宙斯神庙、赫拉神庙、体育馆、体育场、健身房、休息室等古迹，十分雄伟壮观。公元前2000年的克里特岛上出现了古希腊最早的奴隶制国家，克里特人喜好舞蹈、斗牛、拳击和摔跤等运动。随着经济文化的发展和城邦间的复杂竞争，古希腊体育越来越繁荣，斯巴达和雅典先后成为古希腊体育的代表。在这个过程中，产生了许多地方性或全国性的运动会，其中影响最大的就是诞生于奥林匹亚的奥林匹克竞技会。这个竞技会持续了1000多年的时间，为人类文化留下了宝贵遗产，奥林匹亚竞技场也成为世界上最古老的运动场。随着竞技会的消

奥林匹亚遗址

亡，古代希腊体育的辉煌慢慢地从历史的洪流中消退了，然而不气馁、不妥协、不放弃、勇于抗争的奥林匹亚精神从未被人们淡忘，今天的奥林匹克运动会"更高、更快、更强"的奥运精神即为奥林匹亚精神的延续，奥林匹亚也就成为爱好体育的人们心目中最崇敬的圣地。

玛雅遗址

玛雅文化是美洲印第安人文化的摇篮，是全世界最著名的文化之一。公元前 3000 年，玛雅文化就已经开始发展，比罗马帝国的建立早了约 2300 年。玛雅文化是古代美洲唯一有文字和精密历法的文化，在美洲古印第安文化中成就最高。玛雅人在公元 2000 年以前文明水平就已经很高，到公元 9 世纪达到了全盛时期，经济发达，建立了华丽的宫殿和金字塔，然而却在公元 10 世纪初期的 50 年间突然消失，至今还是世界未知之谜。奇琴伊察玛雅城邦遗址位于尤卡坦半岛中部的墨西哥境内，曾是古玛雅帝国最大、最繁华的城市。城邦的主要古迹有：千柱广场，它曾支撑巨大的穹窿形房顶，建制非常庞大；武士庙及庙前斜倚的两尊石像；呈阶梯形的库库尔坎金字塔；圣井（石灰岩竖洞）以及筑在高台上呈蜗形的玛

玛雅遗址

雅人用来观测天文现象的蜗塔。"库库尔坎"在玛雅语中的意思是"带羽毛的蛇神",玛雅人相信蛇神会带来风调雨顺。这座金字塔通过光影的变化,形成神秘的"蛇影奇观",展示了玛雅人造诣深厚的数学知识、精确巧妙的天文计算和精湛杰出的建筑艺术,至今仍令人赞叹不已。美国探险家约翰·劳埃德·斯蒂芬斯曾如此感慨玛雅文化:"在这不期而遇的纪念碑前,我们心中立即升腾起对美洲文化遗存的神秘莫测之感,真是刻骨铭心。"

印加遗址

它也叫马丘比丘遗址,坐落在秘鲁安第斯山脉上的两座陡峭山峰之间。在印加语中,马丘比丘的意思是"古老的山巅"。由于山高路陡,位置隐蔽,马丘比丘遗址保存非常完整,是南美洲发现的几乎未遭破坏的极少数早期城镇之一。它建在高山之上,所处偏僻,所以又被称为"空中之城"。马丘比丘遗址约建于15世纪初,那时正是印加文化的鼎盛时期,整个古城无论宫殿、寺院、作坊、堡垒、道路还是水渠,都用巨石垒砌而成,每块石头都打磨得十分光滑,石块与石块之间没有任何黏合剂,完全靠精巧的设计垒堆在一起,却严丝合缝,浑然一体,甚至连薄薄的刀片都插不进去。古城街道狭窄,建筑却排列整齐有序,石砌的水渠至今仍完好无损,

印加遗址

当时的印加人用来引入山泉供饮用。古城中,最著名的是矗立在高山之巅的一块怪异巨石,被称为"日晷",印加人叫它"拴日石",可以用来预测冬至和夏至的时间,指导人们安排劳作,播种和收获粮食。古城外还有连绵不断的梯田,印第安人用来种植土豆、玉米、棉花等作物。古城的建筑和田地,无不显示了古代印加人的高度智慧和印加帝国的灿烂文化,但是这座古城为什么会突然被印加人遗弃?至今还仍然是人们津津乐道的谜题。

佩特拉古城

佩特拉是约旦著名古城遗址,位于约旦安曼南面,始建于公元前600年。公元3世纪以后,佩特拉城逐渐趋向衰落,之后古城湮没了1000多年。"佩特拉"在希腊文中的意思是"岩石",所以它又被称为"石头城"。它还有一个称呼叫"玫瑰红城市",这是源于19世纪的英国诗人柏根诗歌中的一句:"一座玫瑰红的城市,其历史有人类历史的一半。"佩特拉古城几乎是一个与世隔绝的世界,只有一条峡谷与外界相通。它位于干燥的高山上,其建筑全都是依山傍势在岩石上雕刻而成。其中有一座能容纳几千人的露天罗

佩特拉古城

马大剧场，舞台和观众席都是从岩石中雕凿出来的，紧靠山岩巨石，风格浑然一体。佩特拉古城最著名的是哈兹那石宫，它是从陡壁上开凿出来的宫殿，几百平方米的宫殿大厅居然没有一根柱子，令人惊叹。佩特拉古城的许多建筑都带有鲜明的罗马式建筑风格，表明古纳巴特人曾受到罗马文化的影响。因此，从古城的遗迹，我们不但可以看到古代巴纳特王国的繁荣，还可以从中了解到许多罗马文化，作为研究罗马文明的重要参考。佩特拉古城是大自然的浑然天成和人间能工巧匠的巧夺天工共同构建而成，有人称赞它说："这是个一流的考古地，一个中东最大的考古宝藏。"

缅甸

缅甸是著名的"佛教之国"，佛教传入缅甸已有2500多年的历史。1000多年前，缅甸人已经开始制作贝叶经，我国唐代著名诗人李商隐就在诗中提到"忆奉莲花座，兼闻贝叶经"。缅甸80%以上的人口都信奉佛教，佛教徒崇尚建庙造塔，所以缅甸全国到处佛塔林立，它又被称为"万塔之邦"或"佛塔之国"。千姿百态、金碧辉煌的佛塔成了缅甸最具特色的胜景之一。无论是在繁华的城镇，还是在偏僻的乡村，处处可见佛塔。据说，全缅甸的佛塔如果排成一行纵队，全长可达1300多公里，由此可见缅甸的佛塔之多。缅甸的首都和最大城市是仰光，位于缅甸南部伊洛瓦底江三角洲西部，是全国的政治、经济、文化中心和交通枢纽。这里曾经是一座渔村，1775年才改名"仰光"，意思是"和平之城"。仰光有众多的宝塔和绝妙的建筑，是一座浓郁东方民族色彩与现代化文明交织的城市，到处是鲜花和绿树，市民温和有礼，与喧嚣的大都市不同，这里静谧平和，仿佛世外桃源般温暖安详。缅甸还有一个特别有趣的民族巴东族，又称为"长颈族"，那里的人们认为妇女脖子越长越美，所以巴东女子从小就以项圈层层套在脖子上，项圈也多，意味着财富越多，地位越高，男子择偶也以项圈多少作取舍，戴着亮光闪闪的项圈的巴东女子形成世界上一道独特的风景线。

仰光佛塔

曼谷

曼谷在泰语里是"天使之都"的意思，它是泰国的首都，是泰国的政治、经济、文化中心，被列为东南亚第二大城市。曼谷坐落在湄南河三角洲之上，湄南河在曼谷市内川流不息，其分支纵横交错犹如蛛网，所以曼谷有"东方威尼斯"之称。曼谷成为泰国的首都已经有200多年的时间，历史遗留的文化古迹与现代化的都市气息交相辉映，相得益彰。湄南河以东是现代化的新城曼谷，政府最高行政机关如王宫、国会、政府官邸以及商业中心、机场、娱乐场所等均集中于此；湄南河以西是旧城吞武里，仍然保持着古旧的传统色彩。曼谷的教育文化高度发达，泰国大约80%的高等学府都集中在这里，综合性大学朱拉隆功大学和以政治、经济著称的法政大学均设于此。曼谷市的名胜古迹数不胜数，其中以佛寺最多、最显著，到处都可以看到寺庙和僧院，香火鼎盛，青烟缭绕，所以曼谷又被称为"佛庙之都"。曼谷这座国际化的大都市，兼具着古老气息和现代风情，梦想与现实交织，处处充满赞叹与美丽，传达出无穷无尽的魅力。

曼谷寺庙

印度尼西亚

　　地处亚洲东南部，地理位置十分重要。北与马来西亚接壤，西北隔马六甲海峡与马来西亚、新加坡为邻，东北部面临菲律宾，东南与澳大利亚相对，西南与西面临印度洋。印度尼西亚是东南亚地区土地面积最大、人口最多的国家，也是世界上最大的岛国。印尼属于热带雨林气候，高温多雨，植被丰富，四季常青，从高空俯瞰，印尼群岛就像挂在赤道上的一条松绿色项链。印尼是世界上岛屿最多的群岛国家，素有"千岛之国"的美称，其全境岛群可分为4组：大巽他群岛、小巽他群岛、马鲁古群岛、伊里安查亚岛。印度尼西亚地处亚欧大陆与太平洋板块的交接地带，地壳运动频繁，火山、地震经常爆发，它是世界上活火山最多的国家，被称为"火山之国"。印尼的自然资源和物产十分丰富，液化天然气的出口量居世界首位，石油产量居东南亚首位，锡矿砂产量居东南亚第二位、世界第三位。印尼还是世界上种植面积仅次于巴西的第二大热带作物生产国。印尼人信奉的宗教主要有伊斯兰教、基督教、天主教、印度教和佛教。其中，伊斯兰教对印尼的政治、经济、文化、教育以至风俗习惯都有极其广泛和深远的影响。巴厘岛是印尼最著名的旅游胜地之一，气候温和多雨，一年四季绿树长青，鲜花绽放，巴厘岛人处处喜欢用鲜花装饰，因此该岛又有"花之岛"之称。巴厘岛不仅风光优美，其文化和社会风俗习惯也丰富多彩，具有浓郁的民族情调，备受各国游客的青睐，每年都有大量游人从世界各地来到巴厘岛度假消闲，他们称赞巴厘岛为"南海乐园"、"神仙岛"。

印度金庙

它也叫阿姆利则金庙，是印度锡克教的宗教和政治中心，位于印度边境城市阿姆利则。阿姆利则是印度锡克教圣地，意思是"花蜜池塘"。印度金庙坐落在一个叫"神池"的水池中央，富丽堂皇、雍容华贵，既有伊斯兰教建筑的肃穆端庄，又有印度教建筑的绚丽璀璨，被誉为"锡克教圣冠上的宝石"。印度金庙供奉印度教湿婆神，非印度教徒不得入内。金庙塔楼高耸，镀金的圆塔顶映衬着蓝天白云，格外金碧辉煌，这金色的庙顶被称为"金殿"，就像一朵倒放的莲花，象征着锡克教对人间苦难的关心。金庙不远处的小开阔地上，有一口被红柱围廊围起来的水井，据说是湿婆用三叉戟挖成的智慧之井，许多人都慕名前来品尝水井里的水，希望从此变得更加聪敏智慧。在围绕金庙周围的圣湖里，锡克教徒们经常下湖沐浴，他们小心地捧起湖水，仔细擦洗全身，表情恭敬肃穆，让人不由得肃然起敬。如今的印度金庙，不仅是锡克教徒心目中的圣地，也是印度的旅游名胜，每年有数以万计的游客来到这里观瞻金庙的庄严宏大。

印度金庙

耶路撒冷

耶路撒冷是犹太教、伊斯兰教、基督教三大宗教的圣地，所以被称为"圣城"。犹太人认为自己是上帝的选民，上帝将耶路撒冷赐给了犹太人；基督教徒相信耶路撒冷是基督诞生、受难和复活的地方；伊斯兰教徒则将耶路撒冷视为第三圣地。耶路撒冷历经5000多年的风雨沧桑，古老庄严，令人神往。犹太人赞美耶路撒冷："在授予世界的十份美丽之中，有九份为耶路撒冷所得，只有一份给了世界其他地方。"由于其地处亚、非、欧的交通要道，几千年来，一直都处于周围大国的争夺之中，几经易主，曾多次被毁又多次重建。"耶路撒冷"在希伯来语中是"和平之城"的意思，然而这座和平之城并不和平，巴勒斯坦和以色列在其归属问题上一直争执不下，在巴勒斯坦市中心的阿拉法特画像上有一行字："耶路撒冷，不得到你，我的梦想将不会完整。"耶路撒冷是信仰之都，承载着数不清的痛苦与欢乐。每年成千上万的基督教、伊斯兰教和犹太教朝圣者，潮水般涌向耶路撒冷去朝拜。耶路撒冷城内留下了三大宗教大量珍贵的遗迹，其中最著名的是犹太教的"哭墙",被犹太人视为心目中最神圣的地方,是古国不灭、民族长存的象征。耶路撒冷还有一条基督教的"苦街",传说是耶稣受难前,背负着沉重的十字架,从受审之地走向受难处的路程。伊斯兰教的萨赫莱清真寺则是圣殿山上最美丽的建筑,据说当年穆罕默德曾在那里升入九重天,穆罕默德所踏的岩石成为圣石。耶路撒冷的历史之路并不平坦,充满了战火、纷争、流血、牺牲,虽然它未来的归属扑朔迷离,但它永远都是漂泊的心灵寻找慰藉和归宿的神圣之地。

开普敦

开普敦位于南非最南端,又名角城,是南非的立法首都,也是南非的第二大城市,仅次于约翰内斯堡。开普敦是西方殖民者在南部非洲最早建立的一个据点,是南非最古老的城市,所以又有"南非诸城之母"的称号。开普敦是南非重要的金融、工商业和文化教育中心,同时也是重要的港口城市和旅游胜地。开普敦有"小欧洲"之称,是非洲的海上明珠,景观迥异于一般的非洲荒原。这里风景优美,渔村如点点珍珠点缀在大海沿岸,一眼望不到边的葡萄园碧绿清香,盛产味醇色美的葡萄酒,干净平坦的海岸公

开普敦街景

路两旁景色宜人，洁白的沙滩上游人如织，是水上运动爱好者的度假胜地。开普敦的建筑呈现出情趣各异的风貌，在宏伟的桌湾附近，错落地保存着完好的 18 世纪荷兰建筑，欣赏城内街巷中的古迹建筑是游人必不可少的节目。圣乔治街就是开普敦政府刻意为保存古迹建筑而辟建的步行街，街道两旁都是古色古香的欧式建筑，漫步其中，有一种穿越时空、领略几个世纪以前南非风情的美妙感觉。因其美丽的自然环境和风土人情，开普敦被称为世界上最美丽的城市之一。

开罗

开罗位于尼罗河三角洲的顶点以南，是埃及的首都，作为世界闻名的历史文化古城，这里保存了大量的文物古迹，充满了古埃及遗风。开罗是非洲第一大城市，是埃及最大的政治、经济、金融、文化和交通中心，许多国际会议都曾在这里召开，如阿拉伯首脑会议、非洲统一组织会议、不结盟国家首脑会议等，阿拉伯联盟总部也曾设在这里。尼罗河贯穿整个市区，河两岸及河中的小岛被许多桥梁连接起来。享誉世界的大金字塔就在开罗市附近，开罗市内还集中了大量阿拉伯建筑的经典之作，仅清真寺就有 250 多座，穆罕默德·阿里清真寺是其中最著名的清真寺之一，这座清真寺建在开罗以北的山顶上，雄伟庄严，气势不凡。此外有 1000 多年历史的艾资哈尔清真寺也很有名，它是开罗第一座清真寺，也是世界上最古老的伊斯兰大学之一。这些清真寺塔尖高耸，所以开罗又被称为"千塔之城"。开罗的文化事业也很发达，素有"中东好莱坞"之称，每年生产七八十部故事片，为阿拉伯国家提供精神食粮。今日的开罗，既有现代化的高楼大厦，又有古色古香的清真寺建筑，是一座现代与古老并存的阿拉伯大都会。

新西兰

新西兰素有"南半球的瑞士"、"最后的乌托邦"、"海角一乐园"的美誉。它四面环海，拥有优美的自然环境和优越的地理位置，气候温和，生活安逸。新西兰境内到处都是美丽的自然景观，有茂盛的雨林、翠玉般的小山、冒着热气的火山和温泉、会发出轰然巨响的热喷泉、水流湍急的大瀑布、广阔的雪山山坡、清澈的湖泊、一望无际的草原和水清沙白的海滩，等等。毛利人是新西兰非常具有特色的民族，早在10世纪中期，毛利人就从太平洋群岛乘风破浪来此定居。后来，由于欧洲殖民者的大量移民，双方之间不断发生战争，毛利人的数量逐渐减少，近年来其人口数量开始回升，如今占全国人口的9%。现在毛利人仍然被称为大地的子民，由此可见毛利人在新西兰所占有的分量。欧洲移民则给新西兰带来了新的技术、资讯及制度，丰富了新西兰的文化。新西兰物产丰富，素有"美食天堂"之誉。毛利人有一种传统石头火锅，把通过地热烘烫的薄石头放入地洞，再把包裹好的食物放进蒸熟，风味独特。新西兰的畜牧业也十分发达，它的羊肉和奶制品出口居世界第一位。新西兰的首都惠灵顿是个多风的城市，一年中的大部分日子都在刮风，而且风力较大，所以人们风趣地把惠灵顿称为"风城"。新西兰人口不多，经济发达，它在教育、就业、平等程度、社会福利、卫生健康、居住环境、休闲娱乐等方面被认为是世界高水准国家，深受各国移民的欢迎。

悉尼

悉尼是澳大利亚最大、最繁荣、最富有生气的城市，它也是澳大利亚最古老的城市，曾是英国在澳大利亚的第一个殖民区所在地。现在，悉尼是澳大利亚全国的政治、经济、文化、教育和交通中心，同时悉尼港港阔水深，是世界上最著名的海港之一。悉尼市重要的标志性建筑莫过于海港大桥和悉尼歌剧院了。海港大桥是世界上第一座单孔拱桥，被当地居民形容为"老式的大衣架"。它弯成一个大弧形，横跨海面，连接港口南北两岸的交通，可以作为悉尼歌剧院明信片的完美背景，还是摄取悉尼全景的绝佳地点。这些都让当地的居民和来自各地的旅游者着迷。悉尼歌剧院则是现代悉尼最具有代表性的建筑了，它的白色帆船式造型在世界上独一无二，像飘浮在空中散开的花瓣。悉尼歌剧院是世界著名的文化演艺中心，来自各国的音乐家、舞蹈家和表演团体都以能登上歌剧院的舞台演出为荣。悉尼天蓝水清、风和气爽，自然环境优美，同时其文化具有包容性，各种皮肤、各种口音的人们聚集在这里，令它成为全球最有魅力的城市之一。

悉尼大桥

日内瓦

　　日内瓦位于西欧最大的湖泊日内瓦湖西南角，是瑞士国际化程度最高的城市，有人戏称"日内瓦不属于瑞士"，因为这里云集了世界各种国际机构，联合国欧洲本部设置在此，欧洲核子研究中心、世界卫生组织、国际红十字会、国际劳动组织等也都落户日内瓦。瑞士是永久中立国，日内瓦秉承了其包容、和平的传统，营造出安详宁静的城市氛围，吸引了各国商界、政界人士前来定居，在世界上占有重要地位。市中心日内瓦湖面的大喷泉将天然景观和人工艺术巧妙结合，水柱就像一把长剑直冲天空，熠熠生辉，令人惊叹，它是日内瓦繁荣发展的标志，是瑞士人的骄傲。日内瓦到处鲜花盛开，环境优美，美丽的公园星星点点遍布市内，虽然规模不大，但一般都有喷泉、雕塑、乐池、咖啡馆、餐厅等，闲暇时坐在公园的长椅上，闻着沁人心脾的花香，听着悦耳动听的音乐，欣赏美不胜收的建筑、雕像，备感心旷神怡。日内瓦的博物馆数量繁多，表现出广博的知识容量和浓烈的人文气息。这里有钟表博物馆，向世人介绍人类为寻求时间的认知所做出的努力；有国际红十字会博物馆讲述该组织的历史发展沿革，有汽车博物馆给人们展示汽车知识，还有人类学博物馆、集邮博物馆，等等。

日内瓦湖面的大喷泉

维也纳

维也纳是奥地利首都，坐落在奥地利东北部的维也纳盆地中。维也纳历史悠久，在过去与现在都具有十分重要的政治、经济意义，是一座著名的国际城市。15世纪后它成为罗马帝国的首都，19世纪后期又成为盛极一时的奥匈帝国的首府，现在它是联合国会议城市，还是国际原子能机构、联合国工业发展组织和石油输出国组织总部所在地。一条玉带般的多瑙河静静地从市区流过，优雅美丽，所以维也纳也被称为"多瑙河的女神"。维也纳的文化与音乐密不可分，它是世界上著名的"音乐之都"，早在18世纪时，就已经被誉为"欧洲古典音乐的摇篮"。维也纳是著名圆舞曲华尔兹的故乡，"圆舞曲之王"小约翰·施特劳斯在这里度过了大半生时光，这里还留下了贝多芬、莫扎特、舒伯特、海顿等伟大音乐家的足迹，他们的创作与生活都与维也纳有着千丝万缕的联系。维也纳风景优美，到处是郁郁葱葱的森林，潺潺流淌的小溪，它们和美丽的多瑙河一起给予了音乐家不少创作灵感，小约翰·施特劳斯最负盛名的作品就是《蓝色多瑙河》，被誉为"奥地利第二国歌"。自18世纪以来，维也纳一直是欧洲音乐的中心，直到现在，一年一度的维也纳新年音乐会闻名全球，世界著名的音乐家在这里云集，为人们奏响天籁之音。

威尼斯

威尼斯是意大利东北部的城市，是亚得里亚海西北岸的重要港口。威尼斯工商业发达，有纺织、造船等工业，还生产珠宝玉石工艺品、玻璃和刺绣等。它在人类艺术史上占据重要的一角，乔尔乔涅、提香等都是威尼斯画派的巨匠。不过说到威尼斯最大的特点，莫过于它那离不开"水"的万种风情了。威尼斯是世界上著名的"水都"，几百座桥梁把城市和岛屿连在一起，威尼斯人开门见水，出门乘船，船是威尼斯的一大特色，威尼斯是世界上唯一没有汽车的城市，船是唯一的交通工具。一种名为"贡多拉"的小船最具威尼斯风情，美国著名作家马克·吐温在《威尼斯的小艇》中这样描述"贡多拉"："威尼斯的小艇有二三十英尺长，又窄又深，有点像独木舟。船头和船艄向上翘起，像挂在天边的新月，行动轻快灵活，仿佛田沟里的水蛇。"坐在"贡多拉"上，听船夫高唱意大利的民歌，静静地欣赏运河两岸修建于几个世纪以前的古老房屋，那里有著名的圣玛丽亚·莎留特教堂，还有圣马可广场，看着鲜艳的花朵在房屋的阳台上迎风微笑，随手从运河中撩起一道清澈的水波，心情平静美好，时间仿佛消失，只有那慵懒妩媚之美长留心头。英国著名诗人拜伦来到威尼斯之后，惊叹于这座水上城市惊人的美丽，给它送了一个"亚得里亚海之后"的称号，他说："忘不了威尼斯曾有的风采：欢愉最盛的乐土，人们最畅的酣饮，意大利至尊的化装舞会。"威尼斯是一座浪漫又朴素的古城，颓废与华丽的美感并存，迷离的情调吸引了世界各地的游客。

威尼斯街景

巴黎

巴黎位于法国北部盆地的中央，是法国的首都，欧洲著名大城市之一，素有"世界花都"之称。巴黎市的建筑外墙大多是奶酪色，明亮、温馨、淡雅。塞纳河静静地在市内流淌，它是巴黎的灵魂。这是一座历史名城，这里留下了数不胜数的名胜古迹。卢浮宫是法国文艺复兴时期最珍贵的建筑物之一，收藏了许多美轮美奂的艺术珍品；凡尔赛宫是法国国王的皇家宫殿，金碧辉煌、极尽奢华；巴黎圣母院是巴黎最古老、最宏伟的天主教堂，在欧洲建筑史上有划时代的意义；埃菲尔铁塔则展示了现代文明生产力的巨大力量，是巴黎的象征，法兰西民族的骄傲。巴黎的历史是古典高雅的，巴黎的现在是现代时尚的，被称为"时尚之都"。巴黎香水驰誉全球，有"梦幻工业"之称，被法国人视为国宝。人们形容巴黎香水"为转瞬即逝雕建庙宇"，"不用法国香水的女人如同未着衣服的女人"。除了香水，时装也是现代巴黎的标签之一。这里有世界上最著名的服装展示秀——巴黎时装周，自1910年开始举办，在100多年的时间里，一直引领着世界时尚潮流，直到今天，巴黎的服装风格仍然对世界顶尖服装设计大师具有重要的影响。无论是巴黎的历史还是巴黎的现在，都弥漫着一种浪漫的气息，法兰西民族的血液孕育和滋养着这个浪漫多情的城市，这浪漫是一种优雅、一种从容，一种特立独行、一丝不苟的现实生活态度。

佛罗里达

佛罗里达是美国南部的一个州，简称佛州。佛罗里达的气候较温和，夏季漫长、温暖而潮湿，冬季温度也较高。这里土壤肥沃，水源充足，很适合植物的生长。佛罗里达的森林覆盖率达到了60%，盛产松树、柏树和松脂。农业是佛罗里达州经济的三大支柱之一，其柑橘产量占据了美国的大半壁江山，蔬菜产量居全国第二。佛罗里达为人类航空事业做出了巨大的贡献，美国国家航空航天局发射中心就设在佛州的卡纳维拉尔角，是一座登月航天港，第一艘登月飞船就是从这里发射的。佛罗里达也是个旅游的好去处，它以细腻的海滩、温暖的气候与阳光普照的天气闻名世界，人们喜欢来到这里开展各种户外活动，打网球、高尔夫球、垒球，做水上运动，收集贝壳、化石，钓鱼、狩猎和欣赏鸟类等。佛罗里达设立了许多公园和野生动物保护区，既保护了环境，也给人们提供了近距离接触原生状态野生动物的机会。大沼泽地国家公园是其中最有名的公园之一，它是北美洲最大的亚热带野生动物保护地。佛罗里达还有世界上最大的综合游乐场——迪士尼世界，在这里人们可以

445

踏上美妙的奇幻之旅：体验太空翱翔、海底探秘、回到古代、感受未来，等等，实在是魅力非凡、妙不可言。

纽约

纽约位于美国东海岸北部，纽约州东南部，由曼哈顿区、皇后区、布鲁克林区、布朗克斯区、斯塔滕岛区五个区组成。纽约是美国最大、最繁华的城市，也是世界最著名的城市之一，是国际经济、金融、艺术、传媒之都，联合国总部所在地。在五个区中，曼哈顿面积最小，地位却最重要，可谓是纽约的心脏。纽约时报广场即时代广场就坐落在曼哈顿区，是纽约最繁华的地带。时代广场是附近几条街的交汇处，其中的华尔街是世界金融和证券交易中心，这里人来人往、熙熙攘攘，终日川流不息。这是个寸秒寸金的地方，每个人都脸上带着坚毅、自信的神情，行色匆匆地奔走在街道上。百老汇是曼哈顿区另一条闻名世界的街道，这里遍布各种剧院，是美国戏剧和音乐剧的重镇。百老汇上演的是高雅的经典歌剧、音乐剧，笼罩着一层浓重的怀旧情绪，精彩的表演令人眼花缭乱、目不暇接。百老汇是西方戏剧和剧场行业的巅峰代表，它取得了这个行业的最高艺术成就和商业成就。曼哈顿南方的自由岛上矗立着自由女神像，这是法国人民为纪念法国大革命时期两国建立的友谊送给美国人民的礼物，现已成为美国自由民主的象征。自由女神像高大挺拔，头戴冠冕，身着罗马式长袍，右手擎着一支火炬，高高举向天空，左手握着《美国独立宣言》。神像基座上镌刻着女诗人爱玛·拉扎露丝的诗歌《新的巨人》："欢迎你，那些疲乏了的和贫困的，挤在一起渴望自由呼吸的大众，那熙熙攘攘的被遗弃了的，可怜的人们。把这些无家可归的，饱受颠沛的人们，一起交给我。我站在金门口，高举起自由的灯火！"纽约是世界上最生机勃勃的城市之一，全球各地的人们纷纷来到这里寻找自己的梦想，感受现代化国际大都市的独特魅力，各种文化交融碰撞，交相辉映，这是一个永远多元而充满惊喜的地方。

文化

聪明是知识凝聚的宝石，文化是聪明放出的异彩。
——印度谚语

中国文化基础知识

（一）文明的起源

中国古人类遗址

中国是发现古人类化石较多的国家之一。属于直立人时期较重要的有 170 万年前的云南元谋人，80 万—65 万年前的陕西蓝田猿人等。属于早期智人时期的有距今 25 万—4 万年的广东马坝人，山西许家窑人等。属于晚期智人时期的有距今 4 万年前的北京山顶洞人。特别是 1929 年第一个完整的北京人头盖骨化石在北京周口店的发现震撼了国际学术界，北京人头盖骨的发现，使周口店成为世

北京周口店遗址

界闻名的早期人类发祥地。北京山顶洞人的发现不但为达尔文从猿到人的理论提供了很重要的直接证据，而且还将人类演化的历史记录向前推进了大约 40 万年，被尘封几十万年的人类历史童年的一页便这样揭开了。

旧石器时代的文化

旧石器时代距今 250 万—1 万年。在考古学上是以使用打制石器为标志的人类文化发展阶段，是石器时代的早期阶段。华夏大地上埋藏着十分丰富的人类化石和旧石器时代遗物，其中有距今约 180 万年的西侯度文化和距今约 170 万年的元谋人化石，它们是中

国境内目前已知的最早的旧石器文化和古人类化石。考古学者在云南元谋盆地内发现了两枚上内侧门齿化石。经检测，这两枚牙齿属于170万年前的一个男性青年。和这两枚牙齿化石同时从褐色黏土层中出土的，还有7件元谋人制造和使用的脉石英石核与刮削器，它确证了中国人的历史起源和存在。大约在距今1万年前，中国的旧石器时代结束，进入了一个新的发展时期。

旧石器时代

新石器时代的文化

新石器时代在考古学上是石器时代的最后一个阶段。大约在公元前1万年中国就已进入新石器时代。新石器时代是以农业、家畜饲养业、陶器和磨制石器为标志的人类物质文化发展阶段。由于地域辽阔，各地自然地理、生态环境的差异，在新石器时代前期中国已经形成了不同的地域文化，基本奠定了史前时代的格局，在此基础上产生了中国文明。大致分为三大区域：（1）旱地农业经济文化区，包括黄河中下游、辽河和海河流域等地，这里是粟、黍等旱作农业起源地。（2）水田农业经济文化区，主要是长江中下游。本区很早就种植水稻，是稻作农业的重要起源地。（3）狩猎采集经济文化区，包括长城以北的东北大部、内蒙古及新疆和青藏高原等地。这里基本上没有农业，细石器特别发达而很少磨制石器，陶器也不甚发达。

仰韶文化彩陶艺术

中国的新石器时代是原始社会氏族公社制由全盛到衰落的一个历史阶段，是中国历史上古代经济、文化向前发展的新起点。这一时期出现在华北地区的仰韶文化和大汶口文化有较大的聚落，发达的彩陶是一大特色。华中地区的河姆渡文化有极为丰富的稻谷遗存和骨耜等水田耕作农具，还发现了木雕蝶形器等建筑构件。

河姆渡遗址

华夏形成

华夏是古代中国中原地区各族的合称，又作"诸夏"。历史上，中国古代的部族可分为华夏集团、东夷集团和苗蛮集团。它们

经过长期的交往与融合，到春秋时期基本同化，成为秦汉间所谓
"中国人"的三个主要来源。华夏集团以炎帝族和黄帝族为主体。
两族最初居住在陕西，后来各自逐渐东迁。黄帝族形成许多姬姓国
家，如虞、杨、韩、魏等。炎帝族形成姜姓国家，如申、吕、齐、
许等。他们在东进过程中，不断扩大自己的势力。黄帝与炎帝之间
为争夺部落联盟首领而进行战争，炎帝族战败，并入黄帝族，华夏
逐渐形成。虞、夏、商、周都是黄帝的后裔，经过几千年的历史发
展，华夏在中国历史中的地位便逐渐确立了。

黄帝

　　轩辕黄帝（前2697—前2599）是传说中的中原各族的共同祖
先，中国远古时期部落联盟首领，黄帝是三皇之一，五帝之首。被
视为中华民族的"人文始祖"。传说黄帝乃少典之子，本姓公孙，
长居姬水，因改姓姬，居轩辕之丘（在今河南新郑西北），故号轩
辕氏，所以黄帝也称轩辕黄帝。大约4000年前，在部落战争中，
原始部落首领黄帝，打败炎帝，灭掉蚩尤，取得了最后胜利。在古
老的华夏族逐渐形成的过程中，黄帝发挥了重要的作用，他播百谷
草木，大力发展生产，创造文字，始制衣冠，建造舟车，发明指南
车，定算数，制音律，创医学等，是承前启后中华文明的先祖。中
华民族后裔亦常自称是炎黄子孙。黄帝之后，中华民族先后又出现

陕西黄帝陵

了几位杰出的人物——尧、舜、禹。尧禅位于舜，舜禅位于禹。此时人类进入父系社会，王权渐立，国家制度初现雏形。

青铜文化

考古学上以使用青铜器为标志的人类文化发展的这个阶段称为青铜时代或青铜器时代。青铜文化即青铜时代创造的物质文化与精神文化。大约从夏代开始，中国进入青铜时代。我国历史上的商代及西周时期是奴隶制社会鼎盛的时期，也是一个以青铜文化为主要特征的时期，青铜的冶炼和锻铸曾达到很高的水平，历史学家们将这一时期称为"青铜时代"。在青铜时代，铜器的工艺最能反映物质文化发展的水平和特征。中国的青铜文明在商代达到了炉火纯青的成熟阶段，青铜器的应用几乎涉及社会生活的各个方面，出现了我国商代灿烂的青铜文明。当时的铸造技术可以制作出各种手工工具和农具，有力地推动了社会生产的发展。青铜器还用来制作各种礼器，其中以鼎最为著名。在青铜时代，开始出现了拥有众多人口的都邑；有了发达的农业和手工业；出现了契刻的甲骨文，用于记录社会生活中的事件；天文、历法、医学等科学也发展起来。青铜时代所创造的灿烂的青铜文化，在世界文化遗产中占有独特的地位。

四羊方尊（商代）

（二）思想文化

老子

老子画像

老子（前571—前471），姓李，名耳，字伯阳，楚国苦县（今鹿邑县）人。中国春秋末期的思想家，他的哲学思想和由他创立的道家学派，不但对我国古代思想文化的发展作出了重要贡献，而且对我国2000多年来思想文化的发展产生了深远的影响。在道教中，老子被尊为道祖，其被唐皇武后封为太上老君。老子曾做过周朝的守藏史。晚年在故里陈国居住，过着讲学隐居的生活。老子遗留下来的著作，仅有约5000字的《道德经》，也叫《老子》。《道德经》开创了我国古代哲学思想的先河，它是老子用韵文写成的一部哲理书，是道家的主要经典著作。《道德经》一书是一个唯物主义体系，并具有朴素的辩证法思想。它宣扬自然无为的天道观和无神论。其唯物主义体系的核心是"道"，老子反对天道有知，提出了天道无为的思想以及"道常无为，而无不为"的思想，即道是构成万物的基础，道并不是意志有目的的构成世界万物，道是世界万物自身的规律。

孔子

孔子（前551—前479），名丘，字仲尼，春秋末期鲁国陬邑（今山东曲阜市东南）人。中国春秋末期伟大的思想家和教育家，儒家学派的创始人。相传有弟子三千，贤弟子七十二人。孔子还是一位古文献整理家，曾修《诗》、《书》，定《礼》、《乐》，序《周易》，作《春秋》。孔子面对春秋末期急剧变革的社会现实，汲取夏商

孔子画像

的文化营养，继承周代的文化传统，创造了以"礼"、"仁"为主要内容，包括哲学、政治、伦理、道德、教育等思想在内的完整学说。孔子的学说内涵丰富，自成系统，在中国历史上产生了深远的影响。"礼"是孔子思想学说的一个重要范畴。包含内在精神和外在形式两方面。其内在精神是维护当时的宗法等级制度及相应的各种伦理关系。"礼"的外在形式包括祭祀、军旅、冠婚、丧葬、朝聘、会盟等方面的礼节仪式。孔子注重"礼"的内在精神与外在形式的统一。孔子不但认真学习礼节仪式，还亲履亲行，而且要求弟子们严格遵守。"仁"是孔子思想学说的核心。这是一种深刻的人本主义哲学思想，这种思想贯穿于孔子思想学说的各个方面。孔子特别强调"仁"的价值和作用。他认为，"仁"既是每个人必备的修养，又是治国平天下必须遵循的原则。

墨子

　　墨子（前480—前400），本名翟，是春秋末战国初时期的思想家、学者，墨家学派的创始人。墨子曾做宋国大夫，是一个同情"农与工肆之人"的士人。墨子曾经从师于儒者，学习孔子之术，但后来逐渐对儒家的烦琐礼乐感到厌烦，最终舍掉了儒学，形成自己的墨家学派。在代表新兴地主阶级利益的法家崛起以前，墨家是先秦和儒家相对立的最大的一个学派，并列"显学"。墨子的

墨子画像

思想共有十项主张：兼爱、非攻、尚贤、尚同、节用、节葬、非乐、天志、明鬼、非命。其中以兼爱为核心，以节用、尚贤为基本点。墨子思想的根本精神是自苦利人。他倡导"兼相爱，交相利"，以利人为义，亏人自利为不义，以是否利于人民作为衡量是非的重要标准。墨子博学多才，擅长工巧和制作。他曾制成"木鸢"，据说三天三夜飞在天空没有掉下来。墨子不仅是劳动者的杰出代表，而且立足于自身的社会角色，创立了"墨家"这个独特的思想派别。今存《墨子》一书是其弟子或再传弟子对他的思想、

言论的记录，是研究墨子思想的重要依据。

庄子

庄子画像

庄子（约前369—约前286），名周，是战国中期宋国蒙地（今河南商丘市东北）人。庄子著述甚丰，是道家思想的集大成者。他在中国哲学史、文学史以及各艺术领域都有极大的影响。老、庄与孔、孟共同构成了华夏民族精神的源头。庄子是一个沉思默想、不求功名的隐士型思想家，他一生没参加过任何重大的历史事件，所以生平已不可详考。他的代表作《庄子》（又被称为《南华经》）阐发了道家思想的精髓，发展了道家学说，成为对后世产生深远影响的哲学流派。《庄子》原有52篇。现在通行的33篇为晋人郭象所整理。其中内篇7篇，为庄周所著；外篇15篇，杂篇11篇，传说为庄周门人及其后学所著。庄子继承和发展了老子"道法自然"的思想。庄子的"道"不是"内圣外王之道"的"道"，它不是为统治者提供如何进行统治的驭民术，而是探究作为个体的人的精神超越与自由。在庄子思想中，主张只要通过"坐忘"，即摒弃社会意识与理论思维的方式，就可以达到"天地与我并生，万物与我为一"的精神境界，这样就可以逍遥自得，遨游天地了。他的哲学思辨是中国哲学史上最具活力的酵母，魏晋玄学、佛教禅宗、宋明理学都与庄子哲学有着难以割舍的联系。他那恣意汪洋、想象丰富的文章，开创了中国古典浪漫主义的先河，而"美在自然"、"大美不言"等观念，更成为传统美学的精髓。

孟子

孟子（前372—前289），名轲，战国中期邹（今山东邹城市）人。孟子三岁丧父，孟母艰辛地将他抚养成人，孟母管束甚严，其"孟母三迁"、"孟母断织"等故事，成为千古美谈，是后世母教的典范。他以天下为己任，前半生周游各国，游说诸侯，宣传其主张，但不被重用。晚年回故乡从事教育和著述，与弟子一起著《孟子》7篇。他继承、发展了孔子的思想，是儒家思想的重要代表，成为仅次于孔子的一代儒家宗师，有"亚圣"之称，与孔子合称为"孔孟"。《孟子》思想的核心是性善论，在此基础上提出了其仁政学说和修养学说。战国时期，人性问题成为百家争鸣中的重要问题。孟子在与各种人性学说的争论中提出了性善论。孟子思想鼓励人们进行道

孟子画像

德修养的主体自觉性。他提出了"舍生取义"、"富贵不能淫，贫贱不能移，威武不能屈"、"生于忧患，死于安乐"等极有价值的思想，这些思想对于我们民族精神的形成有深远的影响。在其仁政学说中，孟子提出了民贵君轻的命题，其核心是强调得民心者得天下，失民心者失天下。这一命题发挥了民本思想。

荀子

荀子画像

荀况（前313—前238），即荀子，号卿。战国时赵国（在今山西安泽一带）人。他是战国末期儒家学派中的大师，是我国古代杰出的唯物主义思想家、教育家。李斯、韩非都是他的学生。荀子学问渊博，在继承前期儒家学说的基础上，吸收并加以综合、改造前期儒家学说，建立起自己的思想体系，发展了古代唯物主义传统。现存的《荀子》32篇，大部分是荀子自己的著作，涉及哲学、逻辑、政治、道德许多方面的内容。在自然观方面，他提出"人定胜天"的思想，反对信仰天命鬼神，肯定自然规律是不以人的意志转移的；在人性问题上，他提出"性恶论"，否认天赋的道德观念，强调后天环境和教育对人的影响，常被人与孟子的性善论比较；在政治思想上，他坚持儒家的礼治原则，同时重视人的物质需求，主张发展经济和礼治法治相结

合。在认识论上，他承认人的思维能反映现实。在著名的《劝学篇》中，他集中论述了关于学习的见解，强调"学"的重要性，认为只有博学才能"知明而行无过"。

罢黜百家，独尊儒术

董仲舒像

汉武帝即位时，从政治上和经济上进一步强化专制主义中央集权制度已成为封建统治者的迫切需要，此时需要有一套广泛的哲学体系来实行其封建思想的统治。于是汉武帝便招贤良文学之士，亲自策问治理国家的纲领性策略。董仲舒即是这一时代所造就的人物。董仲舒（前179—前104）是西汉时期思想家、政治家、今文经学大师。董仲舒在著名的《举贤良对策》中，进"天人三策"，提出他的哲学体系的基本要点。他的建议"诸不在六艺之科、孔子之术者，皆绝其道，勿使并进"，为武帝所采纳，形成"独尊儒术，罢黜百家"的政治格局。董仲舒学说以儒家宗法思想为中心，杂以阴阳五行说，将神权、君权、父权、夫权贯串为一，形成封建神学体系。汉武帝这一政策确立了儒家思想的正统与主导地位，使得专制"大一统"的思想作为一种主流意识形态成为定型，为此后两千余年间封建统治者所沿袭。

魏晋玄学

中国魏晋时期出现了一种崇尚老庄的思潮，称为魏晋玄学。"玄"这一概念，最早见于《老子》："玄之又玄，众妙之门。"玄学即是研究幽深玄远问题的学说，它是杂糅道家和儒学思想学说为主的哲学流派。汉末黄巾之乱，中央集权瓦解，儒家经术也随之衰落，乱世之中，老庄思想抬头，加上曹操等人崇法术刑名，便有了玄学产生的历史背景。这一时期的士大夫大多不谈世事，清谈成为士族生活的必需。他们注重《老子》、《庄子》和《易经》，称为"三玄"。魏晋玄学的主要代表人物大多从这些学说中寻找"玄"

的道理，促成玄学流行。魏晋玄学可分前后两期，魏末西晋时代为清谈的前期，是承袭东汉清议的风气，就一些实际或哲理的问题反复辩论。前期又可概括地分为正始、竹林和元康三个时期，在理论上较偏重老庄，但主要的仍是对于儒家名教的态度。正始时期以何晏、王弼为代表，竹林时期以阮籍、嵇康为代表，元康时期以向秀、郭象为代表。东晋一朝为清谈后期，清谈只为口中或纸上的玄言，已失去政治上的实际性质，仅只作为名士身份的装饰品，并且与佛教结合，发展为儒、道、佛三位一体的趋势。后世学者认为魏晋玄学作为一种哲学思潮，在中国哲学史上具有承前启后的地位与作用。它以道统儒，思辨精密，上纠两汉经学之流弊，下启隋唐佛学与宋明理学。

宋明理学

宋明理学又称道学，或新儒学，指宋明（包括元及清）时代，占主导地位的儒家哲学思想体系。宋明理学"摆脱汉唐，独言义理"，是中国哲学史上的重要时期。理学名始称于南宋，朱熹曾说"理学最难"，陆九渊也说"唯本朝理学，远过汉唐"。明代，理学成为专指宋以来形成的学术体系的概念。理学的哲学思想体系包括：宋代以"理"为最高范畴的思想体系和在宋代产生

朱熹像

而在明代中后期占主导地位的以"心"为最高范畴的思想体系。代表人物：北宋有周敦颐、张载、程颢、程颐、邵雍，即北宋五子；南宋有朱熹、陆九渊；明代有王阳明。理学代表人物可概括为"程朱陆王"四家。按现代学术界的通常做法，可以把宋明理学体系区分为四派：气学（张载为代表）、数学（邵雍为代表）、"理学"（程朱为代表）、心学（陆王为代表）。理学与唐以前儒学尊《五经》一个重要不同之处：《四书》成为尊信的主要经典，价值体系和功夫体系都在《四书》。理学的主要根据和讨论的问题都与《论语》、《孟子》、《大学》、《中庸》（即《四书》）紧密相关。理

四书集注

学讨论的主要问题大体是：理气、心性、格物、致知、主敬、主静、涵养、知行、已发未发、道心人心、大理人欲、大命之性气质之性等。宋明理学是封建社会后期的统治思想，它既是哲学问题，同时也涉及政治、道德、教育、宗教等许多领域。宋明理学以儒学的内容为主，同时也吸收了佛学和道教思想。它是在唐朝三教融合、渗透的基础上，孕育、发展起来的一种新的学术思想。宋明理学吸收了大量传统文化和外来文化，在思想史上是继先秦诸子、两汉经学、魏晋玄学、唐朝佛学之后又一新的发展阶段。宋明理学浸润封建社会后期社会生活、政治生活的各个方面，具有权威性的支配力量。

（三）科举文化

科举制度

　　中国科举制度是中国历史上考试选拔官员的一种基本制度。中国的科举制度分为文举和武举（文科和武科）制度。在中国科举史上，自唐以后，历来是文武两科，殊途并进。但是，中国的科举制度历来重视文科，文科一直占据科举的统治地位。科举，就是由封建国家设立科目，定期举行统一考试，通过考试来选拔官吏，这种做法也叫"开科取士"。它渊源于汉朝，创始于隋朝，确立于唐朝，完备于宋朝，兴盛于明、清两朝，废除于清朝末年，历经隋、唐、宋、元、明、清，历时1300多年。科举是让读书人参加的人才选拔考试，学而优则仕的一种制度。它一直坚持的是"自由报名、公开考试、平等竞争、择优取士"的原则，这种制度的最大合理性在于它那"朝为田舍郎，暮登天子堂"式的"机会均等"，给广大中小地主和平民百姓通过科举的阶梯而入仕以登上历史的政治舞台，提供了一个公平竞争的平台、机会和条件。因此可以说，科举制度是中国历史上，也是世界历史上最具开创性和平等性的官吏人才选拔制度，它对西方现代文官制度有着深刻的影响。中国的科举考试内容到明代以八股为主，即"八股取士"，但它逐步成为僵化模式，特别是到晚清时成为严重束缚知识分子的枷锁，暴露出种种弊端。1905 年清政府颁布了停止科举的上谕。我国的科举制度从宋元以后东渐西传，越南、日本、韩国、朝鲜，在其国内都较长时间仿照中国推行过科举制度；法国、美国、英国等国家选拔官吏的政治制度也都直接受到中国科举制度的影响。从某种程度上讲，西方现代的文官选拔制度、我国现代的教育制度等都是中国科举制度的继承和发展。

古代中央官学

中央官学是中国封建朝廷直接举办和管辖的，旨在培养各种统治人才的学校系统。中央官学在汉朝正式创办。魏晋南北朝时期政局纷乱，官学时兴时废，到唐朝，中央官学繁盛，制度完备，南宋以后逐渐走下坡路。到了封建社会后期，中央官学逐步衰败，实际上成为科举制度的附庸，名存实亡。清朝末年，它就完全被学堂和学校所代替。中央官学的产生和发展，是同中国封建社会政治经济相适应、并为之服务的。根据中央官学各自所定的文化程度、教育对象和教学内容的不同，封建社会的中央官学主要分为最高学府（太学、国子监）、专科学校（书学、算学、律学、医学、画学、武学等）和贵族学校（弘文馆、崇文馆、宗学、旗学等）。太学和国子监是中国封建国家的最高学府，是封建王朝培养人才的主要场所。历代太学、国子监都注重考试。这种注重课试、以试取士的做法，打破了世卿世禄、任人唯亲的制度，对于选拔封建贤德之才，具有积极的意义。太学、国子监强调自修、自由研究学术。正是"藏焉修焉，息焉游焉"的自由修业、探究学术的风气，历代培养出许多大学问家。

北京国子监（元、明、清三代最高学府）

古代地方官学

　　中国古代地方官学又称乡学、学宫。古代地方官学是中国古代社会历代官府，按照地方行政区划，在地方所办的学校。地方官学的设立，或由国家制定出地方官学制度，或由地方官吏在其治所设置学校。学校经费皆来源于官府。封建王朝的地方官学及其中央官

嘉定县学（南宋）

学，共同构成中国古代社会最主要的官学教育制度。中国地方官学主要担负传承孔儒文化、施行礼乐教化的职能，也是地方官学师生祭孔、奏乐、习礼之处。古代地方官学自汉代开始设立，隋唐时期州、县设学，宋代地方官学发达。明清两朝府州县学遍布全国，学校教育与科举考试整合为一条龙，科举必由学校，凡应科举者必须先在学校取得生员资格。清末，学校完全沦为科举的附庸，官学往往形同虚设。

古代私学

私学是古代民间私人办的学校，有家塾、经馆、精舍、私塾、村塾、冬学、蒙学等。中国整个封建社会都存在着与官学相对而言的私学，历时 2000 余年，在中国教育史上占有重要的地位。私学的教学主要为进入官学、书院以及应科举考试作准备。中国古代私学始于春秋时期，当时规模最大的是孔子私学。战国时期，私人讲学之风大盛。它既是战国百家争鸣的中心与缩影，也是当时教育上的重要创造，对中国古代学术、文化和教育的发展，产生过重大的历史影响。汉代私学按其程度可分为书馆和经馆两类，以启蒙教育为主，

孔子杏坛讲学图

教识字和一些常识。宋代私学教育和启蒙教育都获得充分的发展，经过北宋三次兴学，南宋官学多有名无实，科举考试弊端丛生，引起许多学生的不满，纷纷致力于私学教学。这一时期的蒙学教材既继承了历代教材的优良传统又有新的发展，对后代有深刻影响。《百家姓》、《三字经》、《千字文》成为我国古代蒙学中的固定教材。从孔墨私学，经汉朝的书馆、经馆，发展到唐末产生书院的萌芽，并在宋代形成完善的书院制度，达到了私学教育发展的高级形态。

书院制度

书院制度是中国封建社会特有的一种教育组织和学术研究机构。一般为著名学者私人创建或主持的高等学府。从唐中叶至清末，它对中国古代教育、学术的发展和人才的培养，都产生过重要的影响。书院具有培养人才、研究学术、传播文化等多种功能。唐末五代时期，由于连年战乱，官学废弛，教育事业多赖私人讲学维持，宋初的统治者仍在忙于军事征讨，无暇顾及兴学设教，于是私人讲学的书院得以进一步发展，形成影响极大、特点突出的教育组织。学者多择名山胜地，创立书院或精舍，作为学术研究和聚徒讲授的场所，从此出现了以讲学为主的作为教育机构的书院。宋代书院逐渐成为各地传播理学的教育中心，其重要性最后超过了官学。书院的兴盛，反映了中国古代教育的重大发展，它不仅为宋王朝培养出许多学者和官员，如文天祥等，而且对文化知识的传播起了重要作用。宋初逐渐形成了一批在当时及对后世产生很大影响的代表性书院，如石鼓、白鹿洞、应天府、岳麓、嵩阳、茅山等书院。书院在教学方面的最大特点是朱熹创立的讲会制度，即学术辩论制度。

岳麓书院（北宋）

科举过程

科举考试到明清两代处于鼎盛时期，科举考试分为童试、乡试、会试与殿试。童试是明清两代取得生员的入学考试，是读书士子的晋身之始。童试包括县试、府试、院试三阶段。童生经过此三阶段考试合格后被录取进入府、州、县学，成为生员，俗称"秀才"。鲁迅笔下的范进是多年的童生，最后终于考上秀才。秀才每一年考一次，这也是一个选优的过程，这叫"岁试"。每三年还要参加一次大的考试，叫"科试"。生员经科试合格，即取得参加乡试的资格，即有资格参加举人的考试，这是科举的初步考试。乡试是地方考试，到明清两代在各省城举行。每届三年，考期在秋八月，亦称"秋闱"（秋试），为正科。遇新君登极寿诞庆典，加科为恩科。考三场，每场三日。由钦命的主考官主持，考中者为"举人"，"举人"的第一名称"解元"。中举者可于次年春进京应会试，即便会试没取中，也具备了做官的资格。会试与殿试是中央考试。乡试第二年春季，举人汇集京城，先应由礼部举行的会试，又称"礼闱"、"春闱"，考三场，每场三日。取中者为贡士，第一名称"会元"。殿试是皇帝主试的考试，取中者称为进士。殿试第一甲共三人，第一名称"榜首"，亦称"状元"，第二名称"榜眼"，第三名称"探花"。二、三甲，分赐进士出身、同进士出身。二甲第一名称"金殿传胪"，三甲第一名称"玉殿传胪"。一、二、三甲通称进士。进士榜用黄纸书写，故叫黄甲，也称金榜，所以中进士称金榜题名，被称为"登龙门"。唐朝诗人孟郊曾作《登科后》诗："春风得意马蹄疾，一朝看遍长安花。"所以，春风得意又成为进士及第的代称。乡试第一名叫解元，会试第一名叫会元，加上殿试一甲第一名的状元，合称三元。如连中三元者，更是科举场中的佳话。

科举考试的地方在府州县设试舍（考栅），在京师及各省城则设贡院。科举考试的内容主要是八股文。八股文测试的内容主要在《诗》《书》《礼》《易》《春秋》五经里选择一定的题目来进行写作。题目和写作的方式都有一定格式，即做八股文。八股文在当时

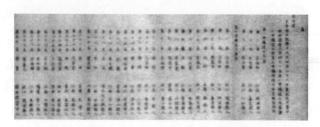

小金榜（皇榜）

是非常重要的，它关系到一个人能不能升官，能不能科举考试中进士升官。所以吴敬梓在《儒林外史》中说："当今天子重文章，足下何须讲汉唐。"汉代的文章也好，唐代的诗歌也好，都不如当今皇帝所看重的八股文。八股文在当时是非常重要的，所以当时的读书人都一门心思地扑在八股文上，只有八股文才能敲开科举考试的大门，看来这真是"学而优则仕"的生动写照。

（四）天文历法

天干地支

天干地支简称"干支"。在中国古代的历法中，天干有十干：甲、乙、丙、丁、戊、己、庚、辛、壬、癸；地支有十二支：子、丑、寅、卯、辰、巳、午、未、申、酉、戌、亥。十和十二的最小公倍数是六十，所以天干地支的配合每隔六十年重复一次。比如甲子年过了六十年，以"六十花甲子"或"六十甲子"称六十年，以"六十花甲"或"花甲之年"称六十岁。干支最早在商代甲骨文里出现，先用于纪日，后用于纪年，有时又用于纪月。在商代甲骨卜辞中，已刻有完整的六十甲子。从马王堆出土的帛书可以看到，战国时期已用干支来纪年，后世一直沿用，例如"戊戌变法"、"中日甲午战争"、"辛亥革命"就是以干支来命名的。中国历史悠久，朝代更迭，单用干支纪年容易混淆，所以史籍常将干支

和年号相配合。如称贞观丁亥、康熙甲辰、嘉庆甲子，就能通过有
关历表，分别查知年份。

六十甲子表

1	2	3	4	5	6	7	8	9	10
甲子	乙丑	丙寅	丁卯	戊辰	己巳	庚午	辛未	壬申	癸酉
11	12	13	14	15	16	17	18	19	20
甲戌	乙亥	丙子	丁丑	戊寅	己卯	庚辰	辛巳	壬午	癸未
21	22	23	24	25	26	27	28	29	30
甲申	乙酉	丙戌	丁亥	戊子	己丑	庚寅	辛卯	壬辰	癸巳
31	32	33	34	35	36	37	38	39	40
甲午	乙未	丙申	丁酉	戊戌	己亥	庚子	辛丑	壬寅	癸卯
41	42	43	44	45	46	47	48	49	50
甲辰	乙巳	丙午	丁未	戊申	己酉	庚戌	辛亥	壬子	癸丑
51	52	53	54	55	56	57	58	59	60
甲寅	乙卯	丙辰	丁巳	戊午	己未	庚申	辛酉	壬戌	癸亥

十二时辰

古人计时将一昼夜分为十二等份，即十二个时辰。十二时辰据考证始于汉代。汉武帝时，以十二地支代表十二时辰，称为子时、寅时等。每一时辰又分为两个小时段，如子时为子初、子正，丑时为丑初、丑正等。这样，一昼夜十二时细分为二十四小时，和现在的用法完全一致了。中国古代还有报更（又叫打

中国古代计时器

更）的计时法。把夜间分为五更：相当于现代的 19：00 ~ 21：00 为一更，21：00 ~ 23：00 为二更，23：00 ~ 1：00 为三更，

1：00～3：00 为四更，3：00～5：00 为五更。以前很多城市有更鼓楼，每夜有更夫根据鼓楼上指示的时间打更报时。十二时辰是中国古人根据一日间太阳出没的自然规律、天色的变化以及自己日常的生产活动、生活习惯而归纳总结、独创于世的。十二时辰是中华民族对人类天文历法的一大杰出贡献，也是我国灿烂的文化瑰宝之一。

阴阳五行

八卦示意图

阴阳的最初意义是指日光的向背：向日为阳，背日为阴。后来把它引申到其他方面：天象（日和月）、气候（暑和寒）、方位（上和下）、性质（刚和柔）等。再如天地、昼夜、热冷、乾坤、男女、生死等，都被看做是阴阳的表现。古代思想家认为，世上一切事物都要受阴阳总规律的支配，阴阳二气可化生万物，阴阳协调使一切正常，阴阳不和就会发生灾难。从阴阳之说出发，又发展出八卦说。方法是将天、地、雷、风、水、火、山、泽分别用八种符号（即八卦）代表，称为乾、坤、震、巽、坎、离、艮、兑。其中乾、坤二卦地位最重要，是人类社会和自然界一切现象的最初根源。八卦被认为是支配整个大自然的象征。后来，八卦被人用来探测天意、占卜未来，逐渐走到神秘化的极端。五行是金、木、水、火、土五种物质，古人以日常生活中这五种常见的物质来说明万物的起源。战国时，出现了五行相生相胜的学说，相生即相互促进，如木生火，火生土，土生金，金生水，水生木；相胜即相互排斥，如水胜火，火胜金，金胜木，木胜土，土胜水。这些观点本来极具朴素和自发色彩，后来也被

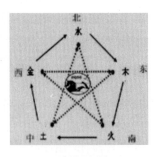

五行相生图

神秘化，用以推断人事和命运。战国时以邹衍为代表的阴阳家，便把阴阳和五行二说合流，提出"五德终始"说，用来附会王朝的兴替和社会历史的穷通变化。我们中华民族祖先在阴阳五行学说中采用的这种逻辑物化思维艺术，在人类的认识史上是非常独特的，而且所借用的物化也相当贴切，所以数千年来人们一直在它的物化之物上做文章也就不难理解了。

二十四节气

二十四节气是中国古代订立的一种用来指导农事的历法，在春秋战国时期形成。我国古代用农历（月亮历）记时，用阳历（太阳历）划分春夏秋冬二十四节气。古人把五天叫一候，三候为一气，称节气，全年分为七十二候二十四节气。由于中国农历是一种"阴阳合历"，即根据太阳也根据月亮的运行制定的，因此不能完全反映太阳运行周期，但中国又是一个农业社会，农业需要严格了解太阳运行情况，农事完全根据太阳进行，所以在历法中又加入了单独反映太阳运行周期的"二十四节气"。二十四节气能反映季节的变化，指导农事活动，影响着千家万户的衣食住行。春秋时期的

民间流行的"春牛图"

著作《尚书》中就对节气有所记述，西汉刘安著的《淮南子》完整记载了二十四节气，到了秦汉时期，已经形成了完整的二十四节气的概念。节气的日期在阳历中是相对固定的，如立春总是在阳历的2月3日至5日。二十四节气的名称为：立春、雨水、惊蛰、春分、清明、谷雨、立夏、小满、芒种、夏至、小暑、大暑、立秋、处暑、白露、秋分、寒露、霜降、立冬、小雪、大雪、冬至、小寒、大寒。

（五）传统习俗

姓·氏

据文献记载，我们的祖先最初使用姓的目的是为了"别婚姻"，"明世系"、"别种族"，它产生的时间大约在原始社会的氏族公社时期。

后人据《春秋》整理出来的"古姓"中近半数带女字旁，如：姒、子、姬等。所以，人们推测，姓的产生可能在母系氏族社会。由于人口的繁衍，原来的部落又分出若干新的部落，这些部落为了互相区别以表示自己的特异性，就为自己的子部落单独起一个本部落共用的代号，这便是"氏"。从时间上来讲，这已是父系氏族社会的事情了，"氏"带上了这个时代的烙印。所以"氏"可以说是姓的分支。秦汉之前，姓和氏在不同场合使用，哪些人有姓，哪些人用氏有严格规定。所谓氏别贵贱，贵者有氏，贱者有名无氏。汉代以后，姓氏不加区分，姓氏合一，统称为姓。根据现有姓氏、推究它们的来源或者说最初确定它为姓氏的缘由，大致有以下几个方面：

（1）带女字旁的姓氏，如姬、姜等，这是母系氏族社会女性崇拜的反映。

（2）以动植物或其他自然物为姓氏，如马、牛、龙、柳、梅、李、桃等，这其中很大一部分是部落的图腾。

（3）以封国、采邑或职官、爵位为姓，如齐、韩、蔡、郑、司马、上官、王、侯等。

（4）以出生地、居住地或职业为姓，如西门、东郭、欧阳（越王勾践，被封在乌程欧阳亭）、陶、巫、卜等。

（5）以祖先族号、谥号为姓，如唐、夏、周、文、武、成等。

（6）其他（在姓中还有几种变种，突变情况）：

A. 皇帝赐姓，如刘邦赐项伯姓刘，李煜赐奚廷圭（墨务官）姓李。

B. 为避灾难而改姓，如伍子胥在吴被杀后，子孙逃到齐国，改姓王孙。

C. 为避皇帝或圣人讳而改姓。如丘改邱等。

D. 嫌原姓复杂、字多而改姓。如司马简姓司或马或冯，欧阳简姓欧。

E. 少数民族主动从汉姓，如北魏孝文帝规定鲜卑族人改用汉姓如陆、穆、贺、于等。

F. 有些少数民族姓在译成汉语后，嫌字太长就简化，如爱新觉罗，改姓罗、金。

今天在公共社交场合的"贵姓"、"尊姓"、"按姓氏笔画为序"中的姓，实际上包括了古姓、氏这两方面的内容。

名·字·号

现在的人，大多数有"名"，无"字"，"名字"通常指的仅仅是人的名，或姓名。可是，在古代多数人（尤其是有身份地位的人）既有"名"又有"字"，有些人名、字之外还有"号"。命名、取字的礼法，始于周代。人名，最初只是符号标记，是社会上个人的特称，即个人在社会上所使用的符号。"字"往往是名的解释和补充，是与"名"相表里的，所以又称"表字"。从

名、字均与美玉相关的三国名将周瑜

周代开始，初生之子就由其父（或祖）给他命名。男子到弱冠之

年（二十岁）行冠礼，标志着本人要出仕，进入社会，其父（祖）给他取字。而女子长大后也要离开母家而许嫁，未许嫁的叫"未字"，亦可叫"待字"。十五岁许嫁时，举行笄礼，也要取字，供朋友呼唤。古人取表字十分讲究，常见的有按兄弟行辈中长幼排行的次第取字，如孔子排行老二，字仲尼。有的讲究意义相应，如三国时曹操字孟德，诸葛亮字孔明，周瑜字公瑾，操与德，亮与明都同义，瑜、瑾都是美玉。有按用意相反来拼合的。唐代大文学家韩愈字退之，愈与退为相反意义。也有意义相延的，如李白字太白。古书上多次提及，君（君王）、亲（父祖等尊亲）、师可以称呼其名，比较疏远的长辈，所有的平辈，尤其是朋辈，多称其字，表示敬重。古人命名当然喜欢美名，但历史记载中也有丑名、恶名，其因有表示谦虚，如公孙丑；有的是记述者因其人无德，故意改名，如晋黑臀；有的用小名（乳名），如汉代司马相如小名犬子，唐代程知节小名咬金，都在正史内记载。直到近代人们还用猫、狗、兔之类的字作小名，寓有希望自己的孩子容易长大之意。名、字不是自取，号、别号可随己意，也有别人所赠。号、别号在唐代开始盛行，至宋更成为一代风尚。通常是一人一号，多的则称为别号。例如杜甫自号杜陵野老、杜陵布衣；李白号青莲居士，苏轼号东坡居士。有的别号还移作室名，有时又会反过来以室名为别号。号的实用性很强，除供人呼唤外，还用作文章、书籍、字画的署名。

生肖

　　生肖也称属相，是中华民俗文化中富有鲜明特色的一个组成部分。我国古籍中记载，古代的中原地区，最初使用的是"干支纪年法"，而在我国西北地区的少数游牧民族则以动物来纪年。在中原同少数民族的交往中，两种纪年法相互融合，形成现在12生肖。子、丑、寅、卯、辰、巳、午、未、申、酉、戌、亥，十二地支对应十二生肖子鼠、丑牛、寅虎、卯兔、辰龙、巳蛇、午马、未羊、申猴、酉鸡、戌狗、亥猪。在中国的历法上，这十二只年兽依次轮流当值，子鼠当首。十二生肖（兽历）现广泛流行于亚洲诸民族及东欧和北非的某些国家之中。东汉唯物主义思想家王充的名著

472

《论衡》被视为最早最完整记载十二生肖的文献。唐代，十二属相在民间十分流行，出现了以此为饰纹的铜镜。

春节

　　春节是中国民间最隆重的传统节日。又叫阴历年，俗称"过年"、"新年"。春节的历史很悠久，它起源于殷商时期年头岁尾的祭神祭祖活动。传统意义上的春节是指从腊月初八的腊祭或腊月二十三的祭灶，一直到正月十五，其中以除夕和正月初一为高潮。古时春节专指节气中的立春，也被视为一年的开始，后来改为农历正月初一开始为新年。春节到了，意味着春天将要来临，万象复苏，草木更新，新一轮播种和收获季节又要开始。当新春到来之际，自然要充满喜悦载歌载舞地迎接这个节日。在春节期间，我国的汉族和大多数少数民族都要举行各种庆祝活动，这些活动大多以祭祀神佛、祭奠祖先、除旧布新、迎小喜接福、祈求丰年为主要内容。活动形式丰富多彩，带有浓郁的民族特色。在千百年的历史发展中，形成了一些较为固定的风俗习惯，有许多还相传至今，如扫尘、爆竹、贴春联和门神、拜年、蒸年糕、包饺子等。

贴春联

元宵节

　　古人称夜为"宵"，农历正月十五日是一年中第一个月圆之夜。人们庆祝一元复始、大地回春的夜晚，也是庆贺新春的延续，所以称正月十五为"元宵节"。元宵节又称为"上元节"、"元夜"、"灯节"，早在2000多年前的西汉就存在了。司马迁创建"太初历"时，将元宵节列为重大节日。隋、唐、宋以来，更是盛极一时。元宵节也称灯节，元宵燃灯的风俗起自汉朝，到了唐代，赏灯活动更加兴盛，皇宫里、街道上处处挂灯，还要建立高大的灯轮、灯楼和灯树，唐朝大诗人卢照邻曾在《十五夜观灯》中这样描述元宵节燃灯的盛况："接汉疑星落，依楼似月悬。"随着社会和时代的变迁，元宵节的活动越来越多，每逢元宵节，家家户户都要挂彩灯、赏花灯、猜灯谜、放焰火、品尝美味的元宵。不少地方节庆时增加了耍龙灯、耍狮子、踩高跷、划旱船、扭秧歌、打太平鼓等传统民俗表演。这个传承已有2000多年的传统节日，不仅盛行于海峡两岸，就是在海外华人的聚居区也年年欢庆不衰。

品尝美味的元宵

中秋节

中秋节是我国众多民族的传统文化节日，其内容实以家人团聚赏月为主。夏历八月十五日，恰值秋季正中，故名中秋。八月十五的月亮比其他几个月的满月更圆、更明亮，所以中秋节又叫做月夕、八月节。中秋节的盛行始于宋朝，至明清时，已与元宵节、清明节、端午节并称中国四大传统佳节。此夜，人们仰望天空明月，期盼家人团聚。远在他乡的游子，也借此寄托自己对故乡和亲人的思念之情。所以，中秋又称"团圆节"。古时每逢中秋夜都要举行迎寒和祭月，设大香案，摆上月饼、西瓜、苹果、红枣、李子、葡萄等祭品。到今天，设宴赏月、吃月饼、把酒问月仍是人们庆贺美好的生活，或祝远方的亲人健康快乐的重要形式。中秋节的传说是非常丰富的，嫦娥奔月、吴刚伐桂、玉兔捣药之类的神话故事流传甚广。

中秋节的传说

清明节

清明节是中国人的重要节日之一。清明节古时也叫三月节，已有2000多年历史。公历4月5日前后为清明节，它是一个很重要的节气，是二十四节气之一。在二十四个节气中，既是节气又是节日的只有清明。清明一到，气温升高，正是春耕春种的大好时节，故有"清明前后，种瓜种豆"，"植树造林，莫过清明"的农谚。此时春暖花开，万物复苏，天清地明，正是春游踏青的好时节。清明踏青早在唐代就已开始，历代承袭成为习惯。清明节流行扫墓，其实扫墓乃清明节前一天寒食节的内容，寒食相传起于晋文公悼念介之推一事。因寒食与清明相接，后来就逐渐传成清明扫墓了。扫墓是慎终追远、敦亲睦族及行孝的具体表现。清明节还有许多失传的风俗，如古代曾长期流传的戴柳、射柳、打秋千等。

清明

唐·杜牧

清明时节雨纷纷，路上行人欲断魂。
借问酒家何处有，牧童遥指杏花村。

清明节这天，细雨纷纷，给行路的人平添了一层愁绪。往哪里去才有小酒店呢？牧童指了指那美丽的杏花深处的村庄。

唐代诗人杜牧的诗《清明》

端午节

农历五月初五，是中国民间的传统节日端午节，它是中华民族古老的传统节日之一。端午也称端五、端阳。过端午节，是中国人2000多年来的传统习惯，各民族也有着不尽相同的习俗。其内容主要有：女儿回娘家，挂钟馗像，迎鬼船，躲午，贴午叶符，悬挂菖蒲和艾草，佩香囊赛龙舟，比武，击球，荡秋千，给小孩子涂雄黄，饮用雄黄酒，吃五毒饼、咸蛋、粽子和时令鲜果等，除了有迷信色彩的活动渐已消失外，其余至今流传中国各地及邻近诸国。有些活动，如赛龙舟等，已得到新的发展，突破了时间、地域界线，成为国际性的体育赛事。

关于端午节的由来，说法甚多，诸如纪念屈原说，纪念伍子胥说，纪念曹娥说，恶月恶日驱避说，等等。以上各说，各本其源。但千百年来，屈原的爱国精神和感人诗文，已广泛深入人心，因此，纪念屈原之说，影响最广最深，占据主流地位。在民俗文化领域，中国民众把端午节的龙舟竞渡和吃粽子等，都与纪念屈原联系

纪念屈原

在一起。

七夕节

  在晴朗的农历七月初七之夜，人们坐看牵牛星和织女星遥遥相对，这个夜晚被称为"七夕节"，也有人称为"乞巧节"或"女儿节"。这是中国传统节日中最具浪漫色彩的一个节日，也是过去姑娘们最为重视的日子。相传，在每年的这个夜晚，是天上织女与牛郎在鹊桥相会之时。织女是一个美丽聪

古代妇女七夕乞巧

明、心灵手巧的仙女，凡间的妇女便在这一天晚上向她乞求智慧和巧艺，也少不了向她求赐美满姻缘，所以七月初七也被称为乞巧节。七夕乞巧，这个节日起源于汉代，东晋葛洪的《西京杂记》有"汉彩女常以七月七日穿七孔针于开襟楼，人俱习之"的记载，这是我们于古代文献中所见到的最早的关于乞巧的记载。后来的唐宋诗词中，妇女乞巧也被屡屡提及，唐朝王建有诗说"阑珊星斗

缀珠光，七夕宫娥乞巧忙"。

重阳节

重九登高图

农历九月九日，为传统的重阳节。因为古老的《易经》中把"六"定为阴数，把"九"定为阳数，九月九日，日月并阳，两九相重，故而叫重阳，也叫重九，古人认为是个值得庆贺的吉利日子，有长久长寿的含义。并且从很早就开始过此节日。庆祝重阳节的活动丰富多彩，一般包括出游赏景、登高远眺、观赏菊花、遍插茱萸、吃重阳糕、饮菊花酒等活动。

九九重阳，因为与"久久"同音，又是数字中最大数，也是一年收获的黄金季节，所以人们对此节历来有着特殊的感情。唐诗宋词中有不少贺重阳，咏菊花的诗词佳作。如唐代王维《九月九日忆山东兄弟》："独在异乡为异客，每逢佳节倍思亲。遥知兄弟登高日，遍插茱萸少一人。"今天的重阳节，被赋予了新的含义，在 1989 年，我国把每年的九月九日定为老人节，传统与现代巧妙地结合，成为尊老、敬老、爱老、助老的老年人节日。

（六）中国宗教

原始宗教——自然崇拜

自然崇拜以人格化的或神圣化的自然物和自然力等为崇拜对象的自然宗教的基本表现形态。崇拜范围包括天、地、日、月、星、山、石、海、湖、河、水、火、风、雨、雷、雪、云、虹等天体万物及自然变迁现象。原始人认为这些自然存在的现象表现出生命、意志、情感、灵性和奇特能力，会对人的生存及命运产生各种影响，因此对之敬拜和祈祷，希望获其消灾降福和佑护，反映出人们祈求风调雨顺、人畜平安、丰产富足的实际需要。原始自然崇拜，后因对其崇拜对象的神灵化而发展出更为抽象的自然神崇拜，形成各种各样的自然神灵观念和与之相关的众多祭拜活动。这种具有原生型特点的宗教崇拜形式自远古社会延续下来，成为流传至今的宗教信仰之一，如天象崇拜，天象的变化对原始先民影响很大，其中对太阳和月亮的崇拜是最为流行的。在"后羿射日"、"夸父追日"、"嫦娥奔月"、"天狗吃日月"、

夸父追日图

《山海经》中把雷神描绘成"龙身而人头"，这些古老神话故事反映了人们当时对天象的理解程度，又如山川地石崇拜，最初人们崇拜土地是因为地载万物，后来进而变成崇拜人格化的土地神。《山海经》中认为，每一座山都是神人怪兽居住的地方。而河伯娶妇的故事则充分表现了原始人对水的崇拜。另如动植物崇拜，我国古代的四灵——麟、凤、龙、龟就是从动物崇拜发展而来的。对植物的崇拜则可以从月亮神话中砍不断的桂树得到体现。还有火崇拜，中国古代有燧人氏钻木取火的传说，中国先民在神话中还创造了火神祝融的形象。汉族对灶神的重视，无疑是原始火崇拜的发展。

原始宗教——图腾崇拜

人面鱼纹盆

图腾崇拜是一种重要的原始宗教。图腾是印第安语"toten"的音译，意为"他的亲族"。原始人认为每个氏族都与某种动物、植物乃至无生物有着亲族关系，此物即被该氏族视作保护者或象征，即图腾。氏族往往也以图腾命名。中国原始时代也曾出现图腾崇拜。《左传》记载了一段话，说黄帝一族崇拜云图腾，并以云为族名；炎帝一族则崇拜火图腾，并以火为族名。对于中国原始氏族的图腾，还有许多不同的传说。汉代嘉

祥武梁祠石刻中，华夏远祖女娲的形象是人身蛇尾，这表明华夏先祖中的一支曾以蛇为图腾。半坡彩陶上的人面鱼纹表示了人与鱼的结合，表达了人鱼共祖的观念，很可能是一种鱼图腾。

原始宗教——灵魂崇拜

原始人认为人死后灵魂是不会死的，它将脱离人的肉体而独立生活在另一个世界——阴世内，成为鬼魂。随着人类思维的发展，人们对鬼的想象愈来愈丰富，把鬼看成具有超人能力，能对人的行为进行监视和赏罚。在古人的心目中，鬼对于人的赏罚是公正无私、强硬有力的。于是，人们逐渐由对鬼的认识进而产生了鬼魂崇拜。鬼魂崇拜主要形式是对鬼进行祭祀活动，这种活动主要表现在丧葬过程中。关于丧葬的一些礼仪，从原始时代一直流传到后世，里面固然包含着人们对于死者的怀念，但从它的起源来说，则完全只是一种带有宗教意义的鬼魂崇拜。

原始宗教——祖先崇拜

祖先崇拜是图腾崇拜和鬼魂崇拜结合的产物。原始人相信，祖先的灵魂对于血缘后代的作用是双重的，既可以造福子孙，也可以降祸子孙。祖先崇拜的目的是为了企求死去的祖先灵魂保佑，让子孙康泰平安。不过，并非所有的祖先都被崇拜，只有那些生前强有力者，或是首领、英雄等才被尊奉为部族或家庭的保护神，得到崇拜。中国古文献和传说中，记载了许多重要始祖，如女性始祖女娲，男性始祖中则英雄较多，有燧人氏、伏羲氏、神农氏、黄帝、炎帝等。祭祀祖宗是祖先崇拜的重要形式，人们往往将本族有特殊功绩的祖先人物奉为神祖，设立祖庙加以供奉。祖庙不仅是祭祖的地方，而且成为族人进行公共活动的场所。

中国道教

道教是中国固有的一种宗教，距今已有1800余年的历史。它与中华本土文化紧密相连，深深扎根于中华沃土之中，具有鲜明的中国特色，并对中华文化的各个层面产生了深远影响。道教是一个崇拜诸多神明的多神教原生宗教形式，主要宗旨是追求得道成仙、救济世人，它以老子的《道德经》等为主要经典。道教的历史一般分为汉魏两晋的起源时期、唐宋的兴盛、元明期间全真教的出现和清以后衰落四个时期。其理论和方法却可追溯至上古时代的鬼神崇拜、阴阳五行思想、老庄道家与黄老学说、各种神仙方术和巫术等。这些思想为道教提供了理论基础。作为道教最终形成的两个标志性事件，一是汉代《太平经》的流传为道教的创立准备了经典依据；二是张陵创立的五斗米道（天师道）。东晋葛洪著有《抱朴子》，是对道教理论的第一次系统化论述，丰富了道教的思想内容。唐代皇室认老子为宗祖，而老子又被确立为道教的教祖，于是道教借着这一层特殊的关系得以盛行，唐代道教在教理、宗派、修持方法、斋醮仪式和社会影响等诸方面都得到深入的发展。宋元时期，在北方出现了王重阳创导的全真道，南方出现了以张天师为正一教主的正一派，从而正式形成了道教北有全真派、南有正一派两大派别的格局。明代时，永乐帝朱棣自诩为真武大帝的化身，对祭祀真武的张三丰及其武当派大力扶持。此时，道教依然在中国的各种宗教中占据主导的地位。清代开始，统治者信奉藏传佛教，并压制主要为汉族人信仰的道教，道教从此走向衰落。道教以"道"为最高信仰，认为"道"是化生宇宙万物的本原。在中华传统文化中，道教（包括道家、术士等）被认为是与儒学和佛教一起的一种占据主导地位的理论学说，也是寻求有关实践练成神仙的方法。道教中有关性命修炼的内丹仙学仍是科学发展无法替代的天人合一之学，具有重大的意义和永恒的价值。

（七）汉字文化

汉字的起源

汉字是世界上使用时间最久、空间最广、人数最多的文字之一，汉字的创制和应用不仅推进了中华文化的发展，而且对世界文化的发展产生了深远的影响。从仓颉造字的古老传说到100多年前甲骨文的发现，历代学者一直致力于揭开汉字起源之谜。关于汉字的起源，中国古代文献上有种种说法，如"结绳"、"八卦"、"图画"、"书契"等，古书上还普遍记载有黄帝史官仓颉造字的传说。现代学者认为，成系统的文字工具不可能完全由一个人创造出来，仓颉如果确有其人，也应该是文字整理者或颁布者。

说文解字

汲古阁藏本《说文解字》

东汉许慎所撰《说文解字》是我国古代第一部按照六书理论分析字形、说解字意的字典。《说文解字》总结了先秦、两汉文字的成果，保存了汉字的形、音、义，是研究甲骨文、金文和古音、训诂不可缺少的桥梁。特别是《说文》对字义的解释一般保存了最古的含义，对理解古书上的词义有很大帮助。此书还保存了研究古代社会历史、文化等各方面的材料，是后人整理我国优秀文化遗产的重要"阶梯"。古人把汉字的造字方法归纳为六种，总称"六书"，即所谓"象形、指事、会意、形声、转注、假借"。"六书"是古人根据汉字结构归纳出来的汉字构造结论，而绝不是古人依照这六种法则来创造文字的。东汉许慎受前人启示，编成《说文解字》一书，总结了汉字的造字方法。

汉字的演变

汉字是世界上使用人数最多的一种文字，也是寿命最长的一种文字。汉字经历了6000多年的变化，其演变过程是甲骨文、金文、小篆、隶书、楷书、行书。这七种字体称为"汉字七体"。甲骨文主要是殷商后期刻在龟甲、兽骨上的一种文字，其内容多是占卜。甲骨文在结构上虽然大小不一，错综变化，但已具有对称、稳定的格局。所以有人认为，中国的书法严格讲是由甲骨文开始，因为甲骨文已具备书法的三个要素，即用笔、结字、章法。金文是在商周青铜器上刻铸的文字，又称钟鼎文、铭文。金文字体结构疏密相间，比甲骨文方正整齐，笔画分布均匀对称，笔道比甲骨文粗，字的体势较甲骨文雍容厚重。篆书又分为大篆和小篆，是汉字书体发展史上划时代的阶段。大篆是夏、商、周三代所使用的字体，由古文变化而来。小篆又名秦篆，为秦朝丞相李斯所创。秦始皇统一华夏，亟待统一文字，乃命臣工创新体文字。如丞相李斯作《仓颉篇》，就大篆省改、简化而成。小篆较之大篆，形体笔画均已省简，而字数日增，这是应时代的要求所致。隶书又称佐书、八分书。隶书产生于战国，兴于汉。这时期碑刻最多，形成中国石刻的第一次高峰。隶书用笔改转为折，提按顿挫，形成了隶书独有的笔法。隶书是书法史乃至文字史上的一次重大变革，从此，书法告别了延续3000多年的古文字而开始了今文字，字的结构不再有古文字那种象形的含义，而完全符号化了。楷书是对隶书略加改造的一种字体，大约在东汉末年形成，到魏晋时代就逐渐成熟。它保存了隶书的结构，去掉了隶书的波挑，把隶书的扁形改为基本上呈正方形。后来人们常把汉字称为"方块字"，就是针对楷书讲的。汉初，为书写便捷，草书产生。初为草隶，即草率快写的隶书；后渐发展为章草，笔画钩连，字字独立，字形扁方，笔带横势。汉末，章草进一步"草化"，脱去隶书笔画行迹，上下字之间笔势牵连相通，偏旁部首也做了简化和互借，称为"今草"。到了唐代，今草写得更加放纵，笔势连绵环绕，字形奇变百出，称为"狂草"，亦名"大草"。

（八）古代科技文化

算筹与十进位制

算筹又称为算、筹、策、算子等，是宋、元以前中国人的主要计算工具。《老子》说："善数不用筹策。"这说明最晚在春秋末期，算筹就是人们的主要计算工具了。算筹通常用竹制成，也有用木、骨、石制成的。算筹数字有纵横两式：个、百、万……用纵式，十、千、十万……用横式。因此，用这18个符号及用空位表示 0，可以表示任何一个自然数。比如，1997 便表示成一Ⅲ≣Ⅱ。算筹记数完全采用十进位值制，比古巴比伦的 60 进位值制方便，比古希腊、罗马的十进非位值制先进，是当时世界上最简便的计算工具和最先进的记数制度。用算筹计算，便是筹算。中国传统数学的辉煌成就，大多是借助于筹算取得的。

纵式	I	II	III	IIII	Ⅰ	Ⅱ	Ⅲ	Ⅲ	Ⅲ
横式	—	=	≡	≣	≣	⊥	⊥	⊥	≣
	1	2	3	4	5	6	7	8	9

算盘

《算法统宗》中的算盘

中国传统的计算工具，是中国古代的一项重要发明，也是在阿拉伯数字出现前广为使用的计算工具。算盘是由早在春秋时期便已普遍使用的筹算逐渐演变而来的。珠算最早见于东汉《数术记遗》一书，汉代已出现用珠子计算的珠算方法及理论。但算盘这个名称最早见于宋代《谢察微算经》，可以确定有横梁的穿档大珠算盘已经出现。至元代，算盘的使用已十分流行。算盘产生后，与算筹并用了很长时间。明太祖洪武年间的《魁本对相四言》中既有算盘，也有算子。明中叶以前数学著作也是珠算、筹算并用。大约在明中叶以后，算盘完全取代了算筹，完成了计算工具的改革。明初时，中国算盘流传到日本，其后又流传到俄国，又从俄国传至西欧各国，对近代文明产生了很大的影响。15世纪中叶，《鲁班木经》中有制造算盘的规格。现在我们可以看到的算盘材料有木、竹、铜、铁、玉、景泰蓝、象牙、骨等。小的可以藏入口袋，大的需要人抬。

圆周率

在中国古代，人们从实践中认识到，圆的周长是"圆径一而周三有余"，也就是圆的周长是圆直径的 3 倍多，但是多多少，意见不一。在祖冲之之前，魏晋数学家刘徽提出了计算圆周率的科学方法——"割圆术"，用圆内接正多边形的周长来逼近圆周长，用这种方法，刘徽计算圆周率到小数点后 4 位数。南北朝杰出数学家祖冲之在前人的基础上，经过刻苦钻研，反复演算，将圆周率推算至

祖冲之

小数点后 7 位数（即 3.1415926 与 3.1415927 之间），并得出了圆周率分数形式的近似值。在欧洲，德国人奥托和荷兰人安托尼兹得到这一结果，是在 1000 年后的 16 世纪。

天象记载

中国最早的日食记录是《尚书·胤征》篇中记载的夏朝仲康王时代的一次日食。中国古代对于日食、月食的记录保持了长期的连续性。最系统、最完整的日食记录要属《春秋》中所记录的由公元前 770 年到公元前 476 年中的 37 次日食。从春秋到清末，中国共记载了 1600 多条日食记录，1100 多条月食记录。这些记录在现代天文学研究中仍有很大的利用价值。世界公认的最早的太阳黑子记录是《汉书·五行志》的记载："河平元年（前 28 年）三月乙未，日出黄，有黑气，大如钱，居日中。"从汉代到明末，中国共记载太阳黑子 100 多次，都有其出现时间、形状和大小的记录。彗星也是古人很早就注意到的一种天象，最早的彗星记录出于《春秋》。据后人考证，这也是世界上对哈雷彗星最早的记录。从

秦代到清代的 2000 多年，哈雷彗星共有 29 次回归，中国都做了记录。这些不间断的记录为研究哈雷彗星的轨道变化提供了宝贵的资料。国外的最早彗星记录比中国迟了 1000 多年。

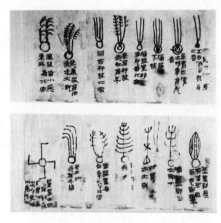

马王堆出土的彗星图

浑天仪

苏颂浑天仪

浑天说的代表人物，是东汉的太史令张衡。他不但是有名的文学家和反谶纬的思想家，也是杰出的科学家。张衡在前人创造的浑天仪的基础上，设计了一种"漏水转浑天仪"。浑天仪是用精铜铸成的球体模型，它利用齿轮带动浑象绕轴旋转，并使浑象的转动与地球的周日运动相等，这样就可以把当时肉眼能观测到的天体现象，几乎全部表示出来。人们坐在屋里看仪器，可以清楚地观察到日月星辰起落的现象。后来，在此基础上，先后经过唐代僧一行、宋代张思训和苏颂等人的改进，制造了世界上最早的天文钟，在中国科技史上又写上了光辉的一笔。

医圣张仲景

张仲景，名机，东汉时期南阳郡（今河南省）人。张仲景生活在东汉末年。当时疫疾广泛流行，大批的百姓死于传染病，其中伤寒病占70%。张仲景刻苦学习，广泛收集医方，写出了传世巨著《伤寒杂病论》。《伤寒杂病论》是一部奇书，它确立了中医学重要的理论支柱之一的"辨证论治"思想。这一医学思想为后世中医学发展起到了重要作用，成为中医临床的基本原则，是中医的灵魂所在。在方剂学方面，《伤寒杂病论》也做出了巨

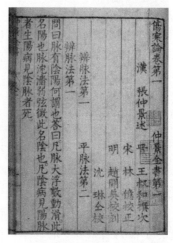

伤寒论

大贡献，创造了很多剂型，记载了大量有效的方剂。其所确立的"六经辨证"的治疗原则，受到历代医学家的推崇。这是中国第一部从理论到实践、确立辨证论治法则的医学专著，是中国医学史上影响最大的著作之一，是后人研习中医必备的经典著作。另外，《伤寒杂病论》序中有这样一段话："上以疗君亲之疾，下以救贫贱之厄，中以保生长全，以养其身"，表现了张仲景作为医学大家的仁心仁德，所以后人尊称他为"医宗之圣"。

针灸疗法

针灸疗法是我国古代民间应用的一种物理疗法，分为针刺法和灸疗法两种。针刺法是利用金属制的针，刺入身体一定位置的皮下深部，借这种器械的刺激，以达到治疗效果；灸疗法是在一定位置的皮肤表面，借燃点艾柱（用干燥艾叶研细放成金字塔形的小柱子）的温热刺激，以达到治疗的效果。史书上记载，伏羲时便已经用针刺治病了。古代的著名医生，如扁鹊、华佗、张仲景等，都

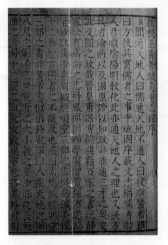

《黄帝针灸甲乙经》

会用针灸刺激方法来给百姓治病。祖国医学的经典著作——《黄帝内经》中的灵枢经部分，详述了针灸疗法的道理和方法。发展到了晋朝，伟大的针灸学家皇甫谧不断地钻研和发扬，使它大大地推进了一步。皇甫谧的代表作《黄帝针灸甲乙经》总结了古代针灸疗法的经验，通过它，可以了解整个针灸学的全貌。全书列述了关于学习针灸应该了解的生理、病理、诊断、治疗及预防等各方面，还详述了针灸经穴的分布，以及适应征和禁忌征等。皇甫谧针灸学的成就，不仅为后来各个时代学习针灸学的人打下了良好基础，还大大地影响了外国医学，尤其是日本、朝鲜等国家。

药王孙思邈

孙思邈（581—682），陕西华原（今陕西省耀县孙家塬村）人，唐代著名医学家。他还是个长寿的百岁老人。他因为少时患疾，改学医道。他是中国乃至世界史上著名的医学家和药物学家，被誉为药王，许多华人奉其为医神。他研究医术八十余年，著《千金要方》三十卷，分二百三十二门，这已接近现代临床医学的分类方法。全书集方广泛，内容丰富，是我国

孙思邈画像

唐代医学发展中具有代表性的巨著，对后世医学特别是方剂学的发展，有着明显的影响和贡献；并对日本、朝鲜医学的发展也有积极作用。《千金翼方》三十卷，属其晚年作品，是对《千金要方》的全面补充。全书分一百八十九门，记载药物八百多种，尤以治疗伤寒、中风、杂病和疮痈最见疗效。他亲自采药、制药，搜集民间验

方、秘方，总结临床经验及前代医学理论，为医学和药物学作出了重要贡献。他不但医术高明，还在名著《千金要方》中，把"大医精诚"的医德规范放在了极其重要的位置上来专门立题，重点讨论，使其成为医德医术堪称一流的一代名家，后世尊其为"药王"。

李时珍与《本草纲目》

李时珍（1518—1596），湖北蕲春人，明代医学家。李时珍继承家学，尤其重视本草，并富有实践精神。曾参考历代有关医药及其学术书籍八百余种，结合自身经验和调查研究，历时27年编成《本草纲目》一书，这是我国明代以前药物学的总结性巨著。《本草纲目》共52卷，分16部、60类。共收载历代诸家本草所载药物1892种，其中植物药1094种，矿物、动物及其他药798种，有374种为李氏所新增。《本草纲目》内容极其丰富，是我国药物学的宝贵遗产，对后世药物学的发展作出了重大贡献。

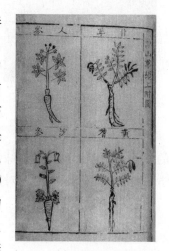

《本草纲目》插图

脉诊法

脉诊在我国有悠久的历史，它是我国古代医学家长期医疗实践的经验总结。到春秋战国时期，脉诊已经达到相当水平。《史记》中记载的春秋战国时期的名医扁鹊，便是以精于望、闻、问、切的方法，特别是以脉诊著称的。当时开始出现的重要医学著作《黄帝内经》和稍晚的《难经》中，已经对脉诊有许多详细论述。1973年湖南长沙马王堆三号汉墓出土的医药文献帛书——《脉法》、《阴阳脉症候》中也有用脉诊判断疾病的宝贵

《脉经》

材料。这些都说明早在 2000 多年前，脉学已成为我国古代医学的重要组成部分了。在东汉名医张仲景的《伤寒杂病论》中，可以看出脉诊已经广泛用于临床，并且有进一步的发展和提高。到了晋代，名医王叔和综合前代有关脉学的知识和经验，写成了《脉经》一书，成为我国现存最早的脉学专著。书中把脉分为 24 种，对每种脉象作了说明，并且叙述了各种切脉方法和多种杂病的脉症，把脉诊和病症进一步结合起来，使脉学成为更加实际

的学问。此后，我国古代脉学著述不断增多。许多名医都精通脉学，例如，明代的李时珍对脉学也有深入的研究，著有《濒湖脉学》等书。

人工运河

我国利用天然水道通航的历史十分悠久。在云南元谋人居住的地方，曾出土一条独木舟，由一根整木从中间挖空而成。这就是"刳木为舟，剡木为楫"的时期。随着商品交换的扩展，促进了水运交通的发展，西周以后人工运河开始出现。我国地势西高东低，为建立全国的水运交通网，开始开凿南北向的人工运河，使各大水系的水运交通相互沟通，适应了国家统一和经济文化进步的需要。战国以来，人工运河更朝着跨流域、长距离的方向发展。隋唐以来有系统地建设的人工运河，已形成沟通海河、黄河、淮河、长江和钱塘江几大水系的交通网，特别是京杭运河的开凿，成就了北京至杭州长达 1800 公里世界最长的人工运河，创造了跨越分水岭的通航技术，开创了双门和多门梯级船闸技术。这些成就是构成中国水利工程的重要组成部分。

李冰与都江堰

李冰是战国时期的水利家。秦昭襄王末年（约前256—前251年）为蜀郡守，在今四川省都江堰市（原灌县）岷江出山口处主持兴建了中国早期的灌溉工程——都江堰，使川西平原富庶起来。都江堰位于四川省都江堰市的岷江入成都平原的起始段，是世界上现存历史最长的大型无坝引水工程。都江堰引水枢纽由鱼嘴、宝瓶口、飞沙堰三部分组成。鱼嘴将岷江一分为二：一条为岷江正流；另一条经由宝瓶口向灌区供水。飞沙堰则是防止灌区进水太多而设置的分洪分沙的设施。"深淘滩，低作堰"六字诀等，是当地千古传颂的管理准则。都江堰顺应岷江当地自然地理条件，加以人工调整，反映出人与自然和谐的治水理念。这也是都江堰历2000多年而不毁的基本原因。目前都江堰灌溉面积已扩大至60多万公顷。2000年，都江堰被联合国评为世界文化遗产。

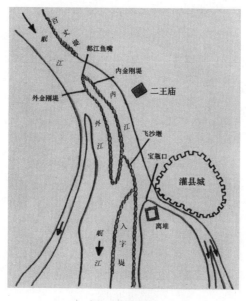

都江堰示意图

坎儿井

坎儿井在《史记·河渠书》中便有记载，时称"井渠"。用的是"井下相通行水"的办法，引导地下水灌溉良田。这种距今2000多年的人工开凿的地下长河，堪称中国古代水利设施的奇迹。吐鲁番地区有史可查的坎儿井有1100多条，现存725条，总长将近5000公里。年径流量将近3亿立方米，超过了火焰山水系的总径流量。坎儿井的结构，大体上是由竖井、地下渠道、地面渠道和"涝坝"（小型蓄水池）四部分组成，吐鲁番盆地北部的雪山到春夏时节有大量积雪和雨水流下山谷，潜入戈壁滩下。人们利用山的坡度，巧妙地创造了坎儿井，引地下潜流灌溉农田。坎儿井并不因炎热、狂风而使水分大量蒸发，因而流量稳定，保证了自流灌溉。吐鲁番现存的坎儿井，多为清代以来陆续修建，如今仍浇灌着大片绿洲良田。

坎儿井出口

火药

火药是中国四大发明之一。火药，顾名思义就是着火的药。它的起源与炼丹术有着密切的关系，是古代炼丹士在炼丹时无意中配制出来的。它是硫磺、硝石、炭的混合物。而前两项在汉代成书的中国第一部药物学典籍《神农本草经》里都被列为重要的药材，所以火药本身也被归入药类。明代李时珍的《本草纲目》中说，火药能治疮癣、杀虫、辟湿气和瘟疫。火药的发明是人们长期炼丹制药的实践结果，至今已有 1000 多年历史。唐朝末年，火药已被用于军事。以后随着朝代更迭，战事的发生，促进火药武器的加速发展。先后制造了火药箭、火炮等以燃烧性能为主的武器和霹雳炮、震天雷、铸火铳等爆炸性较强的武器，在战争中显示了前所未有的威力。在十二三世纪，火药首先传入阿拉伯国家，然后传到希腊和欧洲乃至世界各地。对人类社会的文明进步，对经济和科学文化的发展，起了推动作用。美、法各国直到 14 世纪中叶，才有应用火药和火器的记载。

指南针

指南针是中国四大发明之一，也是中国对世界文明发展的一项重大贡献。指南针是利用磁铁在地球磁场中的南北指极性而制成的一种指向仪器。磁石的这种特性，被古人利用来制成指南工具。最早出现的指南工具叫司南，战国时已普遍使用。东汉王充记载了它的形状和用法。到了

最早的指南针——司南

宋代，人们发明了人工磁化方法，制造了指南鱼和指南针，而指南针更为简便，更具实用价值。它是以天然磁石摩擦钢针制成的，在地磁作用下保持指南性能。后把它装置在方位盘上，就称为罗盘。这是指南针发展史上的一大飞跃。指南针在公元 11 世纪时已是常

用的定向仪器。指南针的最大贡献是大大地促进了航海事业的发展。据考证，公元11世纪末，指南针就开始用于航海了。大约在12世纪末到13世纪初，指南针由海路传入阿拉伯，然后由阿拉伯传入欧洲。

造纸

　　造纸为中国四大发明之一。根据考古发现，西汉时期我国已经有了麻质纤维纸，但质地粗糙，且数量少，成本高，不普及。公元105年，蔡伦在东汉京师洛阳，总结前人经验，改进了造纸术，以树皮、麻头、破布、旧渔网等为原料造纸，大大提高了纸张的质量和生产效率，扩大了纸的原料来源，降低了纸的成本，为纸张取代竹帛开辟了前景，为文化的传播创造了有利条件。105年，蔡伦向汉和帝献纸，受到和帝赞誉。造纸术于是广为天下所知，蔡伦造的纸被称为"蔡侯纸"。造纸术到公元7世纪初期（隋末唐初）开始东传至朝鲜、日本，随后传入阿拉伯，乃至整个西方。造纸的发明与传播，使文字的载体成本得到了大幅度的下降，知识在平民中的普及得以实现，从而极大地推动了世界科技、经济的发展。

汉代造纸工艺流程图

印刷

印刷为中国四大发明之一。早期，人们把象形文字刻在龟甲和兽骨上进行占卜。后来又把文字铸在鼎上以记载事件。这就是今天所说的甲骨文和金文（又称钟鼎文）。到春秋战国时期，人们又把文字刻在竹木条上，用绳子、丝线、皮革编连起来，称为"丝编"或"韦编"。到东汉末年，人们总结了石刻和印章的经验，创造了拓印法。581年，隋文帝重新统一中国后，由拓印法发展成为雕版印刷。到了唐代雕版印刷在民间极为盛行。雕版印刷较之用手工抄写有了很大进步。到了北宋时期，"平民"毕昇在长期的实践中，总结了劳动人民雕版印刷的经验，经过反复实践摸索，在雕版的基础上，发明了活字印刷术。毕昇发明的活字印刷术，在现在看来，虽然比较简单原始，版制成后仍需将墨刷在版上，然后铺纸用刷子刷印，然而现代印刷术和印刷机的原理仍然是活字印刷的原理。毕昇死后200余年，后人又在他的活字版基础上创造出木活字、铜活字、锡活字，印刷的规模也越来越大了。

我国古代雕版印刷作坊

水车

中国自古就是以农立国,与农业相关的科学技术取得了卓越的成就。水利是农业中最不可缺的一环。为了解决高地或是离灌溉渠道及水源较远的地方的灌溉问题,于是发明了另一种能引水灌溉的农具——水车。民间最早的汲水用具是"桔槔",也就是用一条横木支在木架上,一端挂着汲水的木桶,一端挂着重物,像杠杆似的,可以节省汲水的力量。从抱瓮灌地到桔槔汲水初步利用器械,可以说是水车发明的先驱。中国正式有记载的水车,则大约到东汉时才产生。当时被称做"翻车",翻车已有轮轴槽板等基本装置。水车出现比西方国家早1500余年。

春秋汲水工具:桔槔

纺车

中国是最早生产纺织品的国家。原始社会渔猎生产时,先民即已学会搓绳子,后来又由此创造出织和纺的技术。从出土纺织品推断,纺车在春秋战国时期就有了。秦汉时,手摇单锭纺车已广泛使用,当时人们日常衣着为麻织物。宋代已出现适用于工厂手工业麻纺大纺车的水转大纺车。到了南宋，棉纺织生产占主导地位，又出现多锭大纺车。清代出现的多锭大纺车，使手工纺织机器的发展达到了一个高峰。元代元贞年间（1295—1297），流落崖州的黄道婆回到故乡乌泥泾，把在崖州学到的纺织技术用于本乡，改制出一套"杆、弹、纺、织"的生产工具。黄道婆创造的三锭脚踏纺车，同时可纺三根线。三锭纺车的发明，在当时是非常了不起的，因为在机器纺车出现以前，若找一个能够同时纺两根纱的纺织工人是很难的。黄道婆的发明比欧洲的"珍妮机"早 500 年。她还与家乡妇女一起制造出"乌泥泾被"，织出的图样灿然如绘。这种棉纺织技术后来传遍江浙一带。

古代纺织图

（九）茶文化

茶的渊源

中国是世界上饮茶制茶最早的国家。中国的茶叶生产已有数千年的历史。据考证，有文字记载的茶事已有 2000 多年的历史。公元前 200 年左右，我国最早的一部字书《尔雅》中就有"槚"字，称"槚就是苦荼"（"荼"是古汉字，即今"茶"字）。相传早在 3000 多年前，我国巴蜀一带已用土产茶叶作为贡品了。因此可以推论，至少在 3000 多年前，我国已有茶的栽培和制作。到目前为止，世界上其他国家还没有比这更早的发现与记载。距今 2100 多年的长沙马王堆西汉墓出土了一幅敬茶仕女帛画，这是汉代皇帝贵族享用茶饮的写实。在随葬清册中还有"木古月笥"的简文，据考证，"木古月"就是槚的异体字，即苦荼（茶），这是至今发现最早的茶叶随葬品。

茶圣陆羽与《茶经》

茶圣陆羽

陆羽（703—804），字鸿渐，号竟陵子、桑苎翁、东冈子，唐复州竟陵（今湖北天门）人，一生嗜茶，精于茶道，以著世界第一部茶叶专著——《茶经》闻名于世，对中国茶业发展作出了卓越贡献，被誉为"茶仙"、"菇圣"、"茶神"。陆羽的《茶经》，是唐代和唐以前有关茶叶的科学知识和实践经验的系统总结，又是陆羽躬身实践取得茶叶生产和制作的第一手资料，也是他广采博收茶家采制经验的结晶。《茶经》一问世，即为历代人所珍爱。宋代陈师道为《茶经》作序道："夫茶之著书，自羽始。其用于世，亦自羽始。羽诚有功于茶者也！"陆羽除在《茶经》中全面叙述茶区分布和对茶叶品质高下的评价外，有许多名茶首先为他所发现。

茶道

茶道发源于中国。中国茶道兴于唐，盛于宋、明，衰于近代。宋代以后，中国茶道传入日本、朝鲜，获得了新的发展。中国茶道是以修行得道为宗旨的饮茶艺术，其目的是借助饮茶艺术来修炼身心、体悟大道、提升人生境界。中国茶道约成于中唐之际，陆羽是中国茶道的鼻祖。陆羽《茶经》所倡导的"饮茶之道"实际上是一种艺术性的饮茶，它包括鉴茶、选水、赏器、取火、炙茶、碾末、烧水、煎茶、酌茶、品饮等一系列的程序、礼法、规则。中国茶道有三义：饮茶之道、饮茶修道、饮茶即道。饮茶之道是饮茶的艺术，且是一门综合性的艺术，它与诗文、书画、建筑、自然环境相结合，把饮茶从日常的物质生活上升到精神文化层次；饮茶修道是把修行落实于饮茶的艺术形式之中，重在修炼身心；饮茶即道是中国茶道的最高追求和最高境界，煮水烹茶皆为道。中国茶道集宗教、哲学、美学、道德、艺术于一体，是艺术、修行、达道的结合。中国茶道既是饮茶的艺术，也是生活的艺术，更是人生的艺术。

中国茶道

中国名茶

尽管现在人们对名茶的概念尚不十分统一，但综合各方面情况，名茶必须具有以下几个方面的基本特点：其一，有独特的风格，主要表现在茶叶的色、香、味、形四个方面。其二，名茶要有商品的属性，在流通领域享有很高的声誉，因此名茶要有一定产量，质量要求高。其三，名茶需通过人们多年的品评得到社会承认。历史名茶，或载入史册，或得到发掘。中国十大名茶是西湖龙井、黄山毛峰、洞庭碧螺春、安溪铁观音、君山银针、云南普洱茶、庐山云雾、祁门红茶、苏州茉莉花茶、台湾冻顶乌龙。

茶具

茶具又称茶器具、茶器。茶具，其定义古今并不相同。陆羽《茶经》中所指茶具，泛指制茶、饮茶使用的各种工具，古时叫茶器，现在所指专门与泡茶有关的专门器具。到宋代，茶具与茶器才逐渐合一，主要指饮茶器具。《茶经》中详列了与泡茶有关的用具28种、八大类，对茶具总的要求是实用性与艺术性并重，力求有益于茶的汤质，又力求古雅美观。茶具对茶汤的影响，主要在两个方面：一是表现为茶具颜色对茶汤色泽的衬托。陆羽《茶经》很推崇青瓷，"青则益茶"，即青瓷茶具可使茶汤呈绿色。二是茶具的材料对茶汤滋味和香气的影响，材料除要求坚固耐用外，还要不损茶质。中国茶具，种类繁多，造型优美，兼具实用和鉴赏价值，为历代饮茶爱好者所青睐。其中，宜兴紫砂壶和景德镇瓷器因普遍使用而闻名中外。

清光绪粉彩百花茶盖碗

（十）酒文化

酒的缘起

中国酿酒的历史渊源久远，最初起始于商、周时期，距今已有3000余年的历史了。朱翼中的《酒经》称，夏朝初年，名为仪狄的一个官员用桑叶包饭酿成酒以此献给大禹，大禹吃后感到味道甘美，感慨道："后代必有为了饮酒而亡国的。"于是下令禁止造酒，但此造酒之法仍在宫中暗暗流传。另据《说文解字》记载："古者少康初作箕帚，秫酒，少康，杜康也。"自古以来，文人学士多爱饮酒，因而给酒起了许多雅名，如"金浆"、"琬液"、"琼苏"等。世界上最早发明用酒曲酿酒的是中国，这已为世界所公认。几千年来，制曲和用曲酿酒一直是中国具有的独特的谷物酿酒技术。

饮酒习俗

在我国民众的日常生活中，酒不完全作为一种单纯的饮料来看待，而是人际关系的"润滑剂"和个人性格的"标签"，它能起到调节人际关系、彰显人们性格的作用。中国有句俗话"无酒不成席"，酒在我们的社会生活中无所不在。中国人把婚礼的筵席称"喜酒"；生孩子办满月称"满月酒"；给老人祝寿称"寿酒"；重阳节要喝"重阳酒"；端午节要喝"菖蒲酒"；祝捷要喝"庆功酒"；情人喝"交杯酒"；交朋友喝"拜把子"酒；中国农村盖房要办"上梁酒"；迁入新居要办"进屋酒"；有朋友远行，要举办"践行酒"；送勇士们上战场要办"壮行酒"。酒已成为中国人际交往的桥梁和纽带，在日常生活中发挥着重要的作用。

饮酒助兴的方式

饮酒行令是中国人在饮酒时助兴的一种特有方式。酒令由来已久，开始时可能是为了维持酒席上的秩序而设立"监"。另外，在远古时代就有了为宴饮而设的射礼，称为"燕射"。即通过射箭，决定胜负，负者饮酒。古人还有一种被称为投壶的饮酒习俗，酒宴上设一壶，宾客依次将箭向壶内投去，以投入壶内多者为胜，负者受罚饮酒。总的说来，酒令是用来罚酒的。但施行酒令最主要的目的是活跃饮酒时的气氛。行令就像催化剂，使酒席上的气氛活跃起来。行酒令的方式可谓五花八门，文人雅士与平民百姓行酒令的方式大不相同。文人雅士常用对诗或对对联、猜字或猜谜等，一般百姓则用一些既简单，又不需作任何准备的行令方式，如"猜拳"。

饮酒行令图（清）

（十一）饮食文化

饮食理论

中国人的精神生活与物质生活统一在饮食生活中得到的极大的体现。古人认为人生第一件大事就是吃饭，为它耗费的时间最多。春秋时代就有这样的人生格言："唯食忘忧。"（《左传·昭公二十八年》）先秦诸子中以儒家、墨家和医家对于饮食生活最为重视。"王者以民为天，民以食为天"、"饮食男女，人之大欲存焉"的儒家思想是肯定人们的基本生理需求的，在儒家看来饮食生活问题应该受到足够的重视。由此出发，孔子把粮食问题看成是立国"三要"之一。他在倡导统治者要"节用爱人"的同时，关照老百姓要吃饱吃好，并行之有度。孟子倡导"仁政"，其核心就是老百姓不饥不寒、吃饱穿暖，然后实施礼义教化。医家是为人祛病保健的，当然更重视入口的问题。中国医学强调医食同源，《淮南子》中说："神农尝百草之滋味，一日而遇七十毒。"最初是无毒为食，有毒为药，继而是药可以为食，食也可以为药。在这种思路的指导下，中国人就有了以食治病和以食进补保健的观念。

汉代厨房砖图

烹饪理论

烹饪文化的主要发展与烹饪基本理论的建立，首先是"五味调和"之说。所谓"五味"是受到了"五行"说的影响，从众多的味道中总结规范出来的。"五味调和"最早是指做羹，《说文》中把"羹"解释为"五味和羹"。这意味着人们懂得使用五味调料后，首先把它使用在制作羹汤之中，后世称羹为"调羹"也就是这个道理。从调羹中人们逐渐懂得了五味调和的道理，调味的根本目的在于激发食物的美味，清除食物的异味。《吕氏春秋·本味》中对"味"和"调味"作了细致的分析和深入的探讨，强调水（传热介质）、火候、齐（即"剂"，调料计量）三者的统一。至宋代，调味与火候、刀功的关系更为密切。那么一盘成功的炒菜，则是火候、刀功、调料三者的统一。

"食不厌精，脍不厌细"是孔子的名言。"食"，指主食，切成薄片的肉叫做"脍"。这反映了儒家对吃饭有比填饱肚子更高的要求，那就是得到美味。孟子更是强调人们对于美味追求的合理性。他说"口之于味，目之于色"的追求都是人性使然。中国烹饪文化中调味理论很早就建立起来了，这是与儒家重味的意识有关的。

503

橱婢图砖画

主食

《黄帝内经》对于夏商周三代至秦汉的食物原料作了很好的概括："五谷为养，五果为助，五畜为益，五菜为充。"谷物是人们的主食，其他皆可划入副食范畴。从中国有文字记载以来就已食用的谷物有稷（粟，今之小米）、黍（大黄米）、稻、粱（优质粟米）、麦、菽（豆类）、牟（大麦）、麻、菰（雕胡米，今之紫米）。北方主要吃粟、黍。稻米是美食，但北方种植少，一般百姓吃不到。麦子是"粒食"，口感不好。在石转磨发明以前，谷物主要用来做饭或粥。战国以后石转磨发明了，把小麦磨成粉，做成饼，尤其是胡饼的做法传入中国，小麦才成为北方中国人的美食。豆类耐贫瘠，宜于种植，饥荒时为穷人的救灾粮。现今常食如高粱、玉米、白薯之类，皆是后世传入中国。

副食

副食包括菜、果、肉及调料四项。先秦时期的人已经懂得栽种蔬菜和水果，脱离了采集阶段，园圃业已经产生。中国原产和自夏、商、周三代以来就食用的菜类和果类包括葵、韭、薤、葱、瓠、蓂、笋、芹、苦菜、姜、桃、李、梨、杏、梅、木瓜、郁（山葡萄）、桔、柚、枣、栗、榛、瓜（甜瓜）等。肉类则有牛、

504

羊、猪、狗、鸡、鸭、鱼、鳖等。调料最初只有盐（咸）、梅（酸）二味，春秋时期五味之说已很盛行。"五味"有咸（用盐或酱）、酸（用梅或醯）、辛（用姜或葱、桂、花椒、蓼等）、苦（用酒或豆豉）、甜（用饴或蜜）。煎炸用油，先秦主要用动物脂肪，战国以后植物油才大量进入中国人的食谱。

外来食品

外来食品传入大概可以分为三个时期。一是两汉，这个时期以张骞通西域为开端，促进了中西交流，传入的食物与调料有豌豆、芝麻、核桃、黄瓜、葡萄、大蒜、石榴、芫荽等。二是唐宋，这个时期传入的食物有高粱、菠菜、胡萝卜、西瓜、洋葱等，用甘蔗制糖法也从印度传入。三是 15 世纪哥伦布发现新大陆以后，原产于南北美洲的各种农作物，如玉米、番薯（即白薯）、马铃薯、花生、向日葵、菜豆、西红柿、花菜、辣椒、甘蓝、菠萝等相继传入中国。

筷子的使用

人们谈到中西饮食文化的差别时，常说中国是"筷子文化"，西方是"刀叉文化"。考古发现，最早的筷子是商代的铜筷子，距今已有 3000 多年的历史了。据《菽园杂记》等文献记载，"筷子"名称出现在明代。筷子的种类更是层出不穷，有竹类、木类、金属类，还有塑料、玻璃、复合材料、玉类、骨类等。筷子的色彩、图案、造型也是五彩纷呈。可以说，琳琅满目的"筷子世界"给人带来了美的享受。筷子，作为中国饮食文化的内容之一，早在唐以前就传到了亚洲各国，特别是日本和东南亚。

八大菜系

严格地说，我国各省、各地区、甚至各县都有自己独特风味的肴馔，但是要构成"菜系"则必须有一定条件。首先，菜系的形成与该地区的商业、交通、文化发展程度相关联，当烹饪技艺得以交流，各种带有地方特点的珍异食物原料得以荟萃，形成大量的名

中国人利用杠杆原理发明了筷子

肴佳馔和世代相承的厨师时，菜系就形成了。另外，加之有一批高水准的消费者和有较高文化修养的美食家品评提倡，更是推动了菜系的形成。

中国菜肴在烹饪中有许多流派。其中最有影响和代表性的也为社会所公认的有：鲁、川、粤、闽、苏、浙、湘、徽菜系，即人们常说的中国"八大菜系"。有人把"八大菜系"用拟人化的手法描绘为：苏、浙菜好比清秀素丽的江南美女；鲁、皖菜犹如古拙朴实的北方健汉；粤、闽菜宛如风流典雅的公子；川、湘菜就像内涵丰富充实、才艺满身的名士。中国"八大菜系"的烹调技艺各具风韵，其菜肴之特色也各有千秋。

饮食与礼仪

每个民族的食俗是与其社会的共同习俗相吻合的。食俗的礼仪包括：每日用餐的次数和时间；每次进餐时家庭成员座位的安排和程序；一年四季主、副食结构的调整和变化；对待客人的饮食礼仪；家居中特殊的用餐习俗，比如坐月子、对老人和病人的优待，等等。

中国广大地区和各民族，均实行早、午、晚三餐制，随着四季

唐代彬彬有礼的侍女图

的变换和农忙与农闲的区别，也有四餐制和两餐制的。广大汉族地区一直是三餐制。早餐比较简单，午、晚两餐为正餐。除主食外，配以炒菜，形成明显的主、副食结构。

居家饮食的礼仪较简单，如果家中有老人或贵客，进餐时的座位就要体现出对老人和客人的尊重。客人到达以后，坐在什么位置上，有很多讲究。席地而坐时，"主位"、"客位"是有严格区别的，方桌、八仙桌出现以后也是如此。待客还注重"布菜劝酒"。古代有"酒过三巡，菜过五味"之说，这是较为合适的，既制造和保持了筵席的热烈气氛、最大限度上实现了宴饮的亲和作用，又考虑到来客的饭量和酒量。

世界宗教文化基础知识

伊斯兰教

伊斯兰教是与佛教和基督教并列的世界三大宗教。伊斯兰，是阿拉伯语的音译，本意"顺从"。顺从安拉旨意的人，即"顺从者"，阿拉伯语叫"穆斯林"，是伊斯兰教徒的通称。公元7世纪初，阿拉伯半岛的社会处于大变动时期，四方割据，战乱频繁。为实现半岛的和平统一和社会安宁，先知穆罕默德提出了"安拉是唯一的真神"的口号，提出禁止高利贷，"施舍济贫"、"和平安宁"等主张。伊斯兰教就这样诞生了。穆斯林都相信穆罕默德是"先知"，是"安拉的使者"，是奉安拉之命向人类传布伊斯兰教的。伊斯兰教的历史，从穆罕默德开始传教之年算起，至今已有近1400年历史，但不论在什么地方，穆斯林之间都互称兄弟，或叫"朵斯梯"，彼此见面呼"色俩目"，或简称道"色兰"，以示问候。"色俩目"或"色兰"，阿拉伯语意作"安色俩目尔来库姆"，即"愿安拉赐给你平安"，回答时说"瓦尔来库姆色俩目"，意思是"愿安拉也赐给你安宁"。

从公元7世纪初直到17世纪，在伊斯兰的名义下，以阿拉伯半岛为中心，曾经建立了一系列大大小小的王朝帝国。随着时代变迁，这些盛极一时的王朝都已成为历史陈迹，但是，作为世界性宗教的"伊斯兰教"却始终没有陨落。它从一个民族的宗教成为一个帝国的精神源泉，尔后又成为一种宗教、文化、政治的力量，一种人们的生活方式，并且在世界范围内不断地发展着。目前世界上有10亿多信徒，他们大多分布在阿拉伯国家，以及中非、北非、中亚、西亚、东南亚和印度、巴基斯坦、中国；有些国家还以伊斯兰教为国教。

伊斯兰教流派主要有两个:一是逊尼派,全称"逊奈和大众派",被认为是伊斯兰教的正统派,人数约占全世界穆斯林的90%,中国的穆斯林大部分属于此派。二是什叶派,目前全世界约有什叶派穆斯林8000万人,主要分部在伊朗、伊拉克、巴基斯坦、印度、土耳其、阿富汗、黎巴嫩、沙特阿拉伯、也门、巴林等地区。伊斯兰教有三大圣地:麦加,麦地那,耶路撒冷。伊斯兰教的节日主要节日有开斋节(伊斯兰教历10月1日)、古尔邦节(伊斯兰教历12月10日)、圣纪(穆罕默德诞辰教历3月12日)。

佛教

佛教是世界三大宗教中最古老的宗教。佛教由释迦牟尼创立,大约在公元前6世纪初叶。释迦牟尼,本姓乔答摩,名悉达多,是释迦族人,"释迦牟尼"意即释迦族的圣人。他生于公元前565年,是古印度北部迦毗罗卫国净饭王的儿子。他自幼受婆罗门教的教育,在29岁时,感到人世有生老病死的各种苦恼,又不满当时婆罗门的神权统治,遂舍弃王族的生活,遍访名师,经过6年苦修,终于在35岁时,在菩提树下成道,创立佛教,被尊称为佛陀(意思是觉悟者),又叫释迦牟尼。佛教精神为"自了自觉,渡脱苦海"(小乘:提倡个人修炼),进而"觉他渡他,同登彼岸"(大乘:提倡普度众生)。佛教以无常和缘起思想反对婆罗门的梵天创世说,以众生平等思想反对婆罗门的种姓制度,以"四谛"、"八正道"、"十二因缘"等为基本教理,主张依经、律、论三藏,修持戒、定、慧三学,以断除烦恼、成就佛果为最终目的。释迦牟尼佛对不同根器的众生就如何离苦分别开示了不同的教法。后来他的弟子们将这些教法有系统地归纳为三大类:声闻乘、缘觉乘和菩萨乘(亦称大乘)。

佛教在印度流传发展了数百年后,逐渐走向亚洲其他国家。一般将传于今斯里兰卡、缅甸、泰国、柬埔寨、老挝和中国傣族地区的巴利语经典系,称南传佛教(属小乘);流传于中国、朝鲜、日本、越南和汉语经典系通称北传佛教(属大乘)。印度本土佛教在公元 9 世纪时渐趋衰微，13 世纪初归于湮灭，19 世纪后始渐复兴。藏传佛教的特殊价值在于它涵盖了佛教各乘——小乘、显教大乘、密教大乘的完整修法，它以印度佛教研究的高峰为起点，经过上千年的发展，已达到高深精细的程度。

基督教

基督教是当今世界上传播最广、信徒人数最多的宗教。公元 1 世纪中叶，基督教产生于地中海沿岸的巴勒斯坦，从犹太教中分裂出来成为独立的宗教。392 年，基督教成为罗马帝国的国教，并逐渐成为中世纪欧洲封建社会的主要精神支柱。1054 年，基督教分裂为罗马公教（天主教）和希腊正教（东正教）。16 世纪中叶，公教发生宗教改革运动，陆续派生出一些脱离罗马公教的新教派，统称"新教"，在中国称为"耶稣教"。所以，基督教是公教、东正教和新教三大教派的总称。

基督教的创始人是耶稣（Jesus）。耶稣是上帝耶和华之子，他出生在巴勒斯坦北部的加利利的拿撒勒。耶稣 30 岁时受了约翰的洗礼，又经受了魔鬼撒旦的诱惑，使之坚定了对上帝的信念。此后，耶稣就率领门徒四处宣传福音。耶稣的传道引起了犹太贵族和祭司的恐慌，他们收买了耶稣的门徒犹大，把耶稣钉死在十字架上。但三天以后，耶稣复活，向门徒和群众显现神迹，要求他们在更广泛的范围内宣讲福音。从此，信奉基督教的人越来越多，他们把基督教传播到世界各地。

基督教的经典是《圣经》。《圣经》中记述的都是上帝的启示，是基督教徒信仰的总纲和处世的规范，是永恒的真理。《圣经》分为《新约全书》和《旧约全书》两部分。《旧约全书》原是犹太教的经典，耶稣对他的某些方面提出了自己不同于犹太教的看法，并做出了解释说明，作为自己信仰的一个重要依据。《旧约全书》包括律法书、先知书、历史书和杂集四类，共 39 卷，其中记录了天地起源、犹太人的来源和历史以及古代犹太人的文学作品。《新约全书》包括福音书（即《马太福音》、《马可福音》、《路加福音》和《约翰福音》）、历史书、使徒书信和启示录四类，共 27

卷，其中主要记述了耶稣及其门徒的言行。基督教的教义比较复杂，各教派强调的重点也不同，但基本信仰还是得到各教派公认的。基督教的教义归纳为"博爱"，即爱上帝和爱人如己。基督教诞生至今已2000年，成为世界第一大宗教，教徒遍布四大洲。

万圣节

在西方国家，每年的10月31日称为"Halloween"，中文译为"万圣节之夜"。万圣节是西方国家的传统节日。这一夜是一年中最"闹鬼"的一夜，所以也叫"鬼节"。公元前500年，居住在爱尔兰、苏格兰等地的凯尔特人相信，故人的亡魂会在这一天回到故居地在活人身上找寻生灵，借此再生，而且这是人在死后能获得再生的唯一希望。而活着的人则惧怕死魂来夺生，于是人们就在这一天熄掉炉火、烛光，让死魂无法找寻

脸谱化妆是万圣节的传统节目

活人，又把自己打扮成妖魔鬼怪把死人之灵魂吓走。到了公元1世纪，占领了凯尔特部落领地的罗马人也渐渐接受了万圣节习俗。罗马人将庆祝丰收的节日与凯尔特人的仪式结合，戴着可怕的面具，打扮成动物或鬼怪，目的是为了赶走在他们四周游荡的妖魔。时间流逝，万圣节的意义逐渐起了变化，变得积极快乐起来，喜庆的意味成了主流，死魂找替身返世的说法也渐渐被摒弃。今天，象征万圣节的形象、图画如巫婆、黑猫等，大多有友善可爱和滑稽的脸。大家打扮成各种古怪精灵，共同庆祝万圣节。

愚人节

每年4月1日愚人节是西方的传统节日。愚人节起源于法国。1564年，法国首先采用新改革的纪年法，以1月1日为一年之始。但一些因循守旧的人反对这种改革，依然按照旧历固执地在4月1日这一天送礼品，庆祝新年。主张改革的人对这些守旧者的做法大加嘲弄。他们在4月1日给守旧派送假礼品，邀请他们参加假招待

会，并把上当受骗的保守分子称为"四月傻瓜"或"上钩的鱼"。从此人们在 4 月 1 日便互相愚弄，成为法国流行的风俗。18 世纪初，愚人节习俗传到英国，接着又被英国的早期移民带到了美国。愚人节时，人们常常组织家庭聚会，用水仙花和雏菊把房间装饰一新。典型的传统做法是布置假环境，可以把房间布置得像过圣诞节一样，也可以布置得像过新年一样，待客人来时，则祝贺他们"圣诞快乐"或"新年快乐"，令人感到别致有趣。不过愚人节最典型的活动还是大家互相开玩笑，用假话捉弄对方。

感恩节

在美国，每年 11 月的最后一个星期四是举国同庆的感恩节。美国人对感恩节重视的程度，可与传统的圣诞节相比。追根溯源，感恩节是和美洲古代的印第安人，特别是和玉米的种植有十分密切的关系。1620 年，一批英国清教徒为躲避宗教的迫害，搭船驶往美洲，到达北美殖民地的普利茅斯。当地印第安人慷慨地拿出储藏越冬的玉米和土豆，送去猎获的野鸭和火鸡，并教他们种植玉米和南瓜，饲养火鸡。白人移民和印第安人建立了亲密的友谊。秋季玉米丰收，移民们举行丰盛的感恩会，用烤火鸡和玉米糕点款待印第安人。以后在每年玉米收获后的 11 月底，定居在这里的白人移民都要举行感恩会，家家烤火鸡，烹制玉米食品，款待印第安人。长此以往，这种感恩会就成为一种惯例。1863 年，美国总统林肯宣布把感恩节定为全国性的节日，号召人民同心同德，为美国的繁荣昌盛作出努力。现今，玉米制品仍然是欢度感恩节不可缺少的食品之一。每逢感恩节，美国举国上下热闹非凡，人们按照习俗前往教堂做感恩祈祷，城乡市镇到处都有化妆游行、戏剧表演或体育比赛等。亲人们也会从天南海北归来，一家人团圆，品尝美味的感恩节火鸡。

圣诞节

圣诞节是基督教的一个重要节日，定于每年 12 月 25 日，纪念耶稣基督的诞生。象征温暖长寿的火与灯光及常青树，是冬季节日庆祝活动中的内容。西方人以红、绿、白三色为圣诞色，圣诞节来临时家家户户都要用圣诞色来装饰。红色的有圣诞花和圣诞蜡烛。绿色的是圣诞树，它是圣诞节的主要装饰品，上面悬挂着五颜六色的彩灯、礼物和纸花，还点燃圣诞蜡烛。红色与白色相映成趣的是圣诞老人，他是圣诞节活动中最受欢迎的人物。西方儿童在圣诞夜临睡之前，要在壁炉前或枕头旁放上一只袜子，等候圣诞老人在他们入睡后把礼物放在袜子内。在西方，扮演圣诞老人也是一种习俗。

孩子们期待圣诞老人送来礼物

复活节

复活节是最古老、最有意义的基督教节日之一。传说耶稣被钉死在十字架上，死后第三天复活升天。复活节是基督教纪念耶稣复活的节日，它庆祝的是基督的复活，象征重生和希望，世界各地的基督徒每年都要举行庆祝。每年在教堂庆祝的复活节指的是春分月圆后的第一个星期日，如果月圆那天刚好是星期天，复活节则推迟一星期。因而复活节可能在3月22日至4月25日的任何一天。典型的复活节礼物跟春天和再生有关系：鸡蛋、小鸡、小兔子、鲜花，特别是百合花是这一季节的象征。复活节那天早上，孩子们会发现床前的复活节篮子里装满了巧克力彩蛋、复活节小兔子、有绒毛的小鸡及娃娃玩具等。在多数西方国家里，复活节一般要举行盛大的宗教游行。游行者身穿长袍，手持十字架，赤足前进。他们打扮成基督教历史人物，唱着颂歌欢庆耶稣复活。过去基督教教徒会在节前去教堂行洗礼，然后穿上自己的新袍，庆祝基督的新生，因此穿戴一新的习俗保留至今，复活节的到来使人们纷纷换上新衣。复活节期间，人们还喜欢彻底打扫自己的住处，表示新生活从此开始。

西方哲学基础知识

"爱智慧者" 苏格拉底

　　苏格拉底（前 469—前 399），古希腊著名思想家、哲学家。他和他的学生柏拉图及柏拉图的学生亚里士多德被并称为"古希腊三贤"。他被后人广泛认为是西方哲学的奠基者。苏格拉底经常在大街小巷里讨论和争辩哲学，主要是关于伦理道德以及教育政治方面的问题，如什么是正义，什么是非正义；什么是诚实，什么是虚伪，等等。后人称苏格拉底的哲学为"伦理哲学"，他为哲学研究开创了一个新的领域，使哲学"从天上回到了人间"，在哲学史上具有伟大的意义。苏格拉底从不自诩为有智慧的人，他认为"爱智慧者"和"有智慧者"虽只有一字之差，含义却根本不同。前者指追求确定真理的哲学家，后者指靠炫耀知识赚钱的智者。他像中国的孔子那样述而不作，现在关于苏格拉底的思想的了解绝大

苏格拉底（中间蓄大胡子者）用谈话法进行教学

多数来自他的弟子柏拉图的《对话录》。《对话录》是以苏格拉底和别人的对话为内容展开的。哲学史家往往把他作为古希腊哲学发展史的分水岭，苏格拉底对后世的西方哲学产生了极大的影响。

西方唯心主义创始人柏拉图

柏拉图（约前427—前347），古希腊伟大的唯心主义哲学家，也是全部西方哲学乃至整个西方文化最伟大的哲学家和思想家之一，他和老师苏格拉底、学生亚里士多德并称为古希腊三大哲学家。柏拉图出身于雅典贵族，他师承苏格拉底，一生景仰其师的思想和人格，并远远超过了他的老师。他早期怀有政治抱负，民主制复辟后处死苏格拉底，使他对当时的一切政体完全失望，决心通过哲学改变统治者，以此改造国家。他在以希腊英雄阿卡德穆（后世的高等学术机构因此称作 Academy）命名的运动场附近创立学园，这是西方最早的高等学府。柏拉图在那里除讲授哲学之外，还讲授数学、天文学和声学、植物学等自然科学知识，但以哲学为最高课程。学园的目标不是传授实用的技艺，而是注重思辨的理论智慧，吸引了各地的学生到此学习。他执教40年，直至逝世。柏拉图的著作大多以对话文体写成，哲学家的睿智与文艺的艺术风格完美地融为一体，在西方文献史上领一代风骚。他一生著述颇丰，其

柏拉图在学园讲学

教学思想主要集中在《理想国》和《法律篇》中，他的作品是西方文化的奠基文献，在后世哲学家和基督教神学中，柏拉图的思想保持着巨大的辐射力。"柏拉图主义"、"柏拉图爱情"等概念成为西方哲学的经典概念。柏拉图是西方客观唯心主义的创始人，其哲学体系博大精深。他卓越的人格也备受世人尊重，亚里士多德在悼念他的诗文中写道："对于这样一个奇特的人，坏人连赞扬他的权利也没有，他们的嘴里道不出他的名字。正是他，第一次用语言和行动证明，有德性的人就是幸福的人，我们之中无人能与他媲美。"

最博学的哲学家亚里士多德

油画柏拉图（左）和亚里士多德

亚里士多德（前384—前322），古希腊伟大的哲学家、科学家和教育家之一，是柏拉图的学生。亚里士多德早年进入柏拉图学园学习，后来担任教师。柏拉图逝世后，他自建学园，开展教学和研究工作。与柏拉图的学园相比，它更注重实际，研究问题更注重提出疑难，注重多方面收集材料、尝试和探索。马克思曾称亚里士多德是古希腊哲学家中最博学的人物，恩格斯称他是古代的黑格尔。亚里士多德一生勤奋治学，从事的学术研究涉及逻辑学、修辞学、物理学、生物学、教育学、心理学、政治学、经济学、美学等，写下了大量的著作，他的著作是古代的百科全书，据说有400～1000部，主要有《工具论》、《形而上学》、《物理学》、《伦理学》、《政治学》、《诗学》等。

亚里士多德首先是个伟大的哲学家，他虽然是柏拉图的学生，但却抛弃了他的老师所持的唯心主义观点，他认为知识起源于感觉。这些思想已经包含了一些唯物主义的因素。亚里士多德在哲学上最大的贡献在于创立了形式逻辑这一重要分支学科，逻辑思维是亚里士多德在众多领域建树卓越的支柱，这种思维方式自始至终贯穿于他的研究、统计和思考之中。这一分支学科还丰富和发展了哲学的各个分支学科，对科学等作出了巨大的贡献。

快乐主义的倡导者伊壁鸠鲁

快乐主义的倡导者
伊壁鸠鲁

这是一块很有个性的庭院告示牌，上面写着："陌生人，你将在此过着舒适的生活。在这里享乐乃是至善之事。"这是古希腊哲学家、无神论者，伊壁鸠鲁学派的创始人伊壁鸠鲁（前341—前270）的庭院，在自己住宅的花园里开办学校，他的学校因而被称作"花园"。伊壁鸠鲁生前享有崇高威望，追随者把他当做神圣者来崇拜，他的教导被当做正统学说严格执行，形成了花园派独尊师长的传统。古希腊最完整的快乐主义的道德理论，是伊壁鸠鲁哲学最重要的组成部分。他的思想主要探求个人心灵安宁和人生目的，其学说的主要宗旨就是要达到不受干扰的宁静状态。他一贯性坚持快乐就是善这种观点。他说："快乐就是有福的生活的开端与归宿。"伊壁鸠鲁认为，哲学是通过论辩和讨论的方式产生幸福生活的一种活动。他的哲学思想渗透着"神不足惧，死不足忧，祸苦易忍，福乐易求"。伊壁鸠鲁著述传说有300余卷，但只有3封信和题为《格言集》、《学说要点》的残篇流传下来。

伟大的神学家托马斯·阿奎那

托马斯·阿奎那（1224—1274）生于意大利的洛卡塞卡堡，该城堡是阿奎那家庭的领地。阿奎那家族是伦巴底望族，与教廷和神圣罗马帝国皇帝都保持着密切关系。托马斯5岁时被父母送到著名的卡西诺修道院当修童，父母希望把他培养成修道院院长。后托马斯进入巴黎大学神学院学习并完成学业，开始了教学生涯。年轻的托马斯成为巴黎大学的神学教授，最终成为中世纪最有名的神学家和经院哲学家。天

伟大的神学家
托马斯·阿奎那

主教教会认为他是历史上最伟大的神学家，将其评为 33 位教会圣师之一。他把理性引进神学，用"自然法则"来论证"君权神圣"说，死后也被封为天使博士（天使圣师）或全能博士。他是自然神学最早的提倡者之一，也是托马斯哲学学派的创立者，成为天主教长期以来研究哲学的重要根据。托马斯的著作卷帙浩繁，总字数在 1500 万字以上。他所撰写的最知名著作是《神学大全》，被认为是神学和法学的权威。托马斯无疑是中世纪最重要的哲学家，托马斯主义不仅是经院哲学的最高成果，也是中世纪神学与哲学的最大、最全面的体系。

英国经验主义鼻祖培根

经验主义是指哲学领域中主张经验是认识唯一来源的学说，信奉这种学说的哲学家被称为经验主义者。经验主义以培根，霍布斯、洛克、巴克莱、休谟为主要代表，他们都是英国哲学家，故也常称为"英国经验主义"。弗兰西斯·培根（1561—1626），新贵族出身，毕业于剑桥大学。毕业后从政，历任国会议员、国王顾问、大法官等要职。他

英国经验主义鼻祖培根

是英国革命前的哲学家，近代经验论的奠基人，被马克思称为"英国唯物主义和整个现代实验科学的真正始祖"。他丰厚的著述开辟了近代哲学的新天地。他的主要著作是《伟大的复兴》，包括《论学术的进展》和《新工具》两册。培根的哲学思想是与其社会思想密不可分的，他是资产阶级上升时期的代表，主张发展生产，渴望探索自然，要求发展科学。他是近代自然科学的鸣锣开道者，最早表达了近代科学观，阐述了科学的目的、性质、发展科学的正确途径，首次总结出科学实验的经验方法——归纳法，对近代科学发展起到了指导作用。培根主张科学理论与科学技术相辅相成，主张打破"偶像"，铲除各种偏见和幻想，他提

出"真理是时间的女儿而不是权威的女儿"。培根从唯物论立场出发，指出科学的任务在于认识自然界及其规律。但受时代的局限，他的世界观还具有朴素唯物论和形而上学的特点。培根还是一位政论家，著有《政治和伦理论文集》。

"近代科学的始祖" 笛卡尔

"近代科学的始祖"
笛卡尔

勒内·笛卡尔（1596—1650），著名的法国哲学家、科学家和数学家。提到"我思故我在"这句人人皆知的哲学名言就可以看出笛卡尔学说的广泛影响。笛卡尔是欧洲近代哲学的奠基人之一，黑格尔称他为"现代哲学之父"。在哲学上，笛卡尔是理性主义者。笛卡尔认为，人类应该可以使用数学的方法，也就是以理性来进行哲学思考。他相信，理性比感官的感受更可靠。笛卡尔主张对每一件事情都进行怀疑，而不能信任我们的感官。他认为人在怀疑时，必定在思考，由此他推出了著名的哲学命题——"我思故我在"。笛卡尔将此作为形而上学中最基本的出发点。他的"我思故我在"，强调认识中的主观能动性，成为从康德到黑格尔的德国古典哲学的主题，推动了辩证法的发展。笛卡尔在哲学上还是二元论者，把上帝看做造物主。他认为宇宙中共有两个不同的实体，即精神世界和物质世界，两者本体都来自于上帝，而上帝是独立存在的。他认为，只有人才有灵魂，人是一种二元的存在物，既会思考，也会占空间。而动物只属于物质世界。

同时，笛卡尔还是著名的科学家和数学家，他是解析几何的创始人。他的哲学名著《方法论》对于后来物理学的发展有重要的影响。笛卡尔哲学自成体系，熔唯物主义与唯心主义于一炉，笛卡尔堪称17世纪及其后的欧洲哲学界和科学界最有影响的巨匠之一，被誉为"近代科学的始祖"。

为真理而生的斯宾诺莎

巴鲁赫·斯宾诺莎（1632—1677）是
17世纪荷兰著名哲学家、科学家、近代泛
神论的主要代表，与法国的笛卡尔和德国的
莱布尼茨齐名。斯宾诺莎出生于一个犹太商
人家庭，由于对犹太教义的怀疑而与教会和
家庭决裂。终年隐居乡间，靠磨光学镜为
生，在贫病交加中英年早逝。在艰苦的生活
条件下，他仍然坚持哲学和科学研究，他的
思想传播到欧洲各地，赢得人们的尊敬。斯

为真理而生的
斯宾诺莎

宾诺莎思想的核心是体现"人生完满境界"，这也是他融真、善、
美于一体的人生追求。许多人认为其崇高的道德境界和追求真理的
精神使他成为哲学史上"最完美的人物"，正如后人在纪念斯宾诺
莎逝世200周年时所说的，"为真理而死难，为真理而生更难"。
黑格尔也曾说，要成为一个哲学家，必须首先成为一个斯宾诺莎主
义者。实际上斯宾诺莎一生中甚至没有建立一个学派，其最艰深的
著作《伦理学》也只有200多页。这部艰深的著作几乎涉及了所
有的形而上学或者伦理学命题，之后的所有哲学都不同程度地受着
他的影响。他的主要哲学思想认为实体是唯一不变的无限存在，没
有超自然的上帝存在，实体本身就是上帝，具有泛神论的倾向。斯
宾诺莎哲学的目的是证实思想的真理性并获得自由，条件是放弃世
俗的东西获得思想的自由，方法是对真理标准的重新确定即真观
念。例如他关于死亡的问题有句名言："自由人最少想到死，他的
智慧不是关于死的默念，而是对于生的沉思。"他的一生也实践了
这句格言，对死亡一直十分平静地面对。

德国通才莱布尼茨

戈特弗里德·威廉·莱布尼茨（1646—1716）是德国莱比锡
一个哲学教授的儿子，德国启蒙运动中伟大的哲学家、数学家、逻
辑学家、历史学家和语言学家，被称为德国以及欧洲历史上最后一

德国通才莱布尼兹

个各学科的通才，被誉为17世纪的亚里士多德。在哲学上，他与亚里士多德和康德齐名，是欧洲三大哲学泰斗之一；在数学上，他与牛顿齐名，相互独立地创建了微积分，他还是数理逻辑这一重要学科的开创者，并被誉为计算机的先驱者之一。他著名的哲学著作是《单子论》和《人类理智新论》。莱布尼茨是近代西方第一位典型的客观唯心主义者，他以单子论的实体学说而名扬一时。莱布尼兹的单子论是一个客观唯心主义的体系，有向宗教神学妥协的倾向，但也包含一些合理的辩证法因素，如万物自己运动的思想等。"世界上没有两片完全相同的树叶"是莱布尼茨著名的哲学名言。他是德国古典唯心主义哲学和古典辩证法的直接思想先驱，从康德到黑格尔的德国辩证思维系统的建立，更是与莱布尼茨的思想贡献密不可分。

他还是最早研究中国文化和中国哲学的德国人，当他读到中国《河图洛书》的拉丁文译本后，激动之下将自己的微积分的书扔进了垃圾箱，大叹自己虽然了不起，却比不过中国人的脑筋。由此，他如痴如醉地研读有关中国文化和哲学的著作，甚至托朋友向康熙皇帝申请加入中国籍，只是自恃国势强盛的大清皇帝并不肯屈尊降贵地接纳这个化外之邦的"蛮夷"。

建立不可知论的休谟

大卫·休谟（1711—1776）是18世纪英国哲学家、历史学家、经济学家。他被认为是苏格兰启蒙运动以及西方哲学史中最重要的人物之一。休谟的哲学是近代欧洲哲学史上第一个不可知论的哲学体系。休谟和康德一样，在哲学的发展上起过很重要的作用。26岁时，休谟完成了最重要的一本著作，也是哲学历史上最重要的著作之一《人

建立不可知论的休谟

性论》。他首倡近代不可知论，对感觉之外的任何存在持怀疑态度，对外部世界的客观规律性和因果必然性持否定态度。他认为，感性知觉是认识的唯一对象，知觉分印象和观念两类。休谟的不可知论观点为实证主义者、马赫主义者和新实证主义者所继承，对现代西方资产阶级哲学产生了广泛的影响。虽然现代对于休谟的著作研究聚焦于其哲学思想上，但他最早是以历史学家的身份成名的。他所著的《英格兰史》一书在当时成为英格兰历史学界的基础著作长达 60~70 年。

西方法学理论奠基人孟德斯鸠

查理·路易·孟德斯鸠（1689—1755），18 世纪法国伟大的启蒙思想家、法学家，是西方国家学说和法学理论的奠基人。孟德斯鸠反对神学，提倡科学，但又不是一个无神论者和唯物主义者，他是一名自然神论者。他最重要的贡献是对资产阶级的国家和法的学说作出了卓越贡献。他的著述虽然不多，但其影响却相当广泛，尤其是《论法的精神》这部集大成的著作，奠定了近代西方政治与法律理论发展的基础。《论法的精神》是一部综合性的政治

西方法学理论
奠基人孟德斯鸠

学著作。伏尔泰夸赞这部篇幅巨大、包罗万象的著作是"理性和自由的法典"。他明确提出了"三权分立"学说，特别强调法的功能，他认为法律是理性的体现。

孟德斯鸠虽为贵族，但却是法国首位公开批评封建统治的思想家，他突破"君权神授"的观点，认为人民应享有宗教和政治自由，认为决定法的精神和法的内容是每个国家至关重要的。孟德斯鸠提倡资产阶级的自由和平等，但同时又强调自由的实现要受法律的制约，政治自由并不是愿意做什么就做什么。他还提出了"地理环境决定论"，认为气候对一个民族的性格、感情、道德、风俗等会产生巨大影响，认为土壤同居民性格之间，尤其同民族的政治制度之间有非常密切的联系，认为国家疆域的大小同国家政治制度

有极密切的联系。孟德斯鸠有许多名言闪耀着他的思想光芒，"在一个人民的国家中还要有一种推动的枢纽，这就是美德"、"美必须干干净净，清清白白，在形象上如此，在内心中更是如此"、"母爱是世间最伟大的力量"。

法国资产阶级启蒙运动的旗手伏尔泰

法国资产阶级启蒙
运动的旗手伏尔泰

伏尔泰（1694—1778），原名弗朗索瓦—马利·阿鲁埃，伏尔泰是他的笔名。他被誉为"法国启蒙思想之王"、"法兰西最优秀的诗人"、"欧洲的良心"。他不仅在哲学上有卓越成就，也以捍卫公民自由，特别是信仰自由和司法公正而闻名。尽管在他所处的时代审查制度十分严厉，伏尔泰仍然公开支持社会改革。他的论说以讽刺见长，常常抨击天主教教会的教条和当时的法国教育制度。雨果曾评价说："伏尔泰的名字所代表的不是一个人，而是整整一个时代。"伏尔泰的著作和思想对美国革命和法国大革命的主要思想家都有影响。伏尔泰经历了路易十四、路易十五、路易十六3个封建王朝的统治，目睹了封建专制主义由盛转衰，也亲身感受到了封建专制主义统治的腐朽和反动，他深刻地预见到革命必然到来。他最有影响的一本书是《哲学通信》，被人称为"投向旧制度的第一颗炸弹"。伏尔泰是一个自然神论者，并不是一个无神论者，他承认物质世界的客观存在，但他认为神是宇宙的"第一推动者"。他提倡对不同的宗教信仰采取宽容的态度，终生与宗教偏见作斗争。但又认为要统治人民，宗教是不可缺少的。他说"即使没有上帝，也要造出一个上帝来"。伏尔泰信奉自然权利说，认为"人们本质上是平等的"，要求人人享有"自然权利"。他主张人人在法律面前平等，但又认为财产权利的不平等是不可避免的。伏尔泰在反封建的启蒙运动中作出了巨大的贡献，是值得人们永远纪念的。

法国大革命的思想先驱卢梭

让-雅克·卢梭（1712—1778），法国伟大的启蒙思想家、哲学家、教育家、文学家，是 18 世纪法国大革命的思想先驱，启蒙运动最卓越的代表人物之一。卢梭出生于瑞士日内瓦的一个钟表匠家庭。卢梭长年做临时工，到处谋生，漂泊四方。描述人和社会关系的《社会契约论》是卢梭最重要的著作，开篇的一句话"人是生而自由的，但却无往不在枷锁之中"成为名言。这本书成为反映西方传统政治思想最有影响力的著作之一。社会契约是他重要的观点。社会契约是人们对成员的社会地位的协议。不管任何形式的政府，如果它没有对每一个人的权利、自由和平等负责，那它就破坏了作为政治职权根本的社会契约。他认为一切权利属于人民，政府和官吏是人民委任的，人民有权委任他们，也有权撤换他们，直至消灭奴役、压迫人民的统治者，这就是人民主权思想。卢梭的政治哲学中最主要的原则是政治不应与道德分离，当一个国家不能以德服人，它就不能正常地发挥本身的功能。第二个重要的原则是自由，捍卫自由是国家建立的目的之一。

矗立在日内瓦河畔的卢梭雕像

在《爱弥儿》中体现了卢梭自然主义的教育观念，它深深地影响了现代教育理论。他降低书面知识的重要性，建议孩子的情感教育先于理性教育。他尤为强调通过个人经验来学习。他的自传《忏悔录》是最早、最有影响的自我暴露作品之一，书中毫不掩饰个人丑行，对后世影响深远。中国的作家郁达夫就深受卢梭自我暴露风格的影响。

康德哲学

康德是德国璀璨的哲学明星

18 世纪的德意志天空里，闪耀着思想和艺术的群星，其光芒让全世界为之瞩目，康德就是其中璀璨的明星。伊曼努尔·康德（1724—1804），德国哲学家、天文学家、星云说的创立者之一，德国古典哲学的创始人、唯心主义、不可知论者，德国古典美学的奠定者。他被认为是对现代欧洲最具影响力的思想家之一，也是启蒙运动最后一位主要哲学家。康德生于东普鲁士的格尼斯堡（该地自 1945 年以后，成为前苏联和现在的俄罗斯领土），父亲是一个马鞍匠。康德一生没有离开格尼斯堡，一直在格尼斯堡大学任教。他在普鲁士这个边远小城，注视世界的最新发展，讨论时代的前沿问题。他在创造了深刻反映启蒙精神的批判哲学之后，又明确地提出了"什么是启蒙运动"这一至今还吸引着哲学家的问题。

康德的"三大批判"构成了他的伟大哲学体系，它们是"纯粹理性批判"、"实践理性批判"和"判断力批判"。"纯粹理性批判"要回答的问题是：我们能知道什么？康德的回答是：我们只能知道自然科学让我们认识到的东西，哲学能帮助我们澄清使知识成为可能的必要条件。"纯粹理性批判"研究了人类如何认识外部世界的问题。"实践理性批判"要回答的问题是伦理学的问题：我们应该怎样做？为了回答这一问题，康德提出了著名的"（绝对）

范畴律令"："要这样做，永远使得你的意志的准则能够同时成为普遍制定法律的原则。"康德认为人之所以成为人，就在于人有道德上的自由能力，能超越因果，有能力为自己的行为负责。"判断力批判"要回答的问题是：我们可以抱有什么希望？康德给出的答案是：如果要真正能做到有道德，我就必须假设有上帝的存在，假设生命结束后并不是一切都结束了。在"判断力批判"中，康德关心的问题还有人类精神活动的目的、意义和作用方式，包括人的美学鉴赏能力和幻想能力。他的《判断力批判》是一部内容特殊的著作，其中关于审美判断和目的性判断的论述可以解释为联系理论理性与实践理性的媒介。

功利主义创始人边沁

功利主义
创始人边沁

杰里米·边沁（1748—1832）是英国的法理学家、功利主义哲学家、经济学家和社会改革者。在他的代表作《道德与立法原理》一书中，边沁阐述了他主要的哲学思想，功利主义的原则也第一次得到明确的表达。功利主义的原则包括两个原理：一是功利原理和最大幸福原理，二是自利选择原理。基于这种基础，他以功利原则的价值判断为基石，认为：快乐就是好的，痛苦就是坏的，因为人的行为都趋利避害。所以任何正确的行动和政治方针都必须做到产生最多数人的最大幸福，并且将痛苦缩减到最少，甚至在必要情况下可以牺牲少部分人的利益。这就是著名的"最大的幸福原则"。边沁在实践上是激进的社会改革者，是英国法律改革运动的先驱和领袖，他对社会福利制度的发展有重大的贡献。他反对君主制，提倡普选制度。他对被压迫人民抱有深切的同情，他制定了监狱改革计划，并亲自担任典狱长实施之，他支持空想社会主义者欧文的实验，还为农民创办了"节俭银行"。

黑格尔哲学

黑格尔

威廉·弗里德里希·黑格尔（1770—1881）是继康德后德国新兴资产阶级哲学革命的伟大继承者和推进者。黑格尔哲学形成德国古典唯心主义哲学发展的顶峰。黑格尔第一次全面系统地创造了辩证法的一般运动形式，并且自觉地应用这种思维方式建构了空前宏伟、内容丰富的哲学体系。其哲学思想最终被定为普鲁士国家的钦定学说。黑格尔哲学对后世存在主义和马克思的历史唯物主义都产生了深远的影响，100多年一直对理论思维发生着巨大的影响。黑格尔一生著述颇丰，其代表作《精神现象学》、《逻辑学》（简称大逻辑）、《哲学全书》（其中的逻辑学部分简称小逻辑）共同构成了他的哲学体系。他在柏林大学的讲稿死后被整理为《哲学史讲演录》、《美学讲演录》和《宗教哲学讲演录》。黑格尔把绝对精神看做世界的本原，因此，事物的更替、发展、永恒的生命过程，就是绝对精神本身。黑格尔哲学的任务和目的，就是要展示通过自然、社会和思维体现出来的绝对精神，揭示它的发展过程及其规律性，实际上是在探讨思维与存在的辩证关系，在唯心主义基础上揭示二者的辩证同一。围绕这个基本命题，黑格尔建立起令人叹为观止的客观唯心主义体系，主要讲述绝对精神自我发展的三个阶段：逻辑学、自然哲学、精神哲学。黑格尔在论述每一个概念、事物和整个体系的发展中自始至终都贯彻了这种辩证法的原则。这是人类思想史上最惊人的大胆思考之一。恩格斯后来给其以高度的评价："近代德国哲学在黑格尔的体系中达到了顶峰，在这个体系中，黑格尔第一次——这是他的巨大功绩——把整个自然的、历史的和精神的世界描写为处于不断运动、变化、转化和发展中，并企图揭示这种运动和发展的内在联系。"

意志主义代表叔本华

意志主义代表叔本华

亚瑟·叔本华（1788—1860），德国哲学家，意志主义的主要代表之一。父亲是非常成功的商人，由于继承了父亲的财产，使他一生过着富裕的生活。叔本华死后，将所有财产捐献给了慈善事业。叔本华从小孤僻，傲慢，喜怒无常，并带点神经质。他对自己的哲学也极为自负，声称是一种全新的哲学方法，会震撼整个欧洲思想界。然而他的著作却常常受人冷落。叔本华的代表作《作为意志和表象的世界》奠定了他的哲学体系，他为这部悲观主义巨著作出了最乐观的预言："这部书不是为了转瞬即逝的年代而是为了全人类而写的，今后会成为其他上百本书的源泉和根据。"叔本华这么说他的这本书："如果不是我配不上这个时代，那就是这个时代配不上我。"事实也是如此。到了晚年，时代才和他走到一起，这本书让他终于享受到了期待了一生的荣誉。叔本华死后，他成了德国最时髦的哲学家。到1891年，《作为意志和表象的世界》就已再版了18次。

叔本华是唯意志论哲学的创始人，他抛弃了德国古典哲学的思辨传统，力图从非理性方面来寻求新的出路，提出了生存意志论。他认为人生就是一种痛苦，一个人所感受的痛苦与他的生存意志的深度成正比。生存意志越强，人就越痛苦。要摆脱痛苦的途径只有一条，就是抛弃欲求，否定生存意志。

无产阶级的伟大导师马克思

卡尔·亨利希·马克思（1818—1883），马克思主义、科学共产主义的创始人，全世界无产阶级和劳动人民的伟大导师，近代共产主义运动的先驱。主要著作有《资本论》、《共产党宣言》等。支持他理论的人被视为马克思主义者。马克思生于犹太家庭，父亲是法律学家。马克思大学期间虽学习法律，但他大部分的学习焦点

马克思与恩格斯

却放在哲学上。毕业后担任《莱茵报》主编，后遭普鲁士国王下令查禁该报而失业。马克思与苦等了他 7 年之久、出身德国贵族家庭的燕妮喜结连理，并一同踏上流放的征途，来到巴黎。在此期间，他遇到了他一生的挚友恩格斯，两人并肩开始了对科学社会主义的研究，并结成了深厚的友谊。在极其艰苦的环境下，他完成了《资本论》的写作，使得《资本论》成为献给全世界无产阶级的一部最重要的科学文献。马克思最广为人知的哲学理论是他对于人类历史进程中阶级斗争的分析。他认为几千年来，人类发展史上最大的矛盾与问题就在于不同阶级的利益掠夺与斗争。依据历史唯物论，马克思大胆地假设，资本主义终将被共产主义取代。他和恩格斯共同创立的马克思主义学说（即科学社会主义学说），是指引全世界劳动人民为实现社会主义和共产主义伟大理想而进行斗争的理论武器和行动指南。马克思的哲学在他所处的时代并没有绝对的影响力，但就在他过世几年后的 19 世纪末，随着资产阶级世界普遍危机的加剧，马克思哲学迅速地传遍各地，社会主义成为欧洲先进国家政治经济改革的趋势。马克思主义是近代最复杂和精深的学说之一，学说的范围包括政治、哲学、经济、社会等广泛的领域。

实用主义创始人皮尔士

查尔士·皮尔士（1839—1914），美国哲学家，逻辑学家，自然科学家，实用主义的创始人。皮尔士的父亲是一位有着虔诚宗教信仰的著名数学家，在这样的家庭环境中，皮尔士从小接受良好的哲学和科学训练，他能背诵康德的《纯粹理性批判》，6 岁起学化学，12 岁开始做实验，后来转学动物学。他还是一个杰出的数理逻辑学家。他有一个雄心勃勃的计划，要"建立一个像亚里士多德那样的哲学……即使在遥远的未来，它也能包含人类的全部学科"。但他并不直接对哲学体系有兴趣，他有志建立的是一个能适应于各门学科的科学逻辑。他在 1878 年 1 月发表的《如何使我们的观念清楚》标志着实用主义的诞生，后来又发表了一系列阐述他的科学逻辑的文章，但都没有引起人们的注意，直到 1898 年詹姆士把他的哲学冠以"实用主义"的名称大力推广，人们才把他

实用主义创始人皮尔士

尊为实用主义的创始人。皮尔士生前没有出版过一本哲学著作，他的丰富思想是在他的遗稿出版之后才被发掘出来的。

孤独的天才哲学家尼采

青年尼采

弗里德里希·威廉·尼采（1844—1900），德国著名哲学家，西方现代哲学的开创者，同时也是卓越的诗人和散文家。他最早开始批判西方现代社会，他的著作对于宗教、道德、现代文化、哲学、以及科学等领域提出了广泛的批判和讨论。这个天才一生孤独，在他生活的年代能够理解他的人寥寥无几，他的学说直到 20 世纪才留下深刻的影响。他自幼性情孤僻，而且多愁善感，纤弱的身体使他一生都是在追寻一种强有力的人生哲学来弥补自己内心深处的自卑。尼采的哲学打破了以往哲学演变的逻辑秩序，凭的是自己的灵感来作出独到的理解。因此他的著作不像其他哲学家那样晦涩，而是文笔优美，寓意隽永。有人称，尼采与其说是哲学家，不如说是散文家和诗人。尼采的代表作有《快乐的科学》、《查拉图斯特拉如是说》、《超越善与恶》、《权力意志论》等。

尼采进一步发展了叔本华的非理性主义倾向，他用权力意志代替了叔本华的生存意志，并试图把叔本华消极绝望的悲观主义改造为积极乐观的行动主义。其哲学的意义主要体现为对西方文化的两

大支柱——理性主义和基督教的批判。尼采是极端的反理性主义者，他对任何理性哲学都进行了最彻底的批判。尼采最重要的贡献之一在于他企图揭发社会既有价值观的本质，他指出人的动物本性和欲望在形塑人类行为上扮演的角色这一点，影响了后来的心理学家如西格蒙德·弗洛伊德和卡尔·荣格。尼采还深深影响了后来的存在主义，他所提出的"上帝已死"成了存在主义的中心论点。尼采的思想具有一种无比强大的冲击力，它颠覆了西方的基督教道德思想和传统的价值，揭示了在上帝死后人类所必须面临的精神危机。作为对理性提出的挑战，他提出了强力意志说，用强力意志取代上帝的地位、传统形而上学的地位。强力意志说的核心是肯定生命，肯定人生。人们不得不面对自己的权力意志这个被掩盖已久、被压抑已久的人性中最深刻的东西，无论你是极力地否定它还是勇敢地肯定它，你都会感到内心的震颤，这就是尼采哲学的威力所在。他的权力意志哲学和超人哲学对德国社会乃至世界都产生了巨大影响。尼采也是生活在自由资本主义转向帝国主义的时代背景下的哲学家，他认为权力意志是一切可能确定的事物中最基本的事物，是整个世界的本质和发展变化的唯一动力。按照"权力意志"，尼采提出了一套以"超人"学说为核心的强权主义政治理论，人类社会要靠"超人"来挽救。在第一次世界大战期间，开赴前线的德国士兵的背包中有两本书是最常见的，一本是《圣经》，另一本是尼采的《查拉图斯特拉如是说》。20世纪初的整整一代思想家和艺术家都在尼采的著作中找到了那些激发了他们富于创造性的作品的观念和意象。

现象学学派创始人胡塞尔

胡塞尔（1859—1938），德国哲学家、20世纪现象学学派创始人。胡塞尔是20世纪最有影响的哲学家之一，萨特等哲人思想的出发点都是对胡塞尔哲学的反思。胡塞尔和康德一样是书斋里的哲学家，一生都在纯思想领域做艰辛的探索。胡塞尔是犹太人，晚年遭纳粹迫害。死后他的妻子把他的全部手稿转移至比利时的卢汶大学保存，战后成立"胡塞尔档案馆"，对胡塞尔用速记法写下的手稿加以整理编辑，出版《胡塞尔文集》，这项工作至今还没有完成。按照胡塞尔发表的 7 部著作，把他的思想分为 4 个阶段：第一阶段：对数学和逻辑基础的研究，胡塞尔是数学博士，他发表的《算术哲学：心理和逻辑研究》探讨了数学、逻辑学与心理学的关系。第二阶段：创立现象学，以《逻辑研究》为标志，第一卷是对心理主义的批判，第二卷建立了"描述心理学方法"，实际上是现象学方法。第三阶段：把现象学发展为先验唯心论，提出"现象学还愿"和

现象学学派
创始人胡塞尔

"先验自我"对世界的构造。第四阶段：向生活世界的转变，对自己的唯理智主义倾向做了自我批评，把现象归结为"生活世界"，而不是自我的创造物。

当代文化巨匠罗素

当代文化巨匠罗素

伯特兰·罗素（1872—1970），20 世纪英国哲学家、数学家、逻辑学家、历史学家，无神论者，也是 20 世纪西方最著名、影响最大的学者和平主义社会活动家之一。在现代西方哲学界、逻辑学界以及社会政治领域内，罗素都享有崇高声誉。罗素学识渊博，通晓的学科之多大概是 20 世纪学者们少有的。在学术领域，他不仅是风靡 20 世纪的分析哲学的主要创始人，而且是对数学逻辑的发展作出过重要贡献的逻辑学家，他在政治领域所从事的大量活动，在国际舞台上有很大影响。他的哲学观点多变，以善于吸取别人的见解、勇于指出自己的错误和弱点而著称。作为分析哲学的主要创始人，罗素提出通过将哲学问题转化为逻辑符号，哲学家们就能够更容易地推导出结果，而不会被不够严谨的语言所误导。哲学和数学一样，通过应用逻辑学的方法就可以获得确定的答案，而哲学家的工作就是发现一种能够解释世界本质的理想的逻辑语言。作

为一位逻辑学家，罗素甚至被看做是亚里士多德以来最伟大的逻辑学家。他与人合作的《数学原理》一书已被公认为现代数理逻辑这门科学的奠基石。他所提出的"罗素悖论"刺激和推动了 20 世纪逻辑学的发展，他的类型理论为解决这个悖论作出了重大贡献。他所主张的逻辑主义，即认为可以用逻辑概念来定义数学的核心概念也对数学发展产生了一定影响。作为一位社会活动家和社会思想家，罗素数十年如一日地致力于教育、伦理、婚姻、社会改革、历史、政治的探讨以及女权主义运动与和平运动。他的探讨和活动改变了人们对生活的态度，使无数人走进哲学，他的知识成果在全世界开花。罗素曾于 1920 年来华讲学，时间长达一年之久，其讲稿曾在中国出版，书名为《罗素五大讲演》。罗素回国后写了《中国的问题》一书，书中讨论了中国将在 20 世纪历史中发挥的作用。他的著作收录在《罗素文集》中，其中由我国著名翻译家傅雷翻译的《幸福之路》曾打动过无数的读者。

"存在主义"哲学的代表萨特

萨特与终身情侣波伏娃

让·保尔·萨特（1905—1980）1929 年毕业于被称为"哲学家摇篮"的巴黎师范学院。他是法国 20 世纪最重要的哲学家之一，法国无神论存在主义的主要代表人物。他也是优秀的文学家、戏剧家、评论家和社会活动家。萨特是西方社会主义最积极的鼓吹者之一，一生中拒绝接受任何奖项，包括 1964 年的诺贝尔文学奖。理由是"不接受官方的任何荣誉"。萨特认为，"哲学家应该是一个战斗的人"，在战后的历次斗争中他都站在正义的一边，对各种被剥夺权利者表示同情，反对冷战。萨特反对苏联式的社会主义，但支持中国的社会主义，他于 1959 年访华，在《人民日报》上发表文章，赞扬中国的"我为人人，人人为我"的精神是一种"深刻的人道主义"。萨特是"二战"后存在主义哲学思想的代表人物。其事业分为两个阶段：

第一阶段的代表作为《存在与虚无》，他信仰人的基本自由，思考他所看到的难以忍受的自由本性。《存在与虚无》受到人们的欢迎，被称作"反对附敌的哲学宣言"。第二阶段的代表作是《存在主义是一种人道主义》，文中他具体地阐述了存在主义的现实社会意义。战后他思想左转，信奉马克思主义，但并未正式加入任何共产党组织。萨特毕生花费大量精力试图使他的存在主义思想和他所信奉的共产主义原则统一。萨特与他的同学、著名女哲学家西蒙·波伏娃是终生情侣，但没有结婚。他生活极其简朴，这位生前视金钱如粪土的思想家死后的故居里也只有少得可怜的家具供后人纪念。他逝世时，巴黎5万群众为他举行了隆重的葬礼，纪念这位象征时代精神的哲学家。

附录一：

中国古代诗文名言名句集锦

1. 关关雎鸠，在河之洲。窈窕淑女，君子好逑。（诗经·周南·关雎）

2. 所谓伊人，在水一方。（诗经·秦风·蒹葭）

3. 一日不见，如三秋兮。（诗经·王风·采葛）

4. 如切如磋，如琢如磨。（诗经·卫风·淇奥）

5. 巧笑倩兮，美目盼兮。（诗经·卫风·硕人）

6. 知我者，谓我心忧，不知我者，谓我何求。（诗经·王风·黍离）

7. 青青子衿，悠悠我心。（诗经·郑风·子衿）

8. 言者无罪，闻者足戒。（诗经·大序）

9. 高山仰止，景行行止。（诗经·小雅·车辖）

10. 他山之石，可以攻玉。（诗经·小雅·鹤鸣）

11. 投我以桃，报之以李。（诗经·大雅·抑）

12. 满招损，谦受益。（尚书·大禹谟）

13. 天作孽，犹可违，自作孽，不可活。（尚书）

14. 防民之口，甚于防川。（国语·周语）

15. 多行不义必自毙。（左传·郑伯克段于鄢）

16. 辅车相依，唇亡齿寒。（左传·僖公五年）

17. 皮之不存，毛将焉附。（左传·僖公十四年）

18. 欲加之罪，其无辞乎。（左传·僖公十四年）

19. 言之无文，行而不远。（左传·襄公二十年）

20. 居安思危，思则有备，有备无患。（左传·襄公十一年）

21. 人非圣贤，孰能无过？过而能改，善莫大焉。（左传·宣

公二年）

22. 曲则全，枉则直。（老子）

23. 知人者智，自知者明。（老子）

24. 信言不美，美言不信。（老子）

25. 将欲取之，必先予之。（老子）

26. 天网恢恢，疏而不漏。（老子）

27. 民不畏死，奈何以死惧之。（老子）

28. 祸兮福之所倚，福兮祸之所伏。（老子）

29. 大直若屈，大巧若拙，大辩若讷。（老子）

30. 言必信，行必果。（论语·子路）

31. 既来之，则安之。（论语·季氏）

32. 朝闻道，夕死可矣。（论语·里仁）

33. 是可忍，孰不可忍。（论语·八佾）

34. 不愤不启，不悱不发。（论语·述而）

35. 敏而好学，不耻下问。（论语·公冶长）

36. 己所不欲，勿施于人。（论语·颜渊）

37. 仰之弥高，钻之弥坚。（论语·子罕）

38. 学而不厌，诲人不倦。（论语·述而）

39. 人无远虑，必有近忧。（论语·卫灵公）

40. 学而时习之，不亦乐乎。（论语·学而）

41. 工欲善其事，必先利其器。（论语·卫灵公）

42. 往者不可谏，来着犹可追。（论语·微子）

43. 君子坦荡荡，小人长戚戚。（论语·述而）

44. 岁寒，然后知松柏之后凋也。（论语·子罕）

45. 学而不思则罔，思而不学则殆。（论语·为政）

46. 知者不惑，仁者不忧，勇者不惧。（论语·子罕）

47. 三军可夺帅也，匹夫不可夺志也。（论语·子罕）

48. 人谁无过？过而能改，善莫大焉。（论语）

49. 知之为知之，不知为不知，是知也。（论语·为政）

50. 知之者不如好之者，好之者不如乐之者。（论语·雍也）

51. 其身正，不令而行；其身不正，虽令不从。（论语·子路）

52. 三人行，必有我师焉：择其善而从之，其不善者而改之。（论语·述而）

53. 一张一弛，文武之道。（礼记·杂记）

54. 大道之行，天下为公。（礼记·礼运）

55. 凡事预则立，不预则废。（礼记·中庸）

56. 学然后知不足，教然后知困。（礼记·学记）

57. 独学而无友，则孤陋而寡闻。（礼记·杂记）

58. 玉不琢，不成器；人不学，不知道。（礼记·学记）

59. 同声相应，同气相求。（易经·乾）

60. 仁者见仁，智者见智。（易经·系辞上）

61. 物以类聚，人以群分。（易经·系辞上）

62. 路漫漫其修远兮，吾将上下而求索。（屈原·离骚）

63. 长太息以掩涕兮，哀民生之多艰。（屈原·离骚）

64. 亦余心之所善兮，虽九死其犹未悔。（屈原·离骚）

65. 举世皆浊我独清，众人皆醉我独醒。（屈原·渔父）

66. 吾不能变心以从俗兮，故将愁苦而终穷。（屈原·涉江）

67. 尺有所短，寸有所长。（楚辞·卜居）

68. 其曲弥高，其和弥寡。（宋玉·对楚王问）

69. 尽信书，不如无书。（孟子·尽心下）

70. 生于忧患，死于安乐。（孟子·告子下）

71. 得道多助，失道寡助。（孟子·公孙丑）

72. 民为贵，社稷次之，君为轻。（孟子·尽心上）

73. 穷则独善其身，达则兼济天下。（孟子·尽心上）

74. 天时不如地利，地利不如人和。（孟子·公孙丑）

75. 孔子登东山而小鲁，登泰山而小天下。（孟子·尽心上）

76. 富贵不能淫，贫贱不能移，威武不能屈。（孟子·滕文公）

77. 老吾老，以及人之老；幼吾幼，以及人之幼。（孟子·梁惠王下）

78. 持之有故，言之成理。（荀子·非十二子）

79. 锲而不舍，金石可镂。（荀子·劝学）

80. 青，取之于蓝，而青于蓝。（荀子·劝学）

81. 吾生也有涯，而知也无涯。（庄子·养生主）

82. 君子之交淡如水，小人之交甘若醴。（庄子）

83. 知己知彼，百战不殆。（孙子兵法·谋攻）

84. 博学之，审问之，慎思之，明辨之，笃行之。（中庸）

85. 十年树木，百年树人。（管子·权修）

86. 仓廪实而知礼节，衣食足而知荣辱。（管子·论积贮疏）

87. 塞翁失马，焉知非福。（淮南子·人间训）

88. 临渊羡鱼，不如退而结网。（淮南子·说林训）

89. 橘生淮南则为橘，生于淮北则为枳。（晏子春秋·内篇下）

90. 流水不腐，户枢不蠹。（吕氏春秋·尽数）

91. 千里之堤，毁于蚁穴。（韩非子·喻老）

92. 以子之矛，攻子之盾。（韩非子·难一）

93. 亡羊补牢，未为迟也。（战国策·楚策）

94. 道不拾遗，夜不闭户。（战国策·秦策）

95. 前事不忘，后世之师。（战国策·赵策）

96. 鹬蚌相争，渔翁得利。（战国策·燕策）

97. 战无不胜，攻无不克。（战国策·齐策）

98. 士为知己者死，女为悦己者容。（战国策·赵策）

99. 风萧萧兮易水寒，壮士一去兮不复还。（战国策·荆轲刺秦王）

100. 螳螂捕蝉，黄雀在后。（吴越春秋）

101. 项庄舞剑，意在沛公。（史记·项羽本纪）

102. 不鸣则已，一鸣惊人。（史记·滑稽列传）

103. 众口铄金，积毁销骨。（史记·张仪列传）

104. 桃李不言，下自成蹊。（史记·李将军传）

105. 失之毫厘，谬以千里。（史记·太史公自序）

106. 燕雀安知鸿鹄之志哉。（史记·陈涉世家）

107. 运筹帷幄之中，决胜千里之外。（史记·高祖本纪）

108. 忠言逆耳利于行，良药苦口利于病。（史记·留侯世家）

109. 人固有一死，或重于泰山，或轻于鸿毛。（史记·报任少卿书）

110. 智者千虑，必有一失；愚者千虑，必有一得。（史记·淮阴侯列传）

111. 绳锯木断，水滴石穿。（汉书·枚乘传）

112. 若要人不知，除非己莫为。（汉·枚乘·上书谏吴王）

113. 水至清则无鱼，人至察则无徒。（汉书·东方朔传）

114. 少壮不努力，老大徒伤悲。（汉乐府·长歌行）

115. 有志者，事竟成。（后汉书·耿弇传）

116. 疾风知劲草，岁寒见后凋。（后汉书·王霸传）

117. 精诚所至，金石为开。（后汉书·广陵思王荆传）

118. 盛名之下，其实难副。（后汉书·黄琼传）

119. 不入虎穴，焉得虎子。（后汉书·班超传）

120. 贫贱之知不可忘，糟糠之妻不下堂。（后汉书·宋弘传）

121. 志士不饮盗泉之水，廉者不受嗟来之食。（后汉书）

122. 老骥伏枥，志在千里；烈士暮年，壮心不已。（三国·曹操·龟虽寿）

123. 山不厌高，海不厌深；周公吐哺，天下归心。（三国·曹操·短歌行）

124. 捐躯赴国难，视死忽如归。（三国·曹植·白马篇）

125. 本是同根生，相煎何太急。（三国·曹植·七步诗）

126. 鞠躬尽瘁，死而后已。（三国·诸葛亮·后出师表）

127. 受任于败军之际，奉命于危难之间。（三国·诸葛亮·出师表）

128. 非淡泊无以明志，非宁静无以致远。（三国·诸葛亮·诫子书）

129. 勿以恶小而为之，勿以善小而不为。（三国·刘备）

130. 读书百遍，其义自见。（西晋·陈寿·三国志）

131. 国以民为本，民以食为天。（西晋·陈寿·三国志）

132. 司马昭之心，路人皆知。（西晋·陈寿·三国志）

133. 茕茕子立，形影相吊。（西晋·李密·陈情表）

134. 采菊东篱下，悠然见南山。（东晋·陶渊明·饮酒）

135. 久在樊笼里，复得返自然。（东晋·陶渊明·归园田居

其一）

136. 刑天舞干戚，猛志固常在。（东晋·陶渊明·读山海经）

137. 木欣欣以向荣，泉涓涓而始流。（东晋·陶渊明·归去来兮辞）

138. 近朱者赤，近墨者黑。（东晋·傅玄·太子少傅箴）

139. 管中窥豹，时见一斑。（晋书·王献之传）

140. 黯然销魂者，唯别而已矣。（南朝·江淹·别赋）

141. 一年之计在于春，一日之计在于晨。（南朝·萧铎）

142. 天苍苍，野茫茫，风吹草低见牛羊。（北朝民歌·敕勒歌）

143. 万里赴戎机，关山度若飞。（北朝民歌·木兰诗）

144. 宁为玉碎，不为瓦全。（北齐书·元景安传）

145. 城门失火，殃及池鱼。（北齐·杜弼·檄梁文）

146. 西塞山前白鹭飞，桃花流水鳜鱼肥。（唐·张志和·渔父）

147. 当局者迷，旁观者清。（新唐书·元行冲传）

148. 疾风知劲草，板荡识诚臣。（唐太宗·赠萧瑀）

149. 海内存知己，天涯若比邻。（唐·王勃·送杜少府之任蜀川）

150. 落霞与孤鹜齐飞，秋水共长天一色。（唐·王勃·滕王阁序）

151. 少小离家老大回，乡音未改鬓毛衰。（唐·贺知章·回乡偶书）

152. 不知细叶谁裁出，二月春风似剪刀。（唐·贺知章·咏柳）

153. 念天地之悠悠，独怆然而涕下。（唐·陈子昂·登幽州台歌）

154. 春江潮水连海平，海上明月共潮生。（唐·张若虚·春江花月夜）

155. 海上生明月，天涯共此时。（唐·张九龄·望月怀远）

156. 欲穷千里目，更上一层楼。（唐·王之涣·登鹳雀楼）

157. 羌笛何须怨杨柳,春风不度玉门关。(唐·王之涣·凉州词)

158. 绿树村边合,青山郭外斜。(唐·孟浩然·过故人庄)

159. 春眠不觉晓,处处闻啼鸟。(唐·孟浩然·春晓)

160. 野旷天低树,江清月近人。(唐·孟浩然·宿建德江)

161. 黄沙百战穿金甲,不破楼兰终不还。(唐·王昌龄·从军行)

162. 秦时明月汉时关,万里长征人未还。(唐·王昌龄·出塞)

163. 洛阳亲友如相问,一片冰心在玉壶。(唐·王昌龄·芙蓉楼送辛渐)

164. 明月松间照,清泉石上流。(唐·王维·山居秋暝)

165. 行到水穷处,坐看云起时。(唐·王维·终南别业)

166. 草枯鹰眼疾,雪尽马蹄轻。(唐·王维·观猎)

167. 大漠孤烟直,长河落日圆。(唐·王维·使至塞上)

168. 月出惊山鸟,时鸣春涧中。(唐·王维·鸟鸣涧)

169. 劝君更进一杯酒,西出阳关无故人。(唐·王维·送元二使安西)

170. 独在异乡为异客,每逢佳节倍思亲。(唐·王维·九月九日忆山东兄弟)

171. 蜀道之难,难于上青天。(唐·李白·蜀道难)

172. 举头望明月,低头思故乡。(唐·李白·静夜思)

173. 清水出芙蓉,天然去雕饰。(唐·李白·论诗)

174. 浮云游子意,落日故人情。(唐·李白·送友人)

175. 相看两不厌,只有敬亭山。(唐·李白·独坐敬亭山)

176. 山随平野尽,江入大荒流。(唐·李白·渡荆门送别)

177. 举杯邀明月,对影成三人。(唐·李白·月下独酌)

178. 两岸猿声啼不住,轻舟已过万重山。(唐·李白·早发白帝城)

179. 桃花潭水深千尺,不及汪伦送我情。(唐·李白·赠汪伦)

180. 飞流直下三千尺，疑是银河落九天。（唐·李白·望庐山瀑布）

181. 大鹏一日同风起，扶摇直上九万里。（唐·李白·上李邕）

182. 燕山雪花大如席，片片吹落轩辕台。（唐·李白·北风行）

183. 俱怀逸兴壮思飞，欲上青天揽明月。（唐·李白·宣州谢朓饯别校书叔云）

184. 仰天大笑出门去，我辈岂是蓬蒿人。（唐·李白·南陵别儿童入京）

185. 抽刀断水水更流，举杯消愁愁更愁。（唐·李白·宣州谢朓饯别校书叔云）

186. 天生我材必有用，千金散尽还复来。（唐·李白·将进酒）

187. 两岸青山相对出，孤帆一片日边来。（唐·李白·望天门山）

188. 孤帆远影碧空尽，唯见长江天际流。（唐·李白·送孟浩然之广陵）

189. 长风破浪会有时，直挂云帆济沧海。（唐·李白·行路难）

190. 君不见黄河之水天上来，奔流到海不复回。（唐·李白·将进酒）

191. 安能摧眉折腰事权贵，使我不得开心颜。（唐·李白·梦游天姥吟留别）

192. 莫愁前路无知己，天下谁人不识君。（唐·高适·别董大）

193. 战士军前半死生，美人帐下犹歌舞。（唐·高适·燕歌行）

194. 拜迎长官心欲碎，鞭挞黎庶令人悲。（唐·高适·封丘县）

195. 柴门闻狗吠，风雪夜归人。（唐·刘长卿·逢雪宿芙蓉山

主人）

196. 朱门酒肉臭，路有冻死骨。（唐·杜甫·自京赴奉先县咏怀五百字）

197. 射人先射马，擒贼先擒王。（唐·杜甫·前出塞）

198. 读书破万卷，下笔如有神。（唐·杜甫·奉赠韦左丞二十二韵）

199. 好雨知时节，当春乃发生。（唐·杜甫·春夜喜雨）

200. 随风潜入夜，润物细无声。（唐·杜甫·春夜喜雨）

201. 感时花溅泪，恨别鸟惊心。（唐·杜甫·春望）

202. 烽火连三月，家书抵万金。（唐·杜甫·春望）

203. 会当凌绝顶，一览众山小。（唐·杜甫·望岳）

204. 露从今夜白，月是故乡明。（唐·杜甫·月夜忆舍弟）

205. 笔落惊风雨，诗成泣鬼神。（唐·杜甫·寄本十二白二十）

206. 文章千古事，得失寸心知。（唐·杜甫·偶题）

207. 星随平野阔，月涌大江流。（唐·杜甫·旅夜书怀）

208. 万里悲秋常作客，百年多病独登台。（唐·杜甫·登高）

209. 无边落木萧萧下，不尽长江滚滚来。（唐·杜甫·登高）

210. 为人性僻耽佳句，语不惊人死不休。（唐·杜甫·江上值水如海势聊短述）

211. 尔曹身与名俱灭，不废江河万古流。（唐·杜甫·戏为六绝句）

212. 窗含西岭千秋雪，门泊东吴万里船。（唐·杜甫·绝句）

213. 此曲只应天上有，人间那得几回闻。（唐·杜甫·赠花卿）

214. 出师未捷身先死，长使英雄泪沾襟。（唐·杜甫·蜀相）

215. 正是江南好风景，落花时节又逢君。（唐·杜甫·江南逢李龟年）

216. 酒债寻常行处有，人生七十古来稀。（唐·杜甫·曲江）

217. 白日放歌须纵酒，青春作伴好还乡。（唐·杜甫·闻官军收河南河北）

218. 马上相逢无纸笔，凭君传语报平安。（唐·岑参·逢入京使）

219. 忽如一夜春风来，千树万树梨花开。（唐·岑参·白雪歌送武判官归京）

220. 姑苏城外寒山寺，夜半钟声到客船。（唐·张继·枫桥夜泊）

221. 春潮带雨晚来急，野渡无人舟自横。（唐·韦应物·滁州西涧）

222. 春风得意马蹄疾，一日看尽长安花。（唐·孟郊·登科后）

223. 人面不知何处去，桃花依旧笑春风。（唐·崔护·题都城南庄）

224. 谁言寸草心，报得三春晖。（唐·孟郊·游子吟）

225. 曲径通幽处，禅房花木深。（唐·常建·题破山寺后禅院）

226. 大凡物不得其平则鸣。（唐·韩愈·送孟东野序）

227. 蚍蜉撼大树，可笑不自量。（唐·韩愈·调张籍）

228. 师者，所以传道授业解惑也。（唐·韩愈·师说）

229. 业精于勤荒于嬉，行成于思而毁于随。（唐·韩愈·进学解）

230. 世有伯乐，然后有千里马。千里马常有，而伯乐不常有。（唐·韩愈·马说）

231. 旧时王谢堂前燕，飞入寻常百姓家。（唐·刘禹锡·乌衣巷）

232. 沉舟侧畔千帆进，病树前头万木春。（唐·刘禹锡·酬乐天扬州初逢）

233. 东边日出西边雨，道是无晴却有晴。（唐·刘禹锡·竹枝）

234. 山不在高，有仙则名；水不在深，有龙则灵。（唐·刘禹锡·陋室铭）

235. 谈笑有鸿儒，往来无白丁。（唐·刘禹锡·陋室铭）

236. 野火烧不尽，春风吹又生。（唐·白居易·赋得古原草送行）

237. 文章合为时而著，歌诗合为事而作。（唐·白居易·与元九书）

238. 几处早莺争暖树，谁家新燕啄春泥。（唐·白居易·钱塘湖春行）

239. 乱花渐欲迷人眼，浅草才能没马蹄。（唐·白居易·钱塘湖春行）

240. 日出江花红胜火，春来江水绿如蓝。（唐·白居易·忆江南）

241. 千呼万唤始出来，犹抱琵琶半遮面。（唐·白居易·琵琶行）

242. 别有幽愁暗恨生，此时无声胜有声。（唐·白居易·琵琶行）

243. 同是天涯沦落人，相逢何必曾相识。（唐·白居易·琵琶行）

244. 回眸一笑百媚生，六宫粉黛无颜色。（唐·白居易·长恨歌）

245. 在天愿作比翼鸟，在地愿为连理枝。（唐·白居易·长恨歌）

246. 天长地久有时尽，此恨绵绵无绝期。（唐·白居易·长恨歌）

247. 曾经沧海难为水，除却巫山不是云。（唐·元稹·离思）

248. 溪云初起日沉阁，山雨欲来风满楼。（唐·许浑·咸阳城西楼晚眺）

249. 年年岁岁花相似，岁岁年年人不同。（唐·刘希夷）

250. 醉卧沙场君莫笑，古来征战几人回！（唐·王翰·凉州词）

251. 十年磨一剑，霜刃未曾试。（唐·贾岛·剑客）

252. 黑发不知勤学早，白首方悔读书迟。（唐·颜真卿）

253. 两句三年得，一吟双泪流。（唐·贾岛·题诗后）

254. 谁知盘中餐，粒粒皆辛苦。（唐·李绅·悯农）

255. 女娲炼石补天处，石破天惊逗秋雨。（唐·李贺·李凭箜篌引）

256. 大漠沙如雪，燕山月似钩。（唐·李贺·马诗）

257. 我有迷魂招不得，雄鸡一声天下白。（唐·李贺·致酒行）

258. 千里莺啼绿映红，水村山郭酒旗风。（唐·杜牧·江南春绝句）

259. 南朝四百八十寺，多少楼台烟雨中。（唐·杜牧·江南春绝句）

260. 一骑红尘妃子笑，无人知是荔枝来。（唐·杜牧·过华清宫绝句）

261. 借问酒家何处有，牧童遥指杏花村。（唐·杜牧·清明）

262. 停车坐爱枫林晚，霜叶红于二月花。（唐·杜牧·山行）

263. 十年一觉扬州梦，赢得青楼薄倖名。（唐·杜牧·遣怀）

264. 烟笼寒水月笼沙，夜泊秦淮近酒家。（唐·杜牧·泊秦淮）

265. 东风不与周郎便，铜雀春深锁二乔。（唐·杜牧·赤壁）

266. 春蚕到死丝方尽，蜡炬成灰泪始干。（唐·李商隐·无题）

267. 身无彩凤双飞翼，心有灵犀一点通。（唐·李商隐·无题）

268. 相见时难别亦难，东风无力百花残。（唐·李商隐·无题）

269. 庄生晓梦迷蝴蝶，望帝春心托杜鹃。（唐·李商隐·锦瑟）

270. 夕阳无限好，只是近黄昏。（唐·李商隐·乐游原）

271. 海阔凭鱼跃，天高任鸟飞。（唐·僧·云览）

272. 问君能有几多愁，恰似一江春水向东流。（五代·李煜·虞美人）

273. 剪不断，理还乱，是离愁，别是一番滋味在心头。（五

代·李煜·乌夜啼）

274. 昨夜西风凋碧树，独上高楼，望尽天涯路。（五代·晏殊·蝶恋花）

275. 无可奈何花落去，似曾相识燕归来。（宋·晏殊·浣溪沙）

276. 疏影横斜水清浅，暗香浮动月黄昏。（宋·林逋·山园小梅）

277. 先天下之忧而忧，后天下之乐而乐。（宋·范仲淹·岳阳楼记）

278. 醉翁之意不在酒，在乎山水之间也。（宋·晏殊·醉翁亭记）

279. 泪眼问花花不语，乱红飞过秋千去。（宋·欧阳修·蝶恋花）

280. 忧劳可以兴国，逸豫可以亡身。（宋·欧阳修·伶官传序）

281. 祸患常积于忽微，而智勇多困于所溺。（宋·欧阳修·伶官传序）

282. 月上柳梢头，人约黄昏后。（宋·朱淑真·生查子）

283. 衣带渐宽终不悔，为伊消得人憔悴。（宋·柳永·凤栖梧）

284. 多情自古伤离别，更那堪冷落清秋节。（宋·柳永·雨霖铃）

285. 今宵酒醒何处，杨柳岸晓风残月。（宋·柳永·雨霖铃）

286. 兼听则明，偏信则暗。（宋·司马光·资治通鉴）

287. 由俭入奢易，由奢入俭难。（宋·司马光·训俭示康）

288. 循序而渐进，熟读而精思。（宋·朱熹·读书之要）

289. 即以其人之道，还治其人之身。（宋·朱熹·中庸集注）

290. 等闲识得东风面，万紫千红总是春。（宋·朱熹·春日）

291. 问渠哪得清如许，为有源头活水来。（宋·朱熹·观书有感）

292. 春风又绿江南岸，明月何时照我还。（宋·王安石·泊船

瓜州）

293. 枝上柳绵吹又少，天涯何处无芳草。（宋·苏轼·蝶恋花）

294. 欲把西湖比西子，淡妆浓抹总相宜。（宋·苏轼·饮湖上初晴后雨）

295. 不识庐山真面目，只缘身在此山中。（宋·苏轼·题西林壁）

296. 竹外桃花三两枝，春江水暖鸭先知。（宋·苏轼·惠崇春江晚景）

297. 山高月小，水落石出。（宋·苏轼·后赤壁赋）

298. 博观而约取，厚积而薄发。（宋·苏轼）

299. 但愿人长久，千里共婵娟。（宋·苏轼·水调歌头）

300. 人有悲欢离合，月有阴晴圆缺。（宋·苏轼·水调歌头）

301. 大江东去，浪淘尽，千古风流人物。（宋·苏轼·念奴娇·赤壁之战）

302. 晚泊孤舟古祠下，满川风雨看潮生。（宋·苏舜钦·淮中晚泊犊头）

303. 生当作人杰，死亦为鬼雄。（宋·李清照·夏日绝句）

304. 物是人非事事休，欲语泪先流。（宋·李清照·五陵春）

305. 寻寻觅觅，冷冷清清，凄凄惨惨戚戚。（宋·李清照·声声慢）

306. 莫道不销魂，帘卷西风，人比黄花瘦。（宋·李清照·醉花阴）

307. 两情若是久长时，又岂在朝朝暮暮。（宋·秦观·鹊桥仙）

308. 文章本天成，妙手偶得之。（宋·陆游·文章）

309. 山重水复疑无路，柳暗花明又一村。（宋·陆游·游山西村）

310. 位卑未敢忘忧国，事定犹须待阖棺。（宋·陆游·病起书怀）

311. 纸上得来终觉浅，绝知此事要躬行。（宋·陆游·冬夜读

书示子聿）

312. 王师北定中原日，家祭无忘告乃翁。（宋·陆游·示儿）

313. 小楼一夜听风雨，深巷明朝卖杏花。（宋·陆游·临安春雨初霁）

314. 小荷才露尖尖角，早有蜻蜓立上头。（宋·杨万里·小池）

315. 月子弯弯照九州，几家欢乐几家愁。（宋·杨万里·竹枝词）

316. 春色满园关不住，一枝红杏出墙来。（宋·叶绍翁·游园不值）

317. 人生自古谁无死，留取丹心照汗青。（宋·文天祥·过零丁洋）

318. 山外青山楼外楼，西湖歌舞几时休。（宋·林升·题临安邸）

319. 近水楼台先得月，向阳花木易为春。（宋·俞文豹·清夜录）

320. 青山遮不住，毕竟东流去。（宋·辛弃疾·菩萨蛮）

321. 众里寻他千百度，蓦然回首，那人却在灯火阑珊处。（宋·辛弃疾·青玉案）

322. 想当年，金戈铁马，气吞万里如虎。（宋·辛弃疾·永遇乐·京口北固亭怀古）

323. 千古兴亡多少事，悠悠。不尽长江滚滚流。（宋·辛弃疾·南乡子）

324. 二十四桥仍在，波心荡，冷月无声。（宋·姜夔·扬州慢）

325. 莫等闲，白了少年头，空悲切。（宋·岳飞·满江红）

326. 三十功名尘与土，八千里路云和月。（宋·岳飞·满江红）

327. 予独爱莲之出污泥而不染，濯清涟而不妖。（宋·周敦颐·爱莲说）

328. 着意栽花花不发，无意插柳柳成荫。（元·关汉卿）

329. 枯藤老树昏鸦，小桥流水人家，古道西风瘦马。夕阳西下，断肠人在天涯。（元·马致远·天净沙·秋思）

330. 不是一番寒彻骨，怎得梅花扑鼻香。（元·高明·琵琶记）

331. 十年窗下无人问，一举成名天下知。（元·高明·琵琶记）

332. 男儿有泪不轻弹，只因未到伤心处。（元·李开先·宝剑记）

333. 有缘千里来相会，无缘对面不相逢。（元末明初·施耐庵·水浒传）

334. 万事俱备，只欠东风。（元末明初·罗贯中·三国演义）

335. 一叶浮萍归大海，人生何处不相逢。（明·吴承恩·西游记）

336. 只要功夫深，铁杵磨成针。（元·虞韶）

337. 路遥知马力，日久见人心。（元·无名氏）

338. 金玉其外，败絮其中。（明·刘基·卖柑者言）

339. 良辰美景奈何天，赏心乐事谁家院。（明·汤显祖·牡丹亭）

340. 人逢喜事精神爽，月到中秋分外明。（明·冯梦龙·古今小说）

341. 粉骨碎身浑不怕，要留清白在人间。（明·于谦·石灰吟）

342. 踏破铁鞋无觅处，得来全不费功夫。（明·冯梦龙·警世通言）

343. 不要人夸好颜色，只留清气满乾坤。（明·王冕·墨梅）

344. 风声雨声读书声声声入耳，家事国事天下事事事关心。（明·顾宪成）

345. 墙上芦苇，头重脚轻根底浅；山间竹笋，嘴尖皮厚腹中空。（明·解缙）

346. 微微风簇浪，散作满天星。（清·查慎行·舟夜书所见）

347. 铁肩担道义，妙手著文章。（清·杨继盛）

348. 天下兴亡，匹夫有责。（清·顾炎武·日知录）

349. 千磨万击还坚劲，任尔东西南北风。（清·郑板桥·竹石）

350. 海纳百川，有容乃大；壁立千仞，无欲则刚。（清·郑板桥·对联）

351. 恸哭六军俱缟素，冲冠一怒为红颜。（清·吴伟业·圆圆曲）

352. 字字看来都是血，十年辛苦不寻常。（清·曹雪芹·红楼梦）

353. 假作真时真亦假，无为有处有还无。（清·曹雪芹·红楼梦）

354. 世事洞明皆学问，人情练达即文章。（清·曹雪芹·红楼梦）

355. 心病终须心药医，解铃还须系铃人。（清·曹雪芹·红楼梦）

356. 眼前道路无经纬，皮里春秋空黑黄。（清·曹雪芹·红楼梦）

357. 我劝天公重抖擞，不拘一格降人才。（清·龚自珍·己亥杂诗）

358. 落红不是无情物，化作春泥更护花。（清·龚自珍·己亥杂诗）

附录二：

高职院校大学生人文阅读
100 本推荐书目

说明：

本推荐书目共 100 余本，旨在提高学生的整体人文素质。由于人文类经典书籍的阅读具有一定的难度，加之提供推荐书籍的老师自身的知识局限性，更因为我们对学生阅读状况的了解还不够深入，本推荐书目势必存在诸多问题，敬请读者多提宝贵意见！

		书名	作者	出版社	备注
文学类	中国古典文学	《诗经选》	余冠英选注	人民文学出版社	
		《楚辞选》	马茂元选注	人民文学出版社	
		《乐府诗选》	余冠英选	人民文学出版社	
		《唐诗选》	中国社会科学院文学研究所	人民文学出版社	
		《宋词选》	胡云翼选注	上海古籍出版社	
		《西厢记》	王实甫	人民文学出版社	
		《红楼梦》	曹雪芹	人民文学出版社	
		《三国演义》	罗贯中	人民文学出版社	
		《儒林外史》	吴敬梓	人民文学出版社	
		《聊斋志异》	蒲松龄	人民文学出版社	

	书名	作者	出版社	备注
文学类	《鲁迅全集1·呐喊》	鲁迅	人民文学出版社	
	《雷雨》	曹禺	人民文学出版社	
	《家》	巴金	人民文学出版社	
	《骆驼祥子》	老舍	人民文学出版社	
	《边城》	沈从文	北岳文艺出版社	
	《围城》	钱钟书	人民文学出版社	
中国现代文学	《张爱玲小说选》	张爱玲	人民文学出版社	
	《傅雷家书》	傅雷	辽宁教育出版社	
	《青春之歌》	杨沫	人民文学出版社	
	《朦胧诗选》	阎月君等选编	春风文艺出版社	
	《笑傲江湖》	金庸	文化艺术出版社	
	《沉默的大多数》	王小波	中国青年出版社	
	《文化苦旅》	余秋雨	东方出版中心	
	《活着》	余华	上海文艺出版社	
西方文学	《荷马史诗》	荷马	人民文学出版社	
	《堂·吉诃德》	塞万提斯	北京燕山出版社	
	《罪与罚》	陀思妥耶夫斯基	上海译文出版社	
	《少年维特之烦恼》	歌德	上海译文出版社	
	《莎士比亚悲剧四种》	莎士比亚	人民文学出版社	
	《鲁滨孙漂流记》	丹尼尔·笛福	人民文学出版社	
	《老人与海》	海明威	上海译文出版社	
	《一九八四》	乔治·奥威尔	辽宁教育出版社	
	《卡夫卡小说选》	卡夫卡	人民文学出版社	
	《麦田守望者》	赛林格	译林出版社	

续表

		书名	作者	出版社	备注
文学类	西方文学	《钢铁是怎样炼成的》	尼·奥斯特洛夫斯基	人民文学出版社	
		《生命不能承受之轻》	米兰·昆德拉	上海译文出版社	
		《简·爱》	夏绿蒂·勃朗特	人民文学出版社	
		《雪国》	川端康成	时代文艺出版社	
		《挪威的森林》	村上春树	上海译文出版社	
		《未来千年文学备忘录》	卡尔维诺	辽宁教育出版社	
		《小说的艺术》	米兰·昆德拉	上海译文出版社	
哲学思想类	中国思想典籍	《老子》			此类原典出版较多，尽量使用横排本，有浅显的解释即可
		《论语》			
		《庄子浅注》			
		《韩非子》			
		《墨子》			
		《孙子兵法》			
		《三字经》		中国和平出版社	
		《中国思想通俗讲话》	钱穆	三联书店	
		《中国哲学简史》	冯友兰	新世界出版社	
		《国性与民德——梁启超文选》	梁启超	上海远东出版社	
		《民权与国族——孙中山文选》	孙中山	上海远东出版社	
		《毛泽东选集》	毛泽东	人民出版社	
		《乡土中国》	费孝通	三联书店	
		《中国文化的展望》	殷海光	上海三联书店	
		《走进当代的鲁迅》	钱理群	北京大学出版社	
		《中国人的道德前景》	茅于轼	暨南大学出版社	
		《中国人》	林语堂	浙江人民出版社	

续表

		书名	作者	出版社	备注
哲学思想类	西方哲学典籍	《理想国》	柏拉图	商务印书馆	
		《共产党宣言》	马克思、恩格斯	人民出版社	
		《精神分析引论》	弗洛伊德	商务印书馆	
		《社会契约论》	卢梭	商务印书馆	
		《资本主义的文化矛盾》	丹尼尔·贝尔	三联书店	
		《爱的艺术》	弗洛姆	商务印书馆	
		《时间简史》	霍金	湖南科技出版社	
		《菊与刀》	本尼迪克特	商务印书馆	
		《文明的冲突与世界秩序的重建》	亨廷顿	新华出版社	
		《启蒙哲学》	卡西尔	山东人民出版社	
		《人类的故事》	房龙	北京出版社	
		《国富论》	亚当·斯密	商务印书馆	
		《第二性》	波伏娃	西苑出版社	
		《历史对于人生的利弊》	尼采	商务印书馆	
		《时代的精神状况》	雅斯贝尔斯	上海译文出版社	
	宗教	《圣经故事》		译林出版社	
		《世界三大宗教》	黄心川、戴康生	北京三联书店	
		《神性与人性——上帝观的早期演变》	翁绍军	上海人民出版社	

续表

		书名	作者	出版社	备注
历史类	中国史	《中国通史简编》	范文澜	人民教育出版社	
		《史记》	司马迁	人民文学出版社	
		《万历十五年》	黄仁宇	三联书店	
		《辛亥革命史》	章开沅	人民出版社	
		《五四运动：现代中国的思想革命》	周策纵	江苏人民出版社	
		《红星照耀中国》	斯诺	河北人民出版社	
		《长征——前所未闻的故事》	哈里森·索尔兹伯里	解放军出版社	
		《随想录》	巴金	作家出版社	
		《台湾通史》	连横	华东师范大学出版社	
	世界史	《新编世界五千年》	夏国梁、夏冰	南京大学出版社	
		《东亚三国的近现代史》		社会科学文献出版社	
		《第二次世界大战回忆录》	丘吉尔	南方出版社	
	文明史	《希腊的神话和传说》	斯威布	人民文学出版社	
		《文艺复兴时期的意大利文化》	布格哈特	商务印书馆	
	传记	《贝多芬传》	罗曼·罗兰	安徽文艺出版社	
		《毛泽东之路》四册	胡长水、李瑷	中国青年出版社	
艺术类	艺术哲学	《悲剧心理学》	朱光潜	人民文学出版社	
		《美的历程》	李泽厚	天津社会科学院出版社	
		《艺术哲学》	丹纳	广西师范大学出版社	

续表

		书名	作者	出版社	备注
艺术类	音乐	《音乐的历史》	约翰·拜利	希望出版社	
		《中国音乐圣典》	钟鸣远	九州出版社	
		《不可不知的中国民乐》	钟鸣远	华夏出版社	
		《李岚清音乐笔谈》	李岚清	高等教育出版社	
	美术与建筑艺术	《世界美术名作二十讲》	傅雷	三联书店	
		《中国古建筑二十讲》	楼庆西	三联书店	
	电影	《电影与电影艺术鉴赏》	张成珊	同济出版社	
		《演员的自我修养》	斯坦尼斯拉夫斯基	中国电影出版社	
励志类		《培根论人生》	培根	陕西师范大学出版社	
		《人性的弱点》	戴尔·卡耐基	机械工业出版社	
		《发挥你的潜能》	彼得利斯	三联书店	
大学人文综合读本		《阅读人文》	俞仲文	世界图书出版社	
		《在北大听讲座》系列		新世界出版社	
		《在清华听讲座》系列		中国社会科学出版社	
		《大学人文读本》（3卷）	夏中义主编	世界图书出版社	
		《苏菲的世界》	乔德坦·贾德	作家出版社	
		《人类的群星闪耀时——历史特写》	斯蒂芬·茨威格	三联书店	
		《基因的故事：科学艺术与人文思维》	王莉江、苑华毅	北京大学出版社	

续表

		书名	作者	出版社	备注
进一步阅读篇目	不同学院可根据自己的特点加以完善				

后　　记

　　本书从酝酿选题到定稿付梓，历时两年有余。我们的编写工作得到了深圳职业技术学院校领导以及人文学院院长陈国梁教授的大力支持。谨此表示最衷心的感谢。

　　本书编写的最大特色是，扩大专题领域，丰富知识点，能激发读者的无穷乐趣，让读者参与一次愉悦的文化旅游。参加撰稿的老师主要有：王春、张克、李春耘、武怀军、裴蓓、赵改燕、边策、周春水。

　　全书主编由王春、张克担任，副主编由李春耘、裴蓓、赵改燕担任。他们除自撰了部分稿件外，主要负责提出方案、组织撰写、审定专题、分类编排，全部书稿均经编者较为悉心的审定，或纠谬、或补阙、或删削、或改写。虽然如此，书中仍难免有不当甚或错讹之处，竭诚欢迎批评，编者先此致谢。